Lorenz Jacob von Stein

# Gegenwart und Zukunft der Rechts- und Staatswissenschaft Deutschlands

Elibron Classics
www.elibron.com

Elibron Classics series.



ISBN 0-543-97548-7 (paperback)
ISBN 0-543-97547-9 (hardcover)

This Elibron Classics Replica Edition is an unabridged facsimile of the edition published in 1876 by J. G. Cotta, Stuttgart.

# Gegenwart und Zukunft

der

# Rechts- und Staatswissenschaft

Deutschlands.

Von

Dr. Lorenz von Stein.

Stuttgart.
Verlag der J. G. Cotta'schen Buchhandlung.
1876.

Buchdruckerei der J. G. Cotta'schen Buchhandlung in Stuttgart.

# Vorwort.

Es war nicht meine Absicht, als ich die nachfolgende Arbeit begann ein Vorwort für dieß Buch zu schreiben. Es ist über dasselbe nichts zu sagen als was darin steht; es muß sich zunächst selber vertreten. Schwer genug ist auch damit seine Aufgabe. Aber während ich es arbeitete, kam mir von außen her der Grund der mich veranlaßt, in dieser Vorrede das Wort zu ergreifen, denn er zeigte mir, daß das was mich erfüllt im Leben des deutschen Geistes nicht allein steht, und hat mir einen nicht geringen Theil des Gefühles der Verantwortlichkeit genommen, dessen ich mich gegenüber so ernsten Dingen nicht habe entschlagen können. So möge es mir verstattet sein, einige Worte über das Verhältniß dieser Arbeit zu anderen die mit ihr in gleicher Linie stehen zu sagen; vielleicht daß die Aufmerksamkeit die jene gefunden vieles wenigstens begreiflich macht, was ich gesagt habe.

Es ist merkwürdig daß gerade von einem bisher ziemlich fernen Theile der Staatswissenschaft der Ruf nach der Universitätsreform so laut erklungen ist, daß selbst die Universitäten, des Fremden selten froh, ihn gehört haben. Es ist die Frage nach der Stellung der *Forstwissenschaft* und ihrer neuen, eben so großartigen als glänzenden Entwicklungsepoche zur Universität. Die Leser des Folgenden werden mit mir wissen, daß die Frage nach dem land- und forstwissenschaftlichen Lehrwesen seit Jahren unser wissenschaftliches Leben bewegt. Und nicht etwa haben Kräfte gewöhnlichen Namens sie allen Ernstes in die Hand genommen, oder sie etwa beiläufig berührt. Eine ganze Literatur, ernste und eingehende Verhandlungen in großen Vertretungskörpern sind entstanden; die Stimmen die hier laut geworden, klingen nicht bloß durch ganz Deutschland hindurch; selbst in Italien ist Montanari in seiner Questione forestale in Italia in die Schranken getreten; den Schlachtruf erhob zuerst Lothar Meyer in seiner „Zukunft der deutschen Hochschulen“ 1873, den er in seiner „Akademie oder Universität“ 1874 genauer, und zwar in Beziehung auf die Forst- und Landwirthe formulirte, nachdem Dankelmann (Forst-Akademie oder allgemeine Hochschulen 1872) für die Sache selbst, aber noch nicht in specieller Beziehung zur Universitätsfrage mit seiner gründlichen fachmännischen Kunde die Bahn gebrochen. Seit Lothar Meyer ist aber aus der Forstfrage eine Universitätsfrage geworden, indem er zuerst die sog. Polytechnischen Anstalten hereinbezog; dann haben eingehende Fachschriften wie die von Lorenz (Die höchste Stufe des land- und forstwissenschaftlichen Unterrichts 1874), Heß, Cramer und Andere die Frage vom Fachstandpunkt vertieft; der stenographische Bericht der Verhandlungen der bayerischen Kammer der Abgeordneten vom 28. Mai 1874, in dem wir vor allem die Rede Gerstners hervorheben, theils weil er bewies daß er den Standpunkt unserer Zeit verstanden, und theils weil sein Wort als das eines so hochgeachteten Lehrers der Staatswissenschaft vorzugsweise in diesen Dingen Gewicht haben muß, zeigt uns daß die Frage mit all ihrem Ernste bereits den engen Boden der bloßen Forstwissenschaft weit überragt, während die Verhandlungen auf den deutschen Forsttagen, namentlich die gehaltvolle Rede Seckendorfs uns beweisen, daß die theoretische Wahrheit bereits zur innigen Ueberzeugung geworden ist; und schon hat Georg Meyer in seinen „Studien des öffentlichen Rechts und der Staatswissenschaften“ in Deutschland (1875) ganz allgemein formulirt, was jene für ihr besonderes Gebiet laut und ernst genug fordern. Es steht fest, die höhere Entwicklung der Forstwissenschaft kann ohne innige Verbindung mit der Universität nicht gedacht werden. Was aber für die Forstwirthschaft gilt, das gilt auch für die Landwirthschaft. Und gilt das wieder hier, hat denn nicht Lothar Meyer Recht mit seiner Verbindung von Polytechnikum und Universität? Und wie lange denn wird es dauern bis die höheren Handelsschulen, wie die Wiener Handelsakademie, ihren Lothar Meyer finden? Und sind denn nicht wirklich diese Wissenschaften solche, die an die Universität gehören? Etwa weniger wie Vorlesungen über Zahnschmerz, oder über indische Veda's, oder über verschollene Pfahlbauten, oder über einen vergessenen Autor in der Pandektenliteratur? Sind sie nicht die Hochschulen der lebendigen Wissenschaft? Und will sich die Universität wirklich auf die Dauer sagen lassen, sie wisse von der Wissenschaft des Lebens nur das zu lehren, was entweder schon gewesen ist oder was nie sein wird? Ist jene Sprödigkeit der alma mater in einer Zeit wie der unseren nicht mehr als altväterisch, ist sie nicht für die höhere Auffassung der Wissenschaft geradezu gefährlich? Und trägt nicht unsere Sprache schon das Wort im Herzen, unter dessen Banner sich die neue unwiderstehliche Bewegung schaaren wird, den Namen der Staatswissenschaft, in dem alle jene Theile und mit ihnen die Rechtswissenschaft endlich sich zur höheren Einheit verschmelzen, und in der lebendigen Berührung mit Philosophie und Geschichte aus all den gewaltigen und so tief in das Mark unserer Gegenwart und Zukunft einschneidenden Arbeiten Eine Arbeit, Einen Geist, Ein Bewußtsein machen wird? Und ist es nicht ein großartiger Gedanke, daß das, diese Universität der Zukunft, welche die Facultät der Staatswissenschaft an die Stelle der Facultät der Rechtswissenschaft setzen, und alle Hochschulen um sich als ihre großen, das wirkliche Leben mit ihrer Wissenschaft erfüllenden Glieder um sich sammeln wird, als Aufgabe der deutschen Wissenschaft in der Geschichte des arbeitenden Geistes ihren, uns gehörigen Platz einzunehmen berufen ist?

Nein — ich zweifle nicht, es wird und muß so kommen. Aber eben darum sende ich diese Worte dem Folgenden voraus. Denn daß es so komme, hat nun einmal unbedingt Eine große Voraussetzung. Und für diese habe ich gearbeitet.

Denn wer die deutsche Universität kennt, der muß mir zugeben, wir haben nun einmal keine Staatswissenschaft, wir haben an ihrer Stelle an unsern Universitäten nur eine Rechtswissenschaft. Formuliren und bestimmen Sie den Begriff beider wie Sie wollen, das Recht als Recht ist bei weitem die Hauptsache, ja die ausschließliche Sache der gesammten Berufsbildung für unser öffentliches Leben. Die Universität versteht von diesem öffentlichen Leben nur das, was sich als Recht formuliren, interpretiren, dociren läßt. Es ist dieser historisch entstandene und historisch wohl begründete Zustand so fest gewurzelt, daß sogar der Staat selbst, der doch wahrlich auch anderer Dinge bedarf, seine Kräfte nur aus dem Recht nimmt, und in Prüfung und

Anstellung vor allem der Pandekten froh ist, die er doch weder versteht noch gebraucht. Es steht fest, daß der Student weder Zeit noch Anlaß noch Lohn dafür hat, wenn er etwas anderes zu lernen trachten will. Diese Rechtswissenschaft steht seit Jahrhunderten als die wahre Facultät da; sie sieht tief unter sich was Europa um sie her bewegt, und ihr historischer Bildungsgang hat sie schon unfähig gemacht zu begreifen, daß sie selbst nur ein Zweig eines viel größeren Baumes ist, dessen andere Zweige endlich allgewaltig in die Höhe drängen und in den Hochschulen neben sie tretend Einlaß fordern. Aber — und das ist ja das Geheimniß der Position — sie kann auch wollend diesen Einlaß nicht bewilligen. Das höchste was sie kann ist, eine staatswissenschaftliche Facultät neben sich dulden. Und das würde sie allenfalls thun; denn sie hat das sichere Gefühl, daß damit für sie nichts gefährdet, für die andern nichts gewonnen ist. Die Beispiele liegen vor. Warum? Weil so lange es zwei Facultäten der Rechts- und der Staatswissenschaft gibt, es ja auch zwei Grundkräfte geben müßte, die eben so wesentlich verschieden wären wie Recht und Medicin oder Theologie. Ist das aber der Fall, so ist es keine Frage, wo die Hauptsache liegt; es wird das Recht, das objektive, geltende, gewaltige sich als Herrin fühlen, und wird die Staatswissenschaft erst dann für vollendet halten, wo das Begreifen und Lernen derselben — sei es um des Forstwesens, oder der Technik, oder des Handels, oder anderes — zum Lernen des Rechts wird. Und damit wird das alte juristische Studium mit seinen falschen Traditionen und seiner verjährten Zeitökonomie wieder die allein herrschende bleiben wie sie es da geblieben ist, wo man jenen Versuch gemacht hat. Es wird das Princip bleiben was unsere Universitäten in ihren Rechtsfacultäten dominirt, daß der Fachmann nur zu einem beschränkten Berufe, der Pandektist aber zu allen Berufen fähig sei. Ist es das, was Sie wollen?

Wahrlich, es denkt niemand daran, dem Recht seinen Werth zu bezweifeln. Was wären wir ohne die Rechtswissenschaft? Aber weder der Hader hinüber und herüber noch auch die Begrüßungen sind es, um die es sich da handelt. Es ist ein ganz anderer Gedanke, der dieß kräftige junge Leben der Hochschulen mit der Universität verbinden soll, und diesem Gedanken ist das folgende Buch gewidmet. Ihn aber lassen Sie mich hier aussprechen; er ist das Band das uns alle und mit uns die Rechtswissenschaft der Zukunft verbindet. Lassen Sie die ganze Kritik der folgenden Arbeit fallen; sie ist eine Fachkritik; aber sie soll den Weg bahnen zu dem einfachen Princip das alle diese Gebiete gleichmäßig beherrscht, dem eigentlichen Lebensprincipe der Staatswissenschaft.

Sie wenigstens werden dieß Princip mit mir leicht verstehen und zugestehen, die Sie in den lebendigen ewig wechselnden Erscheinungen Ihrer Gebiete nach jenem Etwas suchen, das die letzteren erzeugt und beherrscht. Ich sage es mit Einem Worte; seine Entwicklung ist die Aufgabe welche das Folgende sich stellt. Das Recht ist in Sein und Wechsel die Erscheinung der Kräfte des Lebens, und zwar nur in so weit, als sie der That des dritten unterliegen. Der Inhalt des Rechtes ist daher kein Recht; die Wissenschaft des Rechts ist keine Rechtswissenschaft, sondern die Wissenschaft der Kräfte welche dasselbe erzeugen; es ist mit allem was es begrifflich lehrt, oder was als Recht gilt, oder was als Urtheil ausgesprochen und vollzogen wird, die Consequenz dieser Kräfte, welche im Subjekte, der Persönlichkeit, und im Objekte, der Natur der Dinge lebendig sind. Ich soll daher das Recht nicht in dem studiren was es ist und was es gilt; das kann ich dem Gedächtniß überlassen und Paragraphen lernen um sie zu vergessen, sondern ich lerne das Recht wissen in dem was dasselbe erzeugt. Die wissenschaftliche Einheit dieser Lehren von den Kräften aber, welche die menschlichen Lebensverhältnisse aller Art und mit ihnen und durch sie das Recht erzeugen, ist die Staatswissenschaft. Die Staatswissenschaft hat daher so viele Gebiete, als es persönliche und natürliche Gebiete des Lebens und seiner Arbeit gibt; das eine mag ich die Nationalökonomie, das andere die Gesellschaft, das dritte die Staatsgewalt nennen, und innerhalb derselben mag ich wieder die selbständigen Gebiete dort der angewandten Wirthschaftslehre — Land- und Forstwirthschaft, Gewerbe, Handel, Technik u. s. w. — hier der gesellschaftlichen Klassen und ihrer Kämpfe, dort wieder der Verfassung und Verwaltung im Staate scheiden. Das Verständniß aber des Wesens und des lebendigen Ineinandergreifens dieser Gebiete und Kräfte zur Einheit des menschlichen Lebens nenne ich die Staatswissenschaft, und von dieser ist das Recht selbst wieder nur ein Moment, und zwar dasjenige was durch die Ordnung des Staats für jene

Gebiete gesetzt wird, das öffentliche oder Verwaltungsrecht derselben, und dasjenige was durch den thätigen Willen des einen gegenüber der individuellen Lebenssphäre des andern entsteht, das bürgerliche und Strafrecht. Das Recht ist daher unendlich viel beschränkter als die Staatswissenschaft, denn jeder Theil der letzteren empfängt nicht etwa sein Recht vom Rechtsbegriff, sondern erzeugt dasselbe als einen Theil von jenem. Das ist das wahre Verhältniß; jedes Fach der Staatswissenschaft wird daher durch seinen Inhalt zur Quelle seines eigenen Rechts; und diese Erkenntniß ist es welche uns als ebenbürtig verbindet, und mit dem Rechte zugleich zum Ganzen der Staatswissenschaft vereinigt. Erst in diesem Gedanken liegt die letzte Lösung der „Universitätsfrage".

Und jetzt werden Sie verstehen, weßhalb es nöthig war, zunächst so tief auf das, alle Staatswissenschaft bisher sich rücksichtslos unterordnende bürgerliche Recht in seinen veränderlichen, traditionellen Gestaltungen einzugehen. Die ganze Frage nach diesem bürgerlichen Recht ist ja selbst nur ein Moment von der Frage nach der eigentlichen Rechtswissenschaft; aber das ist gewiß, daß so lange jener Gedanke nicht für das Privatrecht wirklich durchgeführt ist, an den Sieg einer größeren Gestaltung unserer Universitäten nicht zu denken sein wird. Von etwas ganz anderem redend, rede ich daher doch in der That von Ihrer Frage, die ja die unsere ist. Ist das entschieden, was hier als Hauptsache sich hinstellt, so folgt das andere von selbst. Und fragen Sie mich nicht, weßhalb ich beim bürgerlichen Rechte stehen geblieben bin. Das öffentliche Recht in seiner staatswissenschaftlichen Gestalt zu erforschen ist eine so ungeheure Arbeit, daß die Kraft keines Einzelnen dafür ausreicht; aber ich glaube daß es nunmehr einen guten Sinn hat, wenn ich wiederhole daß die Verwaltungslehre den Schlußpunkt der Staatswissenschaft bildet, deren einzelne Theile in Ihren Händen zu wissenschaftlichen Fächern, deren Lehranstalten schon jetzt zu Ihren Hochschulen geworden sind, und deren höchste wissenschaftliche Einheit mit der Universität das Ideal der Sache — und vielleicht erlauben Sie mir hinzuzufügen das Ideal meines Lebens ist!

Wien im Juni 1875.

**Dr. Lorenz von Stein.**

# Inhalt.

# Die Universität und die Idee des Berufes.

Es ist Manches und Bedeutendes über die deutschen Universitäten, ihre Funktion und ihre Organisation gesagt worden. Sie haben selbst große Wandlungen erlebt und an großen Dingen Theil genommen. Wir wissen alle, was wir an ihnen haben; wir sind stolz auf unsre Universitäten. Wir sehen, was sie leisten, und wir sehen, wie wir von andern um diesen ächt deutschen Besitz beneidet werden, und wie sie allmählig sich bestreben, dieses machtvolle Gebilde bei sich einzuführen. Es ist darum wohl der Mühe werth, sich zu fragen, warum jene fremden Völker das thun; denn an ihrem Wunsche werden wir den Werth dessen kennen lernen, was wir besitzen. Es ist das aber, ehe wir weiter gehen, doppelt nothwendig. Denn es gibt viele und oft ganz verständige, welche schon darum glauben, es sei etwas in sich gut und vollendet, weil sie von andern darum beneidet werden. In allen irdischen Verhältnissen gilt aber das unerbittliche Gesetz der Geschichte, daß jedes Ding dann beginnt zu altern und abzusterben, wenn es sich für wesentlich vollendet hält in seiner Art. Die Deutschen, bisher durch ihre Bescheidenheit unter den Völkern eben so groß als durch das, was sie ohne Sucht nach lautem Ruhme wirklich geleistet, sind durch ihre Kraft und durch höhere Fügung auf eine Stellung unter den Völkern Europas erhoben worden, auf der die Geschichte ihren letzten und ernstesten Maßstab an sie legen wird. Das ist die Frage, ob sie sich selbst zu erkennen vermögen. Jedes Volk verliert in dem Augenblick den Stempel der ewigen Jugend, in welchem es mit Stolz glaubt daß es sich und der Geschichte genüge, und des Genusses seines Ruhmes froh, seine Zukunft nur im Besitz dessen was es hat, nicht in der mühevollen Arbeit nach dem noch Größeren zu finden weiß. Was das letztere aber sei, lehrt uns innerlich die angeborene Bescheidenheit, von der der Himmel verhüte daß wir sie verlieren, äußerlich aber das Streben anderer nach dem was wir selber besitzen. Denn es ist schon Hochmuth wenn man glaubt, daß jene das Unsere genau in derselben Weise wünschen wie wir es haben. Sie wollen es vielmehr stets aus einem bestimmten Grunde, und nur so weit als dieser Grund es fordert, oder sie wollen es weil sie hoffen, noch etwas Besseres zu leisten. Beides aber ist, jedes in seiner Weise, eine Mahnung an uns uns allen Ernstes umzuschauen, ob wir auch für die Zukunft dauernd in dem was wir haben, ein für jene zu erstrebendes Ziel besitzen werden, oder ob wir nicht das Gute bessern müssen, um die ersten nicht nur zu sein sondern auch zu bleiben. Denn es ist nicht genug ein großes und mächtiges Volk zu sein, um es auch zu bleiben. Die Erde ist ein großes Leichenfeld begrabener großer und mächtiger Staaten, und die Geschichte setzt ihnen ihre Leichensteine, oder entziffert sie. Das wahre Leben aber ist das, welches den großen Muth hat sich selber nicht zu genügen. Wer die Unsterblichkeit in der kommenden Geschichte will, nicht zufrieden mit der in der Vergangenheit, dem darf alles gegeben werden, nur nicht die arbeitslose Freude an dem was er ist. Im Ganzen nicht und in keinem Einzelnen; und in der That am wenigsten gerade in dem, worin man Nachstrebenden voraus ist. Zu dem letztern gehören für uns unsere Universitäten. Warum wollen jene dieselben, und worin besteht ihr Werth für uns?

Und hier nun müssen wir sogleich eines aussprechen was die Lobredner des Gegenwärtigen wenn nicht übersehen, so doch verschweigen, ein erstes Unrecht gegen die eigene Nation begehend, und sich selber rühmend indem sie das Ganze rühmen. Man sagt, die Deutschen seien das wissenschaftlich gebildetste Volk der Welt. Es mag für den mittleren Durchschnitt der Bildung richtig sein; aber anders stellt es sich, wenn wir die höchsten Punkte der Wissenschaft für sich betrachten. Es ist nicht wahr, daß das deutsche Volk vermöge oder ohne seine Universitäten in den höchsten Ergebnissen der geistigen Arbeit weiter wäre oder höher stünde, als die ihm ebenbürtigen Culturvölker. Sehen Sie sich um, wohin Sie wollen, und Sie werden im Gegentheil finden, daß die Leistungen der älteren Culturvölker Europas, namentlich Englands, Frankreichs, zum Theil selbst Italiens, Spaniens und Skandinaviens nicht etwa unter den unsrigen stehen, sondern sie in sehr vielen und großen Dingen geradezu überragen. Ich will hier gar nicht von der Politik, nicht von der Technik oder der Industrie und der sich an diese anschließenden Lehren und wissenschaftlichen Arbeiten sprechen; — oder glaubt jemand, daß das deutsche Volk darin eben die erste oder auch nur eine völlig gleiche Stellung mit dem einnehme, was jene sind und leisten? Im Gegentheil, wir werden sagen müssen daß wir hier noch immer zur Schule gehen, namentlich bei England und Frankreich. Oder behauptet das jemand von den mathematischen und astronomischen

Wissenschaften? Oder von der Naturwissenschaft, der Medicin, der Chemie und den dahin gehörigen Gebieten? Im Gegentheil, nach ernster Mühe sind wir erst jetzt dahin gelangt, uns hier den Engländern und namentlich den Franzosen ebenbürtig an die Seite stellen zu dürfen. Oder von der Rechtswissenschaft, in der wir aus Frankreich das Princip und System der Codifikation, ja ganze Gesetzbücher wie das Handelsrecht, aus England das der Volksgerichte und ihres Verfahrens uns erst haben aneignen müssen, selbst in dieser Reception nicht fertig, während jene des altgewohnten Besitzes froh sind? Oder selbst der Geschichte, in der wir für den Orient mit Mühe mit jenen rivalisiren, für die alte Welt mit ihnen zugleich und in gleicher Höhe lernen und lehren, oder für die neue Zeit, für welche ihre Geschichtschreiber die Welt beherrschen, und wir die Zimmer der Gelehrten? Oder für die Volkswirthschaftslehre, deren Grundlagen jenen, deren Einzeldisputationen uns gehören? Kann ein aufrichtig Verständiger behaupten, daß jene Völker der deutschen Universitäten bedürfen, um es vor dem Forum der Geschichte zweifelhaft zu machen, daß sie der deutschen Wissenschaft, die zwar breiter aber nicht tiefer ist wie jene, vollkommen an Höhe und Glanz, an Erfolgen und weltgeschichtlichem Einfluß ebenbürtig dastehen, ja sie übertreffen? Wagen wir es doch zu wissen — die Gipfel unseres geistigen Lebens ragen nicht tiefer hinein in den Aether der Wissenschaft trotz all unserer Universitäten und ihrer unendlichen Arbeit, als die ersten Männer jener Nachbarvölker. Verschieden vertheilt sind Größe und Ergebniß; aber die Sonnenlinie ist gleich, und es wäre ein ernstes Zeichen des Stillstandes unserer deutschen Cultur, wenn wir nicht den Muth hätten uns offen und vor ganz Europa zu sagen, daß weder England noch Frankreich, weder Italien, Skandinavien, noch selbst Rußland darum uns um unsere Universitäten beneiden.

Der wahre Werth derselben liegt vielmehr anderswo, und ich hebe ihn hervor, damit wir lernen uns über sein wahres Maß im allgemeinen nicht zu täuschen, und damit zugleich der Ausgangspunkt für das Folgende gegeben werde. Es ist gewiß ganz richtig wenn Sybel sagt, die Universitäten verbinden die Forschung mit der Lehre. Aber in der That, ist das für die Universitäten etwas ausschließlich gültiges? Erschöpfen sie darin ihr Wesen? Gibt es denn irgendwo in der Welt ein Institut des Bildungswesens, in dem das nicht der Fall wäre? Oder glaubt man denn sagen zu dürfen, daß das nicht auch bei den Fachschulen, bei den Gymnasien, ja sogar bei den Volksschulen unserer Gegenwart stattfindet? Haben nicht auch diese Organe unseres Bildungswesens neben ihrer großen und wahrlich jetzt hochstehenden Lehrthätigkeit Großes im Gebiete der Forschung geleistet? Dürfen wir nicht mit hoher Achtung auf ihre Literatur sehen? Das ist es nicht, was das Wesen unserer Universitäten ausmacht, obwohl es sich von selbst aus demselben ergibt. Dasselbe liegt in der That anderswo.

Lassen Sie uns, meine Herren, vor allem den Grundsatz aussprechen, der uns diesen Punkt finden lehrt.

Der Werth eines jeden Dinges und so auch der Universität liegt niemals in ihm selbst allein, sondern wesentlich in dem Verhältniß, in welchem es zu einer höhern oder allgemeinern Aufgabe des Gesammtlebens steht.

Nun sagen wir, daß dasjenige, wofür die Universitäten formell arbeiten, der Beruf ihrer Schüler sei. Man wird nun jeden Beruf, sei es der eines Beamteten, oder eines Geistlichen, oder Arztes, oder Oekonomen im weitesten Sinne zuerst als die Lebensaufgabe auffassen, mit welcher er die Summe des — sei es wiederum in der Form des staatlichen Gesetzes, oder der Theorie, oder der technischen Erfahrung — für jene bestimmte Aufgabe als geltend und richtig Anerkannten wirklich zur Ausführung bringt. Das ist der erste formelle Inhalt dessen, was wir einen Beruf nennen.

Da aber alles geltende oder als richtig anerkannte doch nur der Ausdruck einer bestimmten Stufe oder Gestaltung unserer werdenden Erkenntniß des absolut richtigen und wahren ist, und da mithin in jedem geltenden ein Etwas — sagen wir eine höhere Kraft oder Wahrheit — lebt, das in dem geltenden doch immer nur zur nie ganz vollendeten Erscheinung gelangt, so werden wir in dem wahren Beruf wohl einen höhern, größern Inhalt finden. Mit der Anwendung des für den genannten Lebensberuf Erlernten ist es nicht gethan. Der Beruf muß, das frühere vertretend, seinerseits sich auf immer das Bewußtsein von eben diesem höhern, über die formale Aufgabe des Berufs hinausgehenden Faktors — streiten wir noch nicht über die etwaigen Definitionen desselben — gewinnen und bewahren. Und er thut das, weil dieser Faktor, diese Kraft, diese Wahrheit, dieses Interesse, dieser nie ganz erreichte Zweck ja doch auch in dem augenblicklich gültigen lebendig ist und wirkt, und zwar in der Weise wirkt, daß er unaufhaltsam das Bestehende auflöst, um Neues und Besseres an dessen Stelle zu setzen. Es ist nicht möglich, dieß bestreiten zu wollen. Der Beruf hat daher neben der Aufgabe das Gültige und Gegenwärtige zu verwirklichen, die zweite, sich der in ihm schaffenden Kräfte des Lebens bewußt zu sein, und durch sie und mit ihnen in dem Gegenwärtigen das Künftige vorzubereiten.

Wenn nun ganz unzweifelhaft die Universität eben der Organismus der Berufsbildung ist, so ist es klar, daß sie ihre eigene Aufgabe dem Obigen zufolge in zweifacher Weise auffassen kann. Sie **kann** dabei stehen bleiben, dem Studirenden eben nur das Gegenwärtige und Gültige zu bieten, und ihn auf diesem Wege fähig machen die erste formelle Aufgabe seines Berufes zu erfüllen. Thut sie das, und insofern das nothwendig ist **muß** sie es thun, mag sie sonst eine Stellung einnehmen welche sie will, so wird sie diese Aufgabe nach ihren Gegenständen zuerst scheiden, und wird auf diese Weise das bilden, was wir das „Fach" nennen. Sie wird sich damit in Fächer theilen, und das werden, was wir als eine Einheit von Fachbildungsanstalten (Facultäten) bezeichnen. Das ist sehr wichtig und gut, aber das haben auch andere Nationen, wenn auch mehr oder weniger klar entwickelt. Eine einzige Verordnung kann das herstellen, wenn's fehlt; man kann es nachahmen wo andere es besser haben; aber ein anderes Volk zu **beneiden** und um solcher formalen Dinge willen hochzuschätzen, braucht man **darum** wahrlich nicht. Unsere Universitäten sind solche Fachschulen; ja; aber das ist **nicht** ihr Werth.

Die Berufsbildung kann aber auch höher stehen. Sie kann sich selber zum lebendigen Bewußtsein bringen, daß das, was sie als Aufgabe des Berufes lehrt, wie gesagt, doch nur ein unvollkommener Ausdruck eines gesuchten Vollkommenen ist; und sie **kann** dann das gesetzlich oder wissenschaftlich Gültige in **diesem** Sinne lehren. Thut sie das, so wird diese Lehre sofort einen andern Charakter annehmen, und einen andern Erfolg haben. Die Lehre wird in jenem Sinne stets und naturgemäß darnach streben, mehr eine Lehre der Kräfte als der Erscheinungen zu sein. Sie wird diese Grundlage in der Form zum Ausdruck bringen, in der ich die Kräfte welche die Erscheinungen erzeugen, überhaupt mir zum klaren Bewußtsein bringe; das heißt, sie wird nach Begriffen suchen, und diese gefundenen Begriffe zu einem Ganzen, zu einem System zu machen trachten. Der Begriff mit seiner Definition ist als Inhalt jeder Berufsbildung zuerst und vor allem das Kennzeichen dafür, daß die letztere sich über das zweckmäßige Abrichten der Berufsgenossen erhebt, und auf den tieferen Kern der Sache eingeht. Darin liegt der vielverkannte, und doch unschätzbare Werth der begrifflichen Begründung der einzelnen Sätze überhaupt. Sind Begriff und System gefunden, so werden sie durch ihre Definition zur geltenden Thatsache; und nun wird die höhere Berufsbildung diese Thatsachen nicht bloß als solche dem Gedächtniß für den formalen Begriff, sondern sie wird in ihnen zugleich die wirkende Kraft dem Geiste für die höhere Lebensaufgabe gegenwärtig erscheinen lassen. Sie wird zwar nie das Gegenwärtige vernachlässigen; aber sie wird vieles von ihm voraussetzen, anderes im Lichte ihrer Bestrebungen umgestalten, immer aber streben, sich von der objektiven und in der That für ihren höheren Standpunkt doch nur vergänglichen Form des Gegebenen frei zu machen, und zwar ganz gleichgültig dagegen, ob dieß Gültige ein staatliches Gesetz, oder ein wissenschaftliches Theorem oder ein Erfahrungssatz ist. Sie wird dadurch in ihrer Auffassung und Gestaltung das unendliche Leben und Werden in endlichen und fertigen Formen des Gültigen auf allen Punkten mit seiner Wärme und seinem Licht aufnehmen, und wird so aus den gegebenen zugleich lebendig sich entwickelnde Thatsachen machen. Das wird sie thun, und damit wird auch ihr Erfolg für den Lernenden und für das Gelernte ein anderer sein. Sie muß, einmal auf diesem Standpunkt stehend, den Schüler nöthigen, mehr zu denken als zu lernen; sie muß ihm selbst das Angelernte nur als eine zeitliche Gestalt ewiger Kräfte, also als etwas nicht zur absoluten Gültigkeit bestimmtes erscheinen lassen; statt für ihn zu arbeiten, muß sie mit ihm arbeiten. Und dadurch wird auch der Lernende ein ganz anderer werden. Statt bloß zu empfangen, muß er sogleich beginnen zu urtheilen; statt nur an die Verwerthung des Gelernten in seiner gegebenen Praxis zu denken, wird er zugleich an dem Fortarbeiten Theil nehmen, in dem alle diese Dinge begriffen sind; in dem Alten wird er das Neue, in dem Guten das Bessere mit empfinden, und aus der Empfindung zur selbstthätigen Arbeit sich erheben. Wohl hat das auch seine großen Nachtheile; neben dem Lichte steht der Schatten. Denn wo die unmittelbare Empfängniß des Gegebenen aufhört, beginnt mit dieser eignen Arbeit auch der Zweifel, und wo das Selbstgefundene zum Bewußtsein gelangt, tritt neben die sittliche Befriedigung leicht Eigendünkel und Hochmuth, und die selbstgefällige Zuversicht des einen reicht der zaghaften Unsicherheit des andern die Hand. Aber das Gesammtergebniß bleibt dennoch ein gewaltiges. Nicht daß gerade Neues und Unerhörtes dabei den ruhigen Gang des wissenschaftlichen Fortschrittes zu überraschen brauchte; es ist sogar ganz wohl möglich, daß diese Berufsbildung eben so viel, ja mehr vom fremden geistigen Gut in sich aufnimmt, als sie selber durch eigene Forschung gewonnen hat; aber das was sie bietet, empfängt in der Hand derer, die sie zu beleben verstehen statt sie bloß zu belehren, eine andere Gestalt als da, wo die Masse bloß lernt statt mitzuarbeiten. Will man das verfolgen, so breitet sich ein fast unendliches Feld vor uns aus; wir dürfen es hier nur bezeichnen, aber nicht betreten; dennoch ist es gerade dasjenige, auf welchem wir den letzten und höchsten Werth unserer deutschen Universitäten zu finden haben. Das größte und gewaltigste was die Menschenwelt besitzt, ist die Individualität, jenes eigenthümliche sich mit sich selbst erfüllen; denn erst in der Individualität beginnt die Unendlichkeit des geistigen Lebens, die mit der bloßen Wahrheit innerlich und mit der Erkenntniß desselben abgeschlossen ist. Die wahre Individualität aber ist vor allem ein Produkt der eigensten Arbeit; in ihr vollzieht sich die zweite Schöpfung des Geistes; in ihr erschafft er sich selbst durch sich selber. Darum aber ist auch ihr Werth ein so unendlicher; denn sie ist die Quelle der Kraft, welche dem Einzelnen auch für das Leben um ihn her, für die Gemeinschaft zu einem schöpferischen Element erhebt. Das gilt für jeden Theil unserer Entwicklung, für das physische Leben wie für die wirthschaftliche Arbeit; das gilt auch für die Berufsbildung. Und das nun ist wohl kein Zweifel mehr, daß während die formale Berufsbildung aus dem Menschen und seiner Arbeit bloß ein technisches Element des Gesammtlebens macht, erst die höhere ihm das höhere, die Individualität und ihre Kraft in der Berufsbildung verleiht. Sie ist es die aus ihm etwas Selbstarbeitendes macht, sie zieht ihn mächtig heran an die große Werkstatt des Werdens, und erst in ihr werden die Töne verständlich, die aus der von uns nur geahnten Welt des arbeitenden Geistes in die reiche und freundliche Ordnung ihrer fertigen Gestaltungen herüber klingen. Und das kann, das soll und das thut die deutsche Universität. Das ist ihr Verständniß des Berufs und der Berufsbildung, für die sie arbeitet. Hier, gerade in dem worin sie nicht mit sich und ihrem Stoffe fertig ist, ist sie eine Macht; gerade weil ihr das nicht genügt was dem augenblicklichen Leben genügen muß, steht sie an der Spitze des geistigen Fortschrittes, und ob sie es nun sagen und wissen oder nicht, um dieser Macht über die Berufsbildung willen, die in unsern Universitäten lebt, beneiden uns die andern. Denn ob sie alles haben und ob sie in ihren einzelnen großen Geistern auch alles leisten und uns selbst vorangehen mögen — das können sie nicht, weil ihre Berufsbildungsanstalten doch nur Fachbildungsanstalten sind; sie können sich nicht über ihren Stoff erheben, sie wollen es eigentlich auch nicht; jene ewige Arbeit mit ihrem Fortschritte ist bei ihnen auf das höher begabte, aber zufällige Individuum angewiesen, bei uns ist sie dagegen in unsern Universitäten die allgemeine Aufgabe unserer, sie beständig ihrem eigensten Wesen nach verfolgenden Arbeit der Lehre und der Forschung. Und das sind unsere deutschen Universitäten; darum sind sie die Heimath der deutschen Wissenschaft. Denn das ist Wissenschaft, nicht bloß wissen was ist, sondern wissen wollen, was das Seiende schafft. Und darnach strebt unsere Berufsbildung die im Ganzen wie in jedem einzelnen Fache diesen Drang in die innerste Brust jedes ihrer Jünger zu pflanzen verstanden hat!

So ist dem jetzt. Aber wohl ist es Zeit, daß wir neben dem glänzenden Bilde, das wir hier entrollen, nun auch die Schattenseite zeigen.

Es ist allerdings nicht zu läugnen, daß gerade jene Aufgabe, die unsere Universitäten belebt und durchglüht, zunächst eine sehr bedenkliche Folge hat. Das ist eine große Verfahrenheit in der Auffassung nicht bloß aller Dinge, sondern vielmehr jedes einzelnen Gebietes desselben. Wo das letzte Ziel in der individuellen Gestaltung und Kraft des Lebens liegt, da kann sich nicht zugleich die formale Abgeschlossenheit desselben erzeugen, die freudenvolle Hingabe an das Bewußtsein, mit andern dasselbe zu sein und zu denken. Das ist nicht immer gut; gewiß ist aber, daß es zunächst den Charakter unseres ganzen Lehrganges beherrscht. Es ist fast nicht zu viel gesagt, wenn man behauptet, daß jeder Docent seine Wissenschaft liest, und jene Individualität seiner geistigen Arbeit oft mehr in der Negation fremder Ansichten als in der gründlichen harmonischen Durcharbeitung der eigenen sucht. Wie vieles und wie viele werden nicht von der Ansicht, ja wir möchten fast sagen von dem Instinct beherrscht und im Einzelnen wie im Ganzen geleitet, daß wer nicht eine besondere Auffassung vertrete, eigentlich gar keine habe. Und jener im Grunde so höchst merkwürdige, selbst zum Gesetze gewordene Satz, daß nicht bloß die Lernfreiheit, sondern auch die Lehrfreiheit gelte, — ein Satz der eigentlich mit dem innersten Wesen der Fachbildung in unlösbarem Widerspruch steht, wenn man seine formalen Consequenzen zieht — ist zum Ausdruck für jenes Streben geworden, so weit als möglich an die Stelle der objectiven Wissenschaft die individuelle Gestaltung derselben zu setzen. Freilich hat das Fachwesen sich durch die objective Continuität der Lehre und des Lernens erhalten, und wenn wir in unsern Universitäten auf etwas stolz sein können, so ist es eigentlich das hochbedeutsame Vertrauensvotum, das die Gesetzgebung in jenem Satze einerseits der festen Ordnung der deutschen Berufsbildung, andrerseits der tüchtigen Arbeit der Docenten gegeben hat. Denn in der That, jene Auflösung nicht bloß der allgemeinen sondern sogar der Fachwissenschaft in das subjective Belieben für die Art und die Wahl der Lehre findet doch im Bewußtsein des Ganzen sein festes Gegengewicht, und es ist niemandem zweifelhaft, daß trotz jener „Freiheit“ doch der ganze methodische Gang des Studiums, sich selber durch die Natur der Sache stets wieder erzeugend, mit und ohne jenes Gesetz dasselbe geblieben ist. In der That ist es wohl der Beachtung werth, wenn auch nie beachtet worden, daß jene Freiheit nur den Universitäten gegeben worden ist, weil nur sie vermöge ihrer höheren Natur sie ertragen können; die eigentlichen Fachschulen haben sie nie bekommen, und können sie nie haben. Denn bei diesen ist und bleibt der objective Inhalt die Hauptsache. Jene aber haben die größere Aufgabe, bei dem Gegebenen weder in der Arbeit ihrer Lehrer noch in der Auffassung ihrer Schüler stehen zu bleiben, sondern in den lebendigen Kern der Dinge einzudringen, und die neue geistige Welt in der alten zu vertreten. Die „Freiheit," die man ihnen gegeben, ist damit für sie zu einer sittlichen Pflicht geworden, und daß sie dieselbe wenn auch im Einzelnen mißverstanden, doch im Ganzen verstehen, das ist die Berechtigung und die Kraft des geistigen Lebens an unsern Universitäten.

Wenn dem nun so ist — und dem ist so — wie kommt es dann, daß gerade in unserer Zeit, wo das übrige Europa auf unsere Universitäten mit Achtung und mit Neid blickt, bei uns selber gegen das deutsche Universitätswesen so ernste Bedenken erhoben werden? Denn wir dürfen uns nicht täuschen — es gibt eine „Universitätsfrage." Jedesmal wo irgendwo eine solche „Frage" entsteht, bedeutet sie, daß bei allem Werthe den eine Sache haben mag, dennoch eine Kluft sich zwischen dem wirklichen Leben und den Organen gebildet hat, die ein Ungenügen der letztern für das erstere, das Bedürfniß wenn nicht einer neuen Ordnung, so doch eines neuen Standpunktes der letztern bedeutet. Und was ist in diesem Sinne die Universitätsfrage? Oder gibt es jemand in der praktischen oder der wissenschaftlichen Welt, der die Existenz einer solchen einfach verneinen möchte? Wohl aber haben diejenigen Recht, welche da sagen, daß es nichts nutzloseres gebe als das leere Behaupten einer solchen Frage, oder das allgemeine Reden über Reformen deren Grund und Zeit zu untersuchen man andern überläßt. Wir haben in unserer Zeit zu viel zu thun, um uns gar zu lange in solchen Phrasen zu ergehen; wer da meint, daß solch ein Etwas wirklich existire, der möge vor allem versuchen es zu formuliren und ihm seinen bestimmten Inhalt zu geben. Vermag er das nicht, so möge er warten mit Wort und Forderung bis er diesen gefunden; denn wenn es erklärlich bleibt daß jeder ihn fühlt, so ist es für die Männer der Wissenschaft nicht verzeihlich, ihn nicht mit derselben Bestimmtheit sich zum Bewußtsein zu bringen, nach der sie doch in allen andern Dingen zu streben wissen. Was ist also diese „Universitätsfrage?" Was fehlt den Universitäten Deutschlands und was will man eigentlich von ihnen?

Wollen Sie mir in dem Versuche folgen, dieß im Ganzen und für einen der Haupttheile derselben zum bestimmten Ausdruck zu bringen?

# Das Wesen der höheren Berufsbildung für das Recht.

Man kann, glaube ich, den tiefgehenden Unterschied der gesammten geistigen Bildung und innerhalb derselben namentlich auch den der Universitäten unseres Jahrhunderts von dem vergangenen in der Hauptsache auf Einen Punkt zurückführen.

Während in den verflossenen Jahrhunderten das gesammte Bildungswesen, namentlich aber die Universitäten den Charakter eines esoterischen Gebietes des geistigen Lebens, gleichgültig gegen Meinungen, Schmerzen und Wünsche der Welt außerhalb ihres Kreises an sich trugen, gehört in unserer Zeit das, was die Universitäten besitzen und erwerben, dem Gesammtleben des Volkes. In tausend Kanälen strömt es hinaus und wird nicht bloß für das höhere Culturbewußtsein, sondern auch für das tägliche Leben verwendet und verwerthet; die alte Scheidewand ist in der Sache noch mehr als in der Form gebrochen, und jede Arbeit ist von dem Bewußtsein gehoben und durchdrungen, daß allen alles gehören soll.

Es hat aber diese große Thatsache eine Folge, welche uns manche Dinge aus einem nicht allen nahe liegenden Standpunkt betrachten lehrt.

In der geistigen Welt gibt es kein bloßes Empfangen. Wo immer es sich um geistige Dinge handelt, entsteht ein Geben und Nehmen von beiden Seiten. Es kommt nur darauf an, dasselbe richtig zu verstehen.

Das Gebiet des Wissens und der Lehre ist unendlich; Gestalt und Grenze des in beiden gegebenen beruhen aber zunächst auf dem Gebenden selbst. Eine esoterische Form nennen wir nun diejenige, welche ohne sich um geistiges oder praktisches Bedürfniß des Empfangenden zu kümmern, oder auf die Fragen zu achten, die ihm entstehen mögen, einfach das bietet, was gerade sie für richtig und nützlich hält. Dieselbe kann nun sehr tief gedacht und sehr wahr sein; aber sie wird schwerlich auch mit ihrem Besten dem Gewöhnlichen genügen. Ihr Inhalt kann ein großer Schatz sein, aber dem für das Gesammtleben unbehobenen Schatz fehlt der Werth, den erst ihr Verhältniß zur wirklichen Arbeit gibt. Die Wahrheit aber und ihr Werth für diese wirkliche Arbeit stehen doch nicht außerhalb des Lebens dieser Erde. Wir fühlen und wissen vielmehr, daß dieses Leben die werdende Wahrheit selber ist. Wo ein Volk das zu verstehen beginnt, fällt jene esoterische Wissenschaft und Lehre fast von selbst vom Baume der lebendigen Arbeit ab, oder wenn sie einen tieferen Inhalt hat, wird sie von der letztern mit allgewaltiger Hand erfaßt und muß sich der Macht derselben beugen und ihre Schranken fallen lassen, widerwillig, langsam, oft mit lauter oft mit stiller Klage der tempora acta, immer aber fallen die Schranken dennoch, und das Wissen wird Gemeinschaft des Besitzes und der Arbeit.

Jene Schranken aber haben eine doppelte Natur und darum auch eine doppelte Folge. Beide aber stehen mit einander in Wechselwirkung.

Sie sind äußerliche, wo das formale Recht sie zieht, und den Erwerb des Wissens an Vorrechte bindet. Wo diese fallen, gibt es noch innere Schranken. Diese bestehen darin, daß Wissenschaft und Lehre das wirkliche Leben nicht in sich aufnehmen und durch Form und Inhalt dem Gedanken und der geistigen Arbeit aller derer so gut als unzugänglich werden, die sich und ihr ganzes geistiges Sein ihnen nicht hingeben wollen oder können.

Unter allen Gebieten, welche die Wissenschaft und Lehre der Unisität in ihren Kreis gezogen, ist nun ohne Zweifel die Rechtswissenschaft diejenige, bei welcher das Wissen selbst auf der einen Seite und das wirkliche Leben auf der andern am meisten leiden, so lange jene Schranken noch in dieser oder jener Form bestehen. Denn das ist gewiß, daß das Recht einem Volke und Staate nie von außen kommen, oder von außen her für dasselbe gelten kann und soll. Es ist zu innig mit allem verschmolzen, worin sich das Leben des Volks in öffentlichen und privaten Dingen bewegt, um nicht zuletzt doch in seinem Kerne das Eigene aller derer werden zu müssen, für die es gelten soll. Wie und warum das ist, das genauer und theoretisch zu entwickeln, wird man uns an dieser Stelle noch erlassen; aber die Thatsache selbst wird wohl kaum ein Verständiger bestreiten. Wir sind, denke ich, einig, daß man ein Recht nicht *ohne* sein Volk und ein Volk nicht ohne *sein* Recht denken kann.

Wenn ich mir diesen Satz genauer betrachte, so ist er doch nicht so einfach, wie er auf den ersten Blick erscheinen mag.

Natürlich hat jedes Volk sein Recht; es kann praktisch ohne eine Gesammtheit von geltenden Rechtssätzen nicht leben. Es kann dieselben aus sich erzeugen, es kann auch fremdes Recht als für sich gültig aufnehmen und es dadurch formell zu seinem Recht machen, aber sein ist immer das Recht, das ihm gilt. Wenn ich nun diese Gesammtheit von geltenden Rechtsbestimmungen als Gegenstand der objektiven Kenntniß irgendwie und irgendwo zusammenfasse, so entsteht das, was wir die Rechtskunde nennen. Auch eine Kunde seines geltenden Rechts hat jedes Volk irgendwie und irgendwo. Sie kann gut und schlecht organisirt sein, aber vorhanden ist sie, und wenn man das Volk von der Theilnahme an dieser Kenntniß seines eigenen geltenden Rechts ausschließt, so bricht es sich Bahn und verschafft sich dieselbe dennoch, bald in dieser, bald in jener Weise. Es ist auch natürlich daß wo es überhaupt ein Bildungswesen gibt, diese Kenntniß des geltenden Rechts alsbald einen wesentlichen, nie fehlenden Theil der Aufgaben jenes Bildungswesens wird; so oder so, vorhanden ist sie immer. — Ist es nun das, was was wir meinten, indem wir von der Rechtsbildung sprechen, die sich als Theil unserer Universitätslehren hinstellt?

Schwerlich. Denn das geltende Recht ist nicht eine feste ruhende Masse, sondern es ist vielmehr ein stets wechselndes und werdendes Leben. Es ist daher gar keine Frage, daß es bei der Rechtswissenschaft zwei Dinge zugleich gibt, um die es sich handelt, und daher auch ein zweifaches Verhältniß zu denen, welche sich der Rechtswissenschaft hingeben. Das eine ist das geltende positive Recht, das andere ist die Kraft, welche es erzeugt hat, und damit den Kern und die Quelle bildet, aus welcher jener Wechsel hervorgeht. Wie das weiter sich verhält, dürfen wir später bezeichnen. Gewiß ist aber darnach, daß jede Rechtswissenschaft eine unvollkommene ist, so lange sie sich nur mit dem geltenden Recht beschäftigt und dieses lehrt. Gewiß ist ferner, daß sie unvollkommen bleibt wenn sie nichts als diese Lehre jedem in jeder Form zugänglich macht, auch wo sie alle Schranken für den Erwerb der Kenntniß des Rechts beseitigt. Denn gewiß bleibt es, daß eine Auffassung, welche in dem Recht nur das Gegebene sieht, von dem Leben des Rechts nur die eine Seite erkennt, und daher oft, während das neue Recht schon das alte überwächst, wirklich schon in der Geschichte steht, während sie selbst den Schein der Wirklichkeit vor sich herträgt, weder dem Verständniß des Vergangenen noch dem des Gegenwärtigen genügend.

Offenbar nun stünde unter den verschiedenen Völkern dasjenige am höchsten, welches in seiner Wissenschaft und Lehre nicht bloß das geltende, sondern auch den Proceß des werdenden Rechts lebendig in sich trüge, und das Volk und sein Bewußtsein mit dem Verständniß beider Faktoren zugleich erfüllte. Allerdings müßten jene das in der Weise thun, daß sie mit ihrem wesentlichen Inhalt auch jedem zugänglich und verständlich wären, und nicht grundsätzlich auf Voraussetzungen ruhten, deren Erwerb nur dem speziellen Berufsarbeiter, nicht aber in dem Gebiete der allgemeinen Bildung erzielt werden kann. Denn in der That, wäre das letztere der Fall, so würde sich das wahre Verhältniß verkehren. Die Kenntniß des Rechts wäre Gemeingut des Volks, die Kenntniß der Gründe und Faktoren des Fortschrittes bliebe ausschließliche Sache der Juristen; die Schranke für das erste wäre zwar gefallen, die Schranke für das letztere aber wieder hergestellt. Wollen Sie ein concretes Beispiel für dieß Verhältniß, das jene Sätze wenigstens theilweise erklärt, so blicken Sie auf das Rechtsleben Frankreichs mit seinen Codes die jeder in der Tasche trägt, und seine Kammern in denen über die neue Rechtsbildung nur die ersten Fachmänner sprechen. Da wir aber wohl mit gutem Recht die Erkenntniß des geltenden Rechts aus seinen Gründen und wirkenden Faktoren und mit ihr die wahre Theilnahme an der Bildung des neuen Rechts das Rechtsbewußtsein nennen, so würde eine solche Wissenschaft und Lehre ein Volk bilden, das zwar ein geltendes Recht und im günstigsten Falle auch eine Kenntniß desselben hätte, dem aber das lebendige Rechtsbewußtsein fehlte. Uns scheint das klar.

Blicken wir jetzt zurück auf das, was wir von den Universitäten und ihrer hohen Funktion im geistigen Leben des deutschen Volkes gesagt haben. Sie eben sind es, von welchen wir das Verständniß und die gemeinfaßliche, auch der mittlern Bildung zugängliche Formulirung nicht bloß des Bestehenden, sondern auch jener gewaltigen Kräfte zu fordern haben, welche das Seiende auf allen Punkten bewegen. Wir sagen daher und gewiß mit gutem Recht, daß eine Bildungsanstalt, welche nichts thut als das geltende Recht vortragen und damit nur eine Bildungsanstalt für die Rechtskunde ist, in der That weder für sich den Namen einer Universität noch selbst den einer Fakultät im höheren Sinne des Wortes verdienen würde. Sie ist nur eine Rechtsschule, eine Ecole de droit. Es kann sehr füglich dabei eintreffen, daß die juristische Literatur desselben Landes für einzelne Theile der Rechtswissenschaft in so hohem Grade ausgezeichnet ist, daß sie derjenigen eines Volkes mit wirklichen Universitäten weit vorausgeht, wie dieß z. B. für Frankreich mit seinem öffentlichen Verfassungs- und Verwaltungsrecht gegenüber Deutschland der Fall ist; allein die allgemeine Rechtsbildung steht denn doch immer tief unter dem ersteren, und selbst da, wo wie in Frankreich und England jedermann das geltende Recht kennt und das Bewußtsein von den einzelnen Sätzen desselben klar in sich trägt, müssen wir in unserem Sinne sagen, daß ihm das große Element des höheren, das werdende Recht beherrschenden Rechtsbewußtseins nicht gegenwärtig ist. Und nun ist es wohl kein Zweifel, daß im allgemeinen geredet gerade hier der Werth unserer deutschen Universitäten für die Zukunft unseres Rechtslebens liegt, und daß, wenn wir einmal so weit kommen, das zur Vollendung zu bringen was hier in einem freilich noch sehr unklaren Sinne gegeben ist, das Rechtsbewußtsein des deutschen Volkes das tiefste und gewaltigste sein wird, das es je in der Geschichte gegeben hat. Denn mag man unsere Fakultätslehre beurtheilen wie man will — und wir werden sie hart genug beurtheilen — den Vorwurf wenigstens kann man ihr nicht machen, daß sie sich wie eine Ecole de droit in der Behandlung des Gegebenen und Geltenden erschöpft, da sie sich zur Hälfte mit dem Gegebenen gar nicht beschäftigt und zur andern Hälfte sich über das Wesen der Geltung keine Rechenschaft ablegt. Im Gegentheil ist es der ganz unverkennbare und wie wir keinen Augenblick anstehen zu sagen großartige Charakter unserer Rechtswissenschaft, daß sie von Anfang bis zu Ende außerhalb des Positiven ihren Standpunkt nimmt, und daß sie um so mehr denken lehrt, je weniger die Kenntnisse die sie mittheilt, für das praktische Leben zu brauchen sind. Und wenden wir uns dem großen Princip der Individualität zu, so ist es keinen Augenblick zu bezweifeln daß jeder durch eigene und individuelle Arbeit die Verbindung der Jurisprudenz die er lernt, mit geltendem Recht des wirklichen Lebens selber finden muß; denn nicht einmal den Weg dazu weist ihn die Lehre, und wenn der junge Mann die Universität verläßt, so „tritt kein anderer für ihn ein," um so weniger je gründlicher er seine jura absolvirt hat. Der Vorwurf der mechanischen Erziehung zur positiven Rechtskunde ist wahrlich der allerletzte den man unseren Facultäten machen wird.

Etwas wesentlich anderes ist es dagegen allerdings, wenn wir nun zu der ernhaften Frage kommen, ob bei ihrer Unklarheit über positives Recht und seine Behandlung das Princip und der thatsächliche Bildungsgang an unseren Facultäten nun ihrerseits im Stande sind, jenes höhere Rechtsbewußtsein zu verleihen von dem wir gesprochen haben. Es kann wohl kaum etwas nützen, darüber im Allgemeinen zu reden. Die Sache ist eine so ernste, daß es unerläßlich ist sich über dieselbe auch im Einzelnen die klarste Rechenschaft abzulegen. Versuchen Sie daher mit mir vor allem, die Forderungen zu formuliren, die wir stellen müssen, wenn jenes Ziel erreicht werden soll.

Mag man nämlich zuerst jenes höhere Rechtsbewußtsein so hoch anschlagen als man will, das Erste bleibt denn doch daß die Lehre vor allem ein klares Bild des wirklich Geltenden gebe, so daß der positive Rechtszustand jedes bestimmten Landes, und zwar in ganz bestimmter Beziehung zu eben diesem Lande dem ja das Leben des Schülers angehört, ihm wie ein festes, objektives Ganze vor Augen stehe. Das ist das Fundament alles Weiterarbeitens; auf diesem Gebiete soll jede Universität vor allen Dingen eine „Rechtsschule" sein und bleiben.

Das zweite ist und bleibt, daß in diesem Bilde die beiden großen Gebiete desselben, das öffentliche und das Privatrecht, mit gleichem Maße gemessen und für jenes so gut als für dieses nur erst einmal eine feste Grundlage gefunden werde; denn das wissen wir jetzt, daß keine wesentliche Aenderung des einen ohne eine entsprechende des andern vor sich geht, und daß daher, wo eine Gleichstellung beider Gebiete nicht einmal in der Rechtskunde gewonnen ist, von einem höheren Rechtsbewußtsein gar keine Rede sein kann. Ja, es kann sich sogar ergeben daß selbst bei einem in seinen Fähigkeiten ausgezeichneten Volke durch die grobe Vernachlässigung des einen auch das zweite trotz aller Mühe so unfertig bleibt, daß die einfache Rechtsschule die beides im richtigen Verhältniß lehrt, besser wirkt als die edelste Universität, die sich einseitig nur einer von beiden Disciplinen als der eigentlichen Hauptsache hingibt.

Das dritte nun bezieht sich auf diejenige Arbeit einer Universität, vermöge deren sie eben jenen von uns bezeichneten höheren Inhalt des Rechtslebens, die in ihm lebendig wirkenden Kräfte verarbeitet. Es gibt nichts größeres und bedeutenderes, als eine solche Aufgabe. Auch ist sie nicht mit diesem oder jenem einzelnen Fache zufrieden. Ihrem Wesen nach muß sie alle zugleich umfassen und ergründen und sich selbst den Weg bezeichnen und bahnen, den sie gehen will. Aber das ist einleuchtend, daß alle solche Arbeiten oder Theile und Gebiete der Discipin zuerst wissen und festhalten müssen, in welchem Verhältniß sie zum positiven Rechte stehen: denn sonst werden sie entweder Verwirrung und damit Erfolglosigkeit, oder falsche Auffassungen und damit falsche Erfolge für das wirkliche Rechtsleben erzielen. Gerade auf diesem Gebiete muß man daher mit allem Ernste, mit allem Nachdruck fordern, daß die Disciplinen die hierher gehören, nicht bloß selbst ein vollkommen klares Bewußtsein von ihrem Verhältniß zum Positiven haben, sondern daß sie dieses Bewußtsein auch in ihrer Darstellung und Lehre festhalten, und daß das Kennen des Rechts nicht in der Spekulation nach den Gründen desselben oder in der historischen Forschung zu Grunde gehe. Es ist daher gerade bei einer solchen Richtung nicht genug, daß man jenes im Allgemeinen fordere. Im Gegentheil muß jede einzelne Disciplin für das was sie hier thut oder unterläßt, verantwortlich sein, und was eben so wichtig ist, verantwortlich gemacht werden. Das öffentliche Rechtsleben, indem es jene an sich unschätzbaren Bestrebungen in sich aufnimmt, hat daher die Pflicht, sich über das was es hier zu fordern hat, Rechenschaft abzulegen. Es darf mit dem an sich Vortrefflichsten nicht zufrieden sein; in dem Augenblicke wo dasselbe die Schwelle der Universität überschreitet muß es dafür sorgen, daß sein

Verhalten zum wirklichen Rechtsleben schließlich Ausgangs- und Endpunkt jeder solcher Disciplin sei, und über der Kritik des rein wissenschaftlichen Werthes muß daher für die Aufgabe der Universität zugleich die des praktischen — der Beziehung zum wirklichen Rechtsleben — stehen. Verschwindet die zweite um der ersten willen, so verschwindet mit ihr zuletzt die belebende Kraft mit der eine solche Lehre in das wirkliche Rechtsleben hinein zu greifen fähig ist, und es entsteht ein wunderlich verwirrter Zustand, in welchem das positive Recht in der Rechtslehre keine Heimath, die Idee des höheren Rechtslebens außerhalb derselben keinen Einfluß hat, und wo sich daher Leben und Lehre äußerlich durch die geltende Ordnung verbunden, innerlich trennen — die Schranken zwischen Wissenschaft und Leben, rechtlich beseitigt, richten sich thatsächlich wieder auf, die Einwirkung des besten was die edelsten Kräfte des Volkes in der ersteren leisten, geht für das zweite verloren, das positive Recht gehört dem Volke, das Bewußtsein vom Wesen und Werden desselben seinen Gelehrten, und der Esoterismus ist wiedergeboren mit all seinen Folgen. Deßwegen nun müssen wir jene dritte Forderung mit allem Ernste betonen, und schwerlich wird jemand ihre volle, an sich unabweisbare Berechtigung in Frage stellen.

Allerdings aber hat nun das wieder eine nicht minder bedeutende Voraussetzung, und die nicht minder nachdrückliche Forderung der letzteren bildet die vierte Bedingung dafür, daß aus der Arbeit der Lehre ein wirkliches Rechtsbewußtsein des Volkslebens werde. Sind nämlich im Rechte wirklich solche Kräfte lebendig welche dasselbe schaffen und gestalten, so genügt es wahrlich eben so wenig, daß man das im Allgemeinen anerkenne und zugebe als daß man dieselben bloß ahne und fühle. Es ist vielmehr klar daß sie selber so gut wie das was sie wiederum erzeugen, Gegenstand ernster Forschung und selbständiger Darstellung sein müssen. Es ist ferner nothwendig, daß die Arbeit der Berufsbildung sie nicht bloß für sich behandle und daraus wieder für sich bestehende Wissenschaften mache, sondern daß sie auch auf jedem Punkte für das Bewußtsein des Lernenden mit demjenigen in innige und lebendige Verbindung gebracht werde, womit sie ihrem Inhalte nach in solcher Verbindung stehen. Denn für die Rechtswelt sind sie ja eben nicht selbständige wissenschaftliche Gebiete für sich, sondern sie sind es, welche dem positiven Recht das Rechtsbewußtsein verleihen sollen. Und diese ihre große Funktion soll an ihre Stirn geschrieben sein, damit sie nicht bloß überhaupt wissenschaftlich, sondern, um uns des Wortes zu bedienen, auch juristisch empfangen und wiedererzeugt werden. Wo das nicht geschieht haben sie nur ihren halben Werth; sie stören das Rechtsleben dann mehr, als sie es fördern; denn es ist ein eigenthümliches und doch hochorganisches Gesetz des geistigen Lebens, daß jeder Theil einer Wissenschaft, dem nicht seine volle und wahre Berechtigung im Ganzen zu Theil wird, gegen das Ganze wie gegen die andern Theile stets als scharfe und wesentlich negative Kritik auftritt und Entfremdung des Kritisirten von der Arbeit erzeugt, statt diese in jener zu fördern. Freilich, wenn diese Wissenschaften die rechtbildenden Gewalten sind was sie sein sollen, und wirken wie sie wirken können, so geht aus ihren Händen ein Verständniß des Rechts hervor, das sich dereinst wird rühmen können, das Höchste zu leisten was menschlicher Geist auf diesem Gebiete zu leisten im Stande ist.

Dieses nun sind wie wir glauben die Forderungen, welche wir an eine Universität gegenüber einer Rechtsschule richten und deren Befriedigung das Rechtsbewußtsein in der bloßen Rechtskunde wach rufen werden. Und jetzt dürfen wir die Frage stellen, ob unsere Universitäten diesen Forderungen entsprechen?

Denn, und das wird jetzt wohl klar sein, eben diese Frage ist die wahre Universitätsfrage unserer Zeit, wenigstens in Beziehung auf die Rechtslehre. Und sie beginnt brennend zu werden, denn hundert Anzeichen belehren uns, daß sie nicht mehr bloß im Reiche der Theorie aufgeworfen wird. Möchte es uns gelingen, Ihre Aufmerksamkeit wenn auch nur für einen Augenblick gerade auf diesen Punkt zu fesseln!

Das allerernsteste und bedeutsamste Symptom, daß jene Frage für unsere Rechtswissenschaft nicht bloß existirt, sondern in gewissen Kreisen schon entschieden ist, ist ohne Zweifel die Reducirung des früheren Quadrienniums der (preußischen) Rechtsstudien auf ein Triennium. Ein härteres Urtheil kann man über die wissenschaftliche Rechtsbildung eines ganzen Volkes gar nicht aussprechen, als in einer solchen scheinbar einfachen Bestimmung neben welcher, um ihr noch höheres Relief zu geben, die zweite steht, daß der Philologe vier und der Mediciner mit der Klinik gar fünf Jahre studirt, um seinem Berufe gewachsen zu sein. Ein Triennium heißt nicht drei Jahre studiren, sondern heißt, daß ich in drei Jahren mit dem Studium fertig werden und daß ich das Weitere der einfachen Praxis überlassen kann. Ist denn das, ernsthaft gesprochen, anders erklärlich als durch die Annahme, daß in dem Studium mir eben zu wenig geboten wird, um vier Jahre meines empfänglichsten Lebens damit auszufüllen? Ist es eigentlich denkbar, daß irgend eine vernünftige Regierung glauben sollte, der junge Mann der Praxis gehe nach abgelegtem Examen noch weiter in der eigentlich wissenschaftlichen Ausbildung, wenn er die Universität einmal verlassen? Glaubt irgend ein Verständiger, daß man die Auscultanten-, und Referenten- oder Advokatenprüfung auf jene Elemente jemals wird richten können, welche wir als die lebendige Quelle der nie ruhenden Rechtsbildung bezeichnet haben? Und wenn das niemand je gemeint hat, was heißt denn jene Beschränkung der Bildungszeit anders, als daß die Universität doch eben jene Bildung nicht gibt, für die ein Jahr Reife mehr oder weniger so entscheidend wirkt? Wenn sie es thäte, wenn sie wirklich das großartige Leben der Rechtswelt dem Geiste und Herzen ihrer Jünger zur Anschauung, den eigenen Beruf zum arbeitenden Bewußtsein brächte, wenn Deutschlands Recht als ein Ganzes sich an der Universität erzeugte und als feste Gestaltung der Bewegung der Güter und der Gesellschaft das Leben formulirte, wenn man die Ueberzeugung hätte, daß die Disciplinen der Facultäten wirklich etwas anderes und größeres leisten als die wirkliche Praxis je bieten kann — würde man jemals die ohnehin kurze Studienzeit noch mehr verkürzt haben? Wenn die Universität auch dem Fachmanne jene allgemeine Bildung, auf die wir mit Recht so stolz sind, beibrächten und sie zum inwohnenden und mitwirkenden Faktor seiner Rechtsbildung machten, würde man dem Studium im Triennium die Möglichkeit genommen haben, jene allgemeine Bildung sich anzueignen? Ist es eigentlich möglich sich zu verhehlen, daß in jenem Triennium der Gedanke der bloßen Abrichtung uns in fast unverhüllter Gestalt entgegen tritt, da jeder geistige Aufschwung durch die Entschuldigung des Zeitmangels, den die Rekrutenwirthschaft und das Freiwilligenjahr noch verdoppeln, gebrochen wird? In dieser verderblichen Restriktion wird ein Weg betreten, der das tiefere Studium, die höheren Anregungen und mit ihnen die Universitäten selbst allmählig vernichten muß. War das die Absicht? Und wenn nicht — wo ist die Schuld? Sind bei der gegenwärtigen Ordnung des Rechtsstudinms auf den deutschen Universitäten die Ergebnisse auch wirklich die vier Jahre werth? Ist die Rechtswissenschaft nicht vielleicht selber schuld, daß man sie um den vierten Theil ihres Rechts bringt? Hat sie ein Rechtsbewußtsein, ein Volksbewußtsein für ein deutsches Recht zu erschaffen gewußt? Und hat sie den offenen Muth sich darnach zu fragen, und ihre Disciplin dem wirklichen Leben und seinen Anforderungen objektiv ohne Zorn oder historische Liebe gegenüber zu stellen?

Ich gestehe es Ihnen offen, es ist eine harte und fast schmerzliche Aufgabe, gerade in diesen Dingen das Wort zu nehmen. Und doch muß es sein. Indem ich aber den weiten Weg betrete, auf dem ich Sie bitte mir ohne vorgefaßte Meinung zu folgen, muß ich vor allem Ihnen und mir Rechenschaft über die Grundlagen und das Ziel dieser Arbeit vorlegen. Ich weiß vorher, daß ich nicht ganz aussprechen kann, was mich erfüllt; ich fühle deutlich, daß ich in vielem Einzelnen

Unrecht haben und Unrecht thun werde; aber das Ganze muß hier wie in jeder ernsthaften Arbeit das Einzelne tragen, erklären und entschuldigen. Und so will ich meine Anschauungen schon hier im Ganzen zusammenfassen, damit Sie am Ende selber beurtheilen mögen, nicht etwa ob ich Recht habe, denn das ist hier an sich ganz gleichgültig, sondern was zu thun ist von jedem einzelnen Berufsgenossen wie vom Staate selbst, um auch für unsere juristische Facultät der Idee zu entsprechen, welche in unsern Universitäten lebendig ist.

Denn, und dieß ist der erste Satz den meine innigste Ueberzeugung festhält, unsere gegenwärtige juristische Facultät, historisch entstanden und auf ihrer historischen Basis arbeitend, und auf ihr Großes, aber höchst Einseitiges leistend, entspricht der Idee des Berufes und des Berufsbildungswesens nicht, die unsere Gegenwart und Zukunft in sich geboren hat. Es wird die erste Aufgabe der folgenden Vorträge sein, dieß vom negativen, kritischen Standpunkt und zwar von dem des wirklichen Lebens wie selbst von dem ihrer eigenen traditionellen Theorien nachzuweisen. Ich darf dabei, um nicht mit philosophischen Untersuchungen Sie von vornherein zu ermüden, den Unterschied des öffentlichen und des bürgerlichen Rechts zum Grunde legen, und ich werde versuchen, Ihnen zuerst darzulegen, daß in unserer Berufsbildung das Gleichgewicht zwischen beiden gründlich mangelt, indem das zweite uns das erste wissenschaftlich ersetzen muß; es ist die erste Kluft, die sich zwischen Berufsbildung und wirklichem Leben in verderblicher Weise gebildet hat. Aber eben weil ich hier mit einer großen, historisch gebildeten und auf das Tiefste in unser Leben eingreifenden Erscheinung zu thun habe, kann die einfache Negation nicht genügen. Sie müssen mir verstatten, speciell auf die alles überragende Thatsache der römischen Jurisprudenz tiefer einzugehen und sie in Princip und Gestalt allen Ernstes zu beleuchten; denn das wissen wir alle, daß der Schwerpunkt unseres ganzen Facultätsbildungswesens doch gerade in diesem römischen Recht liegt, und daß nichts wesentlich besser werden kann, bis wir uns über Wesen und Werth gerade dieser Disciplin einig sind. Wenn Sie bis dahin mir gefolgt sind, dann darf ich weiter gehen. Dann wird es darauf ankommen nunmehr positiv zu sagen, was denn eigentlich Rechtswissenschaft ist, und was neben ihr das bedeutet und enthält, was wir die „Staatswissenschaft“ nennen. Da wird es sich eine Zeitlang um rein theoretische Begriffe handeln, und Ueberzeugung und Anregung werden nicht mehr in den Thatsachen der uns umgebenden Welt, sondern in der strengen Ordnung der Begriffe gefunden werden müssen. Und damit aber anderseits das Gefundene wieder kein bloß theoretisches Ergebniß bleibe, müssen Sie dann mit mir in die werdende Wirklichkeit in die Geschichte des Rechts und seiner Bildung hinabsteigen; die Idee der Staats- und Rechtsgeschichte wird dann aber nicht bloß die Aufgabe haben Geschichte zu entfalten, sondern sie wird Ihnen zugleich zeigen, daß die Entwicklung der wirklichen Dinge schon thatsächlich das enthält, was wir im Namen der Wissenschaft und ihres Berufes fordern, und daß unser positives Leben und sein Recht schon über die traditionelle Facultät und ihre Ordnung hinausgegangen sind, des Verständnisses von denen wartend, die sie zu vertreten haben. Dann erst kann ich zum Schlusse die Linien in das praktische Leben hineinziehen, und von dem reden, was ich mir als die staatswissenschaftliche Facultät — die Facultät der Wissenschaften des Lebens der Gemeinschaft — denke, dem wissenschaftlichen Organismus der Kräfte und Erscheinungen, die unser Jahrhundert, nein, die alle Jahrhunderte beherrschen und beherrschen werden. Ich weiß, daß in allem dem was ich sage, nichts fertig sein wird; aber würde ich sonst von der Zukunft in unserer Gegenwart reden dürfen? Das fürchte ich nicht, daß man unendlich vieles im Folgenden nicht finden wird, was darin sein sollte; denn unvollkommen wird alles bleiben, was der Einzelne leistet; aber lassen Sie mir den freundlichen Glauben, daß ein Verständiger nicht verkennen wird, was ich gesucht habe.

Und so will ich zuerst mit der Kritik, und in derselben mit der Unterscheidung der öffentlichen und der bürgerlichen Rechtsbildung beginnen.

I.

# Die Kritik.

## I. Das öffentliche Recht an unsern Facultäten.

Ueber eines, denke ich, werden wir wohl sobald wir von Recht und Rechtswissenschaft reden einig sein und bleiben. Mag man Definitionen aufstellen welche man will, immer wird man das ganze Gebiet der Rechtswissenschaft in zwei große Theile theilen, das öffentliche und das Privatrecht. Es ist nun noch nicht meine Aufgabe, schon hier Wesen und Inhalt des öffentlichen Rechts zu entwickeln. Ich muß vor allem bei seinem Verhältniß zum Berufsbildungswesen unserer Facultäten stehen bleiben. Darüber nun kann man natürlich im Einzelnen viele und sehr verschiedene Auffassungen haben. Aber über Eins wird man wohl einig sein, und das ist es, was wir hier betonen müssen.

Die erste, unabweisbare Forderung jeder höhern Berufsbildung ist es, daß das öffentliche und das bürgerliche Recht wenigstens formell gleichberechtigt sein sollen in Stellung und Geltung an der Berufsfacultät des Rechts. Ist das der Fall?

Und in der That entfaltet sich schon hier ein Bild, das nicht erfreulich ist.

Wenn wir den großen uns vorliegenden Stoff bewältigen sollen, so müssen Sie mir erlauben, da wo es nöthig ist, umfassende Fragen und Ergebnisse in möglichst kurze Sätze zusammen zu fassen.

Der große Gang der Geschichte hat es begründet, daß fast die einzige Form, in der sich unsere Wissenschaft und mit ihr unsere Rechtsbildung mit den öffentlichen Dingen beschäftigt hat, das im engern Sinn sogenannte Staatsrecht, die Lehre von der Verfassung und zwar wieder im engern Sinn genommen, geworden ist. Der Verfassung gegenüber steht die Verwaltung; die Verfassung enthält den Organismus des persönlichen Staats, durch welchen er seine Gesetze macht; die Verwaltung die Gesammtheit der Ordnungen, in welchen diese Gesetze zur Ausführung gelangen. Wir sagen jetzt, die Verfassung sei der Organismus des Willens, die Verwaltung der Organismus der That und der Arbeit des Staats. Es ist schon ein Fortschritt, daß wir das verstehen. Aber eben so nothwendig ist es zu wissen, daß unsere ganze öffentliche Rechtsbildung bisher sich nur mit der Verfassung beschäftigt hat, wenn auch die Rechtswissenschaft die Verwaltung mehr und mehr in sich aufnimmt. Die Gründe dafür liegen nahe; es ist nicht nöthig sie zu entwickeln. Ehe ich die Freiheit für die That habe, muß ich sie für den Willen haben. Es war ein harter Kampf um diesen letztern, und niemals wird die Geschichte es vergessen, welchen hochwichtigen, ja welchen entscheidenden Einfluß unsere deutsche Wissenschaft und zum Theil auch unsere Rechtsbildung auf unsern Universitäten auf den gewaltigen Kampf im Innersten unseres Staatslebens hatten, der die erste größte Hälfte unseres Jahrhunderts ausfüllt! Aber dieser Kampf ist jetzt im Wesentlichen zu Ende; nicht bloß die Verfassungen, sondern auch die Bahn ihrer weitern Entwicklung ist frei, und schon jetzt dürfen wir sagen, daß die Verfassung und ihr Recht zu inwohnenden Theilen unseres Rechtsbewußtseins im Volke geworden sind.

Ist dasselbe der Fall für das was wir die Verwaltung nennen?

In der That, wie ganz anders sieht der Staat aus, von dem wir reden, wenn er uns in dem antiken Gewande einer philosophischen Begriffsbestimmung, oder in dem einer bloß freiheitlichen Verfassung mit Wahl und Verantwortlichkeit auftritt, als wenn wir ihn im täglichen praktischen Leben, in der Werkstatt seiner eigentlichen Arbeit anschauen! Wie weit weg, fern wenn auch nicht fremd, liegen da die abstracten großen Wahrheiten der Idee der Persönlichkeit, der Freiheit, der Menschheit, der großen Geschichte des Kampfes um Verfassung, Königthum und Volkswillen. Wie aus weiter Ferne reichen sich die hohen Namen, die idealen Bilder und machtvollen Wahrheiten für den Beamten und selbst für den Vertreter ihre Hände über den Arbeitstisch, wenn es sich um Heimathswesen und Freizügigkeit, um Post, Bahnen, Straßen und Brücken, um Geld und Münze, Bank und Aktie, Entwässerungen und Viehseuchen und tausend andere Dinge handelt! Und doch muß und soll der Mann des öffentlichen Lebens vom Minister bis zum örtlichsten Beamteten, vom Reichstagsabgeordneten bis zum Gemeinderath der kleinsten Gemeinde nicht bloß von ihnen Bescheid wissen, will er auch nur in bescheidenster Weise seiner Stellung entsprechen — nein, er muß entscheiden wo Fragen entstehen, berichtigen und leiten wo der Streit sich breit macht, ja er muß die lebendige Initiative geben, wo die Indolenz das Bessere um des Guten — und wie oft um des Schlechten willen — in den Hintergrund drängt. Und in der

That muß er das nicht bloß, weil es ihm vorgeschrieben ist in Gesetz, Verordnung und Instruktion. Er muß es, weil es im Wesen seiner Stellung liegt; er muß es, weil es seine Lebensaufgabe ist. Er muß es, weil die Natur aller wirklichen Arbeit und That einen Mittelpunkt, eine leitende Kraft für jede Thätigkeit fordert; er muß es aber schließlich und vor allem im unverkennbar praktischen Sinn, weil auf ihn die oft widerstrebenden Elemente compromittiren; er muß es, weil ohne das keine Verwaltung und mit ihr kein Staat möglich ist. Denn das wissen wir nun, obgleich die Wissenschaft es fast fünfzig Jahre lang zu vergessen schien, daß eine bloße Verfassung noch keinen Staat macht. Und diese Aufgaben, fast unmeßbar schon in ihren Elementen, wachsen in unserer großen Zeit mit jedem Tage, und ich glaube, daß ich mit gutem Recht sagen darf, daß die Größe unserer Zeit gerade in der wachsenden Größe dieser Aufgaben liegt. Ich will und kann sie nicht beschreiben; es ist hier noch nicht der Ort Wesen und Inhalt der Verwaltungslehre zu besprechen. Aber das ist gewiß, daß in diesen Aufgaben der Verwaltung noch etwas anderes lebendig geworden ist, als die formale Pflicht „das Aktenstück zu erledigen.“ Der Staat unserer Zeit, verehrte Herren, ist nicht so sehr von dem der Vergangenheit verschieden durch das was er ist, sondern vielmehr durch das was er fordert. Und er fordert zwei große Dinge. Erstlich fordert er, daß wir jene Fragen und Verhältnisse, die den Inhalt seines Lebens und seiner Arbeit bilden, gründlich kennen und ihre innere und äußere Natur klar vor unsern geistigen Augen haben sollen, von formaler Antwort eben so fern wie von einseitiger Zweckmäßigkeit, daß wir in seinem innern wie in seinem äußern Zusammenhange verstehen sollen, was da ist und sich bilden will — und er fordert zweitens, daß jeder von uns, der es versteht oder zu verstehen trachtet, auch selbst und persönlich Hand anlege in dieser großen Arbeit des Ganzen für das Einzelne. Der Staat der Verwaltung gehört mit unserm Jahrhundert eben so wenig ausschließlich dem Organismus der Regierung als der Staat der Verfassung. An jeden von uns tritt vielmehr die Forderung heran, in diesem Staate mitzuarbeiten, in all seinen hunderten von Selbstverwaltungskörpern und Vereinen aller Art; vor allem aber und gewiß mit Recht an den großen Organismus des Amtes, der in seinen Händen zwar die Macht, auf seinen Schultern aber auch die Last der Verantwortung für alles das hat, was dieser Staat der Verwaltung zu leisten verpflichtet ist. Denn das Amt entscheidet und handelt, während die Vertretung beräth und beschließt. Seiner Aufgaben gehört es an, das beständige wechselnde Leben mit dem an sich festen und abgeschlossenen geltenden Recht in Verbindung zu bringen, und die ewige Neugestaltung aller menschlichen Dinge in Harmonie zu erhalten mit dem festen Ziel, das sich der höchste persönliche Wille gesetzt hat. Wenig Aufgaben sind ernster und schwerer, wenige haben mehr Recht darauf, gerade für ihre praktische Thätigkeit an der Stelle berücksichtigt zu werden, die sich als die Grundlage unseres ganzen öffentlichen Rechtslebens hinstellt, auf dem Gebiete unserer öffentlichen Rechtsbildung. Fürwahr man sollte meinen, daß in einer Zeit wie der unsrigen denn doch kein Mann ins amtliche und öffentliche Leben treten werde, dem nicht wenigstens die Gelegenheit geboten würde, sich in vollem Maße, so weit darin endlich die Theorie reicht, über alle jene Dinge im Staate, die die Verfassung mit den Aufgaben der Verwaltung erfüllen, zu unterrichten. Man sollte meinen, daß es selbstverständlich sei, daß niemand von den großen Bildsanstalten unseres auf seine Wissenschaft so eifersüchtigen Volkes fortgehen werde in das praktische Leben des Staats, ohne doch von jenen großen Kategorien der praktischen Aufgaben wenigstens im Ganzen und Großen klare Begriffe zu haben. Man sollte annehmen, daß der Staat selbst, in welchem ja für gewisse Dinge die eine Hälfte seiner Vertrauensmänner damit beschäftigt ist, die andere zu prüfen, wenigstens auch für das praktische Leben irgend ein Zeugniß der Reife an der Verwaltung Theil nehmen zu können, und wenigstens doch für seine Beamteten gefordert werde. Oder, wenn das alles nicht ist, so sollte man denn doch zum allerwenigsten annehmen, daß die formale Studienordnung die formale Möglichkeit in sich aufgenommen und berechnet habe, auch diese Studien zu den andern hinzuzufügen. Gibt es etwas einfacheres und natürlicheres in einem Volke, dessen Rechtsleben und Rechtsbewußtsein auf seiner gewöhnten Rechtswissenschaft beruht, und dessen Rechtsbildungswesen sich als Meister fühlt? Und wenn dem so wäre, würden dann die andern Völker nicht mehr an unsern Vorzügen als an unsern Mängeln lernen?

Und wie ist es statt dessen?

Sehen Sie sich um, verehrte Herren, auf Ihren deutschen Universitäten! Mit Noth und Mühe fristet das, was wir das Staatsrecht nennen, ein gegenüber den übrigen Theilen der Rechtswissenschaft kümmerliches Dasein. Es ist zugelassen, und man kann es hören und lernen, wenn man neben dem Privatrecht dazu Zeit bekommt, aber maßgebend ist es weder für die Bildung noch für die Prüfung. Vielleicht daß das eine klare Ursache, wenn auch keinen guten Grund hat. Welches Staatsrecht soll man denn in den kleinen deutschen örtlichen Universitäten eigentlich lehren? Ueber welches soll und kann man denn ein Werk schreiben? Wird das was ich schreibe und lerne, auch noch richtig sein, wenn das Buch gedruckt sein wird? Wer arbeitet, möchte doch gerne wissen daß wenn auch nicht für die Ewigkeit, seine Mühe doch für ein Jahrzehnt Werth behielte. Und nun blicken Sie zurück auf die letzten Decennien und sagen Sie, ob dafür die größere Wahrscheinlichkeit gegeben ist. Hier ist alles im Werden begriffen; will ich das Werden begreifen und lernen, so muß ich wohl oder übel zu dem Verständniß, zu der Lehre, zu dem Lernen der Kräfte gelangen, welche das Werdende beherrschen und gestalten. Ich muß in einer Zeit wie der unsrigen die eigene Kraft an die Erkenntniß der organischen Kräfte der innern und äußern Staatenbildung setzen; das Staatsrecht des positiven Staats und seiner Verfassung vermag nur dann, sich der rein statistischen Forderung zu entziehen, wenn es sich wenigstens auf den Boden der höheren innern Geschichte stellt. Doch reden wir hier nicht von Vorwürfen und Vorschlägen. Gewiß ist das Eine, unser gegenwärtiges Staatsrecht und seine Lehre in Deutschland ist der Ausdruck der Unfertigkeit unserer Verfassungszustände. Das mag denn zur Noth als Erklärung und Begründung der Unfertigkeit unsers theoretischen Staatsrechts gelten. Ist naturgemäß des Erreichbaren im Großen wenig, so wird stets das Erreichte im Einzelnen an Werth gewinnen. Aber wesentlich anders ist das zweite Gebiet bestellt.

Wir reden von der Verwaltung und der verwaltungsrechtlichen Bildung in Deutschland.

Es liegt tief im Wesen der Verwaltung, daß ihre großen Kategorien nicht wie die der Verfassung wechseln, weder an sich noch im positiven Recht. Ob Absolutismus oder Republik, ob Freiheit oder Unfreiheit der Gesetzgebung, Wege, Bahnen, Gesundheitspflege, Creditwesen, Post, Münze, Gewerbe und hundert andere elementare Verhältnisse des Gesammtlebens werden immer dieselben bleiben, immer dieselben Grundsätze fordern, immer dieselben Fragen und Aufgaben erzeugen. Es gibt daher eine Verwaltung, die von der Verfassung unabhängig ist und sein soll, und es gibt daher auch eine Verwaltungslehre, die an und für sich selbständig neben der Verfassungslehre oder dem eigentlichen Staatsrecht dasteht. Und weit genug sind wir gekommen, um zu wissen, welche Bedeutung diese Dinge haben. Wohin wir gehen, was wir treiben, was wir unternehmen mögen, allenthalben umgeben sie uns, beherrschen sie uns, stellen sie ihre Forderungen an uns, und nichts ist auf die Dauer gut und richtig, was nicht fähig ist, auch diese Dinge und ihre Fragen mit in sich aufzunehmen und zu bewältigen. Wer will das bestreiten? Wer wird dafür noch einen Beweis fordern? In der That, es ist einer der größten Fortschritte unserer Zeit, daß wir alle diese großen Faktoren unseres Gesammtlebens in unser öffentliches Bewußtsein aufgenommen haben. Und zwar sind wir mit ihnen schon so weit gediehen, daß uns die allgemeine Phrase wenigstens hier nicht mehr genügt. Wir wollen, daß der, der sich mit ihnen beschäftigt, von diesen Dingen etwas verstehe. Und unter diesem Verstehen versteht man wieder theils ein Gefühl für die Sache haben, theils aber die Kenntniß der allgemeinen Natur derselben, der für sie geltenden leitenden Grundsätze, eine in den Hauptsachen klare Vorstellung von ihrem inneren und äußeren Zusammenhange. Und wenn wieder der Deutsche das fordert, so fordert er es eben in anderer Weise wie andere Völker. Derjenige, welcher jene Dinge in die Hand nimmt, soll sie „gelernt" haben. Gut — und wo soll er sie lernen? Nun, wo anders als auf den großen Brennpunkten unseres geistigen Lebens, den Mittelpunkten unseres Bildungswesens, den Universitäten. Müssen wir einmal eine Lehre von diesen Dingen, eine Fachbildung für sie anerkennen, so sollen die Universitäten sie gewiß eben so gut und gründlich vortragen, wie Medicin und Jus. Das ist kein Zweifel. Ja sie sollen eigentlich noch einen allgemeineren, bedeutenderen Standpunkt einnehmen. Der Mediciner wird Arzt, der Jurist wird Advokat und Richter, der Theologe wird Prediger, der Philologe wird Lehrer, jeder hat sein Gebiet, seine Lebensaufgabe, seine Wissenschaft; es wäre ein Unsinn, zu fordern, daß der eine das des andern kennen solle. Aber neben ihrem besondern Fache sind denn doch auch alle Staatsbürger; das ist kein Zweifel. Staatsbürger — Theil haben und nehmen an dem allgemeinen Wohl und Weh — heißt aber nicht bloß Theil nehmen an der Wahl dieses oder jenes Vertreters für jene Fragen nach dem Staatsrecht, und dann die Sache ihren Gang gehen lassen; Staatsbürger sein heißt für die Wählenden, beurtheilen können was geschehen muß, und für die Gewählten, selbstthätig mit eingreifen können, wo etwas vollbracht werden soll. Wo also das Fach gebildet und gelehrt werden soll, da soll auch jener positive, sagen wir es gleich, der Verwaltung angehörende Inhalt unseres Staatsbürgerthums als ein selbständiger Theil unserer Bildung auf unsern Universitäten gelehrt werden. Wird man das bestreiten können oder wollen?

Nein, man wird im edlern Sinn des Staatsbürgerthums sogar sagen, daß Mediciner und Philologe, Jurist und Theologe in unserer Zeit an jeder Universität die großen Elemente des Staatslebens kennen sollten, und daher sollten sie für alle im allgemeinen Bilde zugänglich sein, denn alle sind in der Lage als künftige Mitglieder von Volksvertretungen, Gemeinden und Vereinen thätig zu werden, ja oft entscheidend in sie einzugreifen. Und — wie weit sind unsere juristischen Facultäten davon entfernt! — Aber mag das sein; Eines ist jedenfalls gewiß. Wenn jene es auch nicht lernen und auch den Fachmann für diese Dinge compromittiren, der Fachmann wenigstens sollte dafür zu finden sein und gebildet werden. Dieser Fachmann ist der „Jurist“. Und was ist der „Jurist“ im Sinne unserer Rechtsbildung?

Es ist wohl der Mühe werth, diese traditionelle Vorstellung vom Standpunkte jener Frage schon hier etwas näher zu beleuchten. Das Folgende wird begründen, was wir hier behaupten.

Die große Gruppe der Fachmänner, welche wir mit dem historischen Namen der Juristen bezeichnen, theilt sich in zwei Theile. Die Lebensaufgabe des einen Theiles ist in der That die Ausübung der eigentlichen Rechtswissenschaft; die Lebensaufgabe des andern Theiles ist dagegen ganz ohne allen Zweifel die Verwaltung. Mag man nun sagen, die Jurisprudenz sei die Grundlage der Verwaltung — ob und wie weit es wahr ist, lassen wir noch dahingestellt — so ist es doch schon im Allgemeinen gewiß, daß der Inhalt der Verwaltung in Finanzen, Polizei, Innern mit dem eigentlichen und sogenannten Jus nur wenig zu thun hat. Gewiß wenigstens wird man daher sagen, daß wenn die Verwaltung zum Lebensberufe geworden ist, dieser Lebensberuf mindestens eben so viel Recht auf eine selbständige Bildung hat, wie der des Advocaten und Richters. Soll ich dafür erst darauf eingehen, daß wenn ich mir einen juristischen Fachmann denke mit seiner Fachbildung und der Kenntniß der Grundsätze und des positiven Inhalts des geltenden Rechts und des Processes, ich mir einen Verwaltungsbeamteten denn doch noch nicht denken soll ohne eine selbständige Bildung z. B. des bestehenden Steuerwesens, oder des Zollwesens, oder des Gemeindewesens, oder des Vereinswesens, von Einzelheiten gar nicht zu reden? — Nun, und wenn dem ganz unzweifelhaft so ist, so frage ich, wo und wie wird ihm denn dafür die Bildung an unsern Universitäten geboten? Wird irgend ein Vernünftiger sagen, daß dafür das Staatsrecht auch nur physisch ausreichen kann? Hat es überhaupt die Bestimmung oder die Fähigkeit dazu? Leider nein — nein für beide Fragen! — Aber wenn diese juristischen Facultätsstudien die Fachbildung für den wahren Kern des positiven Staatsbürgerthums nicht nur nicht für unsere wissenschaftlich Gebildeten überhaupt, sondern nicht einmal für die Fachmänner des künftigen Berufes, nicht einmal für das Amt, zu welchem sie sich bestimmt haben und für welches sie verantwortlich sind darbieten, wenigstens bieten sie denn doch wohl die Zeit dazu, daß der angehende Berufsmann im Laufe seiner Studien sich damit ernstlich beschäftigen könne? Hat er nur die Zeit, so wird sich schon der Docent und das Collegium für ihn finden, wenn er Lust zum Lernen hat! — Aber nein. Die ganze Zeit des Studiums wird vom Privat- und Strafrecht so vollständig absorbirt, daß der Studirende gar die Stunde nicht findet, in der er sich dem hingeben könnte, was künftig sein Lebensberuf werden soll! Ihn absorbirt gänzlich jenes römische Recht, jenes Landesprivatrecht, Proceß, Strafrecht, und jene wunderliche sogenannte Rechtsgeschichte, von denen wir noch zu reden haben. Wer weiß nicht daß er, will er etwas Tüchtiges lernen und zu leisten scheinen, vor allem und ausschließlich jene Doctrina funditus studiren muß, mag er mit noch so großem Schmerze sich sagen, daß er als künftiger Finanzmann absolut nicht weiß, wie er die lex Atilia mit der Grundsteuer, oder das Sct. Vellejanum mit der Zollfrage, oder die confarreatio mit dem Wegewesen, oder die oder jene Auffassung der lex salica mit der Bankfrage in irgend eine Verbindung bringen soll. Und doch bietet ihm die alma mater für seinen Beruf nichts, als was er, wenigstens in der bisherigen traditionellen Form der Disciplinen und Collegien, dafür eben nicht brauchen kann! — Und wenn das alles ist, so wäre es denn doch wenigstens unbegreiflich, wenn dieser Staat, der des Beamteten bedarf, ihm nicht wenigstens Gelegenheit gäbe, in der öffentlichen Prüfung zu zeigen, daß er es gelernt habe über diese Dinge nachzudenken, obwohl er ihm kein Mittel und keine Zeit bot sie zu lernen! Kann man weniger in einem Staate fordern, in welchem so viel von dem moralischen und technischen Werthe der Prüfungen gehalten wird? Und von diesen Prüfungen ist neben den juristischen über jene für den Verwaltungsbeamteten so werthlose Dinge in den meisten Staaten gar keine, in andern nur beiläufig die Rede. Nur Oesterreich hat sie in höchst verständiger Weise festzuhalten gewußt. Gibt es eine tiefere Entfremdung der Fachbildung vom Fache?

Und was ist die Folge? Mögen die Männer die es thatsächlich kennen gelernt haben, es sagen, wir überlassen es ihnen. Aber die nächste und unabweisbarste Folge ist in dem Vaterlande der wissenschaftlichen Fachbildung, daß dasselbe sich alsbald gezwungen sieht, in ungeschickter Weise neben der Fachprüfung und hinter ihr nachzuholen, was diese nicht geleistet hat. Derjenige Mann, der in diese Praxis tritt, hat nicht einmal die allgemeinsten Grundbegriffe seines Lebensberufes, geschweige denn die specielle Fachkenntniß. Seine Bildung beginnt hier mit dem einzelnen Aktenstücke, und das muß erledigt werden — was bleibt übrig als der „Schimmel"? Und doch hat man das Gefühl, daß das nicht genügt. Da fügt sich dann die zweite Prüfung an die erste, die dritte an die zweite. Und was kann hier vernünftiger Weise geprüft werden als die Kenntniß des rein Positiven? Und mit dem Positiven soll dann der Fachmann dasjenige beurtheilen und in den Fällen eingreifen und entscheiden, wo es sich eben darum handelt daß das Positive nicht genügt, wo neue Dinge sich aus den alten bilden und neue Faktoren sich neben den alten Bahn brechen wollen? Was wird er thun, welche Stellung wird er einnehmen? Werden Sie auch nur einen Augenblick anstehen zu sagen, daß ein solches Amt naturgemäß negativ gegen das Neue und damit so oft auch gegen das Bessere und Nothwendige ist? Ist es ein Wunder, daß es dasselbe nicht versteht, nachdem man ihm in der Zeit der Empfänglichkeit für das Studiren keinen Raum gelassen, und in der Zeit der Prüfungen auf das Verständniß keinen Werth gelegt hat? Ist es ein Wunder, daß sich die tiefe Kluft, die in unserer traditionellen juristischen Berufsbildung zwischen positivem Recht und wirklichem Leben gegründet ist, sich im spätern Leben als eine Kluft zwischen Volk und Amt, als eine Entfremdung von Staatsbürgerthum und Regierung, als der unselige Satz zeigt, daß die Freisinnigkeit und das Gefühl für das Volkswohl nach dem Maße der Oppositionskraft gegen Staat und Beamtenthum gemessen wird? — Und doch sind diese Dinge so natürlich und vor allem so unvermeidlich in unserer gegenwärtigen Zeit und der Gestalt unserer Universitätsbildung, in einer Universitätsbildung deren traditioneller Grundsatz es ist, daß das Maß der Vorbereitung für die Rechtskenntniß des öffentlichen Lebens die möglichst genaue Kenntniß einer Rechtsordnung ist, die nicht einmal für das Privatrecht mehr ausreicht! Hier liegt ein tiefer, ja ein geradezu verderblicher Widerspruch in unserem ganzen Rechtsleben und unserer Rechtsbildung, und nur auf historischem Wege wird man begreifen, was für den gesunden Menschenverstand ganz unverständlich ist. Es bleibt doch wahr, was wir an anderer Stelle gesagt haben: so lange die Pandekten zu viel bedeuten an unsern Universitäten, werden wir zu wenig bedeuten in Europa!

Und in der That — die eine, erste, natürliche Folge für unsere Stellung im Großen und Ganzen des öffentlichen Rechtslebens Europas von diesem Widerspruch, eine Folge, unter der wir ganze Generationen hindurch gestanden, jetzt, nach der Bildung eines einheitlichen Reiches, nach dem Eintritt des deutschen Volkes in die erste Reihe der Culturvölker unseres Welttheiles, jetzt, wo aus unserem Selbstbewußtsein schon Stolz geworden ist und Hochmuth zu werden droht, jetzt sollte das jeder Deutsche wissen oder doch fühlen: — wir haben trotz all unserer Siege und Mühen für das Wichtigste im ganzen Staatsleben, für die Verwaltung und ihr Recht keiner einzigen Initiative uns zu rühmen. Auf keinem Punkte unseres ganzen neueren Verwaltungslebens haben wir selbständig und selbstthätig gewirkt; auf keinem können wir fremden Völkern etwas anbieten das nur uns gehört, als höchstens das Streben nach einer Wissenschaft, die sich mit den Hauptsachen nicht beschäftigt, und eine Organisation der Fachbildung, die musterhaft für alles ist was niemand brauchen kann. Unsere scheinbar eigensten Begriffe und Rechte auf dem weiten Gebiete von Staatsrecht und Verwaltung sind in der That recipirte Begriffe; unser Gemeinderecht, unser Vereinsrecht, unser Polizeirecht, unser Verkehrsrecht, unser Creditrecht, unsere socialen Begriffe und Bestrebungen mit den Fragen nach dem droit du travail und au travail sind verarbeitete Errungenschaften fremder Nationen; unsere Gesetzgebungen sind im Wesentlichen Nachbildungen, und an fremden Beispielen wurden wir erzogen. Ist es dabei ein Wunder daß es schon was gelten muß, wenn die Hälfte der Studirenden sich einmal aus Interesse an den Vorlesungen über Nationalökonomie und vielleicht Finanzwissenschaft betheiligt, während an der andern Hälfte unserer Universitäten Verwaltungslehre gar nicht oder kaum gelesen, auf keiner aber — stets mit Ausnahme des österreichischen Studiensystems, das hier viel weiter ist als das deutsche — alle diese Dinge Gegenstand der öffentlichen, für die künftigen Staatsmänner bestimmten Prüfungen sind? Können wir selbst etwas schaffen wenn wir in Deutschland hier stets mit einem Gedanken oder einem Versuche den andern nachfolgen? Und können wir je dazu gelangen, jenes Selbstbewußtsein in Verwaltungsfragen zu haben, das nicht der geringste Faktor für die Präponderanz unserer Nachbarn auf allen Punkten der Welt ist wohin ihre Flaggen, ihre Waffen und selbst ihre Bücher kommen? Es ist kein Zweifel, unter allen Dingen, von denen wir reden, sind wir im öffentlichen Rechte am unselbständigsten und am weitesten zurück, und es ist hohe Zeit, daß dieß anders werde!

Und hier ist nun der Punkt, auf welchem uns zunächst für unsere öffentliche Rechtsbildung eine bereits erwähnte Erscheinung mit ihrer eigenthümlichen Bedeutung entgegentritt. Das ist der dem deutschen Leben eigenthümliche Respekt vor der sogenannten „Praxis", und die geradezu verderbliche Vorstellung, als ständen „Praxis und Theorie" gerade da mit einander in Widerspruch, wo sie gar nicht getrennt werden können und sollen, in den tausend Zweigen der öffentlichen Verwaltungsfragen. In Frankreich und England kennt man jene Berufung auf die „Praxis" gar nicht, welche die „praktischen", das ist die wissenschaftlich nicht gebildeten Männer des öffentlichen Lebens Deutschlands jeder wissenschaftlichen Arbeit entgegenstellen. Dort finden wir auch nicht die leiseste Spur von jenem eigenthümlichen Hochmuth, mit dem jeder Schneider und Handschuhmacher über die wichtigsten Fragen der Nationalökonomie und Verwaltung aburtheilt, und in der That eigentlich jeden Menschen für alle diese Dinge von dem Augenblicke an für unfähig hält, von welchem an er sich mit denselben theoretisch beschäftigt hat. Dort wird es niemanden einfallen, im Namen der „Praxis" von vorne herein eine Auffassung als inferieur oder unbrauchbar zu bezeichnen, bloß weil sie wissenschaftlich begründet ist. Dort reichen sich beide die Hände und leisten Großes; dort fühlt sich der wissenschaftlich gebildete Staatsmann gehoben und getragen durch das Bewußtsein von der Achtung, welche die materielle Arbeit vor seiner geistigen hat; und darum schreiten beide auch vereint vorwärts. Wie ganz anders ist das in Deutschland! Während jeder Mediciner, jeder Techniker, jeder Chemiker, jeder Physiolog, ja schließlich jeder Jurist es ganz unverständlich finden würde, wenn jemand für ihn die Praxis als das Maßgebende und die „Theorie" als eine Bewegung außerweltlicher Mächte erklären wollte, ist die allgemeine Mißachtung der „praktischen" Leute gegen die Wissenschaft in den öffentlichen Angelegenheiten die allgemeine Signatur des deutschen Publikums. Da meinen sie, wer nicht selbst Baumwolle gesponnen, könne keinen Garnzoll beurtheilen, und wer nicht Steine geklopft oder Schwellen gelegt, habe über Wege und Bahnen gut reden! Soll ich das Bild weiter ausführen? Aber gewiß ist, daß nirgends in der Welt die wirkliche Achtung vor der Wissenschaft des Staats so gering ist, als in der Heimath der wissenschaftlichen Bildung, und des selbstgefälligen Lächelns und des geheimen Achselzuckens über die „akademischen Reden" ist an einem Tage mehr in Deutschland als in einem Jahre im übrigen Europa. Und ist das ein Wunder? Ein Wunder, wo der Verwaltungsbeamtete keine Nationalökonomie und keine Verwaltungslehre zu kennen braucht, und der Finanzmann keine Finanzwissenschaft, der Polizeimann keine Polizeilehre, und der Gesetzgeber sich mithin rekrutirt aus lauter Leuten, die von der Theorie nichts zu lernen nöthig hatten, während das Organ der Regierung wieder von jener Praxis, die es regieren soll, gar nichts lernen kann weil es gar nicht hinein kommt? Oder finden Sie z. B., daß in unsern parlamentarischen Verhandlungen im Gebiete des Staatslebens wirklich bedeutende, weitklingende Worte gesprochen, tiefer, nachhaltiger Erfolg erzielt worden? Oder finden Sie, daß den Regierungen namentlich in den mittleren und unteren Kreisen ihrer Organe die Initiative des Volksgeistes in staatswissenschaftlichen Dingen auch nur zugemuthet wird? Oder daß wir Männer hätten wie Thiers oder Gladstone, oder Bright oder Livingstone? Wahrlich, ich wollte ich hätte Unrecht — ich gäbe einen schönen Theil römischer Rechtsgeschichte dafür hin, wenn es sein könnte! Und ich frage Sie nochmals, kann dieses Hinabschauen auf die Staatswissenschaft und ihre einzelnen Zweige, diese Position welche die Praxis einnimmt anders sein, wenn Staat und Bildungswesen jenen Wissenschaften selbst Zeit, Raum, Prüfung, Werth und damit innere Kraft und äußere Achtung entziehen? Wir wollen ein großes Volk sein in staatlichen Dingen, und vermögen es nicht einmal, die Wissenschaft dieser staatlichen Dinge auch nur formell zu organisiren und zur rechten Achtung im eigenen Volke zu bringen, während wir uns κατ' ἐξοχην das Volk der Wissenschaft nennen? Oder sollen Journalartikel die Fachbildung dauernd ersetzen? Dieß ist ein Zustand, der nicht bloß eines großen Volkes, sondern auch eines vernünftigen Staates unwürdig ist. Es ist nicht möglich, daß er dauern kann!

Und nun frage ich Sie, für was geben wir denn die Bildung unseres wirklichen Staatslebens auf? Wir arbeiten, studiren, schreiben, prüfen wahrlich genug — worin arbeiten und studiren und prüfen wir denn mit so viel Ernst und Eifer, daß wir uns selbst für das gebildetste Volk der Welt halten? Was absorbirt denn die gewaltige geistige Macht, die wir nun denn doch besitzen, mit einer noch gewaltigeren Macht? Wem bringe ich, der Jurist, für das öffentliche Leben bestimmt, das Opfer meiner höheren staatlichen Ausbildung? Und was bietet mir denn dafür dieß Fachbildungswesen, das mich sofort nach dem Austritt aus dem Gymnasium erfaßt, mich nicht mehr losläßt und mir zumuthet, in ihr für alles Ersatz zu finden?

Sie wissen es so gut als ich. Es ist das Privatrecht in allen seinen Formen, in dem sich der juristische Theil unserer Universitäten, die beste Zeit und Kraft unserer Jugend erschöpft. Und das Privatrecht ist eine große, ist eine herrliche Sache! Aber es muß viel leisten, um den Platz desjenigen einnehmen zu können, was es ja doch nicht ersetzen kann und darf. Wie sieht es denn aus dieß Privatrecht, das die Kräfte unserer juristischen Welt so gründlich zu bemeistern, ja zu erschöpfen verstanden hat? Wenn wir denn schon im öffentlichen Recht durch Wissenschaft oder Gesetze keine Initiative haben, haben wir sie denn im Privatrecht?

Wenn Sie, geehrte Herren, nicht die Lust haben, alten und verderblichen Traditionen fest ins Auge zu sehen, wenn Sie den Unmuth scheuen, den die Verfahrenheit eines großen Volkes bei Ihnen wach rufen muß, oder wenn Sie nicht zugeben, daß große Zweifel nicht weniger das Merkmal großer Zeiten und Völker sind als große Thaten, so legen Sie diese Schrift aus der Hand. Denn auch ich betrete das Gebiet des Folgenden nur mit Zagen; je wahrer das sein mag, was ich zu sagen habe, um so härter ist es für mich, es auszusprechen.

## II. Unsere Wissenschaft und Lehre des bürgerlichen Rechts.

### 1. Das geltende bürgerliche Recht Deutschlands auf unsern Universitäten.

Sie werden mir es vorerst wohl verstatten den Begriff und die Definition des bürgerlichen Rechts gegenüber dem öffentlichen zur Seite zu lassen. Ich werde später genug damit zu thun haben. Aber der Punkt um den es sich uns zunächst handeln muß, ist das Verhältniß dieses bürgerlichen Rechts als Inhalt der Forschung und Lehre an unsern Facultäten, und mag man nun über Begriff und Definition denken wie man will, zuerst scheint mir müssen wir uns formell klar sein, was denn positiv dieß bürgerliche Recht Deutschlands ist, und welche Stellung es in unserer Rechtsbildungsordnung einnimmt. Und schon hier treten uns Erscheinungen entgegen, die gleich anfangs zu ernstem Nachdenken anregen müssen.

Es hat nie ein großes Volk gegeben und es wird nie ein solches geben, das nicht den Stempel seiner eigensten Individualität gerade seinem Privatrecht aufgeprägt hätte. Ein wirklich großes Volk wirkt auf das innere Leben anderer Völker, auf die geheimsten und mächtigsten Kräfte die dasselbe bewegen, schließlich am meisten und am dauerndsten durch das was es in dem Privatrecht der andern erzeugt. Denn in diesem entfaltet sich neben der Kraft und der Individualität des Ganzen zugleich die des Einzelnen; in ihm ist das Rechtsleben an seiner ersten Quelle angelangt; an ihm hat es die Festigkeit für alles, was der Einzelne ist und leistet, und die Gränze für das, was der Staat und die Herrschaft vermag gegenüber der freien Selbständigkeit.

England und Frankreich haben je ihr großes, jedem in seiner Weise verständliches Privatrecht; das deutsche Volk besitzt ein solches nicht.

Es ist gut, bei solchen Dingen aus dem subjektiven Gefühl zu dem objektiven Sachverhalt überzugehen.

Um ein eigenes großes bürgerliches Recht — ich muß das Wort und den Begriff schon hier vom Privatrecht scheiden, denn der Unterschied ist, wie Sie später sehen werden, ein gewaltiger — zu haben, muß man entweder ein großes Volksbewußtsein wenigstens von seinem Privatrecht besitzen, oder aber eine große Gesetzgebung. Und hat man beides nicht und will man es durch das ersetzen, was man hier die Wissenschaft nennt, so muß wenigstens die letztere fähig erscheinen, da sie beide nicht selbst sein kann, doch jene beiden Dinge zu erzeugen.

Daß wir nun in unserem deutschen Volke überhaupt kein eigentliches Gesammtrechtsbewußtsein haben, das wird wohl niemand bezweifeln. Werden Sie wollen daß ich erst darauf eingehe? Soll ich erst erzählen und sagen, wie durch den Lauf der Jahrhunderte dieß Volk in gar nichts einig war als darin, nicht einig zu sein? Daß es nirgends es zu einer gemeinsamen That, nirgends es zu einem gemeinsamen Willen gebracht hat? Das deutsche Volk ist das Volk, in welchem jeder Theil das Ganze sein wollte; darüber sind Theil und Ganzes stehen geblieben, wo sie nicht untergingen. Deutschland hatte nie Ein Gericht, nie Ein Rechtsbewußtsein, nie Ein Rechtsleben. Erst seine tiefste Erniedrigung am Ende des vorigen Jahrhunderts hat es zum Bewußtsein darüber gebracht, und kaum hat es sich aus jener Schmach erhoben, so hat es wieder vergessen, wie viel es ihm gekostet, daß es kein Rechtsträger unter den Nationen Europa's gewesen. Und noch jetzt, wo die Deutschen eine Stellung gewonnen die ihres Namens würdig ist, sind sie das einzige Volk das von sich gestehen muß, in den Hauptsachen kein eigentlich deutsches Recht zu haben, und das einzige was es als gemeinsam deutsches geltendes Recht besitzt, sein Handels- und Wechselrecht, von den Franzosen entlehnen zu müssen. Fragen wir nicht, wer ist schuld? Wir selber, die Welt, die Physiologie der Erde, die Juristen, die Fürsten? Es ist ganz nutzlos darüber zu streiten. Und eben so gewiß ist, daß wir keine gemeinsame Codifikation haben und im Grunde auch nicht haben wollen. Lassen wir auch hier das warum? Aber wohl sollen wir das Eine festhalten, daß wir nun einmal so geartet sind, daß uns die Wissenschaft wieder geben muß was das Leben uns genommen. Das war von je unsere Größe und unsere Schwäche. Was ist nun, was leistet unsere Wissenschaft des bürgerlichen Rechts?

Ich wollte, daß es mir gegeben wäre, jetzt mit all dem Nachdruck zu reden den die Frage fordert. Ich weiß daß ich es nicht kann, weil bei dem Zustande unserer Jurisprudenz jeder etwas anderes aus dem heraus hören wird was zu sagen ist. Und doch ist es gut, daß es versucht werde.

Zuerst ist Eines gewiß. Wenn in einem solchen Zustande wie dem des bürgerlichen Rechts in Deutschland sich das große Bedürfniß der Einheit Bahn bricht und das eigenste Volksleben nach irgend einem Ausdrucke seiner höheren Gemeinsamkeit sucht, so wäre es doch das allererste, daß die Wissenschaft in irgend einer Weise der Jugend ihres Volkes das Bewußtsein wach riefe, daß dieß Deutschland doch am Ende Ein Rechtsleben und Eine Rechtswissenschaft habe! In der That, die höhere Gemeinsamkeit des Rechtslebens braucht ja nicht bloß wie in England in der vollen Gleichartigkeit eines Common Law, oder wie in Frankreich in der gleichartigen Interpretation eines gemeinsamen Code civil zu bestehen. Es gibt noch eine andere, höhere Idee der Gemeinschaft des Rechtslebens. Das wahre Leben eines jeden Volkes ist denn doch am Ende nicht bloß eine objektive Thatsache, es besteht zugleich in der lebendigen Anschauung der großen Aufgabe, welche es für die Geschichte der Menschheit hat. Seine wahre Individualität ist die Individualität dessen, was es seiner Natur nach für alle am besten zu leisten vermag. Das ist es, was wie das klare Tageslicht uns so manches Unklare erklärt, uns die lebengebende Wärme für den Antheil an der großen Gesammtarbeit bildet; der Mensch wird größer an dem Bilde des Großen wofür er sich müht, und die Jugend ist die Zeit, wo das Herz mit dem Verstande noch im gleichen Schritt nach Ideal und brauchbarem Werthe zugleich zu streben weiß. Nicht bloß der Franzose der Schlachtfelder, auch der der Feder und der Dialektik wird geboren und erzogen in der Idee, der Civilisation der Welt durch die Frankreichs zu dienen; der Engländer weiß, daß und wie er mit seiner Rechtsbildung im Rechtsleben der Welt maßgebend und als rechterzeugendes Vorbild dasteht; wenn daher die deutsche Rechtswissenschaft sich ihrer Aufgabe bewußt wäre, so sollte sie damit beginnen, dem Jünglinge vor allem das strebende Herz mit dem Gedanken von dem zu erfüllen, was sein Vaterland denn eigentlich in dieser Welt des Rechts gethan hat, vermag und thun soll. Er soll auf keinem Schritte nicht wissen, was Deutschland auch in seinem Rechtsleben ist und werden kann; er soll keinen Gedanken auch im Rechtsstudium haben, in dem er nicht sich und sein Vaterland in dem Wunder und Geheimniß dieses unseres Sternes, in der Gesammtheit Europas und seiner Geschichte, mitten in der ungeheuren Arbeit des Weltlebens fühlte und wüßte, die wir die Rechtsgeschichte Europas nennen. Denn das ist die große Natur der deutschen Individualität auch in ihrem Recht, daß es gar nie für sich allein, nie aus sich allein heraus arbeitet und wirkt; es war ewig der alle Radien des Erkennens und Strebens in sich aufsaugende Mittelpunkt unseres Welttheiles; soll aber diese gewaltige Thatsache fruchtbringend wirken, so muß sie an der Schwelle unseres Wissens und unserer Bildung stehen und mit flammenden Worten über das Thor geschrieben werden, durch welches wir auch zur Rechtswissenschaft und in der Rechtswissenschaft zum Privatrecht eingeführt werden! Und wie groß, wie muthig, wie arbeitsfreudig wird die Jugend werden, der Ihr mit dieser Fahne auf ihrer schweren Bahn voraufgeht!

Und ist das möglich? Und gibt es wirklich eine solche europäische Rechtswissenschaft, die uns nicht bloß die Masse der europäischen Rechtsbildungen kennen lehrt, sondern uns auch dem Geiste näher führt der in ihr arbeitet, und unsere Arbeit mit dem Gedanken befruchtet, daß auch Deutschland nicht bloß eine Thatsache und Erscheinung, sondern ein Kind und eine Kraft dieses Geistes ist?

Ja, es ist möglich, und es gibt eine solche höchste Auffassung des Rechtslebens aller Nationen und der Individualität jeder Einzelnen. Und es gibt ein Verständniß unseres eigensten Rechtslebens mit all seinen Größen und Verkehrtheiten, seinem Werth und seinen Mängeln. Aber —

Aber freilich muß man denn doch, da es sich nun einmal um Wissen und Bildungsgang handelt, zuerst wenn auch nur einigermaßen das eigene Recht dieses Deutschlands kennen. Man muß doch wenigstens sagen können, welches Recht denn in diesem Deutschland gilt! Wir wollen ja noch gar keine ideale Rechtsgeschichte, wir wollen ja nicht einmal eine vergleichende Darstellung. Wir sind schon zufrieden daß dem jungen Manne nur ganz trocken gesagt werde, in Preußen gilt dieß Recht, in Bayern dieß, in Sachsen jenes, in Oesterreich ein anderes, und so fort. Und es wäre dann doch im Namen auch der trivialsten Praxis wahrhaftig von nöthen, daß der junge Mann dieß wenigstens lerne. Das Ideale möge dann sein eigenes Leben leben — wir wollen uns zunächst auf den Standpunkt jener „Praxis" stellen, die bei uns eine so bedeutsame Rolle spielt. Und wenigstens im Namen dieser Praxis wird man gestehen, daß dieß mehr als eine billige, daß es eine geradezu unabweisbare Forderung ist. Der Engländer lernt sein Recht in seinem täglichen Leben, im Geschwornengericht und praktischen Streitfällen; der Franzose zieht seinen Code aus der Tasche, wenn er gefragt wird; keine Nation in der ganzen Welt ist zweifelhaft, was ihr Recht sei, und wäre es der Jude der sich auf den Pentateuch und den Talmud, oder der Türke der sich auf den Koran beruft — und dieß ihr eigenstes, mit ihrem ganzen Leben innigst verwachsenes Recht überträgt jede Nation auf die Völker, die sie unterwirft oder bildet, oder hält sich an ihm aufrecht, wenn sie unterdrückt wird. Und wir? Wir haben eine ungeheure Rechtsliteratur, größer wie die der ganzen Welt zusammen genommen, wir haben einen strengen Cursus für die Fachbildung, strenge Prüfungen für den Juristen — aber es gibt kein einziges Buch, das uns den positiven Rechtszustand in Deutschland darböte, und in ganz Deutschland, an all seinen Universitäten, unter hunderten von Vorlesungen über alle möglichen Dinge nicht eine einzige, deren Inhalt die Darstellung dieses in Deutschland wirklich geltenden Rechts wäre! Sollte man das für möglich halten, wenn man es uns von einem dritten Volk erzählte! Sollte man es glauben daß nicht bloß die Wissenschaft, sondern daß selbst die staatliche Fachbildung auch nicht im allerentferntesten dem angehenden Juristen die Zumuthung stellt, das Recht auch nur des einzelnen Nachbarstaates, geschweige denn das Recht — das positive, geltende Recht des eigenen Volkes zu kennen? Es ist die Sache eigentlich unglaublich und doch ist sie wahr. Während Post, Telegraphen und Eisenbahnen den Verkehr in allen Objekten und Fragen des Privatrechts so gemeinsam machen, daß wir ganz ohne Bedenken die Statistik der Volkswirthschaft hoch über den Häuptern der einzelnen Staaten hinweg zu einer deutschen gemacht, fragt nicht einmal die Wissenschaft, fragen nicht einmal die Universitäten, welches deutsche Recht denn für dieß deutsche Güterleben gilt. Und das einzige Gebiet, in welchem ein solches Recht für alle da ist, der Handelsverkehr, hat sein Recht von Frankreich empfangen! Und wie ist es möglich, daß eine Universitätsbildung sich damit nicht einmal unzufrieden erklärt, sondern vielmehr in ihrer Beschränktheit sich wohl noch gar für die beste und gründlichste der Welt hält, in stiller aber wahrhaftig nicht geringer Verehrung dessen was kein Fremder begreifen und kein Einheimischer gebrauchen kann? —

Aber gut — wenn dieß das Einzige wäre, so ließe sich doch am Ende ein Rechtsstatistiker herbei, zusammenzustellen was sich vor der Hand nicht vereinigen läßt, und somit denn doch wenigstens dem äußern Bedürfniß abzuhelfen und das Material zu geben, nachdem das innere nicht vorhanden scheint. Aber wenn man vor allem denn doch nur wüßte, was wenigstens in denjenigen Ländern gilt, die ein eigenes Privatrecht haben? Da gilt nun in Preußen ein Landrecht, und neben ihm territorial begränzt der Code civil; aber neben beiden gilt das Römische Recht, und neben ihm wahrscheinlich auch das deutsche Privatrecht — wie, in welchen Theilen, mit welcher Competenz? Hat man das je genau untersucht und formulirt, was denn doch das Erste für so höchst „praktische" Dinge wäre? Nein. Oder aber lehrt denn doch wenigstens die Jurisprudenz der Universität etwas von der Rechtsbildung, die durch jenes Verschmelzen von Landrecht und Römischem Recht entstanden ist? Oder in Sachsen? Oder in Bayern? Gar nicht zu reden von anderen Staaten und Gebieten, von Württemberg und Baden, von Nassau und Hessen, von Hannover, Braunschweig und Schleswig-Holstein. Und wenn Oesterreich dem gegenüber bisher eine Ausnahme macht auf Grundlage seines trefflichen bürgerlichen Gesetzbuches, hat es ein klares Bewußtsein von dem Verhältniß in welchem das Römische Recht sich seit zwei Decennien zu dem bürgerlichen Recht stellt? Sollen wir das Bild weiter verfolgen? Es scheint uns nicht nöthig. Es ist leider kein Zweifel daß das positive, in Deutschland wirklich geltende Recht bisher ein unfaßbares Etwas war; daß das deutsche Volk von dem ihm eigenthümlichen Recht kein Bewußtsein hatte und haben konnte, daß es keine Darstellung dieses Rechts, geschweige denn eine Gesetzgebung dafür gibt, daß die Wissenschaft keine Sammlung des gegenwärtigen Rechts hat, während Staat und Einzelne die Monumente vergangener Zeiten zum Zwecke der möglichst genauen Kenntniß dessen was nicht mehr ist, mit den größten Opfern an Geld und Eifer sammeln — daß die Universitäten sich darum trotz ihren hunderten von Vorlesungen und trotz der Freizügigkeit des Studirenden nicht im mindesten kümmern, daß die Prüfungen nicht darnach fragen, und daß daher kein Deutscher sagen kann, woran er mit seinem bürgerlichen Recht ist. — —

Unter diesen Umständen wird es uns nun nicht Wunder nehmen, daß wir, die wir nicht einmal die Kenntniß unsers eigenen Privatrechts besitzen, auch jedes Organs ermangeln, das uns ein gemeinsames Recht bilden konnte. Wir haben nicht nur keine deutsche Gerichtsordnung, keine höchste, die letzten Fragen endgültig entscheidende Instanz — wir haben nicht nur keinen deutschen Richterstand sondern nur einen preußischen, sächsischen, bayrischen — wir haben nicht nur keine deutsche Gerichtspraxis, sondern wir können sie gar nicht haben. Wenn die gerichtliche Rechtsbildung nicht auf einem klaren, möglichst objektiv gefaßten Recht beruht, so muß sie statt einer staatlichen eine örtliche werden. Und das ist sie. Und das ist schlimm. Es ist das nicht bloß nicht gut für das Rechtsleben in seiner höhern nationalen Bedeutung, es ist das eben so schlimm für die Praxis. Die Folge ist daß wir, die wir kein deutsches Gerichtswesen besitzen, natürlich auch von einem deutschen Advokatenstande nicht reden können. Die Gemeinschaft desselben beruht höchstens in dem Bewußtsein der gleichartigen Function und Stellung, aber nicht in dem worin sie eigentlich bestehen sollte, in der Gemeinschaft des Gefühls, das Recht des eigenen Volkes zu vertreten und weiter zu bilden. Dem Advokaten in Deutschland fehlt dadurch das, was den Anwalt in England und Frankreich so stark und so stolz macht — das Bewußtsein, nicht bloß ein Anwalt für Rechts- und Geschäftsfragen des Einzelnen sondern zugleich ein Träger der Rechtsbildung seiner Nation zu sein, in der Mitte des Rechtslebens des Ganzen zu stehen, mit der Mühe und dem Ernst der Sache auch in ihr Ruhe und Befriedigung zu finden, für sie mit Einsetzung seiner vollen Kraft wirken zu können. Auch unser Advokatenstand ist ein örtlicher; ihm fehlt das Bewußtsein der wahren, höhern Stellung seines Standes; er ist Kläger und Beklagter, Vormund und Geschäftsmann, aber er hat im Rechtsleben Deutschlands keine Initiative.

Er ist vollständig in den Hintergrund gedrängt durch die theoretische Literatur; er ist ihr gegenüber fast gänzlich wort- und machtlos geworden; und in dem Gefühl daß dem so ist, ist er im Begriffe aus dem Berufe zu einem Geschäfte herabzusinken. Ist das gut? — Kann das aber anders sein, wo das Recht selbst, für welches und durch welches er lebt, weder ihm noch dem Volke bekannt, sondern in den Händen derer ist die es selbst nicht kennen und lehren — in den Händen der Facultät, und in ihnen der Romanisten? Und bei solchen Zuständen träumt man von „Volksgerichten". Es ist wahr, das Ideal des germanischen Gerichtswesens ist das Schwurgericht auch in bürgerlichen Sachen. Entstanden mit dem Ursprung unserer Rechtsgeschichte, innigst verschmolzen mit der ganzen anfänglichen Entwicklung, haben wir es verloren um die Rechtsbildung auf eine uns fremde Literatur zurückzuführen. Und jetzt möchten wir wieder gewinnen was wir einst besaßen und was unserm Charakter nach noch immer unser eigen ist. Aber ist das möglich in einem Zustande, wo wir nicht wissen was das deutsche Recht überhaupt ist? Wo selbst unsere Universitäten nicht lehren — und wir fürchten sehr gar nicht einmal hinreichend wissen, welche „Rechte" in den einzelnen Theilen Deutschlands gelten? Wie soll ein Bayer über eine sächsische, ein Sachse über eine preußische, ein Preuße über eine hannoverische, alle zusammen über eine österreichische Rechtsfrage, oder die Oesterreicher wieder über jene urtheilen? Bei dem Zustande, in welchem sich unsere Rechtskenntniß — ich will gar nicht von unserer Rechtsbildung sprechen — befindet, ist das Zurückkehren der letztern zum Volke und damit ein höheres Rechtsleben geradezu unmöglich.

Und doch greift der ursprünglich germanische Gedanke nie ruhend durch wo er kann. Was wir in unserm Privatrecht im engern Sinn nicht vermocht haben, das entsteht uns als etwas ganz natürliches in den Gebieten, in denen jenes römische Recht unfähig ist die Aufgabe der Rechtsbildung zu übernehmen, weil es zwar ein gewaltiges, aber ein höchst beschränktes Recht ist. Wir bezeichnen jene Gebiete als das des Handels mit seinem Credit, und das des Rechtskampfes zwischen Arbeit und Capital. Die Handels-, Gewerbe- und Fabriksgerichte sind Volksgerichte, oder werden es. Gewiß doch wurden sie es, weil es richtig ist daß sie es werden. Ist es aber richtig daß sie es hier sind, daß hier das Volk sich sein eigenes Recht erzeugt, ist es dann richtig, daß es zu seinem übrigen Privatrecht nicht herbeigezogen wird? Wahrlich, man wird das kaum behaupten; entscheiden die Volksgerichte über Leben und Tod, über die größten Fragen des Capitals und der Arbeit, warum sollen sie nicht entscheiden über einzelne Streitfragen von mein und dein? Und nun fragen wir, welche Vorstellung soll ein andres Volk von Deutschlands Wissenschaft bekommen, wenn dessen Rechtsentwicklung das Volk zum Richter in den größten Sachen fähig erklärt, während sie in den minder wichtigen diese ganze Rechtsbildung außerhalb seines Bewußtseins stellt? — Diese Dinge nun scheinen alle eben so ernst als wahr zu sein. Aber hier nun sehe ich diejenigen kommen, welche von all dem was eben gesagt worden ist, wenig oder nichts bestreiten, aber mit allem Nachdruck behaupten daß die Hauptsache falsch sei. Sie sagen vielmehr, daß wir ja ein solches gemeines deutsches Recht *haben*; daß ein solches auf allen Punkten gelehrt werde; daß die ganze juristische Welt sich über den hohen, niemals genug erkannten Werth dieses gemeinen deutschen Rechts einig sei; daß auch wir gewiß diesen Werth nicht bestreiten werden; daß gerade in diesem Recht die hohe juristische Kraft, die große historische Bedeutung unseres Volkes gegeben sei; daß wir der Anerkennung fremder Völker ganz füglich entbehren können so lange wir auf uns selbst stolz sind, und daß wir mit allem Recht stolz sein dürfen auf unsere Wissenschaft des *römischen Rechts*, welches das gemeine deutsche Recht sei. Sie sagen, daß diese Quelle des Rechts eine geradezu unerschöpfliche sei; sie weisen darauf hin, daß dieß römische Recht nicht bloß zu den Zeiten der Römer, sondern auch in der germanischen Zeit ein Weltrecht gewesen; sie zeigen, daß und wie ja auch der Code civil auf diesem Rechte fuße und der Franzose daher wieder beginne, dieß römische Recht neben dem eigenen zu studiren; sie zeigen uns tausende und tausende von jungen Leuten, welche mit aller Kraft, mit aller Liebe sich diesem Rechte hingeben; sie leugnen ja nicht Werth und Nothwendigkeit eines eigentlich deutschen Rechts, aber sie erklären, daß sie denn doch eigentlich nicht recht wissen worin dasselbe denn nun noch bestehen solle, neben ihren Institutionen und Pandekten; denn wenn dieselben nicht wirklich eine höhere Form des Rechts wären, wie wäre es denn möglich, daß dieselben das Studium der örtlichen Rechtsbildung so ganz in den Hintergrund gedrängt haben? Wenn sie nicht befriedigen, warum sucht denn dieß deutsche Volk nicht nach einer andern Befriedigung? Wird sie ihm verwehrt? Wahrlich nicht. Kann nicht jeder ein solches Rechtsbuch schreiben, wann und wie er will? Kann sich nicht an jeder Universität ein Docent habilitiren eben für jenes positiv deutsche Recht der einzelnen Länder, für die vergleichende deutsche Rechtswissenschaft, oder für ein deutsches Recht „an sich?“ Wenn das aber nicht geschieht, so ist das ja der schlagendste Beweis dafür, daß ein solches Bedürfniß gar nicht existirt! Die Wissenschaft und ihre Lehre sind frei — warum lehrt sie denn nicht jenes Recht, von dem gesagt wird daß es uns fehlt? Und wenn auf allen Universitäten eben dieses gemeine römische Recht wirklich beständig gelehrt und gehört wird, wenn es die Arbeit und das Verständniß der Jugend und der reifern Männer wirklich erfüllt, wenn es thatsächlich doch das Gemeinsame in unserem allerdings zerrissenen Rechtsleben ist, und Wissenschaft und Volk denn doch etwas anders nicht schaffen und auch etwas anders nicht wollen — mit welchem Recht will man denn dieß Recht in seiner gegenwärtigen Stellung eigentlich angreifen? Und wenn man es angreift, was will man denn an seine Stelle setzen? Denn das bloße Negiren kann vielleicht Mängel bezeichnen, aber es kann nichts bessern und veredeln. Jedes Volk wird seine Klagen über seine Verhältnisse im Allgemeinen, über sein Rechtsleben im Besondern haben; wir wüßten nicht, daß gerade in England und Frankreich dieses Rechtsleben so gar vollendet sei, daß es keinen Vergleich mit dem unsrigen zulasse; was ist es also eigentlich was mit dieser Klage gemeint ist? Wir sind gespannt es zu hören!

Es ist richtig, was da gesagt ist. So lange man sich über Wesen und Stellung der gegenwärtigen Wissenschaft des römischen Rechts nicht klar und einig ist, wird jede Untersuchung über bürgerliches wie über öffentliches Recht bei allgemeinen Redensarten stehen bleiben.

## 2. Das „gemeine“ deutsche Recht und die Reception des römischen Rechts.

Es ist wohl eine ernste Sache, auf die Frage nach dem römischen Rechte, seine Stellung und seine Bedeutung in der deutschen Rechtswissenschaft einzugehen. Um so mehr, als sie nicht neu ist; seit Jahrhunderten entsteht sie immer wieder, so wie es sich um Deutschlands Stellung und Bewußtsein im Rechtsleben der Welt handelt; und wie schon Heineccius in sich diesen Kampf hat durchkämpfen müssen, wie er selbst erzählt, so stehen auch wir noch vor dieser Frage. Entschieden ward sie nie. Es ist darum vor allem nothwendig, sich gleich anfangs über den Standpunkt einig zu werden, von dem man allein ausgehen darf.

Will man über dieß römische Recht in Deutschland reden, so muß man vor allem scheiden. Und der Mangel dieser Scheidung ist nicht der letzte Grund, weßhalb alle bisherigen Bestrebungen, zu einem endgültigen Resultat zu gelangen, erfolglos geblieben sind.

Das römische Recht ist zuerst und vor allem eine gewaltige, im höchsten Grade großartige Rechtsbildung. Es ist so reich an den interessantesten Entwicklungen innerlich wie äußerlich, und so reich an Ergebnissen, daß es ewig eine der bedeutendsten Rechtsquellen für Studium und Praxis bleiben wird. Es hat somit seinen hohen wissenschaftlichen Werth, und niemand hat denselben je bestritten oder wird ihn bestreiten. Wer verdankte nicht einen wesentlichen Theil seiner ganzen Rechtsanschauung, seiner Klarheit im Einzelnen, seiner Anregungen im Ganzen diesem Denkmal einer ungeheuern Arbeit, das durch alle Jahrhunderte sich erhalten hat und sich erhalten wird? Das Corpus juris ist eines der wenigen Bücher, die wir die ewigen nennen. Wer immer sein Gebiet betritt, der wird mit wahrer Hochachtung von einem Rechtsleben erfüllt, dessen zerrissene und in möglichste Unform gebrachte Reste noch Jahrtausende später eine solche Gewalt über die höchsten Civilisationen Europas auszuüben vermochten.

Darüber sind wir einig. Von dem Werthe des römischen Rechts reden wir daher hier nicht. Aber dafür werden wir auch nicht zugeben, daß der Zweifel an dem was wir zu sagen haben, sich hinter die Behauptung flüchte als sprächen wir diesem Rechte seinen Werth und seine hohe Berechtigung ab. Wir sind dieser letzten gegenüber die ersten, welche sie anerkennen; aber unbedingte Verehrer seiner unbedingten Verehrung sind wir nicht. Das warum es sich für uns handelt, ist zunächst nicht das römische Recht selber, sondern seine Stellung in unserem Rechtsleben, in Wissenschaft, Rechtsbildung und Praxis. Und die soll es sein, die wir nunmehr in allem Ernste betrachten müssen. Denn ein wirklich großes Volk hat doch etwas Besseres zu thun, als sich in seinem Recht unbedingt einem andern hinzugeben das bei all seinem Glanze ein großes zu bleiben nicht fähig war.

Welches nun ist zunächst diese Stellung des römischen Rechts in unserem Rechtsleben, durch die es seine Stellung an den Hochschulen unserer Rechtswissenschaft und in der Bildung unseres Rechtsbewußtseins begründet?

Wieder komme ich auf das zurück, ohne welches hier ein Ergebniß nicht möglich ist. Wir müssen scheiden, um klar urtheilen zu können.

Zuerst will dieß römische Recht in Rechtsgeschichte, Institutionen und natürlich vorzugsweise in den Pandekten als „gemeines deutsches Recht" gelten.

Ist es das wirklich und juristisch?

Es ist ein glückliches Wort, gemeines deutsches Recht. Man kann sich vielerlei dabei denken. Es ist aber für den Juristen durchaus nicht gleichgültig, was er dabei denkt. Er kann denken, es sei die Gesammtheit der Rechtssätze welche aus dem positiven Rechte des gesammten Deutschlands herausgezogen und zusammengestellt sind. Er kann denken, es sei das Recht welches in subsidium für alle deutschen Rechte gelte. Er kann auch denken, es sei überhaupt eigentlich kein geltendes Recht, sondern eine wissenschaftliche Bearbeitung dessen was für Deutschland eigentlich gelten *sollte*; er kann aber auch denken, es sei in der Form des römischen Rechts bloß die Gestalt einer großartigen theoretischen Ausbildung für die Rechtsbegriffe, welche wir die absoluten und ewigen nennen, Besitz, Pfand, Eigenthum, Dienstbarkeit, Vertrag u. s. w.

Es ist denn doch nicht gleichgültig, welchen von diesen Gedanken ich habe. Der Jurist wird mir zugeben, daß es im ersten Falle mit seinem Inhalt gilt, im zweiten Falle nur zur Geltung gebracht werden sollte, im dritten Falle gegen die Geltung eigentlich gleichgültig ist, da es mich nur lehren soll, das Geltende richtig zu behandeln. Gut. Und was sagt denn diese römische Rechtswissenschaft *selbst* darüber?

In der That, sie sagt *gar nichts*. Ich weiß nicht, ob sie es weiß; ich weiß nicht, ob sie vielleicht gar hofft das römische Recht solle als Ganzes eigentlich alle diese Dinge zugleich leisten und sein. Ich weiß nur, daß in solchem Falle die *allererste* Pflicht einer Jurisprudenz wäre, sich selber über diese Rechtsqualität ihres Inhaltes klar zu sein, und daß es eigentlich ganz unverzeihlich ist wenn die ganze junge Welt alle ihre Kraft auf ein Recht verwenden muß, von welchem sie niemals erfährt, ob es eigentlich gilt oder gelten soll, oder nur zum Verständniß des Geltenden dient. Und das um so mehr als, wie bereits gesagt, eine Darstellung des *wirklichen* deutschen geltenden Rechts gar nicht existirt. Und doch soll *daraus* ein Rechtsbewußtsein in dieser deutschen wissenschaftlichen Welt entstehen? Ist *das* der richtige Anfang für den Juristen, dessen erster Begriff denn doch der eines geltenden Rechts sein sollte?

Allein ich weiß, was Sie antworten werden. Sie werden sagen, das römische Recht sei „recipirt". Verstatten Sie die Frage dabei, was es denn im *juristischen* Sinne heißt und bedeutet, „recipirt sein"?

„Recipirt sein" kann erstlich bedeuten, daß ein Recht durch einen ausdrücklichen Willen des Gesetzgebers als geltend anerkannt wird. Das ist bekanntlich auch nicht einmal für das alte deutsche Reich geschehen; in der neuen Staatenbildung ist von einer solchen Reception gar keine Rede. Die bekannten Berufungen auf den zuweilen vorkommenden Ausdruck der alten kaiserlichen Gesetze und Abschiede: „Unser gemeines und kaiserliches Recht" wird denn doch wohl kein Jurist ernsthaft als eine gesetzliche Anerkennung der Gültigkeit ansehen wollen. Ist es ja doch sehr fraglich, ja wohl eigentlich beinahe gewiß, daß sich diese Worte auf das Reichsrecht beziehen und mit dem römischen Rechte in gar keinem Zusammenhange stehen. Jedenfalls führt man ein Gesetz nicht in dieser Weise rechtsgültig ein. *Diese* Reception hat nie statt gefunden.

Recipirt sein kann ferner bedeuten, daß eine allgemeine Anerkennung des Inhalts dieses Rechts durch die Organe der Rechtssprechung, die deutschen Gerichte, stattgefunden habe und noch stattfinde. Eine solche ist nun allerdings vorhanden; allein man muß weiter unterscheiden, um nicht zu falschen Consequenzen zu kommen. Die deutschen Gerichte „recipiren" die Berufung auf das römische Recht nicht als eine Berufung auf ein geltendes Recht, und sie würden zu gar wunderlichen Sätzen kommen wenn sie dieß Recht als ein geltendes ansähen, wie wir gleich zeigen werden, sondern sie nehmen eine solche Berufung an als eine Begründung einer, mit dem geltenden Recht in Einklang stehenden Behauptung, deren Werth in der Autorität der römischen Juristen liegt. Niemals wird es irgend einem deutschen Gericht einfallen seine Entscheidung nach dem römischen Recht zu fassen, wenn ein geltendes Recht mit demselben nicht übereinstimmt. Das Verhältniß des römischen Rechts zum Gerichte ist daher niemals das gewesen, daß jemand wie bei wirklich recipirtem Rechte im Namen des Wortlautes jenes römischen Rechtes vom Richter fordern könnte, er solle darnach entscheiden, sondern das römische Recht kann nur als Begründung einer für richtig gehaltenen Ansicht über einen, nach dem geltenden Recht fraglichen Rechtssatz auftreten. Ich wüßte nicht, wie man das bezweifeln könnte. Eine solche Reception aber ist denn doch wahrlich keine Reception im juristischen Sinne, sondern sie ist ganz etwas anderes. Wäre das eine Reception, so wird jeden Tag jeder unserer bedeutenden Rechtslehrer, Savigny, Vangerow, Arndts und hundert andere eigentlich noch mehr recipirt als Ulpian und Paulus, weil der Advocat sich viel lieber auf die Bearbeitung als auf die Quelle selbst beruft; eine solche Reception würde eben so gut das Naturrecht recipiren, ja man könnte sagen, daß auch der gesunde Menschenverstand und das unmittelbare Rechtsgefühl, vor allem aber daß die Nationalökonomie „recipirt" seien, weil dieselben ja mit ganz gleichem Recht zur Begründung herbeigezogen werden, und es bei ihnen ja ganz genau wie bei dem römischen Recht dem Richter vollkommen überlassen bleibt, sie anzuerkennen oder nicht. Ist denn das wirklich eine „Reception", welche als ihr erstes Princip den Grundsatz aufstellt, daß es für das somit Recipirte keine wie immer geartete Verpflichtung des Richters gibt, sich irgendwie darnach zu richten? Ich wüßte nicht, wie ein Jurist in eine solche Reception einen juristischen Begriff hinein bringen wollte, als etwa den der Auctoritas jurisprudentum, die alles in der Welt ist, nur keine Reception. Und durchaus dasselbe gilt von dem Ausdrucke, daß das römische Recht ein „subsidiares" Recht sei. Betrachtet man diesen Ausdruck genauer, so heißt er, daß das römische Recht da gelten soll, wo im bestehenden Recht eine Lücke ist. Das kann ich mir juristisch denken. Allein noch ganz abgesehen davon, daß das ja natürlich von der Hälfte dessen was als römisches Recht geboten wird, geradezu unmöglich ist, so hat genauer zugesehen in subsidium denn doch wieder eine doppelte Bedeutung. Es kann heißen, daß das Gericht sich nach dem subsidiaren Rechte richten muß, wo das Hauptrecht ausfällt. Sollte es dieß bedeuten so müssen wir wieder einen gesetzlichen Act vor uns haben, der dem subsidiaren Rechte dieses Recht eines in subsidium geltenden Rechts gibt, und ein solches ist in ganz Deutschland eben nicht vorhanden und wird nicht einmal behauptet. Es kann aber auch heißen, daß in Ermangelung positiver Bestimmungen das Gericht sich nach einem solchen subsidiaren Recht richten kann oder auch zu richten pflegt; dann erscheint ein solches Recht nicht mehr als eine gesetzliche Norm für den Richter, sondern als ein Motiv für seine Entscheidung. Das nun ist der Fall beim römischen Recht, und die Consequenzen davon sind wie wir sehen werden, sehr einschneidender Natur für seine Geltung. Allein das ist auch der Fall bei Materien aus den heutigen Schriftstellern, aus der Nationalökonomie und der Rechtsphilosophie, und ist daher im Grunde überhaupt nur eine historische Thatsache und kein juristischer Begriff. Ein Recht des römischen Rechts, als Recht zu gelten, ist daher auch in dieser Form nicht zu finden.

Doch gut — es sei. Ich nehme an, daß ich in Allem, was ich gesagt habe, Unrecht hatte. Es sei, daß das römische Recht recipirt sei; es möge gelten als geltendes Recht; es möge sein, daß man das juristische Verhältniß zum geltenden Recht gar nicht zu formuliren, dem Studirenden gar nicht erst zu sagen braucht, da die Reception notorisch sei — alles das sei zugegeben. Aber eine Frage muß denn doch noch gestellt werden, und Sie werden es mit mir wenigstens juristisch — und von dem Juristen sprechen wir ja doch, meine ich — unbegreiflich finden, daß diese deutsch-römische Jurisprudenz sie überhaupt nicht stellt, und das gesammte Gebiet der deutschen Rechtsbildung darüber in völliger Dunkelheit läßt, obgleich sie, wenn einmal das römische Recht „recipirt" ist, die allernothwendigste wäre. Was ist denn eigentlich recipirt? Das Ganze des römischen Rechts, oder Theile davon? Und welche? Denn wahrlich, das muß ich doch wenigstens wissen, ja selbst dann wenn ich die Reception nur als eine Reception von Motiven für neue Rechtsanschauungen betrachte. Wäre etwas recipirt und etwas nicht, so müßte doch diese Jurisprudenz im Namen aller gesunden Rechtsbildung mir wenigstens sagen, was ich als recipirt betrachten darf? Kann man diese absolute Forderung an eine Rechtsbildung und an eine Literatur auch nur bezweifeln, welche die Prätention hat den besten Theil unserer Zeit und Kraft für sich in Anspruch zu nehmen?

In der That, wen Sie auch fragen, und was die eigentliche Hauptsache ist, wenn Sie dieß „heutige römische Recht" und seine Doctrin selbst fragen — man weiß es nicht. Das römische Recht stellt sich als Ein Ganzes hin; römische Rechtsgeschichte, Institutionen, Pandekten sind ja nur dem Namen nach verschieden; sie sind verschiedene Formen, in welchen dieß Recht gelehrt wird, als untrennbar verbunden. Ob in diesem weiten Gebiet irgend etwas wirklich recipirt und anderes nicht recipirt sei, darüber verliert diese ganze Jurisprudenz kein Wort. Es ist eben das gemeine deutsche Recht. Nun gut — aber kann denn dieß Recht als Ganzes recipirt sein? — Offenbar, es wäre ein Unsinn, so etwas zu behaupten. Wer wird daran denken, daß es eine Reception z. B. der Sklaverei, der Emancipation, der Infamia juris und facti, der stipulatio, des nexus und der fiducia, oder aber auch der Unterschiede zwischen den Verträgen, der pacta conventa, der stricti juris und bonae fidei obligatio, des römischen matrimonium, der römischen bonorum possessio, und tausend anderer Dinge je hat geben können? Soll ich Ihnen noch mehrere aufzählen? Ich glaube wahrlich, das ist ganz unnöthig. Nun denn — alle diese Dinge bilden untrennbare Bestandtheile jener Pandekten, welche sich als das wahre und eigentliche Privatrecht hinstellen. Was ist die Folge? Sind die Pandekten noch Recht oder etwas anderes? Er weiß es nicht, der junge Mann. Er erfährt es aber auch nicht. Denn dieß römische Recht weiß es ja eben selber nicht! Denn wüßte es das, so müßte die römische Jurisprudenz wenigstens dem der sie nicht kennt und sie erst lernen soll, offen sagen, daß von dem was er lernt ein Theil nichts ist als Rechtsgeschichte, die für uns nicht weniger aber auch nicht mehr Interesse hat, als z. B. die griechischen, römischen, germanischen Alterthümer, und erst ein Theil wirkliches Recht ist. Sagt sie das auch nur mit einem Worte? — Er wird das schon selber wissen und erfahren, der junge Mann. — Wie? Wenn er das weiß, muß er ja das geltende Recht schon kennen? Ist das, ernstlich gesprochen, einer Wissenschaft des Rechts würdig, daß sie nicht selbst weiß und sagen kann, was von ihrem Inhalt gilt? Daß nach dem gänzlich mißlungenen Versuch Savigny's — dem Einzigen, der noch dafür Gefühl hatte — das „heutige" römische Recht darzustellen, kein Einziger mehr die allererste Hauptsache weiß, auf die es bei einer solchen Jurisprudenz ankommen muß, zu sagen was in ihr Rechtsgeschichte ist und was geltendes Recht? — Nun gut, ich höre, daß Sie mir sagen, daß man das nicht immer im Einzelnen so genau zu wissen brauche, oder aber es nicht gut bezeichnen könne. Einverstanden meinethalben; aber da es sich hier ja doch nicht um eine einzelne Abhandlung, sondern um ein ganzes Rechtssystem handelt, das sich als geltendes Recht an die Spitze unserer ganzen Rechtsbildung stellt, ja es uns fast unmöglich macht, andere Dinge gründlich zu studiren, zugegeben daß es im Einzelnen nicht geht — so muß es doch im Ganzen gehen. Kann ich nicht jede rechtshistorische Erscheinung ausmerzen, so muß ich denn doch wenigstens ein Princip haben, welches mich das Geltende vom Nichtgeltenden selbst unterscheiden lehrt. Denn wie soll ich sonst durch diese ungeheure, tief verwirrte, ihrer selbst durchaus nicht klare Masse römischrechtlicher Systeme und Untersuchungen hindurch finden, wenn ich für mich oder für das Gericht etwas brauche und doch jedes Princips entbehre, um das bloß historisch Interessante von dem praktisch Wichtigen zu unterscheiden? Hat diese gewaltige, alles absorbirende römische Jurisprudenz dafür wenigstens ein Princip? — Nein. — Aber was ist sie denn, wenn sie nicht weiß und sagen kann, was in ihr Recht und nicht mehr Recht ist, und doch das ganze Volk und seine gesammte Rechtsbildung beherrschen will? — Ja, wenn sie das selber wüßte! — —

Sie sehen, meine verehrten Herren, daß wir auf diese Weise mit unserem heutigen römischen Rechte auf einem Standpunkt stehen, der gegenüber jeder objektiven Erwägung, ja gegenüber ich möchte sagen ganz platten juristischen Forderungen ein ganz unhaltbarer ist. Wir haben schon aus diesen Gründen nicht einmal formell in dem römischen Recht jenes deutsche bürgerliche Recht, was wir entbehrten und forderten. Das, glaube ich, steht fest. Aber die Bedeutung des römischen Rechts ist eine so große, daß diese Ueberzeugung nicht genügen kann. Soll das deutsche Volk zu einem eigenen, seiner würdigen Rechtsleben kommen, so ist es gar kein Zweifel, daß wir uns wenigstens zum Bewußtsein bringen müssen, wie jene Stellung des römischen Rechts mit ihrer gründlichen Unklarheit nicht bloß über die elementaren Begriffe ihrer positiven Stellung, sondern auch mit ihrem uns zur Hälfte absolut fremden Inhalt zur Basis unseres Rechtslebens geworden ist. Aber gegenüber dieser Thatsache muß ich Ihnen noch eine zweite aufführen, die von nicht geringerer Bedeutung ist. Ich kann sie Ihnen hier nur andeuten; aber es ist der Mühe werth, schon jetzt darüber nachzudenken, da in ihr der Keim und Kern alles dessen liegt, was wir später über die europäische Rechtsgeschichte und die Stellung Deutschlands zu derselben zu sagen haben werden.

## 3. Das Corpus Juris und die Lehre der Pandekten.

Ich werde für das Folgende, meine Herren, wieder beginnen mit der Supposition, die uns vielleicht am weitesten bringen wird.

Gut — ich gebe zu, daß ich Unrecht hatte. Es soll kein Zweifel sein über die Reception, es soll kein Zweifel sein über die Autorität des römischen Rechts. Die Disciplin der Institutionen und Pandekten soll das gar nicht erst zu wissen brauchen da es notorisch und feststehend ist. Sie braucht mit diesen Untersuchungen die Jugend gar nicht zu ermüden, da sie sonst leicht für eine tiefsinnige Untersuchung über die Publiciana oder die exceptio doli die Zeit verlieren müßte; sie braucht sich nicht auf diese Dinge einzulassen, da ohnehin kein Mensch daran denkt, z. B. die Begriffe von actio stricti juris und bonae fidei weiter einzuführen, und der „gesunde Sinn" bald herausbringen wird, daß all diese Dinge die ihm als Recht gelehrt werden, nichts als Rechtsgeschichte sind. Ich will bisher Unrecht gehabt haben. Es soll nicht richtig sein, das Rechtsbewußtsein zu erschüttern das auf dieser ersten und elementaren Bildung beruht; der junge Mann lernt ja ohnehin sein bürgerliches Gesetzbuch, sein Landrecht, ja auch außerdem sein deutsches Privatrecht, und wenn das römische Recht ihm nicht verräth, in welchem juristischen Verhältniß alle diese höchst verschiedenen Dinge, die ihm unter demselben Namen als Privatrecht entgegenkommen und doch zusammen gar kein Privatrecht sind und kein Privatrecht sein können, zu einander stehen, und wenn diese andern Dinge auch ihrerseits wohlweislich über das schweigen, was doch die Hauptsache ist, ihr Verhältniß zum wirklichen Rechtsleben, und wiederum auch über ihr Verhältniß unter einander und zum römischen Recht, das vorgibt jenes Rechtsleben zu enthalten — ich hatte Unrecht, zugestanden. Bleiben wir in der ausgetretenen Bahn; alles was ist ist vernünftig.

Aber Eines müssen Sie mir denn doch zugeben. Wenn ein solches System wie das des — also jetzt von uns acceptirten — heutigen römischen Rechts sich als Basis der Rechtsbildung gerirt, nun, so muß es doch wenigstens wissen und sagen, wie es sich zu den eigenen Quellen verhält, aus denen es ja hervorgeht? Will es das römische Recht sein, nun gut, so sei es aber auch römisches Recht. Es kann ja sein daß uns dasselbe doch schließlich paßt, eben als römisches Recht. Aber das darf man denn doch fragen denke ich — ist denn das, was diese Jurisprudenz lehrt, wirklich römisches Recht? Kann darüber ein Zweifel sein, dieser Zweifel wenigstens müßte uns doch dieß Rechtssystem vor allem lösen, nachdem wir alle andern aufgegeben? Wie nun, wenn das alles gar nicht einmal rechtes römisches Recht wäre?

Wie wenn es eben so wenig und eben so viel ein römisches Recht jemals gegeben hätte, als es ein deutsches Recht gibt? Wie wenn das, was uns diese Pandekten bieten, überhaupt eben so wenig ein festes, in sich abgeschlossenes Rechtsleben enthielte, wie unsere eigene zerfahrene Rechtswelt? Was würde dann dieß sogenannte römische Recht, was würde dann seine Prätension sein, auch unser eigentliches Privatrecht zu bilden?

Sie werden mich vielleicht mit Verwunderung fragen, wie ich dazu komme, eine solche Frage aufzustellen?

Ich werde Ihnen antworten, daß der tiefste Mangel in dieser ganzen Disciplin darin besteht, daß sie sich selber diese doch so nahe liegende Frage nicht gestellt hat, und daß sie ebendeßhalb auch gar nicht im Stande war, Ihnen eine der wichtigsten Thatsachen zum Bewußtsein zu bringen, welche in der That der Beginn einer wesentlich andern Auffassung dieses ganzen Gebietes sein müßte.

Lassen Sie für einen Augenblick das römische Recht. Denken Sie sich irgend ein großes, geistig begabtes, arbeitsvolles Volk, das von seinem Stammsitze aus eine ungeheure, noch nicht dagewesene Staatenbildung erzeugt, auf allen Punkten sich fremde Völker nicht bloß unterwirft, sondern sich mit ihnen auf das Innigste verschmilzt und das ganze Leben dreier Welttheile viele Jahrhunderte hindurch in sich aufnimmt — ist es denkbar, daß ein solches Volk während aller dieser Jahrhunderte immer dasselbe Recht behalten haben kann? Ein Volk, das einen ungeheuren Reichthum an Literatur, einen unermüdlich thätigen Juristenstand gehabt, und das seine geistigen Anregungen einem so geistig gewaltigen Volke wie den Griechen verdankt?

Sie werden mir sagen, das sei geradezu unmöglich.

Ich meine dieß auch. Und wenn ich nun doch von dem Rechte eines solches Volkes als einem fertigen, geschlossenen Ganzen, als einer für sich greifbaren und definirbaren Rechtswelt reden will, und diese Rechtswelt einem anderen Volke als sein bestes Recht aufstellen will, wie soll ich mir das denn eigentlich denken?

Offenbar — für diese Aufgabe gibt es nur zwei Wege, weil sie selbst nur zwei Voraussetzungen haben kann. Und das muß ich denn doch wissen, ehe ich daran gehe, von dem Recht eines solchen Volkes zu reden. Das werden Sie mir zugeben.

Die erste Möglichkeit — die erste Bedingung von dem Recht eines solchen Volkes gegenüber einem dritten Volk zu reden — besteht darin, daß dieß Volk ein selbständiges großes Gesetzbuch gehabt, die feste Grundlage seines Rechts, auf der es weiter gebaut und das es systematisch angewendet hat wohin es kam. So haben es in ihrer Weise die Türken mit dem Koran gemacht, so haben es die Franzosen gemacht mit ihrem Code civil. Auf dieses Gesetzbuch kann ich denn in meiner Anschauung und Darstellung zurückgreifen; ich kann an ihm den Geist, die Gesittung, die wirthschaftlichen und gesellschaftlichen Zustände des Volkes erkennen; ich kann von ihm aus sagen, daß dieß Volk *dieß Recht* gehabt, und daß das was ich lehre, doch immer das Recht dieses Volkes sei. Ich besitze eine feste juristische Substanz; ich bin objektiv berechtigt, von dem Recht dieses Volkes als einem festen Rechtskörper zu reden.

Die zweite Möglichkeit aber — der zweite Fall — ist allerdings wesentlich anders. Wie nun, wenn ein solches Volk ein solches Gesetzbuch überhaupt *nicht hatte*? Oder wenn es aus seinem specifisch nationalen und localen Rechtsleben heraus die andern Völker unterwarf und groß und frei geboren genug war bei jedem einen Volke zu begreifen daß sein altes ursprüngliches Recht für dasselbe nicht ausreiche? Wenn es, von Jahrhundert zu Jahrhundert tiefer in ferne Gegenden eindringend, von Jahrhundert zu Jahrhundert sich immer mit neuen Sitten und Völkern verschmelzend, von Jahrhundert zu Jahrhundert sich immer weiter von seinem altnationalen Recht zu entfernen gezwungen wird? Ein Theil nach dem andern, ein Begriff nach dem andern, eine Rechtsinstitution nach der andern zeigt sich ihm als unfähig in den neuen Dingen zu leben, die es theils findet, theils selber schafft — was ist da *sein* Recht? Können Sie es fassen, können Sie es formuliren und fixiren? Sie versuchen es vielleicht als Gesetzgeber, aber in dem Augenblick wo sie ein solches Edictum perpetuum erlassen, bricht das wirkliche Leben sich neue Bahnen, entschlüpft den Händen Ihrer Legislatur, und die Praxis beugt sich dem unabweisbaren Bedürfniß welches das Recht in allem Einzelnen so umgestaltet, daß sie es selbst nach hundert Jahren nicht mehr wieder erkennen. Es hat nicht etwa bloß Zusätze und Interpretationen empfangen, es ist eben seinem Lebensprincip nach ein ganz anderes geworden. Es ist aus einem ursprünglich beschränkten, nationalen und örtlichen Recht nicht ein zweiter Codex, sondern ein gewaltiger *Lebensproceß* entstanden, der aus dem *begränzten Einzelrecht ein Weltrecht schafft*.

Und nun frage ich Sie, was ist das Wesen, der Kern eines *solchen* Volksrechts?

Es ist das *arbeitende Rechtsleben der Welt*, dem wir uns hier nahen und das wir recipiren.

Die Sache ist ernst und wichtig genug, um von ihr aus jetzt zu unserer Frage übergehen zu können.

In welcher der obigen beiden Bedeutungen gibt es ein „römisches Recht"?

Ich brauche es Ihnen nicht erst zu sagen. Rom hat niemals, höchstens mit Ausnahme jener XII tab. und des Hadrianischen Edicts eine Codification gehabt. Sein ganzes Leben ist eine ununterbrochene Kette juristischer Arbeit vom Anfang bis zum Ende seiner Herrschaft. Die Formulirung und Charakterisirung eines römischen Code civil ist ein Unding. Sein Rechtsleben liegt in den Arbeiten seiner Juristen.

— Gut — aber wir haben das Corpus juris. Aus ihm schöpfen, von ihm leben wir: es ist die Quelle unseres gesammten römischen Rechts. Es ist ein abgeschlossenes Ganzes; über den Werth seiner Eintheilung kann man verschiedener Ansicht sein; daß dieselbe die Gesammtheit des römischen Rechts enthält, steht denn doch fest. Will man sich an formale Definitionen hängen? Dieß Corpus juris ist ja sogar als geltendes Gesetz publicirt; mag sein, daß es keine eigentliche Codification ist, aber der Sache nach enthält es eine solche. Niemals hat das jemand bezweifelt. Und wenn dem so ist, so haben wir ja das, was wir suchen, eben jenen festen, concreten Rechtsboden den Sie fordern, um ein Recht eines Volkes als ein Ganzes darzustellen. Was wollen Sie eigentlich mehr? Geben Sie dieß Corpus juris in Einem großen Gesammtbild und sie haben mit jener Arbeit, von der Sie reden, ja zugleich das große Resultat derselben, gerade das was wir die Pandekten nennen. Genügt das nicht, was soll Ihnen dann genügen? In welchem Sinne ist es möglich zu bezweifeln, daß eben der Inhalt dieser Pandekten das sei, was Ihr Schmerz sucht und so leicht fände, das römische Recht? —

Es mag vielleicht sein. Aber ehe Sie abschließen betrachten Sie doch erst genauer dieß Corpus juris. Ist es ein Gesetz von Einem Tage? Ist es ein Gesetz das aus Einem Willen, als ein in sich ruhendes harmonisches Ganzes hervorgegangen ist? Ist es Ein Recht? Oder ist es auch nur ein Werk, das als solches einer ihm angehörigen Rechtsbildung zum Grunde gelegen wäre? Hat sich in der römischen Welt an dieses Werk eine Jurisprudenz anschließen, aus ihm sich entwickeln können, als Beweis und Bethätigung dessen, daß es wirklich das römische Recht war? Eben wie es geschehen ist mit jenem Koran, mit dem dänischen Gesetzbuch, mit den deutschen Rechtsbüchern und Codificationen, mit dem preußischen Landrecht, mit dem österreichischen bürgerlichen Recht, mit dem Code civil, oder auch nur wie mit dem Sachsen- und Schwabenspiegel oder Blackstone? Hat dieses Werk jemals dem römischen Rechtsleben angehört?

Nein. Es steht nicht in diesem Rechtsleben, es steht am Ende desselben. Es ist kein Akt der Gesetzgebung, es ist ein Akt doctrinärer Verzweiflung an dem Stoffe, der dem kleinen Geiste des sechsten Jahrhunderts über den Kopf gewachsen war. Es ist der Ausdruck der Unfähigkeit jenes byzantinischen Professorenthums, das selbst in Trägheit und miserabler Scholastik untergehend — denn wer hat jemals von einer Arbeit der Schulen von Rom, Konstantinopel und Berytus gehört, und was hat Alexandrien vermocht als Manuscripte sammeln? — sich vollkommen machtlos fühlte gegenüber der Macht, die ihm in der ungeheuren Arbeit der großen Juristen entgegenleuchtete. Dieß Corpus juris ist eine Gesetzgebung mit der Papierscheere, das Referat eines geistlosen Büreauchefs, die Adaptirung eines gewaltigen Stücks Weltgeschichte für ein Collegienheft. Und wie wir urtheilen, hat wenigstens der Rest der römischen Welt geurtheilt, so weit noch Rom bestanden. Dieses Corpus juris ist vollkommen spurlos an seiner ganzen Zeit vorübergegangen; nicht eine einzige Erwähnung desselben — wenigstens kenne ich keine — geschieht in der Geschichte der Jahrhunderte; nicht einmal seine Existenz war bekannt, so weit es noch Spuren römischer Cultur gab, und nicht einmal die römischen Rechtsbücher ahnen etwas von demselben. Und dieses Werk soll die Stellung und das Recht so tief eingreifender Arbeiten haben, wie eine wahre Codification? Von diesem Werke als Ganzen, will man sagen, es sei als Ganzes das römische Recht? Das große Wunder des römischen Rechts besteht wahrlich nicht darin, daß es vermöge des Corpus juris, sondern daß es trotz desselben so tief in die Geschichte der Welt eingegriffen. Als historische Urkundensammlung ist es absolut unschätzbar; als Gesetzgebung ist es nicht bloß absolut impotent, sondern als solche war es überhaupt nie vorhanden. Wäre es der Geschichte möglich gewesen, die gewaltige Arbeit der römischen Welt uns anders als in dieser elendiglich verstümmelten Form zu erhalten, so wäre das Corpus juris ein fast unsühnbares Verbrechen gegen alles was Wissenschaft und Geschichte heißt. Es ist als historisches Document so einzig, daß es gar keine Schätzung, aber es ist als Sammlung so schlecht, daß es gar keine Kritik zuläßt. Können Sie aus diesem Gemisch von zertrümmerten Rechtslehren auch nur einen einzigen Mann in seiner wahren Bedeutung für das römische Rechtsleben sich herausbilden? Können Sie auch nur eine einzige ächt römische Institution klar aus demselben ersehen, ohne hundert Jahre an der Reconstruktion zu arbeiten? Hat Europa nicht hundertmal mehr Zeit und Arbeit gebraucht das römische Recht im Corpus juris wieder zu finden, als es brauchte um uns die Hieroglyphen und die Keilschrift zu erklären? Sie sagen, dieser Tribonian und seine Professoren wußten es nicht besser; darum schrieben sie Gajus halb ab und verstanden ihn in der andern Hälfte falsch, und verstümmelten Paulus, Ulpian und die andern auf höhern Befehl. Nun freilich wußten sie nichts mehr vom römischen Rechtsleben — aber wenn sie nichts wußten, wie kann man ihr „Elaborat“ für „das römische Recht“ oder es gar für eine römische Gesetzgebung erklären, die doch nirgends in der Welt bekannt war und nirgends gegolten hat? Nein, so lange man das Corpus juris als Ganzes — wir reden noch nicht von seinem Inhalt und dem was wir daraus gemacht haben — nicht mit dem ihm gebührenden Unmuth betrachtet, so lange man nicht statt bornirter Verehrung den Zorn über diese größte Grausamkeit der Geschichte gegen die herrlichsten Arbeiten des römischen Rechtslebens im Herzen der Schüler erweckt, so lange man an diesem Machwerk dem jungen Juristen nicht zeigt, wie er Geschichte und Gegenwart, Wissenschaft und Studium nicht behandeln soll wenn er einmal ins praktische Leben tritt, so lange wird derselbe an einem Corpus juris wahrhaftig nicht lernen, wie Deutschland zu seinem eigenen Rechtsleben kommt!

— Nun denn, erwiedern Sie mir — die Pandektisten, niemals in der wirklichen Welt und niemals für ein deutsches Rechtsleben begeistert, verstehen das eben nicht besser. Ihnen ist ja der Stoff gerade durch seine Verstümmlung so lieb. Woher denn die zehntausend Abhandlungen über römische Rechtsbegriffe wenn Tribonian ein gescheiter Mann gewesen wäre, oder schon die damaligen, mit ihren Belobungsschreiben in der Einführungsverordnung bedachten Professoren etwas von der Sache verstanden hätten? Und jener Unmuth über die byzantinischen Compilatoren — ist es nicht zugleich unweise, wenn Sie ihn der Jugend beibringen? Es hat ja doch Werth daß ich achten lerne, wenn ich auch das Geachtete nicht richtig beurtheile. Aber es sei dem so wie Sie sagen — wozu ist das hier gesagt? Was folgt daraus für unsere Frage? —

Es folgt daraus daß, während jene Leute in den Institutionen ein herzlich schlechtes Collegienheft über das alte römische Recht und im Codex nach Gregorians und Theodosians Muster eine Gesetzessammlung gaben, die Pandekten überhaupt kein Gesetz, sondern Bruchstücke für die Rechtsgeschichte der fünfhundert Jahre von August bis Justinian enthalten, und daß daher eine Darstellung des in den Pandekten enthaltenen Rechts eben selbst nur eine Rechtsgeschichte ist und sein kann. Wer die Pandekten als eine in sich fertige Rechtsbildung, als etwas darstellt was ein Ganzes, eine feste Gesetzgebung sein will, der versteht sie nicht, und sinkt auf den Standpunkt jenes Tribonian zurück, der von der Sache um die es sich handelte, gar keine Ahnung hatte. Tribonian hatte — wahrscheinlich ist er einmal damaliger Professor gewesen — einen einfachen Gedanken. Er wollte in den Institutionen das quantum sat der Rechtsgeschichte geben, so weit sein Gajus und sein Pomponius und der landläufige Inhalt der damaligen Collegienhefte reichte, ohne Sinn und Geist für die Sache, aber doch in dem Bewußtsein daß eine unverstandene Geschichte den großen Juristen voraufgegangen, von der er nur ein paar unklare Begriffe, wie z. B. über die legis actiones hatte, und von der ferner die Collegien nur an einige noch in Kraft stehende Verordnungen, z. B. St. Vellejanum, Macedonianum etc., erinnerten. Bei den Pandekten dagegen lag den betreffenden Papierscheeren die scharfe Instruction vor, jede historische Andeutung aus allen classischen Werken unbarmherzig wegzuschneiden, so viel als irgend möglich jede begriffliche Entwicklung zu vermeiden und nur Rechtssätze und Casuistik übrig zu lassen. Wo eine solche, in unserem Sinne wissenschaftliche Einleitung über das allgemeine Wesen der Rechtsbegriffe vorkam, da solle man sie grundsätzlich übergehen, und erst da anfangen zu sammeln wo der Autor ganz positive Rechtssätze oder scharfe Casuistik vorbringe, die formell etwas einer Gesetzgebung Aehnliches an sich hätten. Gern hätte er das ganze Edictum perpetuum aufgenommen; aber so viel wenigstens mußte er sich sagen, daß denn doch dieses Edict bereits der Rechtsgeschichte angehöre und ohne dieselbe nicht verstanden werden könne. In diesem Edict starrten ihm die einst so klaren und gewaltigen Begriffe von stipulatio und sponsio, von actiones in factum und in jus conceptae, von exceptiones doli, von pactis praetoriis, legitimis, von contractus bonae fidei und stricti juris, von jus Quiritium und in bonis habere und tausend andere Dinge entgegen, und es mag ihn die Ahnung beschlichen haben daß es eigentlich eine Schmach sei, sie nicht zu verstehen und zugleich in den Institutionen zeigen zu müssen, daß er nichts wisse. Kein Jurist der edelsten Zeit aber schrieb ein Werk, in dem er nicht hundertmal von all diesen ächt römischen Begriffen ausgegangen, zu ihnen zurückgekehrt wäre. Wohin nun mit diesen Anknüpfungen an eine große Zeit in dem elend verkommenen Byzantinismus? Fort mit ihnen! Und man sieht es förmlich wie die Compilatoren jedesmal bei den tiefeinschneidenden Entwicklungen der großen Juristen den Stift zur Hand nehmen, streichen, an den Rand schreiben: Ait Praetor — oder Sabinus ait — oder nach gemachtem Citat: ego vero puto — oder etwas Aehnliches, wenn sie sich überhaupt die Mühe nahmen noch so viel zu thun, und den Streifen nicht lieber einfach aufklebten. So ist dieß Werk — die Pandekten — entstanden. Und in seiner Weise hatte der Mann ja nicht Unrecht. Alle jene Dinge galten ja thatsächlich nicht mehr, als er compiliren ließ. Es gab ja faktisch keine Unterschiede mehr zwischen dem nudum jus Quiritium und dem in bonis esse, zwischen pactum und contractus, zwischen all den Terminen der Verjährung, keine sponsio und stipulatio, kein strenges peculium, kein nexus und keine fiducia und hundert andere Dinge. Die Pandekten sollten ja für den Richter gelten, der zwischen all den großen Rechtsbüchern mit ihrem historischen Hintergrund nicht mehr durchzufinden wußte, und was sollte der mit solchen Begriffen? Aber dennoch war die Sache mächtiger als die ganze justinianeische Commission. Nahm man einmal statt eigener Gedanken und Rechtsbegriffe die der Juristen des ersten, zweiten und dritten Jahrhunderts auf, so blieb es trotz aller Instructionen unvermeidlich, das Werden und den Kampf der reinen Rechtsbegriffe in ihrer allmähligen, immer bestimmter hervortretenden Loslösung von dem alten Privatrecht der römischen Geschlechterordnung mit aufzunehmen. Auf allen Punkten treten uns die Spuren des denkenden Geistes, der ernsthaften Arbeit entgegen, in der die Schriften der großen Juristen das wirthschaftliche Wesen des Rechtsobjects über die formale Forderung des alten jus civile oder gar des Quiritium stellen, das Ringen nach einer von dem alten Recht unabhängigen Rechtsbildung, und in der lebendigen Kraft die man arbeiten sieht, in dem mannhaften Bewältigen der Form durch das Wesen der Sache, in dem auf allen Punkten durchbrechenden Gefühl, daß sie für eine höhere Rechtsbildung als die alte römische thätig sind — in diesen Elementen liegt der geheime Zauber, mit dem uns selbst diese Pandekten erfassen, und auch uns an eine Arbeit fesseln die ja auch für uns geschehen ist. Nie wäre dieß Corpus juris das geworden, was es ist, wenn nicht jenes höhere Leben dasselbe durchdränge, das sich bei keinem Satze ganz verleugnen läßt; nie hätte es in seiner formalen Ungestalt die Welt beherrscht, wenn nicht der Hauch des edleren Lebens, die Poesie des Kampfes um ein freieres Recht als das alte der römischen Geschlechter uns in diesen Trümmern allenthalben entgegen wehte. Das ist sein wahrer Unterschied von dem Breviarium, von Paulus' Sententiae, von Ulpians Fragmenten. Die Macht der Pandekten — denn Codex und Novellen stehen eben deßhalb tief unter ihnen und haben nie die Geister der Nationen ergriffen — besteht nicht in ihren einzelnen Sätzen, sondern darin, daß sie die erste arbeitende Schöpfung des staatsbürgerlichen Privatrechts enthalten und uns noch in diesem Augenblicke an dieser Arbeit, als Erben jener großen Zeit, Theil nehmen lassen!

— Das mag wohl sein. Und was folgt denn daraus für unsere geschmähte römische Jurisprudenz? —

Es folgt daraus, daß jede Arbeit und jede Lehre ein großes historisches Unrecht begeht, wenn sie uns diese Pandekten — der richtige Takt sagte ihr ohnehin von jeher, daß Codex und Novellen nur eine temporäre und antiquarische Bedeutung haben können — als ein abgeschlossenes Ganze, als ein fertiges System darbieten. Es folgt, daß wir gerade die Hauptsache in den Pandekten nicht lehren und lernen, wenn diese Disciplin in der bisherigen Weise von einem römischen Recht spricht als einem fertigen Rechtsleben; daß bei der bisherigen Behandlung der Pandekten der Jurist sich unter denselben ganz etwas anderes denken muß, als was sie wirklich sind — statt einer ganz unzweifelhaften Geschichte der römischen Rechtsbegriffe ein vollständiges System, das auch dem römischen Recht zu Grunde gelegen. Statt zu lernen was wirklich vorhanden war, die Arbeit und den Proceß durch welchen die klassischen Juristen zu diesem oder jenem Satz kamen, der nicht geltend war sondern erst durch sie geltend wurde, muß er meinen daß derselbe stets geltend gewesen. Es folgt aber auch ein anderes, und das ist von der anderen Seite her nicht weniger vom Uebel. Da die klassischen Juristen natürlich ihre feineren Rechtsbegriffe erst von dem historischen Geschlechterrecht lostrennen und selbständig zur Geltung bringen mußten, so konnten sie natürlich das noch formal geltende Recht der alten Zeit nicht so ohne weiteres als nicht vorhanden betrachten. Sie mußten es auf allen Punkten mit ihren Anschauungen verweben, auf ihm fußen um über dasselbe hinausgehen, es citiren um es weiter entwickeln zu können. Das alte und das neue Recht lebt daher zugleich in ihnen fort; nicht ein fertiges Ganzes, sondern ein lebendiger Entwicklungsproceß ist in ihnen vorhanden; ihre Werke und die Trümmer derselben, wie sie vorliegen, sind nicht Paragraphen eines Gesetzbuches, sondern sie sind in Wahrheit die Geschichte des Entwicklungsganges einzelner Rechtsbegriffe aus der altrömischen Form des jus Quiritium und civile zu dem, was sie, Größeres ahnend, das jus naturae und das jus gentium nannten. Und wenn nun eine Disciplin wie unser heutiges Pandektenrecht daher kommt und aus diesem Corpus juris ein festes Ganze macht, was geschieht ihm und denen, welche nach ihr dieß römische Recht lernen wollen oder lernen müssen? Es geschieht ihm, daß er dieß Recht ganz verschiedener Entwicklungsstadien jener fünfhundert Jahre von August bis Justinian als ein gleichzeitiges, als ein in all dieser Zeit gleichmäßig geltendes anschaut und lernt, und so wahrlich das Unmögliche möglich macht. Es geschieht ihm, daß er gar nicht sieht wie das, was der eine klassische Jurist zur Erklärung herbeizieht und woraus er seine Rechtswelt bildet, überhaupt schon nicht mehr gilt, oder in den Händen anderer später arbeitenden Männer ganz etwas anderes geworden ist, so daß er seinem eigenen römischen Recht gegenüber gerade in dieselbe Stellung kommt, welche er sich im Rechtsleben Deutschlands gemacht hat — er trägt etwas lange Bewältigtes, ein schon überwundenes Recht, als ein geltendes vor, ohne zu fragen ob es denn auch wirklich zur Zeit Trajans und Hadrians noch eine sponsio und stipulatio, noch ein nudum jus Quiritium und ähnliches gegeben habe, oder ob das selbst wieder nur Rudera und Entwicklungsmomente der neuern Rechtsbildung gewesen. Und der Studirende — er findet das, was sich Pandekten nennt schließlich eben so wenig wie in seinem wirklichen Leben in seinem Corpus juris wieder — es ist allenthalben etwas da von dem, was er hört, und allenthalben kann er etwas brauchen, und allenthalben interessirt ihn etwas, — aber was das eigentlich ist, und wie sich das zu dem wirklichen Leben sowohl der Römer als unserer Zeit verhält — das erfährt er nicht. Und doch, scheint uns, wäre es so leicht zu sagen, wenn diese römische Rechtswelt, statt sich gleichzeitig immer tiefer in XII tab. hineinzubohren und doch dabei als die eigentliche und wahre Rechtsbildung unserer Universitäten gelten zu wollen, nur einmal aus ihrem beschränkten Kreise herausträte, und nur einen einzigen Satz untersuchen und dem Verständniß der Studirenden nahe legen wollte. Ich behalte mir vor, die Sache später genauer zu behandeln, aber ich muß sie hier bezeichnen, weil sie uns vielleicht unter allen Dingen die Stellung unserer heutigen Pandektenlehre zu den römischen Pandekten am verständlichsten macht.

Denn in der That, das Recht welches in den Pandekten gegeben ist, ist nicht etwa ein allgemein gültiges römisches Recht, wie es zu ihrer Zeit die XII tab. gewesen oder wie es jetzt der Code civil ist, sondern es war geradezu das gemeine römische Recht, genau in demselben Sinne, in welchem wir von einem gemeinen deutschen Recht reden, und so lange man es nicht in diesem Sinne versteht, wird man dasselbe, wenigstens als Recht der Pandekten überhaupt nicht verstehen. Und obwohl ich Ihnen hier noch keine römische Rechtsgeschichte geben darf, so ist doch die Hauptsache um die es sich dabei handelt eine so einfache und greifbare, daß sie nur durch die völlige Einseitigkeit unserer bisherigen Behandlung Schwierigkeiten darbieten kann.

Sie wissen, Rom erobert die Welt. Aber es erobert sie nicht wie das Rom der katholischen Geschichte. Es schreitet stückweise vorwärts; es gewinnt ein Land, ein Volk, einen Staat nach dem andern. Und nicht immer kleine Völker und Staaten. Es beginnt mit den Landstädten die um Rom herumliegen; allmählig kommen ganze Provinzen, dann ganze Länder hinzu, Länder, die in unserer Zeit Großmächte sind, in Europa, Asien und Afrika. Was nun hat Rom diesen Städten, Ländern und Reichen eigentlich genommen? Ihre politische Selbständigkeit und Verwaltung? Gewiß. Aber auch ihr zum Theil uraltes

Rechtsleben? Kann man sich das überhaupt auch nur vorstellen? Und ist es richtig, daß man sich darüber keine Rechenschaft ablegt? War es denn zuerst factisch auch nur möglich, alle drei Welttheile mit römischen Richtern zu versehen, geschweige denn gar mit Advocaten? Hatte Rom doch schon in Italien den Grundsatz festgehalten, daß die einzelnen Städte der socii und des jus italicum sich selbst ihre Ortsrichter wählen dürften nach wie vor! Oder zwang es diese Völker, oder fanden dieselben freiwillig Veranlassung, das römische Recht etwa in der Form zu recipiren, wie man zu unserer Zeit den Code civil eingeführt hat? Wie wäre das denkbar gewesen, wo das Volk ja gar kein Lateinisch verstand? Aber gesetzt, Rom hätte das gewaltsam wollen oder können — hatte es denn ein Gesetzbuch, das es diesen Völkern auferlegen konnte? Sie kennen ja doch die römische Geschichte — wo ist ein solches Gesetzbuch zu finden? Sein Edictum machte der Prätor jährlich — und mag man über das alte ut ex edictis suis perpetuis jus dicerent streiten — so viel ist gewiß, daß sich denn das doch nur auf die Stadtprätoren bezog. Gaben überhaupt die Proprätoren in den Provinzen ein Edict? Ich finde nicht eine Spur davon. Nun denn, welches Recht — Privatrecht natürlich — sollen sie denn eigentlich eingeführt haben? Es ist gar keine Vorstellung damit zu verbinden; an die XII tab. wird doch wohl kein Mensch denken. Ein anderes formulirtes, also direct einführbares Recht gab es aber nicht. Redet man aber von Edictum perpetuum Hadrians, so gibt es erstlich keine Andeutung davon, daß dieß Edictum im ganzen römischen Reich wirklich eingeführt sei, zweitens war es viel zu unvollständig um als Codification zu gelten, und drittens und vor allem bestand ja schon damals seit hundert Jahren dieselbe römische Jurisprudenz, die nur durch das Edictum ein neues Object bekam; die Libri ad Sabinum bleiben vollkommen gleichberechtigt neben den libris ad Edictum. Von einer formalen Einführung finden wir daher keine Spur. Stellte Rom aber niemals ein selbständiges Recht auf, so blieb natürlich nichts anderes übrig als daß in allen diesen Provinzen das alte, heimische und örtliche Privatrecht der letzteren nach wie vor in Geltung blieb, und durch die selbstgewählten Magistrate ganz in gleicher Weise wie z. B. unter der Herrschaft des gemeinen deutschen Rechts in den Stadt- und Landgerichten in Deutschland, oder analog in Frankreich mit seinen coûtumes und in Spanien mit seinen fueros, verwaltet wurde. Und das war in der That der Fall. Wir haben nicht bloß eine ganze Reihe von Stellen im Gajus, welche das anerkannte Vorhandensein solcher Orts- und Landesrechte ausdrücklich erwähnen, sondern es ist uns in der tabula Bantina ein solches Ortsrecht sogar wörtlich erhalten, und zwar zum weiteren Beweise wie wenig die Römer an eine direkte Einführung ihres Rechts in die örtliche Rechtsverwaltung dachten, sogar noch in der ursprünglichen, trotz Mommsen, Kirchhoff und Maak noch immer nicht ganz entzifferten Sprache. Es ist daher gar kein Zweifel, daß das römische Reich sein örtliches Recht, ein ganz genaues Analogon unseres deutschen Privatrechts, der Coûtumes und Fueros, besaß; es umfaßte mit seiner Rechtsbildung aber nicht bloß eine unzählige Masse aller Arten von Weisthümern, Stadtrechten, Taidingen und so weiter, sondern es wird wohl niemanden einfallen, zu behaupten, daß z. B. in Athen und Sparta, oder in den griechischen Städten Kleinasiens, oder in Alexandrien das eigentliche römische Recht eingeführt worden sei. Das römische Recht war ja nicht einmal in Rom im strengen Sinne des Wortes eingeführt, denn der praetor peregrinus konnte unmöglich nach strengem jus Quiritium und später nach jus civile für den peregrinus Recht sprechen. Man erkannte vielmehr die Selbständigkeit des fremden Rechts in Rom von jeher an; das ist ein römischer Charakterzug, eben so bestimmt ausgeprägt wie die Gleichgültigkeit gegen den Cultus der unterworfenen Nationen. Nur für den civis romanus galt das jus civile — und gerade das ward dann der natürliche Grund, für den Weltverkehr in welchen derselbe hereintrat es nicht aufrecht halten zu können. Denn schon nach den punischen Kriegen mußte der junge römische Referendar von Rom aus sich nach allen Theilen der Welt versetzen lassen und den Prätor, Proprätor u. s. w. begleiten; und da in allen Theilen der Welt cives romani, und zwar im Verkehr mit allen Fremden waren, so mußte die römische Rechtspflege, sollte sie überhaupt fähig sein der Stellung Roms auch auf dem Gebiete der Rechtswissenschaft zu genügen, sich in einem beständigen Proceß fühlen, in welchem sie sowohl einerseits das alte starre römische jus civile bewältigte, als auch die Besonderheit der örtlichen und Landesrechte in sich aufnahm, und damit zu einem jus gentium ward. Das war der Weg, den die Rechtsbildung Roms gegangen ist. Und wie machte sie das? Gab sie Gesetze, Codices und dergleichen? O nein. Ihre Juristen setzten sich hin und schrieben ein Werk nach dem anderen, in welchen eben dieses jus gentium gebildet wurde durch das Aufsuchen des jus naturae, oder wie später die germanischen Jahrhunderte es nannten, durch das Streben nach der ratio (scripta), wobei sie mit ähnlichem Eifer wie unsere Savignys und Vangerows die frühere Literatur fleißig citirten, gewiß auch oft kleine historische Excursionen in ihren Libris ad edictum machten, die Tribonian alle umgebracht hat; und nun zog mit diesen ihren Büchern der junge Referendar in die Welt, fand Recht und sprach es, indem er wo er Recht zu sprechen hatte bald selbst das Edict interpretirte, bald sich an die Jurisconsulti anschloß, immer nach der Natur der Sache suchend, und durch diese Natur der Sache die in seiner Rechtsbildung die Hauptsache war, dem römischen Recht jener römischen Praktiker seinen Weg bereitend. Die Stämme und Landschaften aber die ihn Recht sprechen hörten, die selbstgewählten Duumviri und Archonten, konnten gegenüber diesem neuen Recht natürlich die Besonderheit ihrer deutsch-privatrechtlichen, örtlichen Satzungen auf die Länge gerade so wenig und gerade so viel vertheidigen, wie wir mit all unserem germanischen Rechte gegen dieselbe römische Rechtswelt, die eben nur durch sich selber Geltung suchte und fand. So geschah in jenen Jahrhunderten genau dasselbe, was wir in dem unsrigen gesehen haben — das römische Recht der klassischen Juristen ward von der römischen Welt recipirt, und zwar mit oder wenn man will durch den in ihm lebendigen Geist des Fortschrittes in dem Sinne, daß kein Theil des römischen Reichs sich objectiv an sie gebunden erachtete wie an ein Gesetz, sondern durch sie lernte dasjenige Recht zu finden, was seinem Wesen nach sich schon damals vorbereitete ein Weltrecht zu werden. Dieser Kampf der Befreiung vom alten römischen Formelrecht der Geschlechterordnung und der Erhebung über die örtliche Gestalt der Privatrechte ist der wahre „Geist des römischen Rechts"; nur das gänzliche, gründliche Mißverständniß des Wesens der römischen Rechtsgeschichte und speziell der Pandekten vermag es zu erklären, wie z. B. Ihering in seiner geradezu endlosen Lucubration über jenen Geist des römischen Rechts, ganz im Style unserer heutigen Rechtswissenschaft, diesen Geist da sieht, wo er gar nicht war, im alten strengen Geschlechterrecht des jus civile, und dadurch weder recht zu einem Anfange, noch zu einem Ende kommt. Hat der Mann denn nicht gelesen, daß zu der Zeit wo das römische Recht in seinen klassischen Juristen seine höchsten Triumphe eben durch seinen „Geist" feierte, die ganze Welt und Rom selbst die XII tab. kaum noch kannte, geschweige denn verstand? Muß man denn schon hundert Jahre nach Hadrian nicht schon das ganze Edictum perpetuum vergessen haben, da nach Ulpian und den Gleichzeitigen kein Mensch mehr über dasselbe geschrieben hat? War die Epoche der großen Epigonen, eines Modestinus und Hermogenianus, nicht mehr dem „Geiste" jenes römischen Rechts angehörig? Und doch haben sich kaum nach Gajus und Pomponius in der Zeit, in welcher jener wahre Geist die Welt unterwarf und das Corpus juris vorbereitete, nur mit Mühe die Vorstellung von der ursprünglichen Rechtsordnung des römischen Geschlechterstaates als „interessante" Mittheilungen erhalten können! Aber was werfen wir ihm vor, da derselbe der wahren Geschichte ganz entbehrende unhistorische Geist ja unsere ganzen Pandekten beherrscht? Wir sehen uns gegenüber eine feste, geschlossene Disciplin, welche sich das römische Recht κατ' ἐξοχην nennt — und doch war das, woraus wir es bilden, nichts anderes als ein fortwährender Proceß der Reception nicht eines Rechts, sondern einer Rechtswissenschaft; es ist genau die deutsche neuere Rechtsgeschichte vom sechzehnten bis zum neunzehnten Jahrhundert, die sich schon in Rom vom ersten bis zum dritten vollzieht; wir wissen, daß Rom nicht einmal seiner Makeldey's entbehrte, in römischer wie in griechischer Sprache, und daß Glücks Commentar zum Edictum perpetuum neben den Handbüchern ad Sabinum dastand; und kann es daher keine falschere Vorstellung vom römischen Rechtsleben geben als die, welche der Jugend beigebracht wird, indem man sie lehrt dieß Recht als ein systematisch in sich geschlossenes Rechtsganze etwa so zu lernen, wie ich das Landrecht oder das bürgerliche Recht oder den Code civil lerne?

— Schon gut. Aber wollen Sie denn eigentlich gar kein römisches Recht? Und wenn alles das wahr wäre, was Sie da sagen, was soll denn in unsren Pandekten eigentlich dargestellt werden? Als Negation mag das Obige richtig sein, aber wir bedürfen denn doch vor allem eines positiven Inhalts für unsere Rechtsbildung. Welches soll denn diese positive Basis für die letztere sein, wenn Sie uns das römische Recht nehmen, diese alma mater unseres Privatrechtslebens? —

Aber will ich denn das römische Recht Ihnen nehmen? Handelt es sich darum dieß Recht aus unserem Rechtsleben zu verbannen, oder nicht vielmehr darum, an die Stelle des unklaren, beschränkten Pandektenbewußtseins ein deutsches Rechtsbewußtsein zu setzen? Die Quelle unserer Rechtsbildung dem römischen Recht zu entziehen und uns klar zu machen, daß wir tanquam e vinculis speculirend, an diese Rechtswissenschaft fast unsere ganze öffentliche Rechtsbildung, unsere einheitliche Auffassung des Rechts, ja unser eigenstes deutsches Rechtsbewußtsein verloren haben und noch täglich verlieren, die sich selber nicht kennt und unter römischer Herrschaft fortlebt, von der sich die andern Völker lange frei zu machen verstanden?

— Die Sache ist ernst genug. Aber ich sehe nicht, was Sie übrig lassen, wenn das was wir hier besitzen verloren geht. Sagen Sie doch selber, es sei dieses Rechtsleben der Römer eine Macht und ein Schatz für uns und für alle. Wo soll denn ohne unsere Pandekten dieses „deutsche Rechtsbewußtsein" eigentlich anfangen — denn wahrlich, ich sehe noch nicht viel „deutsches" in unserer Rechtsbildung! —

Wirklich nicht? Wollen Sie mir noch einen Augenblick folgen?

## 4. Zur Geschichte des römischen Rechts.

Ich darf es als ein Vorrecht dieser Vorträge gegenüber der systematischen Fachwissenschaft betrachten, daß ich Sie auffordern darf in Dinge hinein zu gehen, die Ihnen sonst ferne liegen würden.

Ich bitte Sie daher jetzt, irgend ein Lehrbuch der Pandekten — sie sind ja seit hundert Jahren immer dieselben, zum Beweise dessen, daß wenigstens hier nichts zu schaffen war oder daß wir nichts mehr zu schaffen vermochten — zur Hand zu nehmen und dasselbe einmal im Großen und Ganzen, ganz abgesehen von seinem Inhalt im Einzelnen, mit den römischen Pandekten zusammen zu halten. Sind diese beiden Dinge wirklich dasselbe?

Sie werden mir sogleich sagen, daß wenigstens Ein tiefer Unterschied vorhanden ist. Das ganze Corpus juris ist, ganz abgesehen von seinem Inhalt, eine Confusion ohne gleichen in der Literaturgeschichte der Welt. Da ist keine wie immer geartete Ordnung des Stoffes, keine feste Begriffsbestimmung, kein System, keine logische Deduction mit Ausnahme einzelner casuistischer Citate. Denken Sie sich einen Menschen, der das Recht studiren will und den Sie einfach ohne weitere Einleitung dem Corpus juris gegenüber stellten — glauben Sie, der Mann würde in demselben etwa wie in einem Gesetzbuche irgend ein Recht heraus finden, ganz abgesehen von den schon zur Zeit der Pandekten rein historischen Momenten? Wahrlich, ich glaube kaum. — Werfen Sie dagegen einen Blick auf die Lehrbücher. Sofort tritt Ihnen hier ein wesentlich anderes Bild entgegen. Hier ist Ordnung und Klarheit, eine völlige Beherrschung des Rechtsgebietes, ein großer Theil neben dem andern, ein Hauptstück, ein Kapitel, ein Paragraph neben dem zweiten und dritten, und mag man sagen was man will, am Ende des Ganzen haben Sie das Gefühl, daß Sie das gesammte Rechtsgebiet des Privatrechts wie in einem Griffe in der Hand haben. Ist dem nicht so?

— Wohl. Aber dieser formale Unterschied, ist er eben nicht bloß ein formaler? Ich begrüße ihn als einen großen Fortschritt, er ist in eminentem Grade praktisch für jemand, der lernen will — aber was weiter? —

Nun denn — ist das wirklich so formal? Wenn Sie einen klaren Begriff an die Spitze stellen, ist ein solcher Begriff wirklich gleichgültig gegen den Inhalt dessen, was sich aus ihm im Einzelnen ergibt? Soll die an die Spitze gestellte Definition nicht maßgebend für ihre eigenen einzelnen Consequenzen sein? Wäre es denn thunlich daß Sie einen solchen Begriff, z. B. des Besitzes, oder des Vertrages, oder der Gesellschaft, oder des Erbrechts voran stellten, in den weiteren juristischen Ausführungen desselben jedoch mit ihm in Widerspruch träten? Gewiß nicht. Und haben Sie daher nur erst einmal einen solchen Begriff, wie wird derselbe — erlauben Sie mir den Ausdruck — in Ihrer weiteren Arbeit funktioniren? Ich denke, er wird es sein der die Consequenzen zieht, der die allgemeine Begründung des Einzelnen enthält, auf den Sie sich doch immer zuletzt berufen, wenn etwas zweifelhaft ist, und der dasjenige ausscheidet, was mit ihm nicht harmonirt? Wird das ein Vernünftiger bestreiten? Haben Sie aber einen solchen Organismus der Begriffe nicht, also haben Sie kein innerlich zusammenhängendes und äußerlich klares System jener „Begriffe", wohl aber wie im Corpus juris eine ganze Masse von lauter einzelnen zerrissenen Sätzen, ohne alle Ordnung und jedes Zusammenhangs entbehrend, und Sie wollten daraus z. B. das Recht lernen, wie würde es Ihnen ergehen? Nun, Sie würden jeden Satz für sich auswendig lernen, jeden Satz für sich in seinen casuistischen Consequenzen entwickeln, und da der zusammenhängende Gedanke fehlt, so würden Sie an die Scholle des Wortes gebunden sein, da Sie keine andere Quelle als dieses Wort haben. Oder, Sie werden im ersten Falle Begriffe, im zweiten Rechtssätze lernen. Das heißt, Sie würden im ersten Falle denken, im zweiten Falle memoriren. Sie würden im ersten Falle den Satz als eine, durch seine logische Nothwendigkeit berechtigten, im zweiten denselben als eine gegebene Thatsache verstehen. Sie würden im ersten Falle sich daher der großen Arbeit des Lebens, im zweiten sich nur der Auffassung eines einzelnen Menschen, Ihres Autors, nahe fühlen. Sie würden im ersten Falle selbst thätig sein und sich auf die eigene Kraft verlassen, wo der Geist dem Geiste ins Auge schaut, im zweiten Falle würden Sie durch den Gedanken des Andern in Bewegung gesetzt und in fremder Werkstatt fremder Arbeit dienen; des Lebens eines tüchtigen Gesellen froh würden Sie nicht zum Meister werden, und statt des eigenen, wenn es auch nur wenig ist, würden Sie von fremdem Gute dienend ernährt werden. Ist dem so?

Ich glaube fast. — Und wenn ich mir jetzt statt eines einzelnen Mannes ein ganzes sich sein Recht bildendes Volk denke, das mit eingeborener Kraft sich etwas schaffen will und muß was von dem Gefühl begleitet sein soll daß es sein eigen ist, welchen von den beiden Wegen wird ein solches Volk gehen, ich möchte sagen fast von selbst, ohne sein Zuthun, geleitet von der eigensten inneren Kraft? Wird es sich begnügen das Fremde dienend anzunehmen, dem Großen einer anderen Nationalität mit schwerer Arbeit die Schuhriemen seiner ohnehin verstümmelten Weisheit aufzulösen. und in dem Gehorsam der scholastischen Interpretation seine kräftige eigene Vernunft gefangen zu nehmen? — Ich glaube wahrlich, nein. Findet ein solches Volk wirklich einen solchen herrlichen Stoff, den ihm eine fremde Gesittung und vergangene Zeiten bieten, so müßte es schon ein ganz geschichtsloses, keiner großen Zukunft mehr fähiges Volk sein, wenn es sich an denselben einfach ankleben ließe ohne zum eigenen thatkräftigen Bewußtsein von dem zu kommen, was es auch hier durch sich selber und für sich selber zu leisten vermag. So wird es sein und so war es von je. Und stelle ich nun ein solches Volk einem Werke gegenüber wie dieß Corpus juris, mit der ihm durch die Geschichte gewordenen Aufgabe, sich aus demselben sein Recht zu bilden, wie wird es diese Aufgabe zu lösen wissen? — Es ist kein Zweifel, es wird aus dem Lernen zum Denken, aus der Interpretation des Fremden zum eigenen Begriff, aus der historischen Anschauung zum selbständigen System übergehen. Denn das ist das Zeichen eines freigeborenen Volkes, daß es zwar das Beste zu finden und zu würdigen weiß was die Welt bietet, daß es aber nicht ruht bis es dem bis dahin Besten noch ein Besseres, dem Großen noch ein Größeres zur Seite zu stellen vermochte, so daß es, wenn es das auch ein Jahrhundert hindurch nicht weiß, in dem was es nun sich angeeignet hat eben nicht mehr ein Fremdes, sondern eine herrliche Bethätigung des eigensten Wesens, der eigensten Kraft besitzt. Denn eben darin besteht der größte Ruhm der größten Völker, daß ihnen, da sie sich nie selber genügen, auch das Größte der Fremden nie ganz zu genügen vermag.

Und nun also — halten Sie das zusammen mit diesem heutigen römischen Recht und dem Inhalt seiner alten italienischen, französischen und deutschen Bearbeitungen. Ist es da ein Zweifel, was wir meinen? Es ist offenbar, in diesem heutigen römischen Recht sind zwei Dinge. Das erste ist ein großer, aber in sich höchst unfertiger, zerrissener und unvollständiger Stoff, das römische Recht; das zweite ist ein im Wesentlichen in sich fertiges, abgeschlossenes, wirklich die ganze Welt des Privatrechts umfassendes organisches System; das erste enthält einzelne Gedanken, oft mit voller Klarheit ausgesprochen, immer tief gefühlt, das zweite einen sich selbst erzeugenden Organismus von Begriffen, die in festen Definitionen krystallisirt, den gegebenen Stoff beherrschen. Was ist hier römisches Recht und was ist die deutsche Arbeit? Es ist kein Zweifel — der systematische, klare, das Einzelne umfassende und beherrschende Rechtsgedanke, die im System arbeitende, nie ruhende, wenn auch ihrer selbst noch nicht bewußte Rechtswissenschaft statt der römischen Rechtslehre ist das deutsche Element in diesen Pandekten. Jene sind unser nicht durch das was sie sind, sondern durch das was wir aus ihnen gemacht haben!

Und ist dem wirklich so?

Ich kann hier keine Rechtsgeschichte vortragen, so nöthig sie auch gerade auf diesem Punkte wäre. Aber werfen Sie nur einen einzigen Blick auf die Geschichte nicht des römischen Rechts im Mittelalter, in der Sie doch nur lernen wie es kam daß das römische Recht nicht unterging, sondern auf die neuere Zeit in der es zu leben beginnt. Da sehen Sie den Werner, den Deutschen in Italien der das Corpus juris findet, und die Italiener die sich desselben bemächtigen. Was machen Sie aus ihm? Ihre Kraft war gebrochen; es gab kein italisches Volk. Sie setzten sich zum Corpus juris und interpretirten es. Das haben sie geleistet mit einem Fleiß als wären sie Deutsche gewesen. Aber über diese Interpretation kommen sie nie hinaus, und unvermögend eigenes zu schaffen sank selbst ihre Interpretation bald zur leeren Spitzfindigkeit hinab; ihre Impotenz schließt mit dem Accursius, bis ein neues Scheinleben durch die Verschmelzung mit der Spitzfindigkeit der Scholastik des Baldus eintritt, in der es sich nicht mehr um das römische Recht, sondern um den hohlen Glanz von Katheder-distinktionen in den altehrwürdigen Rechtsbegriffen handelt, in denen das Jus civile dem Jus canonicum, dieser Heimath der Scholastik, sich ebenbürtig beweisen will. Dahin zogen sie nun aus aller Welt, auch die Deutschen und die Angelsachsen, bis Bacos Wort in Hutten seinen Wiederhall fand. Das war nicht das Recht, das die Zukunft des deutschen Rechtslebens bilden konnte! Und doch lebte etwas in ihm das es unsterblich machte, selbst in den Händen der Italiener, die auch in ihrem Corpus juris ein zweites Mittel fanden das harte germanische Element sich zum dienenden Gehorsam zu bringen. Es übersteigt mit den fremden italischen Doktoren die Alpen, dann überschreitet es den Rhein. Aber hier findet es eine andere Welt. Nicht bloß ein anderes Recht — das wußte es ja, sondern einen andern Geist des Rechtslebens. Diese germanische Welt, vermischt mit Kelten und Römern wie in Frankreich, oder rein wie in Deutschland, ist nicht gesonnen sich blind dieser neuen italischen Herrschaft einfach unterzuordnen. Was in Italien nie der Fall gewesen — die germanischen Länder lassen sofort das Element der reinen Scholastik fallen; sie beginnen sofort über das Corpus juris nachzudenken; sie suchen im römischen Recht sofort ihre eigene Rechtswelt zu schaffen und selbständig dieser Gewalt entgegen zu treten. Ein neues Rechtsleben beginnt; es ist eine lange Geschichte. In England und Skandinavien will man von dem importirten italienischen Rechte grundsätzlich nichts wissen, kaum daß einzelne Gelehrte es vertreten; in Spanien sogar stellt man ihm eigene Codificationen entgegen; aber ernst wird der Kampf doch nur in Frankreich und Deutschland.

Denn nur hier tritt man der fremden Macht Auge gegen Auge entgegen. Das erste ist, daß sich das alte germanische Recht von dem romanischen scheidet; wie und warum werden wir später zeigen. Das zweite fast wichtigere ist aber, daß der germanische Geist sich in das römische Recht selbst vertieft, und nun beginnt das Ringen mit demselben, ein Ringen das Jahrhunderte dauert und dem wir noch alle angehören. Ich kann Ihnen das nicht im Einzelnen erzählen; es ist einer der größten Beweise von der Beschränktheit unserer Disciplin, daß sie kaum eine Ahnung hat von der innern gewaltigen Bewegung dieses Kampfes und daß sie sich als vollkommen unfähig zeigt das Bewußtsein, ja auch nur die einfachste historische Kenntniß dieses Kampfes in unsere Rechtsbildung aufzunehmen. Aber der Weg, den hier die Geschichte geht, ist im Großen und Ganzen klar genug. Gleich anfangs im sechzehnten Jahrhundert, wo das römische Recht seine Geltung zu finden beginnt, scheidet das Bewußtsein der germanischen Arbeit im römischen Recht das specifisch Römische von dem in ihm enthaltenen Weltrecht, und der tiefe Unterschied der historischen und philosophischen Schule erhebt sich am Horizont der Rechtsgeschichte sowohl in Frankreich als in Deutschland. Nur daß Frankreich entwarf, was Deutschland zu vollenden bestimmt war. Was in Frankreich sich in den zwei Namen Cujaz und Donell concentrirt um hinter ihnen fast ganz verloren zu gehen, das wird in Deutschland zu zwei Richtungen welche noch jetzt gelten. Aus dem römischen Element der Pandekten entsteht die Rechtsgeschichte, aus dem allgemeinen und höheren Element derselben das Jus naturae et gentium, die dem deutschen Volke allein gehörende Rechtsphilosophie. Und nun tritt uns im achtzehnten Jahrhundert ein eigenthümliches Bild entgegen, eine der reichsten und lehrreichsten historischen Gestaltungen, welche die Weltgeschichte kennt. So wie die römische Rechtsgeschichte einerseits und die Rechtsphilosophie andererseits einmal selbständig aus der Pandektendisciplin und der schon oberflächlich gewordenen Form der „Summae" hervorgegangen sind, lösen sie sich ganz von ihm los und werden selbstthätige Gebiete der Wissenschaft, in denen sich jetzt namentlich der deutsche Geist mit seiner eigenthümlichen Tiefe bewegt und sich eigene historische Bahnen bricht. Der mächtige Strom der geistigen Arbeit, das ganze Rom auch mit seinen unvollendetsten Elementen in den deutschen Geist aufnehmend, wälzt sich einerseits über die Antiquitates Romanae und die historiae Juris romani (Bach und Heineccius) hinweg in die höhere Philologie eines Heyne und F. A. Wolf und von ihr in die neue Idee der römischen Geschichte, die mit Niebuhr zuerst aus den großen Gesetzen der Gesellschaftslehre das Recht begreifen lehrt und mit Mommsen dieselben mit herrlichen, aber meist künstlerisch erfundenen Individualitäten ausfüllt, in denen die Schönheit des Bildes nur zu oft die Wahrheit des Gedankens ersetzen muß — andererseits über die Handbücher des Jus naturae et gentium hinweg theils in die großen Abstractionen der Philosophen, wo Kant die neue Bahn bricht, theils in das unerschöpfte Gebiet der Volks- und Staatswirthschaft hinein, wo Christian Wolf, dieser so hochbedeutende und so wenig richtig beurtheilte Mann den Uebergang bildet von der Rechts- zur Staatsphilosophie. Das ist die Geschichte der geistigen Arbeit, die uns als Erbe von den Pandekten geworden. Wahrlich sie ist der Mühe werth gewesen! Aber wo bliebt ihr damals, Institutionen und Pandekten und Novellencodex? Hat euch dieß Leben nicht berührt? Nein — wenigstens lange — lange nicht. Bis zum Ende des achtzehnten Jahrhunderts reiht sich in trägem Fluß eine Interpretation, eine Dissertation an die andere; es ist als ob die ganze ursprüngliche Kraft des deutschen Geistes dieß Gebiet verlassen habe; tiefe Stille ruht auf der „Legalmethode", die unfähig geworden ihren Stoff zu beherrschen und deren Diener, die praktischen Juristen, ihr Lebewohl sagen sobald sie das Collegium verlassen. Denn während auf den Universitäten die Stellung des eigentlich römischen Rechts fast gänzlich verdunkelt wird von der Rechtsgeschichte und der Rechtsphilosophie, regt sich draußen das wirkliche Leben. Es zeigt sich, daß in diesem römischen Recht denn doch vieles und großes ist, was die deutsche Welt aufgenommen hat; es hat wirklich eine Reception stattgefunden. Aber mit dieser Reception ist zugleich das Bewußtsein entstanden, daß sie mit all ihrem Werthe dem deutschen Volke nicht genüge. Die Arbeit desselben hat daher schon im sechzehnten Jahrhundert das römische Recht erfaßt und es in der Praxis umgestaltet; eine der merkwürdigsten Erscheinungen dieses Jahrhunderts, die „Klagspiegel" mit ihren zum Theil höchst klaren Definitionen, um die oft genug jeder Makeldey sie beneiden könnte, stehen an der Schwelle der eigentlich praktischen römischen Jurisprudenz und sie sind es, die keinesweges am wenigsten dazu beigetragen haben, aus jener vielgenannten Reception ehe man sich dessen versieht eine Verschmelzung des römischen und des deutschen Rechts zu gestalten. Und in Rechtsgeschichte, Philosophie und Pandekten tritt gleich hinter ihnen eine vierte Gestaltung auf, welche bedeutender wird als alle andern. Das ist der Gedanke, daß römisches Recht, Philosophie, deutsches Privatrecht und örtliches Recht, da sie zugleich im deutschen Volke gelten, in der That auch Ein Recht sind und die Wissenschaft die Aufgabe habe, eben dieses wirklich „gemeine" deutsche Recht zu formuliren. Das ist die merkwürdige, so wenig bekannte und gar nicht beachtete Epoche des Usus modernus Pandectarum, die sich in Gail und Mynsinger an das

Reichskammergericht anschließt und schon zu einer Art System wird, und im achtzehnten Jahrhundert in Stryk und Leyser ihren Hauptausdruck findet. In ihr erkennt das deutsche Rechtsleben zuerst, daß es sich aus sich selber herausbilden müsse und daß das römische Recht als solches unfähig sei, ihm allein zu genügen. Anstatt zu empfangen oder Abstractionen zu machen, beginnt es sich seinen eigenen Inhalt zu schaffen und aus dem römischen Rechte das zu nehmen, was es brauchen kann, das andere der neu entstehenden Rechtsgeschichte überweisend. Es ist der Anfang einer neuen Epoche; nicht in den einzelnen Rechtsätzen oder Theorien die es lehrt, sondern in dem Princip das in ihm lebt. Aber ist ein Volk zu einem Staate geworden, so muß sein Recht ein Gesetz werden um zur Geltung zu gelangen. Nun aber war dieß deutsche Volk kein Staat; es hatte in seinen einseitigen innern Kämpfen sein staatliches Bewußtsein verloren und in hunderte von Theilen zersplittert, vermochte es nicht als Ganzes jene Bewegung zu verstehen und sich aus ihr etwas wirklich eigenes zu schaffen. Die Facultäten ihrerseits, des ausgetretenen Weges der alten Legalmethode froh, dachten nicht daran den gegebenen Anstoß auszubilden; sie hatten niemals mehr gelernt, als daß es eine Interpretation, höchstens noch eine Interpretation eines Interpretators gebe; das Gefühl für ein deutsches Recht hatten sie eigentlich nie gehabt und als es unter Conring entstand und unter Heineccius zu einer Macht wurde, hatte man es more solito einer eigenen „Lehrkanzel" überwiesen; mochte es sich da selber helfen und den stillen keiner wissenschaftlichen Bewegung zugänglichen Frieden der Pandekten ungestört lassen! So war das Jus Germanicum entstanden, das deutsche Privatrecht unserer Zeit, dessen erste und wichtigste Aufgabe es ward sich um das römische Recht, das sich doch für das gemeine deutsche Recht ausgab, nicht zu kümmern, sondern nur das zu lehren was nicht mehr deutsches Privatrecht, sondern nur noch als Trümmer einer früheren, unbekannt gewordenen Rechtsbildung des deutschen Volkes örtlich noch übrig geblieben war. Damit schieden sich die Romanisten und Germanisten, die Grünen und die Blauen in der neuen byzantinischen Welt unseres Universitätslebens; jede von beiden sich für das eigentlich deutsche Recht ausgebend, jede in gewisser Weise recht habend, jede zugleich wissend, daß sie dem andern gegenüber Unrecht haben. Es war — und sagen wir es unverhohlen — es ist ein wunderlicher Zustand, dieser Dualismus zweier sich selbst in ihrem Verhältniß zum wirklichen Rechtsleben gegenseitig gründlich mißverstehenden Disciplinen. Beide nicht wissend ob sie Rechtswissenschaft oder Rechtsgeschichte seien, beide sich als deutsches Recht ansehend, beide mit der Forderung daß der Studirende sie gründlich lernen solle, keine aber auch nur ein Wort weder von ihrem gegenseitigen Verhältniß noch von dem wirklichen deutschen Rechtsleben wissend oder sagend! Und dabei wehe dem Unglücklichen der auch nur die Ahnung ausgesprochen hätte, daß im Grunde beide gar nicht so ganz verschieden seien! Wehe dem, der das eine durch das andere erklärt hätte! Wehe dem, der es gewagt hätte zu sagen daß er, der doch beide auf der Universität lernen mußte, beide zugleich als ein Ganzes zum Lebensberuf machen könne! Da hieß es unbedingt: hie Welf, hie Waiblingen; wer einmal dem einen angehörte, gehörte ihm mit Leib und Leben, und ein Uebergang von dem einen zum anderen, ein juristischer Confessionswechsel war jenen Geistern ein schweres, der härtesten Verantwortlichkeit volles Ereigniß, bei dem sich selbst die größten Männer wie Heineccius verpflichtet glaubten, einen solchen Schritt mit allem Ernste erklären, ja vertheidigen zu müssen. In diesen Zustand trat damals wie im Anfange unseres Jahrhunderts und wie jetzt jene Bewegung des Usus modernus hinein. Was war ihr Schicksal? Mit schweigendem Hochmuthe wiesen die Facultäten denselben zurück; selbst Leysers mächtige Quartbände vermochten nicht sie gnädiger zu stimmen — und wie sollten sie auch, da das Lebensprincip der Romanisten war, von den Germanisten nichts zu wissen, der Germanisten, sich durch die Romanisten nicht beeinflussen zu lassen, beide aber sich selbst allein als das wahre deutsche Recht hinzustellen. Nur eine Macht richtete ihren Blick auf jene Bewegung und die war bedeutend genug, um den beiden letzteren ihr Gegengewicht zu geben. Das war die neu entstehende Staatsgewalt. Was der Beschränktheit jener Facultäten entging, das ward allmählig den Regierungen klar — das deutsche Recht war weder romanistisch noch germanistisch, sondern das deutsche Volk hatte sich allmählig in seinem Unmuthe über jene völlige Entfremdung seiner Lehre von jenem wirklichen Rechtsleben ein Recht gebildet, das nur auf den Augenblick zu warten schien, der es zum Gesetze machte. Die zwei größten Staaten Deutschlands, Oesterreich und Preußen, begannen daher schon seit der Mitte des vorigen Jahrhunderts an die Schöpfung eines neuen Privatrechts zu denken — und dieses Privatrecht wird entworfen über die Häupter der Facultäten hinweg, ohne sie auch nur einer Frage werth zu halten, und sie fühlen es nicht! So tief stand damals diese Rechtswissenschaft unter dem wirklichen Leben, vor allem aber in dem an seinen rechtshistorischen Dissertationen und seinem Formelkrame in den Hörsälen zu Grunde gehenden Deutschland, während in Orleans Pothier, der wahre Vater des Code Napoléon, das lehrte und schrieb was das österreichische und das preußische Gesetzbuch zur geltenden Macht zu machen strebten, das neue deutsche Recht als das Ergebniß der Arbeit im römischen Recht, der

Rechtsphilosophie und des deutschen Privatrechts. So entstanden jene Gesetzbücher und neben ihnen die kleineren. War es ein geringes Ereigniß das sich hier vollzog? Hatte es nicht das deutsche Rechtsleben da zum Ausdrucke gebracht, wo die ganze traditionelle deutsche Rechtsbildung es im Stiche gelassen? War es nicht der Mühe werth, diesen in der That machtvollen Erscheinungen wenigstens so weit Ernst und Aufmerksamkeit zu würdigen, wie der Herstellung der XII. tab. oder des Edictum perpetuum? — Und was *that* die deutsche Rechtswissenschaft? Jene beiden Gesetzgebungen blieben *gar nicht für sie vorhanden!* *Kein* Romanist, kein Germanist nahm die geringste Rücksicht auf sie; nicht ein einziges Citat begrüßte diese ersten gewaltigen Schritte zur Verwirklichung eines deutschen Rechtslebens; es war als seien diese Gesetze in Asien oder Afrika entstanden; mochte der Staat für dieselben eigene Katheder errichten, was ging das den Romanisten, den Germanisten an? Es war ja etwas anderes, etwas neues, etwas mit der hergebrachten Beschränktheit Unvereinbares, das man nicht unterbringen konnte in den Noten und das man nicht begreifen konnte ohne das eigene Rechtsleben wirklich zu begreifen. Wunderbarer Zustand! Während Frankreich sich mit Einer gewaltigen Anstrengung seinen Code civil schuf, lehrte die deutsche Facultät den Justinian, die alten Stadtrechte, die Weisthümer, das Jus naturae eines Nettelblatt, die *alte* Rechtsgeschichte, aber von dem neu sich Bahn brechenden Leben des deutschen Rechtsgeistes wußte die zünftig gewordene Wissenschaft nichts! Begreift man nun, weßhalb auch auf dem Rechtsgebiet wie in politischen Dingen die Begeisterung sich der That, die deutsche Hoffnung sich Frankreich zuwenden konnte?

Aber that sie denn gar nichts, diese römische Rechtswissenschaft des Endes unseres letzten Jahrhunderts?

In der That, hätte sie *gar nichts* gethan, der gegenwärtige Zustand, die neue viel entwickeltere Herrschaft des römischen Rechts in der ganzen deutschen Rechtsbildung wäre wahrlich nicht zu verstehen.

Ich kann und darf hier keine Philosophie treiben, aber wollen Sie den Geist der gesammten deutschen Philosophie seit Kant mit einem allgemeinen Satz bezeichnen, so ist es der, daß sich der Gedanke von seinem Stoffe frei macht. In aller Weise haben die großen Männer dieser Arbeit das freie Recht des Gedankens zum Herrn über sein Objekt erklärt, und die Wahrheit statt in die Dinge in die That des arbeitenden Begriffes gelegt. Das ist ihre historische Bedeutung.

Die tiefe sittliche Kraft die in dieser Weltanschauung liegt breitete sich wie lebengebende Wärme, wie das arbeiterzeugende Licht über *alle* Gebiete des Wissens. Mochte auch jene flache Jurisprudenz der

Romanisten und Germanisten vom deutschen Rechtsleben sich abschließen — das deutsche Geistesleben war mächtiger als sie. Es bricht durch selbst in die Jahrhunderte alte Zähigkeit des römischen Rechts; es erfaßt den mächtigen Stoff; es findet den edleren Kern, der den Stempel des ewigen Rechts in sich trägt; es ergreift und gestaltet ihn, es zwingt ihm seine Gedanken auf, es bewältigt die kleinlich gewordene Abhängigkeit von fremder Autorität, das sich Erschöpfen in der Interpretation fremder Gedanken — es erzeugt auch im römischen Recht das, wodurch der arbeitende Geist der Germanen der Geschichte des Geistes seinen ewigen Stempel aufdrückt, das System. Mitten in der Leere der Facultätsjurisprudenz tritt die Georgia Augusta mit zwei Männern auf, deren Namen in der ersten Reihe der rechtsgeschichtlichen Koryphäen glänzen sollten, wenn wir Deutsche die wir alles wissen, unsere eigene Geschichte kennten. Heyse und Hugo brechen mit der Legalmethode und aus ihren Händen geht die systematische Methode hervor. Wie leicht sich das Wort sagen läßt! Und doch beginnt erst mit ihm die neue Epoche des römischen Rechts, eine Epoche die uns zeigt wie tief verschieden wir von den Römern sind, oder wie hoch wir im Grunde über ihnen stehen. Soll ich Ihnen wiederholen, nicht bloß was ein Rechtsbegriff ist, sondern wie er functionirt — functioniren muß, so wie er einmal dasteht? Soll ich Sie erst darauf hinweisen, wie absolut anders dieß römische Recht in seinem deutschen System aussieht als in dem römisch-italienischen der Legalmethode? Soll ich Ihnen erst sagen, daß die systematische Methode den eignen, die Legalmethode ewig den fremden Gedanken an die Spitze des zu Lernenden stellt? Ist es nöthig zu wiederholen daß ich, sowie ich die Pandekten in ein System bringe, selbstthätig denken muß, und kein Ulpian und Paulus mir mehr genügen kann? Soll und kann ich erst nachweisen, daß keiner dieser Rechtsbegriffe Rom angehört, sondern daß alle Rechtsbegriffe, wie sie in den Pandekten vorkommen, von deutscher Arbeit erzeugt worden sind? Ich würde die Grenzen dieser Arbeit hundertfach überschreiten müssen; aber das ist klar, daß mit der systematischen Methode an die Stelle der historischen Gestalt des römischen Begriffes — von Eigenthum, Besitz, Vertrag und sofort durch das ganze Privatrecht hindurch — der deutsche, der Rechtsbegriff an sich tritt. Jetzt beginnt eine neue Arbeit. Sie kennen sie; Sie stehen mitten in ihr. Die alte Reception ist zu Ende; eine neue hat angefangen. Ihr Wesen besteht darin, daß ich in der heutigen Pandektenlehre einen Rechtssatz und einen Rechtsbegriff nicht mehr darum annehme, weil er im Corpus juris steht, sondern daß ich das Corpus juris citire, weil es mit meinem Rechtsbegriff übereinstimmt. Einst habe ich die Römer als geltend citirt, wenigstens meinte ich daß sie gälten, jetzt lasse ich einfach weg was in meine Rechtsauffassung nicht mehr paßt; paßt es aber, so scheint mir mein Rechtssatz doppelt bewiesen, durch das Wesen des Rechts das ich gefunden, ohne mir eigentlich Rechenschaft abzugeben, und durch den Römer den ich für die Hauptautorität in meinem Recht ansehe, ohne zu wissen wie weit er es ist. Und doch wieder mit Recht; denn nichts macht gegen einen Rechtssatz so bedenklich als wenn er das Gepräge des Subjectiven hat. Das Pandekten-Citat prägt ihm den objectiven Stempel auf, und mir scheint das Gesagte doppelt wahr, weil es zugleich die wohl überlegte Ansicht der großen Römer war. So ist eine neue Epoche aus der alten geworden; wir gehören nicht mehr den Pandekten, die Pandekten gehören uns; sie sind das schwer erworbene Eigenthum der deutschen Wissenschaft geworden!

— Sehr wohl. Es kann wohl sein, daß Sie Recht haben. Aber wenn dem so ist, was beklagen Sie denn eigentlich, und was ist das Andere, welches Sie wollen? Wollen Sie mir erlauben, den Eindruck zusammen zu fassen, den Ihre bisherige Darstellung auf mich gemacht hat? Wenn Sie Ihrerseits noch etwas hinzufügen wollen, so wird es wohl gut sein daß wir wenigstens über das Bisherige einig sind; denn möglicher Weise stellt es sich dann heraus daß es sich doch nur um einige wichtige, aber immer nur einzelne Hauptpunkte handelt, nicht um das Princip unserer eigensten Rechtsbildung. Sind die Verhältnisse sogar der Pandekten so wie Sie sagen, so haben wir ja die deutsche Rechtswissenschaft! Ich gebe Ihnen jeden Punkt zu, den Sie gesagt haben; aber das Ganze wird wieder einmal anders erscheinen als seine Theile.

Denn abgesehen davon, daß unsere öffentliche Rechtsbildung tief unter den Anforderungen unserer Zeit steht, mag es wahr sein daß wir eigentlich gar kein deutsches Recht in unserer Rechtsbildung lehren, sondern nur ein deutsches Privatrecht das nicht mehr existirt, ein römisches Recht dessen deutschen Charakter wir nicht erkennen, mehrere andere selbständige Gebiete des Rechts, deren Zusammenhang mit dem Ganzen wir nicht verstehen oder doch wenigstens weder in unserer Literatur noch in unsern Vorträgen der wißbegierigen Jugend offenbaren. Es mag wahr sein, daß unsere Rechtsbildung dadurch einen Charakter der Zerfahrenheit auf der einen Seite und der Fremdartigkeit auf der anderen hat, wie ihn nie ein Volk gezeigt hat. Es mag wahr sein, daß mitten in diesem Zustande dieß römische Recht eine Stellung einnimmt, die ihm durchaus nicht gebührt. Es mag wahr sein, daß es sich für ein geltendes Recht ausgibt und es nicht ist; daß es nicht weiß und nicht sagt, was eigentlich an ihm gilt, was nicht; daß es seine eigenen

Quellen hartnäckig falsch auffaßt, und uns daher weder ein richtiges Bild des römischen Rechts noch des heutigen gibt; und es mag sein und es ist vielleicht unverzeihlich, daß es weder seine Geschichte von August bis Justinian, noch auch seine viel wichtigere vom sechzehnten Jahrhundert bis zur Gegenwart sich selber oder der Rechtswelt zum Bewußtsein bringt, und daß wir daher thatsächlich in einem beständigen Nebel wandeln der wenig geeignet ist, uns für unser Recht Verständniß oder Einfluß bei andern Völkern zu gewinnen, oder uns selbst das kräftige Gefühl des Vollbesitzes eines eigenen Rechtslebens zu verleihen. Und es ist leider daneben nur zu wahr, daß wir dadurch jede Initiative in der Rechtsbildung Europas verloren haben, und nicht etwa bloß römisches Recht sondern nach allen Seiten hin auch französisches und englisches Recht recipiren, und daß wir daher, indem wir unbestritten die Meister in der Erklärung des nicht mehr vorhandenen Rechts sind, eben so unbestritten im lebendigen Recht uns unsern gleichstehenden Nachbarvölkern unterordnen. Das ist nicht sehr erhebend für uns, aber es ist dennoch wahr. Aber schließlich begegne ich doch wieder der Meinung, daß wir gerade in der Hauptsache, dem römischen Recht, das sind was Sie fordern, ein selbstthätiges, schaffendes, eigengeartetes Volk das, während Frankreich aus den Pandekten sein Code civil gemacht hat, seinerseits sein Pandektensystem mit wesentlich demselben Inhalt daraus bildete. Ist dem so, so werden wir leicht einig. Lassen Sie uns einfach fordern, daß man dem öffentlichen Recht, namentlich der Verwaltungslehre, mehr Gewicht gebe. Ich will mit Ihnen einstimmen, daß es ein ganz unzweifelhaftes Verderben jeder soliden Bildung ist, aus dem Quadriennium ein Triennium zu machen, und das Triennium mit halbverstandenen Excerpten aus nur halb bekannten Autoren einer vergangenen Zeit auszufüllen. Ich fordere mit Ihnen, daß jede Universität eine Lehrkanzel für das wirkliche deutsche Recht und die neuere deutsche und römische Rechtsgeschichte habe, und daß man bei den Prüfungen unbedingt auch eine allgemeine Kenntniß aller in Deutschland bestehenden Rechte fordere. Ich verweise mit Ihnen das Historische im römischen Recht endlich einmal in die Rechtsgeschichte und lasse wie Sie das Dauernde und Ewige in demselben als die wahren Pandekten lehren, die erst dann auch zu einem wirklich vollständigen System des Privatrechts werden — ändern wir Umfang und Ordnung unserer Rechtsbildung; das ist gut, ja das ist schon unabweisbar; einverstanden und mit aller Kraft begonnen! Aber was wollen Sie noch mehr? Jene Punkte sind nicht bloß falsch, wie sie gegenwärtig sind, sie sind geradezu eine Calamität ja; aber an dem Princip unserer juristischen Bildung soll man nicht rütteln! —

Das Princip dieser Bildung? Und was ist denn ein solches Princip? Genügt die beste Kritik der Welt, mir statt des Kritisirten ein Princip zu geben? Ein Princip ist doch denke ich der Grundgedanke, von dem das Ganze, und wieder jeder Theil dieses Ganzen ausgeht? Es ist doch der Gedanke, daß Ganzes und Theil jedes für sich und zugleich in ihrem Zusammenhange von Einem und demselben Punkte ausgehen und schließlich von dieser ihrer Grundlage aus gemeinsam erzeugt werden? Und zwar so, daß wenn ich dieses Princip habe, ich von ihm aus jeden Theil verstehe? Gewiß. Und welches ist das „Princip" unserer deutschen Rechtsbildung, wenn ich Ihnen alles obenerwähnte zugestehe, das zugleich das römische, das deutsche, das Landes- und das philosophische Recht beherrscht? Das „Princip", das den innern und äußern Zusammenhang des Privatrechts mit dem Handels- und Wechselrecht, mit dem Berg- und Forstrecht, mit dem Verwaltungsrecht, mit dem gesammten Staatsrecht enthält, und mir diesen Zusammenhang klar und unzweifelhaft vor das geistige Auge stellt? Wenn ich eine Codification habe wie Frankreich, kann ich zur Noth eines solchen Princips entbehren, indem die systematische Gesetzgebung hinter und über mir steht wo ich von dem Theile rede. Wenn ich von einem durch das Volksgericht gebildeten Rechtsleben spreche wie England, lebt dasselbe in meinem Gefühle und ich brauche es nicht eigentlich zu wissen, wenn es in mir stark genug ist, mich in meinem Urtheile zu leiten. Aber wenn Sie mit gutem Recht sagen daß Deutschland die Heimath der Wissenschaft sei und wenigstens zum großen Theile der Rechtswissenschaft, so genügt jenes alles nicht. Dann muß ich das Princip wissen und muß das Gewußte auch formuliren können. Es ist das aber in einem solchen Volke nicht bloß wissenschaftlich nothwendig. Unsere Forderung muß viel weiter gehen. Ist jenes Princip nothwendig und wahr, so muß es wahrlich an der Spitze unserer Rechtsbildung stehen. Es muß von Anfang an gelehrt werden als das was das Lernen und das Verständniß aller Theile gleichsam durch sich selbst erzeugt, es muß jeden Theil auf jedem Punkte erklärend und belebend durchdringen, es muß von jedem Gebiete aus alle andern zugleich verständlich machen. Es muß mit unserem Studium geboren werden und muß kräftig genug sein, darüber hinaus uns auf die Täglichkeit des praktischen Lebens zu begleiten. Haben wir ein solches Princip, dann sind wir das Haupt der Rechtswissenschaft, ja des Rechtslebens der Zukunft; haben wir es nicht, dann werden wir nach wie vor mit unserem Innersten in den einzelnen Theilen untergehen, ohne das Ganze zu schauen. Wir werden nach wie vor unendlich viel arbeiten, aber unendlich wenig schaffen. Denn das ist die organische Gewalt des Ganzen, daß es allein den Geist in der Weise die der Theil fordert lebendig erhält — und sie ist wohl nothwendig für uns, bei denen die großen Theile nicht einmal formal zusammenhängen. Oder wollen Sie mir von der Rechtsphilosophie reden? Woher kommt es denn, daß unsere Rechtsphilosophen nichts vom Recht, und unsere Juristen nichts von der Philosophie wissen? Wäre das auch nur denkbar wenn es überhaupt das gäbe wovon Sie reden, ein „Princip" in unserer Rechtsbildung? Oder sprechen Sie von unserer Rechtsgeschichte, die an ihren drei großen Grundsätzen unwandelbar festhält erstlich nur bis zum westphälischen Frieden zu gehen, zweitens neben sich ihren Doppelgänger im deutschen Privatrecht zu haben ohne sich oder andere über ihr Verhältniß zu demselben Rechenschaft abzulegen, und drittens mit ganz Europa zu beginnen und schon im zweiten Jahrtausend vom ganzen übrigen Europa nichts zu wissen, als gäbe es keine Geschichte des germanischen Rechts und des römischen Rechts außerhalb Deutschlands, das doch das heilige römische Reich ist? Oder reden Sie gar von den Encyclopädien, diesen Excerpten aus allen Collegienheften, die denn doch endlich verschwinden weil diese Kost selbst unserem Standpunkt zu wesenlos ist? Wo ist denn, frage ich, dieß „Princip" unserer Rechtsbildung? Ich gestehe Ihnen ganz offen, ich sehe keines. Ich kann nicht anders als gegenüber den ganz unläugbaren Thatsachen sagen, daß unsere ganze Rechtsbildung sich rein historisch gestaltet hat, und daß sie im Einzelnen wie im Ganzen geradezu eine vollständig principlose ist. Können Sie mir irgendwo ein solches Princip nachweisen, gut; können Sie es nicht, so müssen Sie mir zugestehen daß wir entweder unfähig sind, eine große Individualität im Rechtsleben der Völker zu sein und uns mit dem Ruhme begnügen müssen, als die Schulmeister Europas dazustehen — oder daß wir uns klar werden müssen über das Princip was in uns lebt und was nur noch nicht zum Bewußtsein, zur werdenden und schaffenden Kraft in unserer großen und schweren Arbeit, zur wahren Quelle des inneren Eifers neben äußerlichem Fleiß geworden ist. Und das müssen wir finden! Ich weiß recht wohl wie viel ich fordre; ich weiß daß in dem Augenblicke wo Sie mir zugestehen, daß bisher nur die Theile unseres Rechtslebens etwas besaßen was Sie für ein Princip hielten, und daß wir jetzt, in der großen Zeit des deutschen Volkes ein Princip für das Ganze haben müssen, die Gestalt unserer Rechtswissenschaft eine andere werden muß; ich weiß daß es niemanden gegeben ist, das auch nur annähernd zu vollziehen, sondern daß was für Jahrhunderte gelten soll, durch Jahrhunderte vorbereitet werden will. Ich werfe dieses mein Wort hinaus; möge es seinen Weg gehen. Ich will nicht weiter rechten und kritisiren; der Negation ist genug. Aber wenn Sie mir weiter folgen wollen so darf ich Sie erinnern, daß man in einer so gewaltigen Zeit wie in der gegenwärtigen tief greifen muß, um Großes zu erreichen.

## 5. Codification und Rechtswissenschaft.

Es ist nun wohl recht schwer, nach dem wirren Bilde das ich Ihnen da entfaltet habe wieder einen Gesammteindruck zu gewinnen. Und doch ist ein solcher möglich, und er ist sogar, soll anders das was weiter zu sagen ist einen Werth haben, nothwendig. Denn dieser Gesammteindruck wird gewiß, da er den gesammten so eben bezeichneten Zustand beherrscht, auch dasjenige enthalten was über ihn hinausgeht.

Offenbar — gerade in allen den Gebieten in welchen die Grundlage für unsere deutsche Rechtsbildung gegeben wird, kehrt uns stets eine Erscheinung wieder. Mit allen ihren Eigenthümlichkeiten und Verwirrungen ist allen Theilen dieser Rechtsbildung eines gemein — allenthalben steht sie auf dem Standpunkte, sich nicht an das Positive zu binden und der lernenden Jugend das specifische Gefühl für das positive Recht nicht beizubringen. In der That, wenn das überhaupt ein Princip ist, so ist das das Princip wenigstens unserer Privatrechtsbildung, nach dem wir eben gesucht haben. Denn sie geht so weit, das Wesen des geltenden Rechts fast absolut in den Hintergrund zu drängen, während sie in ihrem Inhalte eigentlich nur entweder nach der Rechtsgeschichte oder nach einer scharfen Casuistik strebt, die auf der Grundlage von Rechtsbegriffen ruht welche nicht formell gelten. Will man daher den allgemeinsten Charakter dieser Rechtswissenschaft — einen Charakter der nicht bloß ganz und gar die Arbeit im römischen und alten germanischen Recht beherrscht, sondern der sich auch in der Behandlung des codificirten, also doch unzweifelhaft positiven Rechts fast unwiderstehlich Bahn bricht beweisen, so ist es der der beständigen Loslösung von ihrem Stoff, des freien sich Erhebens über denselben, der unbegrenzten und freilich damit auch ungeordneten Bewegung der Forschung wie der Lehre in allen Theilen welche diese Rechtsbildung erfaßt. Ja dieser Charakterzug bleibt keineswegs bloß bei dem anerkannt gültigen Stoffe stehen; er erfaßt vielmehr mit seiner Kraft eben so sehr auch die Doctrin selbst, und es ist wunderbar anzusehen wie dieselbe Lehre in den Händen jedes Schriftstellers wie jedes Docenten wieder eine andere wird. Da folgt nicht bloß eine Auffassung der andern, nicht bloß ein System dem andern, so daß für den Lernenden Richtigkeit und Berechtigung von vorn hinein schon unsicher werden, sondern auch die Gesetze selber, und mögen sie ihrerseits noch so wohl erwogen und noch so systematisch sein, verfallen der Macht die sich in dieser Erscheinung äußert. Seitdem die deutsche Wissenschaft sich durch die Mitarbeit der Rechtsphilosophie einmal an das Systematisiren gewöhnt hat, verläßt sie auch das System der Gesetzbücher, und stellt der Legalmethode, welche z. B. für das österreichische Gesetzbuch oder für irgend ein Strafrecht oder selbst eine Proceßgesetzgebung als einfache Interpretation erscheinen würde, ihr eigenes System entgegen in dem sicheren Gefühle, daß sie erst dann diesen Stoff beherrscht wenn sie ihn umgebildet hat. Ja selbst der Code civil entgeht diesem Schicksal nicht. Und es ist diese Literatur und Richtung nicht bloß formal eine höchst merkwürdige, sondern sie ist es welche uns zugleich auf die Frage führt die wir unbedingt erledigen müssen, wenn wir für die Hauptsache zu einem Ergebniß kommen wollen.

Das ist die Frage nach der Codification.

In der That scheint es auf den ersten Blick daß jenem wunderlichen Zustande den wir eben bezeichnet am ersten und besten abgeholfen werden könne, wenn man einfach das wirklich geltende Recht in einen festen Codex zusammenfaßt, und nun die Theorie gewöhnt sich an ein solches Gesetz anzuschließen. Denn das Uebel der gegenwärtigen Rechtsbildung scheint denn doch ja eben darin zu liegen, daß sie ihrer ganzen Natur nach kein rechtes Bewußtsein von dem Geltenden selber hat und für andere erweckt. Aber daneben steht noch ein zweiter Satz. Wir haben früher von esoterischer Wissenschaft gesprochen. Nun denn — gerade die gegenwärtige Methode macht dem Volke die Kenntniß seines Rechts, die direkte und indirekte Mitarbeit an demselben, das eigentliche Rechtsleben geradezu unmöglich. Die Rechtsbegriffe seiner Gelehrten, seiner Richter und seiner Anwälte erwachsen auf einem Boden, der dem Nichtstudirten geradezu unzugänglich ist; die Voraussetzungen eines tüchtigen Juristen sind für den ersteren gar nicht zu erreichen, und tritt er wirklich in das Rechtsleben hinein so begegnet er so vielen Anspielungen, Ausdrücken und Beziehungen, daß er sich auch bei scheinbar einfachen Sachen nicht zurecht findet. Er ist daher nicht bloß als Jurist gegenüber dem positiven Rechte verlassen, sondern auch das Volk selbst. Jenen reißt die Doctrin durch ihre unermüdliche Systematisirung und durch ihre Definitionsstrenge aus dem positiv gegebenen heraus, dieses läßt sie gar nicht in dieselbe herein, weil die Erklärung wieder Vereinssatzungen hat, denen dasselbe nicht folgen kann. Das Entstehen eines Rechtsbewußtseins im Volke ist auf diese Weise nicht möglich; beiden aber scheint es würde eine Codification abhelfen; wenn eine solche vorläge so würde das Volk durch allgemeine Beschäftigung mit demselben es trotz der Jurisprudenz erzwingen, daß auch die freieste

Wissenschaft wieder auf dieß Gesetz zurückkäme; es wäre die feste Basis für die Rechtsbildung und ein concreter Inhalt für das Volksrecht gewonnen; das subjective Element und seine Herrschaft in der Theorie hätte seine Grenze gefunden; der „praktische“ Mann des Volkes könnte mit seinem Gesetzbuche in der Hand dem Gedanken des Richters und des Anwalts folgen, und schließlich und vor allem würde das Gefühl allen geboren werden, daß das Volk ein Recht wirklich besitze und dasselbe nicht immer und bei jedem einzelnen Falle erst zu finden brauche. Denn seit die Codification namentlich Frankreichs ihren großen Weg durch die Welt begonnen, scheint es festzustehen daß das eigene Recht ohne ein eigenes Gesetzbuch für ein Volk nicht zu denken ist. Es scheint äußerlich greifbar und innerlich unzweifelhaft, daß wenn ein Volk eine rechtbildende Individualität hat, diese in einer Codification auch ihre Bethätigung und ihren Ausdruck finden müsse, und daß daher nur die Völker wirkliche Rechtsnationen sind die einen solchen Codex schaffen und ihn in das Leben des Volkes übertragen können. Dazu tritt der Glanz hinzu, den die Codification Frankreichs um diese große Nation verbreitet hat. Es ist denn doch schließlich keine Kleinigkeit, ein Recht geschaffen zu haben das die Hälfte der civilisirten Welt als ein Muster anerkennt, und dem die andere Hälfte wenigstens großen Ruhm und ausgezeichnete Eigenschaften nicht absprechen kann, während es doch zugleich im Geiste des eigenen Volkes lebt. Ist das nicht für ein bedeutendes Volk ein glänzendes Vorbild, und zugleich für das Rechtsleben höchst „praktisch“? Und werden wir denn weniger vermögen als diese Franzosen? Und wenn wir uns einen Codex geben, wird dann nicht unsere ganze zerfahrene Wissenschaft eine Einheit, und wir durch dieselbe dann erst recht und im höheren Sinne ein Rechtsvolk werden?

Es ist wohl ganz erklärlich, daß einem Volke wie dem deutschen solche Gedanken kommen mußten, als dasselbe, dicht neben Frankreich gestellt, sich ihm in politischen Dingen unterordnen, und nun auch auf dem Gebiete des Rechtslebens sich von dem glänzenden Nachbarn so weit überragt sehen mußte. Es ist nicht minder erklärlich daß viele die Selbständigkeit des eigenen Volkes in derselben Form bethätigt wissen wollen, in der sie ihr großer Gegner in so gewaltiger Weise zum Ausdruck gebracht. Und es ist endlich klar, daß auf den ersten Blick der gänzlich zerfahrene Zustand unserer deutschen Rechtswissenschaft in einer solchen festen Basis eines eigenen, durch uns selbst erzeugten und damit unserem eigenen Wesen und Leben angehörigen Gesetzbuches seine Hülfe und die Grundlage weiterer Entwicklung suchen mußte. Der Gedanke und die Hoffnung auf eine deutsche Codification als auf das Ende unserer Rechtswirrniß ist auf diese Weise ganz naturgemäß seit jener Zeit einem großen Theile unseres Volkes lebendig geblieben.

Wie nun kam es, daß diesen unwiderleglichen Thatsachen gegenüber sich sofort sehr ernste und gewaltige Stimmen erhoben, die sich direct gegen eine Codification aussprachen, und das in einem Lande das neben dem österreichischen Gesetzbuch selbst so eben erst sich ein Gesetzbuch gegeben hatte? Wie kam es daß Savignys Beruf einen so gewaltigen Einfluß gewinnen, und den Strom von Gedanken und Hoffnungen die Thibaut angeregt. hatte aufzuhalten und die ganze Jurisprudenz in das Bett des römischen Rechts zurückzuführen vermochte? Hatte denn die wunderliche Behauptung einen Sinn, daß Deutschland für die Herstellung eines Gesetzbuches nicht „reif" sei? War es nicht eigentlich ganz unverständlich das dadurch beweisen zu wollen, daß die Franzosen sich über diesen oder jenen einzelnen römischen Begriff in ihren Motiven geirrt, während die unzweifelhafte Thatsache feststand daß halb Europa die Codes dieser Nation, deren rechtshistorische Fehler mit Behagen constatirt wurden, als Muster annahm? Ja, hatte Savigny nicht schon selbst die Ahnung, daß Deutschland den Beweis dieser französischen Unfähigkeit zur Gesetzgebung durch die alsbaldige Reception des französischen Code de Commerce in eigenthümlicher Weise illustriren werde? Oder haben Vangerow und Windscheid Deutschland erst so reif gemacht, daß man jetzt doch an ein Elaborat für das Obligationenrecht von Reichswegen geht, obgleich sich weder Vangerow noch Windscheid über das eigentliche Wesen der obligatio und ihrer Modalitäten selbst klar oder einig sind?

In der That, wenn man das liest was damals gegen die Codification gesagt ward, so macht es uns in unserer Zeit mehr einen peinlichen als einen ernsten Eindruck, und die Geschichte des Römischen Rechts im Mittelalter, diese große Arbeit über zumeist sehr kleine Thatsachen vermochte uns weder mit der Opposition gegen eine gesetzgeberische Thätigkeit auszusöhnen noch uns, wie sie doch eigentlich der Theorie nach gemußt hätte, der Reife zur Gesetzgebung näher zu bringen. Das Großartige in Savignys Buche war vielmehr die Geschicklichkeit, mit der er die eigentliche Hauptsache nicht sagte, obwohl er sie zu sagen schien. Denn der Code civil beruht auf dem großen durchgeführten Princip der Rechtsgleichheit aller Rechtssubjecte; es ist die erste Entwicklung der Idee des ältesten Germanenthums zu einem durchgearbeiteten System des Privatrechts, des *ισους ἐιναι τους ἀνθρωπους*, wie es schon Aristoteles zu sagen wußte, und wie die Römer auch diesen Satz der griechischen Rechtswelt abschrieben, omnes homines jure naturali acquales esse. Hätte man diesen Gedanken in dem

Deutschland nach den Freiheitskriegen, in welchem das preußische Landrecht die Privilegien des Adels und das deutsche Privatrecht Zünfte und Innungen als „deutsches Recht“ hinstellten, einem deutschen Code civil zum Grunde legen können? Und hätte man es wagen dürfen, ihn gegenüber dem eben überwältigten Frankreich in einem deutschen Reichsgesetze nicht zum Grunde zu legen? So mußte man den tiefen Widerspruch jener Rechtsprincipien mit ihrer Zeit hinter dem römischen Recht verbergen, und dem deutschen Volke erklären es sei nicht fähig sein eigenes Recht zu schaffen weil es noch nicht im Stande sei, das römische zu verstehen. Allein jetzt ist diese Zeit denn doch vorbei — die Reife, die wir meinen, ist da. Haben wir noch recht, wenn wir in einer solchen Codification auch jetzt noch nicht das Ende der Wirrnisse sehen, die wir unsern Rechtszustand nennen?

Ich glaube nun, daß die Entscheidung dieser Frage sich zunächst an eine ziemlich einfache Bemerkung anschließen dürfte.

Es ist doch merkwürdig, daß nur die romanischen Völker jene französischen Codes angenommen haben, während die rein germanischen wie die Engländer und Deutsche sie entweder gar nicht zuließen, oder sie sofort nicht als einfaches und objectives Gesetz sondern als Material für ihre „Systeme“ verarbeiteten. Hier muß daher wohl doch ein anderes lebendig sein als Reife oder Unreife. Und was dieß Andere auch immer sein möge, offenbar handelt es sich nachdem wir so viele Gesetzbücher und sogar Verfassungen gemacht haben doch nicht mehr darum, ob wir fähig sind einen Codex zu Stande zu bringen, sondern vielmehr um die weit bedeutsamere Frage, ob eine Codification, wenn wir sie bekommen, uns jemals ganz genügen würde. Es ist gar kein Zweifel daß wir bei ihr nicht stehen bleiben würden, wie wir es bisher nicht gethan. Diese lebendige deutsche Rechtswissenschaft würde von einer solchen nicht in ihren engen Kreis gebannt, und künftig trotz derselben nicht zur Heimath von lauter Accursiussen und Merlins werden. Sie würde vielmehr in dem Augenblick, wo man sie an die Scholle des Wortes eines solchen Gesetzbuches bände, mit ihrer eingebornen Kraft eine solche Fessel sprengen, wie sie es bisher gethan, und es würde wieder geschehen im Privatrecht was täglich im Strafrecht geschieht und im Grunde ja auch in den Pandekten und Institutionen, daß das positivste Gesetz anstatt der wahre Inhalt der Ansicht des Rechtslehrers zu sein, nur als Motiv desselben benützt wird. Das Gefühl wird jeden wahren Juristen bilden, daß das Festkleben an Wortdeutung und Sinneserforschung positiver Gesetzesparagraphe, daß der Gedanke nicht über das gegebene Gesetz hinausgehen zu sollen, auch die Universität zu einer gewöhnlichen Rechtsschule, den Professor zu einem einfachen Rechtslehrer, die Rechtswissenschaft zu einer sehr nützlichen und nothwendigen aber zu einer gleichfalls sehr trivialen Rechtskunde hinabziehen — um nicht zu sagen herabwürdigen würde. Nun — bei allem hohen Werth den ein positives Gesetz hat, bei aller Nothwendigkeit es als solches zu kennen und zu lehren, bei aller Hochschätzung der „Praxis" gegenüber der unpraktischen Theorie — stehen bleiben bei einem Gesetze, das können wir nicht! So lange wir noch sind was wir sind, so lange noch dem lebendigen Geist in unserer Wissenschaft der mächtige Flügelschlag nicht erlahmt — in einer solchen, zur reinen Interpretation herabgesunkenen Rechtslehre die Erfüllung unseres Lebens, die Tiefe unseres Berufes finden — das können wir nicht, das werden wir nicht! Die wahre Rechtswissenschaft, die Erzeugerin und Schöpferin des höheren Rechtsbewußtseins muß über das augenblicklich Geltende, sei es daß dasselbe als ein Codex auftritt oder als communis Doctorum opinio oder als usus fori oder als Autorität selbst eines Savigny und Vangerow mit ihrer ewig lebendigen Kraft hinausgehen! Und kann sie das nicht, dann haben wir zwar ein unzweifelhaftes Recht, aber unzweifelhaft keine Universität mehr! Wird es ein Mann der Wissenschaft wagen, das nicht zu wissen? Und darum haben wir keine Codification, und wenn wir sie hätten, die würde uns die Vollendung unseres Rechtslebens, den Abschluß unserer „Universitätsfrage", die endgültige Lösung des Streites zwischen Theorie und Praxis nicht geben!

— Wohl. Es mag sein. Aber — hinausgehen über das positive Recht? Wohin denn? Besinnen wir uns. Wenn ich in der Rechtswissenschaft über das gegebene Recht „hinausgehe", mögen Sie nun darunter verstehen was Sie wollen, wohin gelange ich denn? Wenn ich also, um frühere Begriffe wieder aufzunehmen, als den Führer für meinen Beruf die Rechtswissenschaft, als das unantastbare Princip der Rechtswissenschaft aber die Forderung setze, nicht einfach bei dem gegebenen Rechte stehen zu bleiben, sondern die ewige Jugend des Geistes darin zu finden, daß ich über dasselbe hinausstrebe — wohin trägt mich dann mein Schritt? —

Es kann doch gar kein Zweifel sein — wenn ich mit Gedanke und Forschung über das positive Recht hinaus gehe, so muß ich in ein Gebiet gelangen, welches eben nicht mehr Recht ist. Denn wäre es immer noch Recht, so ginge ich ja eben nicht über das positive Recht hinaus — ich bliebe doch ein einfacher mehr oder weniger glücklicher Interpretator. Und doch wiederum — gehe ich dann über das Gegebene hinaus um es einfach zu verlassen? Schwerlich — dann wäre es ja weit besser gar nicht damit zu beginnen; und welche wunderliche

Rechtswissenschaft wäre diejenige, welche als ihr höchstes Ziel das Verlassen ihres eigensten Inhalts, des Rechts, aufstellen wollte? — Wie nun aber — was heißt es denn jetzt, über die starre und unlebendige Thatsache des Positiven hinauszugehen? Sie mögen es deuten wie Sie wollen, als Dialektik, als Unsinn oder als einfache und ganz natürliche Logik — jedes Studium einer Rechtswissenschaft die über das Positive hinaus weiter schreitet, enthält den Gedanken an ein Recht welches kein Recht ist. Haben Sie ein Mittel sich dieser unabweisbaren Consequenz zu entziehen?

— Ich gestehe, ich wüßte nicht. Aber sagen Sie ernsthaft und natürlich — gibt es denn ein Recht welches kein Recht ist? Was soll ich mir mit gesunden Sinnen dabei vorstellen? Und ich frage mit Ernst; denn nach Ihrer eigenen Auffassung handelt es sich hier ja nicht um dialektische Künste, sondern da die Rechtswissenschaft wirklich nicht einfach bei dem Positiven stehen bleiben kann und wird, eben um das Gebiet der Rechtswissenschaft neben oder über dem der Rechtskunde. Was ist also jenes Etwas von dem Sie reden, das zugleich Recht sein und nicht sein, und das dennoch den Inhalt der Rechtswissenschaft bilden soll? —

In der That, oft liegt das scheinbar Ferne uns so nahe! Zunächst formell lassen Sie mich den scheinbaren Widerspruch heben. Das Recht welches kein Recht mehr ist, ist das Recht der vergangnen Zeit und seine Rechtswissenschaft ist die Rechtsgeschichte. Und zweitens ist das Recht, welches noch kein Recht ist sondern erst Recht werden will, das Recht welches gar keiner Zeit angehört das absolute Recht, und seine Rechtswissenschaft nennen wir die Rechtsphilosophie. Und wenn wir daher gesagt haben, daß jede Rechtswissenschaft über das wirkliche Recht hinausstrebt, so ist es wohl jetzt klar, wohin sie zunächst streben muß. Sie muß entweder — oder sagen wir lieber zugleich, von dem positiven Recht in die Rechtsgeschichte und in die Rechtsphilosophie hineingehen. Wenn ich daher überhaupt einen Unterschied zwischen dem positiven Recht und der Wissenschaft desselben setze, so kann ich schon hier den festen Punkt bezeichnen von dem ich ausgehe. Rechtsgeschichte und Rechtsphilosophie sind der Boden der wahren Rechtswissenschaft; in ihnen liegt das Ewige im Wissen des Rechts, die Linie welche von der Schwere des Positiven in das Unendliche hineinläuft, die geistige Erfüllung jenes Berufes mit einem höheren Inhalte als dem der bloßen Kenntniß des Gegebenen. In ihnen lerne ich das Recht denken statt es bloß zu kennen; sie sind die wahren Flügel des Geistes, mit denen ich mich über den Augenblick erhebe, und keine Codification der Welt kann mir je geben oder ersetzen was sie allein bieten, die Rechtswelt, das Leben der machtvollen und herrlichen Erscheinung des Rechts auf der Erde in seiner großen Vergangenheit und seiner größeren Zukunft! Und diese Faktoren besitzen nur wir. Sie sind der wahre Charakter unserer Rechtsbildung, unserer Universitäten, unserer Rechtsforschung, unserer Rechtslehre! Sie wissen es recht wohl, die anderen Völker! Darum beneiden sie uns, das möchten sie uns nachahmen, nicht unsere Casuistik die sie selbst besser machen als wir, und nicht unsere Dissertationen die sie niemals lesen, und nicht unsere Codificationen die wir ihnen entlehnen. Und daß wir diese Dinge nicht den einzelnen begabten Naturen überlassen, sondern daß wir sie zum Inhalt auch unserer elementaren Rechtsbildung machen, daß wir keinem erlauben die Universität ohne sie zu betreten und zu verlassen, daß wir sie jedem als einen Schatz für seinen Lebensberuf, als den Keim seines höheren Rechtsbewußtseins mitgeben, darin liegt der wahre Kern dessen, was wir an demjenigen besitzen, was so unverständlich und unorganisch scheint! Und das nun, denke ich, können Sie nicht mehr mißverstehen.

— Das mag nun wohl wahr sein. Allein betrachtet man genauer das was wir Rechtsgeschichte und Rechtsphilosophie nennen, so ist doch eines nicht zu läugnen. Die Rechtsgeschichte bleibt ewig, mag man sie einrichten wie man will, zunächst die Zusammenstellung von Rechten welche nicht mehr gelten, und die Rechtsphilosophie wird ewig ein Recht enthalten, das niemals ganz gelten wird. Ich weiß recht wohl, daß ich sie als zwei große selbständige Wissenschaften betrachten und behandeln und daß ich ein Gesammtbild des Weltlebens des Rechts ohne sie nicht haben kann. Ich begreife daher vollkommen, daß das tiefere Rechtsstudium sich mit aller Kraft und Liebe in sie versenkt und daß der Einzelne sich ihnen mit vollem Herzen hingibt, um in ihnen die Befriedigung zu finden, die er im rein Positiven nicht gewinnt. Ich erkenne endlich gerne an, daß die Verbindung beider mit der Rechtslehre die erste Bedingung dafür ist, daß ich über die Beschränktheit mich erhebe mit der mich die ausschließliche Betrachtung des Gegebenen erfüllt, und daß es daher ohne sie soviel Rechtskunde geben mag wie man will, aber niemals eine Rechtswissenschaft. Ja ich gehe noch weiter. Das was ich hier sage, ist zuletzt nicht bloß uns klar: das wußten schon die Römer und darnach handelten sie, sie sind mit ihrem ganzen Recht nicht bloß Object und Inhalt der Rechtsgeschichte, sondern sie sind vielmehr unser großes Vorbild für dieses Höchste, was wir als den wahren Charakter unserer Rechtsbildung bezeichnen und worauf wir so stolz sind. Denn die Römer haben für ihre eigne Rechtsentwicklung nicht bloß philosophische Principien zuerst zu Grunde gelegt und haben nicht bloß den großen Gedanken einer Rechtsgeschichte zur Ausbildung gebracht, sondern sie haben vielmehr in ihrer Weise Geschichte und Philosophie mit ihrer ganzen Rechtsbildung auf das Innigste verbunden. Sie haben in ihrem Gajus und Pomponius die ersten Rechtshistoriker der Geschichte; aber nicht bloß das, auch ihre bedeutendsten Juristen haben in ihren Darstellungen und Interpretationen die große rechtshistorische Entwicklung Roms beständig vor Augen gehabt, sie beständig mit ihren Arbeiten verwebt, und so wie sich daher die Rechtsschulen bilden haben auch sie die Rechtsgeschichte in ihrer Weise zum Gegenstand obligater Vorträge gemacht. Und eben so nahe stand ihnen das, was wir die Rechtsphilosophie nennen. Allerdings haben sie kein System gemacht; aber das tiefere Nachdenken über das Wesen des Rechts leuchtet selbst aus den Trümmern hervor, welche uns überliefert sind. Wenn die Griechen daher den Anstoß gaben, so haben die Römer ihn nicht als Philosophen und Dialektiker wie jene, sondern als Juristen weiter gebildet. Wer hätte nicht den arbeitenden Gedanken bei ihnen gesehen, wie er nie ruhend aus den höchsten Principien das Geltende schafft und in der schärfsten juristischen Dialektik doch immer wieder nicht den Buchstaben des Positiven, sondern das Wesen der Dinge festhält und aus ihm schöpft was er braucht? Und in der That — das ist es, weßhalb wir im römischen Recht wenigstens zum Theil etwas anderes und besseres studiren, als das positiv römische Recht. Gerade dadurch erfassen uns diese Männer, daß sie zu ihrer Zeit und in ihrer Weise dasselbe thaten, was wir jetzt anstreben, wenn wir auch uns nicht immer klar sind weder über das was jene wollten noch über das was wir leisten. Und mag man nun über die Reception in ihrem juristischen Sinne denken wie man will, in ihrer welthistorischen Bedeutung ist sie die Reception der römischen Arbeit des Rechtslebens in das deutsche, und die Römer sind uns, mögen wir es wie wir leider gethan noch Jahrhunderte lang verkennen, mehr die großen Lehrer des Lernens als des zu Lernenden. Unsere Rechtswissenschaft hat uns die Rechtsgeschichte und Rechtsphilosophie zu selbständigen Wissenschaften gemacht; wir sind weiter wie Rom, aber wir denken und arbeiten nicht anders als seine Zeit. Das ist wahr; und ohne es zu wissen, darum lieben wir dieß römische Recht, und darum wenden sich selbst Franzosen und Engländer demselben in ihren bedeutendsten Männern fast widerwillig wieder zu; denn wer einmal in seinem Leben sich mit römischem Recht ernsthaft beschäftigt hat, der kann nie wieder vergessen, daß er auch das Gegenwärtige nur durch Geschichte und Philosophie ganz versteht. — So ist dem; das römische Recht hat es uns bisher allein unmöglich gemacht, bei der Rechtskunde stehen zu bleiben; wir haben eine Rechtswissenschaft, weil wir römisches Recht haben, und die andern Völker haben jene nicht, weil sie thörichter Weise glaubten, das letztere vermöge ihrer Codification oder ihrer Volksgerichte ganz entbehren zu können. Alles das ist richtig; aber eines bleibt. Die Rechtsgeschichte ist wie die Philosophie doch immer ein Gebiet für sich, eben so wie die Kunde des positiven Rechts. Und mag daher jede dieser Lehren noch so groß und mächtig sein, immer bleibt mir eine Frage. Kann denn eine Wissenschaft — die Rechtswissenschaft — aus drei Wissenschaften bestehen? Wenn die Geschichte doch schließlich weder Positives ist, noch die Philosophie, noch auch umgekehrt, was ist es denn, was ich in der einen Wissenschaft von der andern eigentlich lerne? Was sie neben einander sind, das sehe ich; was sie für einander sind, das sehe ich nicht. Sie wirken auf einander ein — gut; aber wodurch? Das Positive ist zuletzt doch eine fertige, die Geschichte eine werdende und die Philosophie eine rein geistige Thatsache — welches ist nun das, was sie unter einander verbindet? Denn eigentlich ist das doch das Wesentliche, und ohne dieß Wesentliche zu wissen, sehe ich wohl Ergebnisse, aber nicht die Kraft welche sie geschaffen hat. Es wäre leicht, dieß weiter zu begründen. Aber es leuchtet ein, daß mir die Rechtsgeschichte nicht zum Verständniß bringt, wohin denn der Wechsel geht den sie mir als ewig neue Thatsache vorführt, und daß die Philosophie die mir ihre festen und ewig gleichen Begriffe hinstellt, wieder den Wechsel nicht enthält und erklärt den ich in der Geschichte sehe, während ich im Positiven doch zuletzt nichts habe als den heute gegebenen Augenblick der morgen Geschichte ist, aber niemals Philosophie sein wird. In der That ich muß sagen daß mir sobald ich tiefer gehe, Geschichte und Philosophie zwar unentbehrlich sind, aber daß auch sie mir nicht genügen, eben so wenig als mir für unsere gegenwärtigen Zustände die Codification genügen kann. Wenn ich mit Geschichte und Philosophie über das Gegebene hinausgehe, so muß es etwas geben, das die große Aufgabe hat, mir in der Geschichte die Einheit und in der Philosophie den Wechsel und das Werden des Rechts zu erklären. Im Grunde ist es wahr, daß ich auch mit jenen Wissenschaften zwar tiefer in das Recht hinein, aber nicht über dasselbe hinausgelangt bin. Und doch wollte ich darüber hinaus; denn das erkenne ich bald, daß ich jedes Daseiende doch nur durch seinen Grund begreife und daß die Ursache eines Dinges nicht das Ding selbst ist. Und wenn es überhaupt wahr ist, daß alle Gebiete des Wissens zuletzt doch nur Eins sind, so werden sie in ihrer einzelnen Selbständigkeit eben nicht für sich und durch sich sein, sondern aus einer gemeinsamen Quelle fließen; und erst wenn ich diese Quelle vor meinem geistigen Auge entspringen und arbeiten sehe, werde ich auch den einzelnen Theil in seinem Wesen begreifen. Daher müssen wir sagen, daß auch Geschichte und Philosophie des Rechts auf ein noch höheres oder allgemeineres hinweisen und daß wir die wahre Rechtswissenschaft immer erst dann erfassen, wenn sie uns bei dem Punkte beginnen und uns auf das Gebiet zurückgreifen lehrt, auf welchem das Recht selbst noch nicht da ist, sondern auf welchem es selber erst entstehen kann. Und damit stehen wir vor der Frage, wo wir denn nun diese Gewalten zu suchen haben, welche das Recht in Princip, Wechsel und gegenwärtiger Gestalt unwiderstehlich und doch klar erkennbar erzeugen und bilden, und deren lebendiges Verständniß deßhalb zuletzt allein das Rechtsbewußtsein und die Rechtswissenschaft beherrschen und geben.

Und jetzt erlauben Sie mir, diesen ganzen Abschnitt als Uebergang zu dem folgenden kurz zusammenzufassen.

Unsere juristische Facultät hat ihren traditionellen Standpunkt zu lange festgehalten. Sie ist in ihrer Organisation wie in ihren Leistungen gegenüber unserer Gegenwart nach den beiden Hauptrichtungen des Rechtslebens in hohem Grade einseitig entwickelt. Sie hat das öffentliche Recht vermöge ihrer historischen Gestalt fast ganz vernachlässigt, so daß dasselbe namentlich im Verwaltungsrecht weit hinter seiner Zeit zurückgeblieben ist. Sie hat im bürgerlichen Rechte das römische Recht nicht in seinem wahren Wesen verstanden, und es doch zur Hauptsache gemacht. Sie hat allerdings die Rechtsgeschichte wenn auch nur die deutsche, und diese wieder nur bis zu dem Zeitpunkte erforscht, wo sie anfängt auch von praktischer Bedeutung zu werden; sie hat allerdings eine Rechtsphilosophie, aber diese ist ihr und sie selbst dieser entfremdet. Die Folge ist, daß Organismus und Inhalt der Forschung und Lehre nicht mehr der Gegenwart entsprechen. Allein die Natur des deutschen Geistes würde sich auch mit einer, wenn auch noch so zweckmäßigen, bloß formellen Reform nicht begnügen; ja es würde auch eine, selbst die beste Codification für das wahre Bedürfniß unserer höhern Rechtsbildung nicht ausreichen. Es genügt uns daher auch die Kritik dessen, was wir besitzen, nicht. Wir müssen, soll die Rechtswissenschaft das sein und leisten was sie vermag, einen andern höhern Standpunkt einnehmen; und neben einer wirklich ernsten Kritik muß ein solcher Standpunkt die Fähigkeiten haben, sich kurz und klar, als Mittelpunkt und Resultat seiner eigenen eingehenden Begründung, zusammen fassen zu lassen.

Dieser Standpunkt nun bildet den Inhalt des Folgenden. Ich will ihn als Frage hinstellen, da die Antwort eben die weitere Arbeit ist, die ich mir verstatte, Ihnen vorzulegen.

**Wenn nun die Lehre vom Recht zugleich das öffentliche Recht und**

das bürgerliche umfaßt, wenn sie zugleich das gegebene und das vergangene Recht, und in beiden auch die Elemente des künftigen in Forschung und Darstellung enthalten und geben soll, was ist dann eigentlich die Rechtswissenschaft? Und wenn diese Rechtswissenschaft uns ein Gebiet eröffnet in welchem wir die Werkstatt des werdenden Rechtslebens betreten, wenn sie uns zeigt, daß alle Erscheinungen des Rechtslebens von einer einheitlichen Kraft beherrscht und daher auch nur von ihr aus begriffen werden können, was ist und wie nennen wir diese Kraft oder dieses System von organischen, rechterzeugenden Kräften?

II.

# Die Grundlagen der Rechts- und der Staatswissenschaft.

## I. Der Rechtsbegriff und sein doppelter Inhalt.

Indem ich nun die folgende Deduction Ihnen darlege, darf ich zunächst darauf hinweisen, daß zwei Wege vor uns liegen.

Ohne Zweifel handelt es sich darum den Begriff des Rechts zur Rechtswissenschaft zu erheben, und zugleich die Frage zu beantworten, in welchem Verhältniß derselbe zur Staatswissenschaft stehe.

Wir könnten nun hier mit einer abstract philosophischen, systematischen Deduction beginnen. Ich glaube im Sinne dieser Arbeit zu handeln, wenn ich das nicht thue. Ich will lieber gleich bei der Frage beginnen, welche jedem sofort verständlich sein wird. Ich sagte daß das, was die philosophischen Erörterungen erst an ihrem Schlußpunkt ergeben würden, hier gleich anfangs ganz verständlich, und eingreifend genug sein wird um Ihre Aufmerksamkeit an die weitere Darlegung zu fesseln.

Alles was wir Wissenschaft des Rechts im Unterschiede von der Rechtskunde nennen, geht von Einer sich täglich wiederholenden Thatsache aus. Diese Thatsache ist der Wechsel des Rechts.

Offenbar ist es undenkbar, daß das Recht sich ändere, und durch seine eigene Natur Unrecht werden könne; denn jedes Ding muß das bleiben was es ist, so lange nur seine eigne Natur in ihm wirkt.

Dennoch ist es kein Zweifel daß das Recht sich beständig ändert. Und zwar nicht bloß das geltende Recht in Gesetz und Gericht, sondern auch die Auffassung desselben im Rechtsbewußtsein der Rechtslehrer, ja des Volkes im Ganzen. Und wiederum nicht etwa bloß in einzelnen Sätzen, und nicht bloß darin daß es selbständige neue Rechtsgebiete erzeugt, sondern es wechseln nicht minder die obersten Rechtsprincipien und Rechtsbegriffe, und nochmals nicht bloß im öffentlichen Recht, sondern eben so sehr im Privatrecht. In einem Jahrhundert gilt dieses Personen-, Besitzes-, Vertrags- und Erbrecht, in dem anderen jenes. Freiheit und Unfreiheit, Theilbarkeit und Untheilbarkeit, Formel- und freier Willensvertrag, Ausschließung und Gültigkeit des testamentarischen Erbrechts sind hinter einander anerkanntes, ja vom vollen Bewußtsein der Völker erzeugtes und getragenes Recht gewesen, des Wechsels der Verfassungen und des Verwaltungsrechts gar nicht zu gedenken. Jedes neue Recht ist die Negation des Alten; kein Bestehendes hat ein Recht, Recht zu bleiben; so ist Recht Recht, und doch zugleich ein beständig werdendes Unrecht.

So wie wir einmal diese Beobachtung uns ernstlich vergegenwärtigen, beginnt eine neue Auffassung zunächst dessen was wir das positive, geltende Recht nennen. Sie wird zum eigentlichen Anfang der Rechtswissenschaft. Denn sie knüpft an eine unläugbare Thatsache das unabweisbare Nachdenken über die tieferen Gründe, welche sie erzeugen.

Soll uns aber für unsere Aufgabe das genügen, was wir hier finden, so muß es gleichzeitig auch fähig sein, uns den gegenwärtigen Zustand unserer Wissenschaft und Lehre zu erklären, und uns das Bild unserer Zukunft zu zeigen.

Ich stelle diese letztere Forderung vor den Beginn des Folgenden, damit Sie nicht in der strengeren wissenschaftlichen Darstellung ermüden, und die Arbeit des Gedankens nicht wieder einmal dem gegebenen Bedürfniß gegenüber für unpraktisch halten.

Wir werden daher hier und immer mit der sehr ernsten Frage beginnen, wie das was wir Recht nennen, wechseln, das heißt Unrecht werden könne, während wir doch sagen müssen daß Recht ewig Recht bleiben muß.

Offenbar nun würde, wenn in dem was wir „Recht" nennen und was als solches, als „Recht" allgemein bezeichnet und anerkannt wird, nichts als Recht enthalten wäre, in diesem Recht selbst uns ein ganz unlösbarer Widerspruch vorliegen. Denn mag man sich unter „Recht" denken was man will, immer kann ich von dem Inhalt dieses Begriffes für sich betrachtet zwar zu demjenigen kommen was nicht Recht ist, also zum Begriff des Gegentheils des Rechts, aber niemals dazu, daß daß Recht *selbst* Nichtrecht sei. Kann das Recht durch seinen *eignen* Inhalt Unrecht sein oder werden, so habe ich es entweder falsch begriffen, oder es war überhaupt nie Recht; ich muß sagen daß wenn das was ich Recht nenne, nur Recht enthalten soll, so gibt es überhaupt nie ein Recht, da es, das Unrecht enthaltend, an und für sich zugleich Unrecht, das ist das wäre was es nicht ist. Will ich aber das „Recht“ nur auf die Geltung beziehen und den Wechsel des „Rechts“ nur in dem Wechsel der Geltung sehen, so würde ich dabei nicht beachten, daß diese Geltung ja nur das Verhältniß des rechtlichen Inhalts zum Willen des Staats ist, und daß auch hier eben durch den Wechsel der Gesetzgebung gerade wie bei dem Recht an sich das Recht Recht ist und doch zum Unrecht wird. Der Widerspruch bleibt daher unlösbar, sobald ich das Recht als einen einfachen Begriff auffasse.

Ich muß daher in demjenigen, was ich Recht nenne, und was als solches Geltung hat, einen doppelten Inhalt erkennen. Alles Recht muß bei genauerer Betrachtung etwas enthalten, was seinem Wesen nach wechselt, und was eben kein Recht ist, sondern was sein Recht durch sich selbst erzeugt; und es muß zweitens wieder das Recht als solches einen Inhalt haben, den wir im strengen Sinne „Recht“ nennen, das als Recht ewig dasselbe ist. Ist dem aber so, so ist schon hier klar, daß diese beiden Elemente nicht äußerlich in dem was ich Recht nenne an einander geknüpft sind, sondern in einem sich gegenseitig bedingenden inneren Verhältniß zu einander stehen werden. Demnach wird denn auch die Wissenschaft des Rechts weder in dem einen noch in dem andern jener beiden Elemente des Rechts bestehen, sondern sie wird nothwendig den Weg zu gehen haben, den alle Wissenschaft geht; sie wird beginnen müssen bei der Scheidung jener Elemente, dann die tiefere Natur derselben jede für sich zur Anschauung bringen, und dann erst in ihrem gegenseitigen Verhältniß das aus beiden gewordene Recht begreifen können.

Die erste Frage ist demnach die, ob das was wir Recht nennen, wirklich zwei so wesentlich verschiedene Elemente enthält, daß keines an und für sich das andere ist oder erzeugen kann?

Es ist eine der merkwürdigsten Thatsachen des geistigen Lebens, daß das Wort dem Gedanken gerade bei den schwierigsten Untersuchungen vorauseilt, während es bei den Naturwissenschaften den Ergebnissen derselben oft nur schwerfällig nachfolgt.

Niemandem fällt es auf, daß wir von einem Recht des Eigenthums, des Besitzes, des Pfandes, des Vertrages, des Irrthums — daß wir von einem Recht der Familie, des Staats, der Verwaltung und so fort reden. Ist nun das Eigenthum, der Besitz, der Irrthum — oder ist der Staat und ist die Verfassung und Verwaltung ein Recht, oder haben sie ein Recht? Es ist gewiß, daß eigentlich nur das letztere genau der Sache entspricht. Ich sage sogar unbedenklich, daß ich ein Recht auf das Eigenthum, auf die Folgen des Irrthums, auf die Verfassung, auf die Akte der Verwaltung habe. Das Recht ist nach der Sprache mein; das worauf ich ein Recht habe, oder woraus mein Recht entsteht — das Object, Eigenthum, Besitz, Zahlung, oder der Irrthum des Andern, oder die Bestimmungen der Verfassung, oder die Pflicht der Verwaltung — ist außer mir, und ich soll es erst vermöge des Rechts erhalten. Kann ich mir da vernünftiger Weise auch nur vorstellen, daß das, worauf oder wodurch ich ein Recht habe, dieses Recht selber sei? — Es ist wohl kein Zweifel, dieses Object, oder besser dieser Inhalt des Rechts ist überhaupt kein Recht, sondern etwas für sich Seiendes, und das „Recht" dieses Inhalts, das Recht des Eigenthums, der Zahlung, des Irrthums, der Familie, der Wahl, der Post oder der Wege, ist ganz etwas anderes — es bezeichnet, so wie ich es für sich betrachte, nur ein bestimmtes Verhältniß des ersteren zu einer bestimmten Persönlichkeit. Das steht wohl fest.

Wir müssen daher zugestehen, daß das Recht schon in seiner ersten formalen Auffassung wirklich einen solchen zweifachen Inhalt hat, und daß ich vor der Hand den einen Inhalt durch den andern gar nicht verstehe. Sie sind zunächst, etwa wie Sauerstoff und Wasserstoff, durchaus selbständig.

Sind sie das, so müssen sie auch selbständig, und ganz unabhängig von einander gesetzt und gedacht werden können; und bei dieser Scheidung der Elemente des Rechtsbegriffes beginnt die wahre Rechtswissenschaft.

Denn in der That ist, so wie Sie einen Schritt weiter gehen, die Selbständigkeit jener beiden Elemente des Rechts keine bloß formale. Um das klar zu machen, müssen Sie einen Augenblick das Element des „Rechts" aus der Gesammtheit aller Rechtsbegriffe weglassen. Thun Sie das, so bleibt Ihnen eine Reihe von Erscheinungen, die Ihnen alle wohlbekannt sind — Gut, Kapital, Vertrag, Familie, Staat, Verwaltung, Post, Weg u. s. w. Es ist klar, daß dieselben bei aller Verschiedenheit doch zusammen gehören. Es sind die Lebensverhältnisse der Persönlichkeit, und zwar nicht der Persönlichkeit überhaupt, sondern der arbeitenden, der sich in ihnen und durch sie entwickelnden Persönlichkeit. Wenn Sie ferner die Persönlichkeit in dem großen Proceß betrachten, in welchem sie durch Wille und That sich das ihr äußere Dasein unterwirft, so zeigt es sich daß dieselbe mit ihrer inwohnenden Kraft eine immer neue, immer wechselnde Reihe von Thatsachen und Ordnungen erzeugt, welche nur durch sie in der Welt da sind, ihr daher auch angehören, und deßhalb auch nur in ihr Grund und Erklärung finden. Alle diese Erscheinungen sind zwei Dinge zugleich — zuerst sind sie die Entfaltung des Begriffs und der hohen, unendlichen Bestimmung der Persönlichkeit, und dann sind sie wieder unter einander ihre gegenseitige Bedingung, so daß ohne sie die Persönlichkeit für sich betrachtet ein inhaltsloses Ich ist, während sie in ihrem Verhältniß zu einander die Entwicklung dieser Persönlichkeit als solche, und zugleich ihre eigene gegenseitige Entwicklung und Vollendung bedingen. Das ganze Dasein des Menschen erfüllt sich daher mit diesen Erscheinungen; ja es ist äußerlich nur da in ihnen. In dieser Weise hervorgehend aus dem allen Menschen gleichen Wesen der Persönlichkeit, sind sie im Wesentlichen auch für alle gleich; in ihnen erscheint und wird das wirkliche Leben derselben, und jedes einzelne dieser Verhältnisse, wieder für sich gedacht, wird dadurch zu dem was wir vielleicht am besten einen Lebensbegriff nennen. Jeder dieser Begriffe hat nun seinen Inhalt, seine Natur und sagen wir es gleich auch seine Function für den Kern und Grund der sie alle erzeugt und beherrscht, die Entwicklung der Persönlichkeit zu ihrer Herrschaft über das natürliche Dasein, die Erfüllung derselben mit der Welt der Dinge, die jetzt in der zweiten Schöpfungsperiode des Erdenlebens, durch den Menschen eine persönliche Gestaltung, einen persönlichen Zweck, und damit neben ihrem natürlichen ein persönliches Leben empfangen. Es liegt daher nahe, auch sie zu wissenschaftlichem Inhalt und Ordnung zu gestalten. Das liegt hier noch außer unserer Aufgabe. Aber das ist klar, daß in der Gesammtheit dieser Lebensbegriffe die Wirklichkeit und Vollendung der durch Wille und That arbeitend sich verwirklichenden Persönlichkeit gegeben ist. Ob sie von Gut, Familie, Besitz, Pfand, Vertrag, Irrthum, Zahlung u. s. w., oder ob sie von Wahl und Vertretung, oder ob sie von den einzelnen Gebieten der Verwaltung reden, immer ist jeder dieser Lebensbegriffe eine ganz bestimmte Gestalt, ein ganz bestimmtes Stadium in dem Leben der Persönlichkeit, und immer steht fest, daß sie zur Entwicklung und zum Verständniß aller dieser Lebensbegriffe nur den Begriff der Persönlichkeit an sich, des Wollens und Thuns an sich, des Lebens an sich gebrauchen. Selbst da wo der tiefe Widerspruch, der zwischen der endlichen Kraft und der unendlichen Bestimmung der Persönlichkeit die Gemeinschaft mit andern erzeugt, wie in Familie, Gesellschaft, Gemeinde, Verein, Staat, wird diese Gemeinschaft sofort selbst wieder Persönlichkeit, und alle Begriffe des Lebens finden in dieser zur Persönlichkeit erhobenen Gemeinschaft wieder Platz; wir reden auch für sie von Wollen und Thun, von Eigenthum, Besitz, Arbeit, Vertrag und so fort. Die einfache aber gewaltige Thatsache des persönlichen Daseins erschafft und erzeugt, ordnet und gebraucht alles was als Lebensbegriff uns entgegentritt.

Es ist kein Zweifel, daß in diesen Thatsachen und Begriffen des Lebens der Persönlichkeit uns jenes erste Element des Rechtsbegriffes, der Theil desselben der kein Recht ist, wohl aber ein Recht fordert und erzeugt, thatsächlich und wissenschaftlich entgegentritt.

Ist dem nun so, was ist dann das Recht?

Offenbar, wenn aus dem Wesen der Persönlichkeit — und den tieferen Beweis erlassen Sie mir wohl hier — die absolute Nothwendigkeit der Gemeinschaft in Wollen und Thun als unabweisbare Bedingung der Entwicklung des Einzelnen durch alle und umgekehrt hervorgeht, so steht anderseits eben so fest, daß jeder Einzelne nicht bloß in Wollen und Thun, in Eigenthum und Arbeit eine selbständige Persönlichkeit, daß er sein eigener höchster Zweck und Grund bleibt, weil er sonst eben nicht mehr Persönlichkeit sondern ein Stück natürlichen Daseins würde. Da dem so ist, so muß diese seine Selbständigkeit und Selbstthätigkeit auch in jedem einzelnen Lebensbegriff, also auch in der tausendfachen Berührung mit dem Anderen dem Einen zum Bewußtsein, und dem Anderen zur Erscheinung gelangen. Denn was ich mir selbst sein muß, muß auch der mir Gleiche für mich sein. Verneine ich die Heiligkeit der Persönlichkeit in dem anderen durch mein Wollen und Thun, so verneine ich unzweifelhaft die eigene; mache ich ihn durch Wille und That zu einem unselbständigen Mittel für meine Zwecke, so erkenne ich mich selbst als solches für ihn; läugne ich seine nur in ihm zu vollendende Bestimmung seiner selbst, so läugne ich auch die eigene. Und wenn daher die Gemeinschaft der Menschen in Wollen und Thun nothwendig und organisch durch das Wesen derselben entsteht, so entsteht eben so nothwendig das große Princip der individuellen Bestimmung und Heiligkeit des Einzelnen gegenüber dem Willen und Thun des Andern zugleich mit ihr. Das Bewußtsein aber von dieser Heiligkeit der individuellen Bestimmung innerhalb und durch die Gemeinschaft nennen wir nun die höhere Gesittung, das Ethos; die Selbständigkeit selber ist die Freiheit; die Anerkennung derselben aber nicht mehr bloß für Gefühl oder Wissenschaft, sondern gegenüber meinem thätigen Willen und meiner concreten That, in denen ich mit jenem in Gemeinschaft bin und lebe, ist das Recht. Das Recht ist daher seinem höchsten Princip nach diese auf dem Wesen der Persönlichkeit ruhende Heiligkeit und Unverletzlichkeit der Lebenssphäre der anderen Persönlichkeit, und zwar für mein Wollen und meine That. Alles Recht hat daher zu seiner Voraussetzung zwei Persönlichkeiten, die sich äußerlich vermöge ihres Willens durch ihre gegenseitige Thätigkeit berühren. Recht ist zwischen dem Menschen und den Dingen der Natur gar nicht denkbar; eben so wenig gibt es ein Recht, so weit die Beziehungen der Menschen das rein geistige, nicht in äußerlicher Thätigkeit erscheinende Leben enthalten, fördern oder hemmen. Das

Recht entsteht erst da wo die gewollte That des einen die äußere Lebenssphäre des andern erfaßt, und der Einzelne dem Einzelnen entgegentritt; hier ist es das große Princip, die große ethische Gewalt welche die persönliche Selbständigkeit gegenüber dem anderen Willen setzt und erhält; es ist der Schutz des Kernes alles Lebens, die individuelle Unverletzlichkeit gegenüber dem gewaltigsten Feinde den sie hat, der That und der Macht der anderen Persönlichkeit, und damit die erste und heiligste Grundlage und Voraussetzung jeder Entwicklung des Einzelnen wie des Ganzen.

Das nun ist das Wesen und der Inhalt des Rechts, als zweiten und selbständigen Momentes des Rechtsbegriffes im gewöhnlichen Sinne. Ist dem nun aber so, so ist das Recht seinem Princip nach auch ganz gleichgültig gegen seinen Inhalt; das heißt es fragt mit seinem Principe nicht darnach, ob das woran es jene Unverletzlichkeit der Persönlichkeit zu schützen und zu wahren hat, Eigenthum oder Besitz, Irrthum oder Bedingung, Vertrag oder Leistung, Wahl oder öffentliche Anstalt ist; es fragt nicht, in welchem Zustande sich diese Dinge befinden; es kümmert sich weder um ihre innere Beziehung zur Entwicklung der Persönlichkeit, noch um das Stadium oder die Elemente ihrer historischen Gestaltung, nicht um Freiheit oder Unfreiheit, ja nicht einmal um Leben oder Tod, sondern so wie die Dinge sind, so stellt es sich als heilige Gränze für Wille und That des Andern um die gegebene Thatsache der Persönlichkeit; es ist nicht erst da durch das werdende Leben, sondern durch den einfachen Begriff desselben. Es hat daher an sich auch gar keinen Inhalt als den der Heiligkeit und Unverletzlichkeit des persönlichen Daseins für die andere Person; wie sie sei und was sie werden mag, das Recht ist im unendlich wechselnden Proceß des thätigen persönlichen Lebens ewig das gleiche.

Somit ist es nun klar, daß wir in dem gewöhnlich sogenannten Recht wirklich jene zwei wesentlich verschiedenen Elemente haben, welche uns die Sprache andeutet. Einmal erkannt ist es ganz unmöglich, sie zu verwechseln; denn das erste ist die Persönlichkeit als eine lebendige und werdende, die in Leben und Werden theils für und durch sich allein ist, theils mit andern sich zu einheitlicher Entwicklung vereint; das zweite ist dieselbe Persönlichkeit als fest begränzte und unantastbare dem andern gegenüber gesetzt. In dem Lebensbegriffe ist die Persönlichkeit für und durch sich selber da, im Rechte ist sie da als Gegenstand der That eines andern.

Allein — und hier beginnt das zweite Gebiet von Fragen und Erscheinungen — dennoch gehören beide Elemente demselben Wesen, dem Wesen der Persönlichkeit. Sie sind verschieden und darum kann ich sie scheiden; allein sie sind denn doch nur zwei verschiedene Verhältnisse desselben, des persönlichen Lebens, und darum kann ich die geschiedenen nicht trennen. Die gemeinsame Kraft, welche beide erzeugt hat, weiß sie auch beide in jedem Augenblick wieder zu verbinden. Ja sie können gar nicht ohne einander sein; sie sind so innig auf einander angewiesen, daß ich, um ihren wesentlichen Unterschied zu erkennen, der schärfsten Beobachtung bedarf; es gibt zuletzt gar keinen persönlichen Lebensbegriff ohne Recht, wie es andererseits kein Recht ohne den Inhalt eines Lebensbegriffes gibt. Wenn daher die Wissenschaft des Rechts beginnt bei der Scheidung jener Elemente, so schreitet sie fort durch die Erkenntniß der Formen und Gesetze, in denen sie sich wieder verbinden. Und wenn jene Scheidung für das richtige Verständniß unserer Aufgabe unabweisbar nothwendig erschien, so ist das Verständniß dieser lebendigen Verbindung es nicht weniger.

Von diesem Punkte aus gehen wir einen Schritt weiter. Ist das Recht mit dem Leben, seinen Gestaltungen und seinen Begriffen wirklich so innig verbunden, welche Funktion vollzieht es denn für dieselben?

In der That ist das Recht schließlich von derselben Kraft erzeugt, welche das Leben schafft, so wird es auch etwas für dieß Leben leisten, was nur durch das Recht gegeben werden kann. Was ist dieses specifisch dem Recht gehörende Element des Lebens?

Wenn das Wesen der Einzelpersönlichkeit die Erfüllung jeder individuellen Kraft durch die Verbindung mit andern, im weitesten Sinne gesprochen, absolut fordert, so ist damit ein rein negatives Nebeneinander der Personen nicht möglich. Die Verbindung oder die Gemeinschaft setzt jetzt vielmehr eine beständige, niemals ruhende Verschmelzung auch der äußern Lebenssphären der Menschen, wie sie in geistigem Wechselverkehr sich ewig erzeugt und erneut. Diese Verschmelzung enthält aber nothwendig ein beständiges Aufgeben und Wiedernehmen eines Theiles meines äußern Daseins für den andern; das was ich für oder mit dem andern will und thue, bringt einen Zustand hervor, in welchem eben jene selbständige Gränze, die äußerliche Bethätigung der Persönlichkeit, für den gemeinsamen Akt aufgehoben und damit eine Gemeinschaft auch der äußern Lebensverhältnisse gegeben erscheint. Wenn ich kaufe geht mein Geld in das Eigenthum des andern, seine Waare in mein Eigenthum über; ich arbeite für ihn und mache einen Theil meiner Arbeit zum Inhalt seiner Produktion u. s. f. So lange nun solche Verhältnisse für die Persönlichkeit noch unentwickelt sind, läßt sich auch die Grenze und das Maß jener Gemeinschaft, oder dasjenige Verhältniß welches gemeinsam geworden ist, schwer oder gar nicht genau bezeichnen, und zwar weder wissenschaftlich noch für das unmittelbare

Gefühl der Betreffenden. Allein immer bleibt auch in dieser Gemeinsamkeit, sie sei nun eine dauernde oder augenblickliche, die einzelne Persönlichkeit selbständig. Sie muß daher selbst in jener Gemeinschaft des äußern Lebens so gut als in der der innern ihre Selbständigkeit wieder finden, soll sie nicht als Persönlichkeit untergehen. Die Erhaltung der selbstbestimmenden Persönlichkeit muß daher nicht bloß im Allgemeinen, sondern eben für das einzelne Lebensverhältniß, oder dem einzelnen von uns sogenannten Lebensbegriff gefordert werden, also um bei den Beispielen zu bleiben für das Gut, das Kapital, den Besitz, den Vertrag in ihrem Uebergange in die Lebenssphäre des andern. Und zwar nicht bloß in so fern der einzelne dem andern mit diesen Lebensverhältnissen einfach und unverletzlich gegenüber steht, sondern selbst da, wo sie für den Augenblick wirklich zu einer Gemeinsamkeit des Waltens und Thun in Beziehung auf jene Begriffe oder Verhältnisse — Gutbesitz, Vertrag, Familie, Staat u. s. w. verschmolzen sind. Ist die Selbständigkeit der Persönlichkeit wirklich ein absolutes Moment oder vielmehr das erscheinende Wesen derselben, so muß es keinen Zustand der letztern geben dürfen, in dem ich nicht die Gränzen dieser Selbständigkeit wieder finden könnte. Diese Gränze nun haben wir eben das Recht und die Heiligkeit derselben das Princip des Rechts genannt. Damit ich also dieses Princip nicht mehr bloß im Allgemeinen ausspreche, sondern auch für das wirkliche Leben zur Gültigkeit bringe, muß ich dasselbe auf jene einzelnen, in jene Gemeinschaft tretenden Lebensverhältnisse anwenden, das heißt ich muß in der Gemeinsamkeit der letzteren die Rechtsgränze für jeden Einzelnen wieder finden und aufstellen. Um das zu können muß ich jenen Lebensbegriff jetzt nicht mehr bloß als organischen Inhalt der einzelnen Persönlichkeit, sondern ich muß denselben in seinem Verhältniß zum Willen und zur That des andern genau bestimmen; ich muß jenen Lebensbegriff genau und objectiv formuliren, denn diese Formulirung ist es, welche ihm das zu geben vermag, was das Rechtsprincip fordert, die Rechtsgrenze gegenüber dem andern. Damit nun beginnt ein Proceß, in welchem, wie es im Obigen klar ist, das Recht den Lebensbegriff oder das bestimmte Lebensverhältniß — Gut, Arbeit u. s. w. — zu seinem Inhalt macht und somit ein Recht für das bestimmte Lebensverhältniß wird, indem es dasselbe auf seine, nunmehr durch das Recht festgestellte Grenze gegenüber dem andern anwendet. Ein solches, durch das Recht und mithin auch für das Recht formulirtes Lebensverhältniß ist und heißt damit ein Rechtsverhältniß und der entsprechende Lebensbegriff ist und wird dann ein Rechtsbegriff.

Das nun ist der Rechtsbegriff, in welchem das Recht den Inhalt des Lebens in sich aufnimmt, in welchem aber schon die Sprache wie gesagt den Unterschied des Inhalts vom Recht festhält, indem sie von dem Recht der Güter, des Vertrages u. s. w. spricht, und wir verstehen das, weil eben jener Unterschied von Inhalt und Recht wirklich da ist. Allein dennoch ist das Lebensverhältniß erst durch die scharfe Bestimmung und Begränzung des Rechts klar und faßbar, ein selbstbegränztes Object für den thätigen Willen des andern und somit ein Rechtsbegriff. Und diese Bildung des Rechtsbegriffes aus und durch den Lebensbegriff ist der erste Akt der Rechtsbildung.

Ist nun dem so, so ist in diesem Rechtsbegriff als der rechtlichen Formulirung des Lebensverhältnisses dasjenige gefunden was wir oben gesucht und angedeutet haben, etwas was nicht mehr wie das Recht, ein ewig sich gleiches und ruhendes, sondern ein Element ist das seinem innersten Wesen nach lebendig erscheint. Das Leben überhaupt ist Arbeit, That, Bewegung und Werden der Persönlichkeit. Dieses Werden und Wechseln der letzteren aber ist keine abstrakte Idee und Forderung, sondern es geht eben in jenen einzelnen höchst concreten Verhältnissen des Processes des Lebens- und mithin der Rechtsbegriffe vor sich. Wie dieser Proceß vor sich geht und wie sich jene Verhältnisse gestalten, ist zunächst eine Sache für sich. Aber das ist klar, daß wenn der gegebene Zustand des Lebensverhältnisses einmal das Rechtsverhältniß in irgend einer Gestalt überhaupt erzeugt, auch der Wechsel und das Werden desselben jedesmal das dem geänderten oder gewordenen Verhältnisse entsprechende Recht erzeugen muß; denn das Recht hat nur die Thatsache des persönlichen Lebens gegen Thun und Willen des dritten zu schützen, ohne Rücksicht auf seinen Inhalt. Ist mithin das Rechtsverhältniß wie gesagt nur der rechtliche Ausdruck des Lebensverhältnisses, so muß auch das Recht sich ändern, wechseln und werden, wie sein Inhalt sich ändert, wechselt und wird. Dabei ändert sich natürlich nicht das Recht selbst, es folgt nur wie die Gränze dem Körper der sich bildet und gestaltet, und durch seine Gränze als das für andere gilt, was er für sich ist. Und fassen wir jetzt das bisher Gesagte zusammen, so ergibt sich als die wahre Grundlage jedes Rechtsbegriffes und jeder Rechtsbildung, daß zwar das Princip des Rechts aus dem Wesen der Persönlichkeit an sich, der selbständige Inhalt desselben aber und damit auch jeder Rechtsbegriff dagegen aus dem arbeitenden und wechselnden Leben erzeugt und mit demselben gebildet wird. Ich kann somit auch niemals aus dem bloßen Recht zum Rechtsbegriffe und der Rechtsbildung gelangen; es ist der Lebensinhalt derselben, welcher das wirkliche Recht erzeugt, bedingt und gestaltet.

Und jetzt müssen Sie mir noch einen weiteren Schritt folgen.

Wenn nun auf diese Weise der einzelne Lebensbegriff damit nicht mehr bloß seinen eigenen organischen Inhalt, sondern vermöge der rechtlichen Formulirung nun auch als Rechtsbegriff eine feste Gestalt und Gränze für die That eines dritten gefunden hat, so kann es nicht bloß sein, sondern es wird im Gegentheil nothwendig stattfinden, daß während jener Inhalt des Lebens mit seinen Verhältnissen und Begriffen sich neugestaltet, die Form, das Verhältniß zum dritten, also eben der formulirte Rechtsbegriff noch derselbe bleibt, so lange das neue Lebensverhältniß noch keine feste Gestalt angenommen hat. So wie dieses eintritt entsteht im Rechtsbegriffe ein Widerspruch, dessen organische Nothwendigkeit eben in dem doppelten Inhalte desselben liegt, den wir bisher dargestellt haben. Die Rechtsform beginnt ihrem Lebensinhalt nicht mehr zu entsprechen, der lebendige Kern kämpft mit der todten Schale. Und jetzt bildet sich ein Zustand, den wir alle verstehen, und jener Widerspruch im Rechtsleben, den wir begreifen, wenn wir sagen daß das formale Recht ein materielles Unrecht geworden sei. Das alte Wort summum jus, summa injuria, und das neue: „Vernunft wird Unsinn, Wohlthat Plage," hat seinen Sinn gefunden. Das „Recht ist Unrecht," denn der Lebensinhalt des Rechtsbegriffes ist ein anderer als der, den der Rechtsbegriff in seiner Formulirung enthält. Und hier ist es, wo der zweite Theil des Processes der Rechtsbildung beginnt.

Denn offenbar ist ein solcher Widerspruch von Inhalt und Form auf die Dauer unmöglich; nicht bloß darum weil Form und Inhalt sich widersprechen, sondern weil in der That der Rechtsbegriff mit dem Wesen des Rechts in Widerspruch tritt. Denn alles Recht ist bedingt und erzeugt d u r c h das Lebensverhältniß. Enthält nun der Rechtsbegriff dieß Lebensverhältniß n i c h t mehr, so ist es selbst k e i n Recht; es ist, wenn es gelten will, eben ein Unrecht. Und so wie das der Fall ist, so empfängt jener zweite große Proceß der Rechtsbildung seinen eigenthümlichen Inhalt, der nicht mehr wie der erste die Gestaltung und Formulirung des Rechts für den Lebensbegriff, sondern vielmehr die Vernichtung des ersteren durch die inwohnende Macht des letzteren enthält. Ich darf mich nicht dabei aufhalten, diesen Proceß, der täglich und stündlich sich vollzieht und in dessen Mitte alle Geschlechter der Geschichte beständig stehen, im Einzelnen Ihnen darzulegen. Es wird genügen, wenn ich bloß die Worte bezeichne welche die faßbar gewordenen Stadien desselben bedeuten. Die Umbildung des Rechts beginnt zuerst in der wirthschaftlichen und gesellschaftlichen Welt, und Sie werden mir vielleicht gestatten müssen, das weiter unten zu beschreiben. Dann fixirt sich das neue Lebensverhältniß als Sitte für die Gesellschaft und als Gebrauch für die Volkswirthschaft, und die durch die Abhängigkeit des wirklichen Rechts von seinem Inhalt sich stillschweigend aber unwiderstehlich erzeugende Anerkennung des wenn auch noch nicht formulirten, so doch organisch-nothwendigen Rechts nennen wir das Gewohnheitsrecht, in welchem sich allerdings zuerst der positive Rechtsbegriff eines Volkes bildet, in welchem sich aber auch mit den veränderten Verhältnissen das Recht in der ganzen Auffassung des Volkslebens umgestaltet. Ist das da, so wird sich alsbald in der Rechtspflege der einzelne Fall, in welchem der Unterschied des neuen Lebensbegriffes vom alten recht klar wird, von dem letzteren loslösen und ein Urtheil entstehen, das den ersten Schritt zur Geltung des neuen Rechts als Präcedenzfall thut, aus welchem allmählig der Usus fori entsteht. Der Widerspruch zwischen Urtheil und geltendem Rechtsbegriffe lehrt denn nach seinen Gründen suchen; damit entsteht nicht bloß die Erklärung des einzelnen neuen Rechtssatzes, sondern das Suchen nach den bewegenden Elementen der Rechtsbildung selbst, und wo der Jurist nicht zu der Erkenntniß gelangt ist, daß es überhaupt nicht das Recht ist welches sich ändert, sondern der Inhalt desselben, da geschieht das was die Verwirrung erzeugt und das Verständniß unmöglich macht: er glaubt, daß sich das Recht ändere und sieht in der Aenderung, deren Nothwendigkeit er nicht bestreiten kann, nichts als eine Aenderung des Rechts. In der That aber wird allerdings durch seinen Ausspruch aus dem geänderten Lebensverhältniß zuerst ein geänderter Rechtsbegriff, der dann dem Urtheile der Gerichte zum Grunde liegend zum geltenden Recht wird und als solches alsbald in der Anerkennung durch die gesetzgebende Gewalt als Gesetz erscheint. So erklärt sich, was scheinbar ein unlösbarer Widerspruch ist, daß das Recht selbst das Recht zum Unrecht macht, indem das neue Gesetz das alte aufhebt. Die neue Lebensbildung hat die alte bewältigt und wie die alte ihr Recht hatte, so hat die neue das ihrige erzeugt. In tausend Formen und Bewegungen geschieht hier immer dasselbe, und das was hier geschieht, das ist es was wir die Rechtsgeschichte nennen.

Und jetzt dürfen wir fragen — was hat denn also im Recht eigentlich eine Geschichte? Was ist das Werdende und Wechselnde in ihr? Was drückt uns jetzt die Thatsache aus, daß zu verschiedenen Zeiten verschiedene Gewohnheitsrechte, Urtheile, Auffassungen und Gesetze bestanden haben und einander gefolgt sind? Hat es noch einen Sinn zu sagen, daß der Wechsel des Rechts der Inhalt der Geschichte des Rechts gewesen? Ist es das Recht, welches sich geändert hat, oder ist es die Anwendung des an sich ewig gleichen Rechtsprincips auf seinen Inhalt, das in tausend ganz bestimmten, keinem Menschen zweifelhaften Gestaltungen und Lebensbegriffen sich bewegende und entwickelnde Leben?

Es ist kein Zweifel — eine Rechtsgeschichte welche bei dem Wechsel und Werden der geltenden Rechtsbegriffe stehen bleibt, und nur ihre Entwicklung in Gewohnheit, Geist, Wissenschaft und Gesetz sucht, ist eben keine wahre Rechtsgeschichte. Das Recht an sich hat gar keine Geschichte, sondern das was wir die Geschichte desselben zu nennen pflegen ist die Geschichte des Lebens in denjenigen Punkten, in welchen dasselbe zu Rechtsbegriffen wird, und die heutige Rechtsgeschichte ist daher in Wahrheit nichts als die Sammlung des Materials für das, was die Zukunft als Wissenschaft der Rechtsgeschichte erkennen wird.

— Wohl; aber bei alle dem haben wir dennoch auch nach Ihrer Meinung eine Wissenschaft, von der Sie selbst sagen daß sie das ewig gleiche, geschichtslose Recht enthalte. Das ist die Rechtsphilosophie. Wird nun nicht der Begriff dieser Rechtsphilosophie mit dem obigen in unlösbarem Widerspruch stehen? —

Gewiß — wenn nur die Begriffe mit denen sich diese Rechtsphilosophie beschäftigt, Rechtsbegriffe wären! Aber es war von jeher das — freilich historisch bald erklärte — Unheil, daß eben diese Rechtsphilosophie der Meinung ist und daher auch die Meinung verbreitet, daß das womit sie sich beschäftigt das Recht sei, statt daß es der Inhalt desselben, das Rechterzeugende ist. Die Rechtsphilosophie ist es welche in fast naiver Weise von den Begriffen der Persönlichkeit, der Freiheit, des Staats, des Eigenthums, des Vertrages, der Familie und so fort spricht — von einer Reihe von eben so wichtigen Dingen die dazu gehören, beiläufig gesagt, spricht sie gar nicht, wie vom Capital neben dem Eigenthum, der Gesellschaft neben der Person, der Gemeinde neben dem Staat — und glaubt daß sie dadurch diese Begriffe zu Rechtsbegriffen mache, daß sie fast ohne Bewußtsein das Rechtsprincip auf dieselben anwendet. Sehen denn diese Herren, wie sie alle heißen mögen nicht, daß alle jene Begriffe die sie aus ihrem Princip entwickeln nur Organismen und Erscheinungen des Lebens sind, für welche das „Recht" eben nur ihre äußere Unverletzlichkeit bedeutet? Und sehen sie nicht daß ihre Philosophie, indem sie jene Begriffe als Rechtsbegriffe hinstellt, also als absolute und ewig gleiche Kategorien des Seins, gerade dasjenige unbegriffen läßt was zu begreifen die eigentliche Schwierigkeit und jedenfalls die wichtigste Aufgabe ist, den Wechsel und das Werden dieser Dinge? Mitten in diesem Wechsel und Werden, in der tausendfachen Gestaltung des wirklichen Lebens derselben aber steht der Jurist — das positive Recht genügt nicht, die Rechtsgeschichte redet von einem zum Unrecht gewordenen Recht, und diese Rechtsphilosophie bietet, indem sie die Lebensbegriffe für Rechtsbegriffe hält, nur ewige und unwandelbare Begriffe für eine Welt, deren Wesen der ewige Wechsel aller ihrer Erscheinungen ist. Ist es da ein Wunder, wenn auch die Rechtsphilosophie in ihrer Unfähigkeit das Rechtsleben und seine Bildungen zu verstehen, mit kühler Achtung von der Rechtswissenschaft, ja sogar von der Rechtskunde zur Seite geschoben wird?

Nein — auf diesem Wege gelangen wir nicht zu dem was wir die Rechtswissenschaft genannt haben. Steht es einmal fest, daß in allem dem was wir als Recht bezeichnen, stets jene zwei Faktoren enthalten sind die wir nicht bloß scheiden können sondern scheiden müssen, von denen der eine, das Leben der Persönlichkeit mit seinen Lebensverhältnissen und Begriffen den andern, das Recht mit seinem ewig gleichen Princip beständig zugleich fordert und concret gestaltet, so daß der letztere den ersteren nicht etwa überhaupt oder an und für sich, sondern nur in so weit derselbe Gegenstand fremden Wollens und Thuns ist in seiner Unverletzlichkeit formulirt — steht es fest, daß das Geheimniß des Wechsels im Recht niemals durch das Recht, sondern nur durch den Lebensproceß seines Inhalts gegeben ist — steht es fest, daß das wirkliche Recht nur die Consequenz dieses seines Inhalts und jeder Rechtssatz nur der Ausdruck für das sein soll, was an sich gar kein Recht ist, so ist es klar daß wir um zu einer Wissenschaft des Rechts zu kommen, einen wesentlich andern Weg einschlagen müssen als den, den uns die positive Rechtslehre, die bisherige Rechtsgeschichte und das gewöhnliche Mißverständniß über die Natur der Rechtsphilosophie bisher gezeigt haben. Und ich habe mir verstattet, Ihre Aufmerksamkeit für die bisherige streng dogmatische Entwicklung in vollem Maße in Anspruch zu nehmen, weil es geradezu unmöglich bleibt zu einem Resultate für die große Frage nach der Individualität unseres deutschen Rechtslebens unter den Völkern der Welt und nach der Zukunft unserer Rechtsbildung zu gelangen, so lange es nicht unzweifelhaft feststeht, daß in dem was Rechtslehre, Rechtsgeschichte und Rechtsphilosophie — von denen allen wir ja genug haben und die uns doch alle nicht genügen — nicht mehr ein, sondern zwei wesentlich verschiedene Dinge lebendig sind, und daß das endgültige Lebensprincip der Rechtswissenschaft eben das Verständniß des Verhältnisses ist, in welchem das was im Recht nicht Recht ist zu dem steht, was wir das „Recht" nennen und als solches lehren und studiren.

Und nun darf ich fragen, ob denn eben dieß Verhältniß jener zwei Faktoren, Leben und Macht, deren Einheit der Rechtsbegriff ist, nicht selbst wieder eine höhere wissenschaftliche Formulirung zuläßt?

Es hat großen Werth, sie zu finden. Suchen wir, sie zu geben.

Wir nennen in allem Wissen dasjenige, was ein Seiendes erzeugt und bedingt ohne doch in ihm sich zu erschöpfen, sondern was vielmehr als das einer immer neuen Gestaltung entgegenstrebende erkannt werden muß, was also in dem Vergangenen, Gegenwärtigen und Zukünftigen zugleich ist, dasjenige was in der begränzten Gestalt das Unendliche, in dem Gegebenen das nie Erschöpfte ist, die Kraft. Das Dasein der Kraft aber für Dinge und Menschen, die in ihrem Dasein gleichsam stillstehende Kraft ist die Erscheinung. Die gemessene Erscheinung ist die Thatsache. Ich messe die Thatsache durch die Beobachtung, indem ich derselben Einheiten zum Grunde lege. Die Gesammtheit der Beobachtungen ist die Kenntniß der Thatsache. Die Kenntniß der Thatsache zeigt mir daher die Kraft als den Inhalt der Erscheinung. Wenn ich demgemäß die Erscheinung als den Ausdruck der in ihr waltenden Kraft erfasse, so sage ich, daß ich die Erscheinung oder die Thatsache nicht mehr bloß beobachte und kenne, sondern daß ich sie begreife. Denn das Begreifen erfaßt das Ding als Wirkung und Folge der in ihm lebendigen Ursache. Das Begreifen aber zur Einheit der Kräfte und Erscheinungen sich erhebend, ist die Wissenschaft. Es ist wahr, daß es keine Wissenschaft gibt ohne genaue Beobachtung und Kenntniß der Thatsachen; es ist aber eben so klar, daß auch die genauste Kenntniß der letzteren allein niemals Wissenschaft sein kann. Das erste Gesetz für alles Streben nach Wissenschaft ist es daher, vor allem in den Thatsachen nach den Ursachen, in den Erscheinungen nach den Kräften zu fragen, und das unfehlbare Wahrzeichen aller Wissenschaft ist darum das Streben nach der Scheidung der Kraft von der Erscheinung. Das zweite und höhere aber ist dann das Streben nach dem Verständniß ihres gegenseitigen Verhaltens, dem Begreifen der Erscheinung durch die Kraft. So lange dieß nicht erstrebt und erfüllt wird, so weit es erreichbar ist, gibt es noch keine Wissenschaft.

Nun ist das, glaube ich, klar geworden, daß in dem was wir das Recht nennen und als solches lehren, der Rechtsbegriff und das positive Recht Thatsachen sind, welche die Rechtskunde in ihrer Weise beobachtet und lehrt, während jenes andere was kein Recht ist, sondern sich das Recht — seine Heiligkeit und Unverletzlichkeit — erzeugt, die rechtbildende Kraft ist. Wir sagen daher, daß die Gesammtheit aller Rechtsbegriffe nichts ist als die Gesammtheit der Erscheinungen, welche von jenen rechtbildenden Kräften erzeugt werden. Und es ergibt sich mithin, daß das was wir als die Wissenschaft des Rechts zu bezeichnen haben, zuerst die Lehre von diesen rechtbildenden Kräften von demjenigen scheiden muß, was sie selber erzeugen, das ist von dem von ihnen gebildeten Recht. Bei dieser Scheidung, bei dem Bewußtsein daß in ihr die erste Voraussetzung aller Wissenschaft liegt, beginnt die Rechtswissenschaft. Ist aber die Scheidung vollzogen, so beginnt das Begreifen des Rechts als der Wirkung jener Kräfte; und in ihm muß dann, eben weil das Recht in tausend selbständigen Rechtsbegriffen und Rechtssätzen erscheint, jeder einzelne Rechtsbegriff wieder als die klare und unzweifelhafte Consequenz des begriffenen Wesens jener Kräfte erkannt werden. Und indem wir das thun, finden wir in dem an sich Richtigen zugleich das Kriterium für die Richtigkeit dessen, was wir zu begreifen meinen. Denn ist dem so wie wir sagen, so wird nur diejenige Wissenschaft der erzeugenden Kräfte die wahre sein, welche uns die Erscheinung nun auch wirklich und vollständig als unzweifelhafte Consequenz jener zu erklären vermag. Vermag sie das nicht, so liegt der Grund davon niemals in dem zu Erklärenden, sondern in der falschen Erkenntniß der Kraft, durch welche wir zu erklären suchen. Das ist die wahre und endgültige Kritik; darum soll jede Wissenschaft ihre Kritik in sich selber tragen; der höchste Richter des Gedankens ist stets die letzte Folgerung die ich aus ihm zu ziehen vermag. Die Consequenzen allein sind das Gewissen des Princips, und die Ohnmacht des Begriffes gegenüber der Thatsache ist nie ein angenommenes unnahbares Wesen der letzteren, sondern der Fehler des ersteren.

Und jetzt, zum Schlusse des Bisherigen und zum Beginne des Folgenden fassen Sie das Gesagte zusammen.

Wir haben die Gesammtheit aller gewesenen und gegenwärtigen Rechtsbegriffe und Rechtssätze aller Formen des geltenden Rechts als eine Gesammtheit von Erscheinungen von den Kräften geschieden, welche diese Erscheinungen erzeugen.

Jene Gesammtheit von Rechtserscheinungen, als Ganzes zusammengefaßt, nennen wir nun das Rechtsleben, und die Darstellung des Rechtslebens die Rechtslehre.

Diese Rechtslehre wird nun zur Rechtswissenschaft, indem die Gesammtheit von Kräften welche den Inhalt der Rechtsbegriffe als Lebensbegriffe bilden und damit das Recht und seine Rechtslehre erzeugen, als die Quelle des geltenden Rechts und seines Verständnisses begriffen werden.

Und demgemäß sagen wir, daß in der Rechtswissenschaft künftig das Recht und seine Kenntniß zwar die Voraussetzung, nicht aber der Inhalt der höheren Rechtswissenschaft und der höheren Rechtsbildung sein solle.

Verzeihen Sie mir jetzt den weiten Weg, den wir haben machen müssen. Sie werden bald sehen, wie nothwendig er war. Denn jetzt erst können wir mit dem positiven Gebiete unserer Frage beginnen.

Dasselbe schließt sich an die drei Worte: Rechtsphilosophie, Staatswissenschaft und Rechtswissenschaft. Von ihrer Erklärung muß alles Folgende ausgehen.

## II. Die Begriffe der Rechtsphilosophie, der Staatswissenschaft und der Rechtswissenschaft.

Es würde nun vielleicht nicht schwer sein, die weitere Entwicklung mit einfachen Definitionen zu beginnen. Sie liegen nahe genug in dem bisher Gesagten. Allein die Gewalt, welche eine Definition hat, ist nur dann eine werthvolle, wenn sie auf einer tiefer gehenden Grundlage beruht. Diese aber ist um so nothwendiger, je mehr sie einer alten traditionell gewordenen Auffassung entgegentreten muß.

Verstatten Sie daher daß ich versuche, diese Grundlage hier vorauszusenden.

Das, glaube ich, steht nunmehr wohl fest, daß der abstrakte noch inhaltslose Begriff des Rechts aus dem abstrakten, gleichfalls inhaltslosen Begriffe der Persönlichkeit folgt, daß aber der Inhalt jedes Rechtsbegriffes erst durch das Leben dieser Persönlichkeit gegeben wird.

Ist das wahr so folgt, daß die Wissenschaft dieses Lebens der Persönlichkeit die Basis aller Wissenschaft des Rechts ist, und daß wir daher für die letztere nicht bei dem Rechte *anfangen*, sondern erst bei ihm enden *müssen*.

Die Grundlage der Wissenschaff des Lebens ist wieder das Begreifen der Persönlichkeit.

Die Persönlichkeit ist ihren abstrakten Begriffen nach das, was den Grund seines bewußten Seins in sich selber hat, aber in seiner Wirklichkeit von dem gesammten nicht persönlichen Dasein auf allen Punkten bestimmt wird.

Das Leben der Persönlichkeit ist daher der Proceß, in welchem sich dieselbe aus diesem Bestimmtwerden weiter zur Selbstbestimmung erhebt, indem sie durch ihre That den Objecten — den sie bestimmenden und beherrschenden Erscheinungen unpersönlicher Kräfte — ihre eigene Bestimmung zu geben, das ist sie zum Inhalt ihres persönlichen Lebens zu machen vermag.

Dieser Vielheit der natürlichen Kräfte und Erscheinungen entgegen gestellt kann nun auch die Lebenskraft der Persönlichkeit keine einfache sein; dem verschiedenen Dasein muß sie die besondere Kraft gegenüber setzen. Aber in dieser Besonderheit ihrer Kräfte bleibt sie doch eine

Einheit, und zwar weil diese Kräfte eine gemeinsame Aufgabe haben, eine bewußte Einheit ihres eigenen, zur Verschiedenheit entfalteten Wesens.

Eine solche bewußte Einheit der verschieden gestalteten, an sich einheitlichen Kraft, deren einzelne Gestaltungen ihren einzelnen Aufgaben gegenüber mithin wieder selbständig erscheinen, nennen wir nun einen Organismus.

Aus dem Begriff des Lebens der Persönlichkeit entwickelt sich daher der Begriff des Organismus desselben. Und erscheint mithin die Persönlichkeit selbst jetzt als Organismus, so wird jenes Leben derselben in der Wirklichkeit der Dinge ein organisches sein und als solches begriffen werden müssen.

Ein solches organisches Wissen nennen wir eine Wissenschaft. Die Wissenschaft des persönlichen Lebens begreift daher den Lebensproceß in seiner einheitlichen Vielheit als den tausendgestaltigen Ausdruck eines und desselben Princips, der Selbstbestimmung der Persönlichkeit.

Die Wissenschaft des Lebens enthält daher zwei große Gebiete, die zwei Elemente alles persönlichen Daseins. Sie enthält zuerst den durch die letzte Aufgabe der Persönlichkeit gesetzten Organismus seines Wesens als Organisation seiner Kraft, das für sich gedachte persönliche Element des Lebens. Sie enthält zweitens den Proceß oder die selbstbewußte Bewegung dieses Organismus, durch welche dieselbe sich als Zweck und Form der Erscheinungen und Kräfte der Wirklichkeit hegt, die ihn beherrscht wenn er sich nicht als das bestimmende Element für sie bethätigt.

Das erste Gebiet enthält daher das organische Sein der Persönlichkeit, das zweite die organische That derselben. Jedes dieser Gebiete wird dann zu einem großen, fast unermeßlichen Felde der Wissenschaft, die bei der Beobachtung beginnt und bei dem Erkennen des Ganzen im Einzelnen zum Wissen wird.

Nun ist es kein Zweifel, daß ich jeden Theil des Wissens erst dann ganz verstehe, wenn ich ihn in seinem Verhältniß zum Ganzen erkenne. Denn in der That ist dieß sein formell systematisches Verhältniß zum Ganzen des Systems doch nur das organische Verhältniß zur Einheit des Lebens, nur daß es im System als Wissenschaft, im Leben als Wirklichkeit erscheint.

Es ist daher absolute Voraussetzung für das Verständniß der Rechtswissenschaft überhaupt, ihre wichtige Stellung in dem Systeme der Wissenschaft des Lebens zu finden, das auf jenen beiden Grundgedanken des Seins und der That beruht. Es ist nicht möglich, Ihnen das zu erlassen. Und dem entsprechend haben auch alle Philosophien die Rechtswissenschaft in ihre Systeme irgendwie aufgenommen.

Allein ich muß hier gleich mit dem Satz beginnen, daß die bisherigen Systeme nicht genügen. Denn keines von ihnen kennt den Begriff der That und alle wollen das Wesen des Rechts aus dem bloßen Moment des Seins der Persönlichkeit entwickeln. Daher finden Sie in allen Philosophien eine Rechtsphilosophie, aber nirgends den Begriff der Staatswissenschaft, ohne den es unmöglich ist, dem Rechte neben seinem abstrakten Begriff seinen Inhalt zu geben. Daher hat die bisherige Rechtsphilosophie nie das Recht und das Recht nie die Rechtsphilosophie in sich aufgenommen; und daher hat es wohl stets eine Kenntniß, aber nie eine Wissenschaft der Rechtsgeschichte gegeben.

Daher lassen Sie mich Ihnen mit wenig Worten das gesammte System der Wissenschaft und in derselben die Rechtswissenschaft als Wissenschaft des Lebens entwerfen.

Die Wissenschaft des lebendigen Seins enthält das natürliche und das persönliche Dasein für sich.

Die Wissenschaft des natürlichen Daseins in seiner Ordnung und seinen Kräften für sich ist die Naturwissenschaft mit all ihren Zweigen.

Die Wissenschaft des persönlichen Daseins ist die des physischen Daseins der Person — Physiologie und Medicin — und die des geistigen mit seinem Organismus — der Psychologie — und seinen Kräften, der Logik.

So wie beide große Faktoren auf diese Weise einander gegenüber gestellt sind, beginnt jener Proceß des Lebens, den wir angegeben.

Es ist zuerst ein Proceß des geistigen Lebens, eine geistige That. Es ist das Unheil aller Philosophie, sich selber nicht als einen Proceß des thätigen Lebens zu begreifen, und doch ist die ganze Philosophie mit Inhalt und Aufgabe nur als lebendige That begreiflich.

Dieser Proceß des geistigen Lebens beginnt mit der Vorstellung, dem Dasein der Dinge in meiner Selbstbestimmung. Wenn ich an die Vorstellung das Maß des persönlichen Daseins anlege wird sie zur Beobachtung. Wenn die Beobachtungen für die Persönlichkeit und durch sie eine Einheit werden, sind sie eine Thatsache. Das natürliche Dasein hat keine Thatsache. Die Thatsache ist eine Sache, welche für mich und durch mich, durch die That entsteht. Wenn ich in der Thatsache nun den Unterschied meines eigenen Wesens zwischen Ursache und Wirkung hinübertrage, so entsteht der Unterschied zwischen Kraft und Erscheinung. Wenn ich die allgemeine Kraft als eine begränzte, also in der bestimmten Erscheinung mir gegenüber tretende erfasse, so entsteht der Begriff. Es ist eine der absoluten Voraussetzungen aller Philosophie, den Begriff als eine That zu erkennen, welche ich vermöge des Organismus meines Seins vollziehe. Ich setze zwar nicht die Kraft, welche ich zu begreifen suche, wohl aber die Beschränkung desselben auf den Begriff. Die Beschreibung des Begriffes ist die Definition. Aus dem Bewußtsein aber, daß diese Kraft im Begriffe doch wieder nur die besondere Erscheinung einer einheitlichen Kraft ist, entsteht der Proceß, der die unendliche Verschiedenheit der Begriffe zunächst als eine formale und eine einfache zur Vielheit sich entfaltende Einheit erkennt. Diese formale Einheit ist das System; seine Aufgabe und sein Kriterium ist, daß alle einzelnen Erscheinungen und ihre Beobachtungen, also alle Thatsachen und mit ihnen ihre Begriffe und Definitionen in dem Systeme ihren Platz finden, und daß diese ihre Stellung alle ihre Besonderheiten auch wirklich erschöpfe. Das Bewußtsein, daß dieß ganze System doch nur wieder eine organische That meiner Persönlichkeit ist, erzeugt die Arbeit mit welcher ich dem Lebensproceß der einheitlichen Kraft, die sich eben zu Thatsachen, Begriffen und Systemen entwickelt, näher trete und in meinem Organismus das organische Leben der Erscheinungen vollziehe, das ist das Dasein der Kräfte zum Inhalte einer Persönlichkeit mache. Diese Arbeit ist das Denken, und das in mir zum Inhalt meiner selbst gewordene, das ist das als Inhalt des Subjekts gesetzte Dasein des Objekts ist das Wissen, das Wissen des Systems ist die Wissenschaft und die zum Bewußtsein ihres innigen Zusammenhanges mit Wesen und Bestimmung der Persönlichkeit als Einheit erfaßte Wissenschaft ist die Philosophie. Im Grunde ist das der gemeinsame Gedanke unserer drei wirklichen Philosophen, Kants, Fichte's und Hegels. Ihr Unterschied besteht nur darin, daß Kant in die Wissenschaft nur den Wissenden ohne Objekt, Fichte den Wissenden als den das Objekt erzeugenden, Hegel das Wissen (gleich Sein) als das des Einzelnen nicht bedürfende setzt; für Kant ist das Wissen eine rein logische That, für Fichte das Sein selbst nichts als das Sein des Wissenden, für Hegel ist das Wissen die Consequenz des Gewußten, das Ergebniß seiner eigenen Logik. Alle heben die Selbständigkeit des natürlichen Daseins gegenüber dem persönlichen auf, obgleich dieß ihnen allen allein das arbeitende ist, und alle bilden daher die Identitätsphilosophie, während die reine Naturphilosophie in ihrem letzten Ausläufer, dem Darwinismus, das persönliche Dasein in das natürliche aufgehen läßt, und das was sich zur ewigen Selbstbestimmung, das ist zur zweiten Schöpfung erhebt, als mechanische Consequenz dessen setzt, was unfähig ist nach ihrem eigenen Begriff eine Selbstbestimmung außer sich zu haben. Das erste ist unklar, das zweite ein Widerspruch mit sich selbst. Unser tieferes Wesen fühlt beides. Es hat das lebendige Bewußtsein, daß es ein zweites, unendliches, nur von seiner eigenen

Selbstbestimmung erfülltes Leben in uns gibt, das nicht mit dem Objekt des natürlichen Daseins identisch ist, sondern sich dasselbe vielmehr mit seiner Arbeit aneignet. Dieß Gefühl, zum Bewußtsein erhoben, heißt die Persönlichkeit. Das Unendliche in ihr aber ist doch außer ihr, weil sie sich eben als endliche fühlt; sie beginnt daher neben jener gesammten, den Kräften und Erscheinungen der natürlichen und endlichen Welt zugewendeten Arbeit eine zweite, die nach der Persönlichkeit des Unendlichen sucht. Diese Arbeit beginnt mit dem Gottesbewußtsein, das gleichfalls mit der Beobachtung menschlicher und natürlicher Erscheinungen beginnt, die Kraft derselben als Thatsache in einem höheren Leben der Persönlichkeit setzt und so die einzelnen Götter erzeugt, bis das Bewußtsein von der Einheit aller dieser Kräfte die einheitliche Persönlichkeit des Alls als den einheitlichen persönlichen Gott erkennt. Dieser Proceß aber, durch welchen die menschliche Persönlichkeit sich dem Leben der göttlichen naht, ist nie das Wissen, weil das Wissen stets seine Begriffe durch einander bedingt, alle Persönlichkeit aber, also am meisten die Gottheit, das selbstbedingte ist. Wir nennen jenen Proceß daher das Glauben; ich kann aber darum den Glauben eben so wenig wissen als ich das Sehen hören kann. Es ist eine zweite nicht minder gewaltige Welt in mir. Aber es will auch zur That werden, denn es ist Thorheit nur das Wissen, nicht das Glauben für eine Arbeit zu halten; die Arbeit des Glaubens ist nur eine andere, wahrlich keine leichtere als die des Denkens. Die durch diese Arbeit des Glaubens erzeugte bestimmte Gestalt desselben — das Corollarium des Begriffes und seiner Definition — ist das Bekenntniß, die Confession; die arbeitende, in der menschlichen Gemeinschaft als Wille und That auftretende Confession ist die Kirche, und Kirche und Wissenschaft sind daher die letzten großen Gestaltungen des persönlichen Lebens und seiner geistigen Welt.

Diesem geistigen Leben gegenüber steht nun das natürliche der Persönlichkeit. Es ist nicht minder ein organischer Proceß. Lassen Sie mich hier kurz sein; es ist gewiß, daß Sie jedes Wort leicht verstehen werden. Der Proceß des natürlichen Lebens als Inhalt meiner Selbstbestimmung beginnt mit dem Bedürfniß; das natürliche Dasein gegenüber dem Bedürfniß ist der Stoff; jenes wird zur Kraft in der Arbeit, dieser zur Erscheinung der arbeitenden Kraft im Erzeugniß; das Erzeugniß, das das Bedürfniß erfüllt, heißt das Gut; das Gut ist daher ein in einem bestimmten Stoffe durch mich verwirklichter Lebensproceß; es ist die Erscheinung meiner selbst für mich; es ist mein eigen, ich selbst in dem Dinge, das ich zum Gute gemacht. Die Verschiedenheit der Güter erzeugt dann das Maß, in welchem jedes meine Selbstbestimmung erfüllt, den Werth; das Werden des Werthes ist das Werden der Persönlichkeit in der ihren Zwecken unterworfenen Natur; die Dauer desselben die Erhaltung, damit die Selbständigkeit, damit die materielle Unabhängigkeit der Persönlichkeit. Daher der Proceß, der den erzeugten Werth gegenüber dem verzehrenden Bedürfniß zu einem dauernden zu machen strebt, die Wiedererzeugung des Werthes durch den verzehrten Werth, die wir in ihrer objektiven Gestalt die Kapitalbildung nennen. Dieser ewig sich wiederholende, mit der Persönlichkeit absolut verbundene, aber ewig dasselbe zum Ausdruck bringende Proceß, der bei der einfachsten Ernährung beginnt und bei dem höchsten Reichthum endet, nennen wir das Güterleben; und denken wir uns dieß Güterleben als das einer für sich und durch sich allein lebenden Persönlichkeit, welche es durch ihre eigene individuelle Selbstbestimmung beherrscht und sich mit sich selbst erfüllt, so empfängt es den Namen der Wirthschaft.

Die Wissenschaft dieser Gebiete aber nenne ich die Güterlehre.

So stehen nun das Güterleben und das geistige Leben neben einander, beide die organische Erscheinung der persönlichen Selbstbestimmung, das Leben des Ich in der Welt des Geistes und der Natur. Ich habe Sie dabei lange aufgehalten, mit Recht werden Sie jetzt fragen, wozu das alles für den Begriff der „Rechtswissenschaft?"

Offenbar — in diesem Leben der Persönlichkeit für sich gibt es noch kein Recht. Ich kann mir weder ein Recht einer Vorstellung oder eines Begriffes, noch ein Recht eines Glaubens, noch ein Recht des Menschen gegenüber der seiner Arbeit unterworfenen Natur denken. Das Recht, wie Sie wissen, ist erst das Verhalten des als äußere That erscheinenden Willens einer Persönlichkeit zur andern. Es ist in diesem Verhalten nichts als das, selbst wieder aus dem Wesen der Persönlichkeit und ihrer Selbstbestimmung fließende Princip der Unverletzlichkeit für diese äußere That. Das ist ganz unzweifelhaft. Allein wenn dem so ist, so ist das, wofür das Recht als Unverletzlichkeit besteht, nämlich das Verhalten des einen zum andern, offenbar der Inhalt dessen was Recht — das ist Heiligkeit der Persönlichkeit für jenen thätigen Willen des andern — ist; welches ist also dieß „Verhältniß des Einzelnen zu einander," und kann ich dieß Verhältniß auch „wissen," oder muß es ich bloß als Thatsache beobachten?

Ich muß jetzt einen Augenblick um Ihre Aufmerksamkeit bitten, weil wir jetzt vor den elementaren Begriffen unserer Wissenschaft stehen.

Ich glaube daß ich klar bin wenn ich sage, daß jeder Einzelne für den andern zuerst eine einfache Thatsache ist, die er jedoch als eine sich selber gleichartige erkennt. Dann wird derselbe für ihn zu einer

Kraft, welche vermöge ihrer Gleichartigkeit seinen Zwecken zu dienen vermag. Und endlich wird, weil er selbst alsbald begreift, daß er nur in dieser Verbindung mit der Kraft der andern seine Bestimmung für sich zu erreichen vermag, die Verbindung mit demselben zu einer auch für sein Bewußtsein gültigen absoluten Bedingung seines eigenen Lebens.

Dieß sind die drei Grundverhältnisse aller Persönlichkeiten in ihrem äußern Leben zu einander. Es ist kein anderes denkbar. Wohl aber gibt es ein zweites Gebiet des Verhaltens der Persönlichkeiten, das Verhalten des innern Lebens derselben zu einander. Wir haben tausend Namen dafür; wir sprechen von Liebe, Haß, Freundschaft, Neid, Treue, Ehrlichkeit, andern Erscheinungen; ich lasse sie alle weg, weil sie als innere Beziehungen des Rechts unfähig sind; sie sind eben nur der geistigen, rechtlosen Welt angehörig. Sie können Ursache und Wirkung jener drei äußern Verhältnisse sein, aber da sie ihrem Wesen nach keine äußeren Gränzen haben, werden sie nie Objekte des äußerlich thätigen Willens und damit des Rechts. Es ist die geistige Welt des inneren Verkehrslebens, die sich unserer Aufgabe entzieht. Diese kann nichts kennen als jene drei Grundformen der Beziehung der Menschen zu einander.

Und jetzt vollzieht sich, glaube ich, in einfacher Weise das was wir als diese Elemente alles Rechtslebens bezeichnen.

Wenn der thätige Wille des Einen den Andern, den er als Persönlichkeit erkennt, nur als reine, natürliche Thatsache setzt, so setzt er ihn eben damit als rechtlos; denn die Thatsache hat mir gegenüber kein Recht. Allein der Wille und die That die das thun, sind mit sich selbst im Widerspruch indem sie, sei es aus was immer für einem Motive, die Persönlichkeit als das setzen was sie nicht ist. Das Wollen und Thun des Einzelnen daher, welches das Persönliche als unpersönlich setzt, ist die Negation des Rechts das sie selber doch anerkennen; wir nennen eine solche That daher ein Unrecht — eine Unthat. Und fügen wir gleich hinzu das Recht für diese That, welche mit sich selbst im Widerspruche steht, ist das Recht des Unrechts.

Wenn dagegen dieser thätige Wille des einen zur arbeitenden Kraft für den andern und sein Güterleben wird, so entsteht ein Proceß in welchem der eine als ein Mittel für die Zwecke des andern erscheint. Dieses Verhalten erhält zugleich die Selbständigkeit des einen gegenüber dem andern; jeder ist das Mittel für den andern, aber jeder ist sein eigner Zweck. Die tausend Formen in denen dieß vor sich geht, umfassen wir mit dem Namen des Verkehrs. Der Inhalt des Verkehrs ist stets ein Proceß, in welchem der eine der Selbstbestimmung und der Entwicklung des andern dient; er kann daher nur durch diese Selbstbestimmung beider gesetzt werden; er enthält daher diese Selbständigkeit des einen als anerkannt von dem thätigen Willen des andern; er erzeugt daher das Recht; und dieß Recht ist das was wir das Verkehrsrecht nennen.

Da endlich, wo der thätige Wille jedes Einzelnen zum Bewußtsein davon gelangt, daß das Verhalten zum andern nicht mehr bloß das zu einer Thatsache, und auch nicht mehr das eines Zweckes zum Mittel, sondern vermöge des Wesens der Persönlichkeit die absolute Bedingung der Entwicklung alles ist, daß also ein Verhalten zum andern vermöge dieses Wesens gar nicht mehr von der einfachen Selbstbestimmung abhängt, sondern durch die selbstwirkende Kraft der Persönlichkeit gesetzt ist, da beginnt eine Lebensform, welche wir die Gemeinschaft der Menschen nennen. Diese Gemeinschaft ist zuerst allerdings eine natürliche Thatsache in der Familie; dann wird sie zu einem Produkt des thätigen Willens der Einzelnen in Gesellschaft und Verein; dann endlich erhebt sie sich zur selbstbestimmten Persönlichkeit in Wille und That als Staat; immer aber setzt sie den Einzelnen als Moment des Ganzen, und daher seine individuelle Selbstbestimmung nur noch als Moment an dem Wesen dieser Formen der Gemeinschaft. Er ist daher nicht mehr absolut selbstbestimmt in diesem Verhalten zu derselben; die Gränze seiner Selbstbestimmung wird durch die Natur der Gemeinschaft begränzt, in welcher er ist; damit entsteht ein neues Recht, dessen Inhalt die rechtliche Gränze des Einzelnen zur Gemeinschaft ist, und dieses Recht nennen wir im weiteren Sinne das öffentliche Recht.

Gehen wir jetzt auf das oben Gesagte zurück, so erscheint der Satz, daß das was wir „Recht" genannt, seinen Inhalt durch diese drei Grundformen des Verhaltens des Einzelnen zum andern empfängt, das ist durch die Unthat, den Verkehr, und die Gemeinschaft; damit entstanden die drei noch ganz formalen, allgemeinsten Kategorien des Rechts — das Unrecht, das Verkehrsrecht und das Gemeinschaftsrecht. Lassen wir vor der Hand jede Discussion über die Worte; ich denke die Sache wird gleich klar sein.

Betrachten Sie nämlich jene Kategorien, so sind sie schließlich aus dem Wesen — dem organischen Sein der Persönlichkeit — entsprungen. Ich bedarf keiner That, um jene Rechtskategorien zu entwickeln, sondern nur auf der einen Seite den Begriff der sich selbst bestimmenden Persönlichkeit, auf der andern den des persönlichen Objekts der Berührung derselben mit dem äußeren Sein der andern. Ich kann daher auch das Recht aller dieser Verhältnisse ohne den Begriff der concreten That bloß in dem Wesen der Persönlichkeit finden, so wie ich denselben mir als einen Organismus von Kräften und Erscheinungen gegenüber dem abstract thätigen Willen des andern denke.

Setze ich auf diese Weise als Inhalt des Rechts das persönliche Dasein und die obigen Kategorien desselben, so sind in dieser Auffassung alle Persönlichkeiten gleich. Alle Momente des Lebens welche sich auf diesem Wege durch die Entwicklung des Inhalts der That, des Verkehrs und der Gemeinschaft zu selbständigen Begriffen — als selbständig gedachte Lebensverhältnisse — entfalten, sind mithin, als auf dem gleichen Wesen aller Persönlichkeit beruhend, ebenso gleich. Und da nun diese Lebensbegriffe das Recht ihrer einzelnen Verhältnisse erzeugen, so wird das Recht dieses, aus dem an sich gleichen Wesen aller Persönlichkeit und ihrer organischen Gestaltung hervorgehend, nothwendig auch das ewig gleiche Recht sein. Weil ich aber dieses Recht durch jenes organische, gleiche Wesen aller Persönlichkeit entstehen sehe, so wird es durch dieß Verständniß der dasselbe erzeugenden Kraft zur Wissenschaft, und durch die Natur der Persönlichkeit als Einheit der Momente ihrer rechtserzeugenden Lebenskraft zum System. Und nun nenne ich die systematische Wissenschaft dieses, auf dem ewig gleichen organischen Wesen der Persönlichkeit beruhenden ewig gleichen Rechts — man sagt: des Rechts an sich, des reinen Rechtsbegriffes, u. s. w. — die Philosophie des Rechts.

So entsteht der Begriff und der Inhalt der Rechtsphilosophie. Sie ist die Philosophie des Rechts des Seins der Persönlichkeit. Die Persönlichkeit ist aber nicht bloß, sie will und handelt auch. Die Rechtsphilosophie ist daher die Wissenschaft des Rechts, in so fern dieses Recht nur aus dem Wesen und nicht aus der That der Persönlichkeit hervorgeht. Da wo die That der individuellen Persönlichkeit anfängt, hört sie auf. Sie ist daher vermöge ihrer Natur die Wissenschaft des für alle Persönlichkeit gleichen Rechts. Das absolut Gleiche aber ist das, was wir das System des Rechts und seine formalen, das ist eben für alle gleichen Rechtsbegriffe nennen. Die Rechtsphilosophie ist daher das zur Wissenschaft erhobene Rechtssystem, dessen Grundlagen und rechtserzeugenden Lebensbegriffe und Gewalten das Unrecht, der Verkehr und die Gemeinschaft sind. Daher können wir nie der Rechtsphilosophie entbehren, aber eben daher auch nie aus der Rechtsphilosophie allein das Recht begreifen.

Und jetzt muß ich zum zweiten Begriffe übergehen.

Auch hier begegne ich derselben Schwierigkeit. Ich kann mit den bisherigen Anschauungen nicht ausreichen, und darf doch nicht den Raum fordern, die neuen vollkommen zu begründen. So müssen sie sich selber erklären.

Ohne allen Zweifel gelten die Grundbegriffe, welche die Naturwissenschaft und die Philosophie aufstellen, und welche als organische Faktoren des Lebens unter den Einzelnen zur That werden in Wirthschaft und Gemeinschaft, allgemein und gleich für alle Persönlichkeit. Sie sind der unzweifelhafte organische Inhalt ihres Lebens. Allein neben der ersten Thatsache der Gleichheit in ihnen steht die zweite nicht minder gewaltige der Ungleichheit. Bei ihr beginnt eine neue Ordnung des Lebens und eine neue Wissenschaft.

Ich darf mich hier auf das tiefere Wesen der Ungleichheit und ihrer ethischen Bedeutung nicht einlassen. Sie ist nicht bloß das eigentliche Geheimniß, sondern auch die größte Gewalt im menschlichen Leben. Aber ihr dialektisches Verständniß muß hier Platz finden. Es ist die Grundlage des Folgenden.

Die Einheit in der Gemeinschaft der Persönlichkeiten hat sich als absolute Bedingung der Entwicklung jedes Einzelnen gezeigt. Die absolute Voraussetzung jeder Einheit aber ist wieder die Ungleichheit ihrer Bestandtheile. Das gilt für alles, und so auch für die nothwendige Einheit der Menschen. Allein in ihr bleibt dennoch jeder Einzelne eine selbstbestimmte Persönlichkeit. Eben deßhalb kann die Einheit nie in Princip und höchster Bestimmung des Menschen, sondern nur in Art und Maß ihrer persönlichen Entwicklung stattfinden; und sie kann aus demselben Grunde nicht für den Menschen an sich, sondern nur in seinem Verhältniß zur Gemeinschaft gelten. Denn diese ist ohne Organisation nicht denkbar; die Organisation aber nicht denkbar ohne Differenz in dem Verhältniß der Theile zum Ganzen.

Da nun diese, mit dem Wesen und der Entwicklung aller Persönlichkeit so innig verbundene organische Thatsache der Ungleichheit nicht aus dem Sein der Persönlichkeit hervorgehen kann, so muß sie auf dem zweiten Moment ihres Lebens, auf ihrer That beruhen. Erst die That des Menschen nimmt Art und Maß in sich auf; erst bei ihr beginnt die Ungleichheit; erst das was der Mensch thut, erzeugt ein ungleiches Verhalten zur Gemeinschaft, welche nur durch sie möglich ist. Es gibt wohl kaum ein Verhältniß von tieferer Bedeutung als das was dieser einfache Satz enthält; doch müssen wir bei seinen Consequenzen stehen bleiben.

Ist auf diese Weise jene Ungleichheit zum organischen Faktor des Lebens geworden, so wird die That welche sie erzeugt, ihre Quelle wieder einerseits in der freien Selbstbestimmung der Persönlichkeit finden, anderseits aber in den Elementen derselben haben. Es wird daher das Verhältniß jeder Persönlichkeit zur Gemeinschaft, oder der Unterschied derselben, einerseits durch das gesetzt was er vermöge seines thätigen Willens dem anderen leistet, anderseits durch das was er vermöge seiner individuellen Natur für den anderen ist. Im ersten Falle wird die Ungleichheit aus der Gleichheit durch die That des Menschen entstehen; im zweiten aber wird diese durch die elementaren Verhältnisse der Persönlichkeit gesetzte Ungleichheit durch die That wieder zur Gleichheit werden. Es wird sich daher ein neuer großer Lebensproceß erzeugen, in welchem vermöge der Gemeinschaft aus der Gleichheit die Ungleichheit und aus der Ungleichheit wieder die Gleichheit durch die Arbeit des Menschen geboren wird. Und erst diesen Proceß nennen wir, wenn Sie wollen in ganz bestimmtem Gegensatz zum menschlichen Dasein, das eigentliche menschliche Leben, das Leben der Menschheit.

Wenn wir nun das Wissen der organischen Kräfte, welche das Dasein der Menschheit mit der großartigen Gleichheit ihrer Gestaltung erzeugen, die Philosophie nennen, so nennen wir zunächst die Kenntniß der Ungleichheit, insofern ich sie bloß als Thatsache auffasse, die Statistik und jeden Theil dieser Ungleichheit für sich betrachtet einen Zustand. Das natürliche Dasein für sich hat keinen „Zustand"; der Gedanke an sich, der Glaube und das Wissen gleichfalls nicht, sondern der Zustand ist eine, als bestimmte Thatsache aufgefaßte Gemeinschaft des Lebens ungleich entwickelter Persönlichkeiten und Lebensverhältnisse. Da aber, wo sich die Ungleichen zur Gemeinschaft im Güterleben durch den Akt freier Selbstbestimmung verbinden, entsteht aus der Wirthschaft die Unternehmung, und aus der Gemeinschaft der ungleichen Unternehmungen die Volkswirthschaft. In dieser Volkswirthschaft ist jene Ungleichheit daher nicht mehr bloß ein Zustand, wie in der Statistik, sondern sie ist die Folge der wirthschaftlichen, auf die persönliche Entwicklung gerichteten dauernden That, der Arbeit; das Wesen der wirthschaftlichen Ungleichheit besteht deßhalb darin, daß die in ihr enthaltene Arbeit des Einen die Bedingung der Entwicklung des Andern wird. Dieß bedingende Verhältniß ist mithin zugleich die Einheit in jener Verschiedenheit, oder die Ordnung der Menschen und ihres Lebens; so sprechen wir von einem System und von einer volkswirthschaftlichen Ordnung der Menschheit. Das Maß aber nun, in welchem auf diese Weise der eine die Bedingung der Entwicklung des anderen enthält, nennen wir seine Macht; so sagen wir, daß der Reichthum zur Macht wird. Insofern wiederum diese Macht den Antheil an dem Willen und der Kraft in der Gemeinschaft erzeugt und enthält, nennen wir sie die Herrschaft. Die in der Verschiedenheit der wirthschaftlichen Güter liegende objective Ordnung wird somit zur subjectiven, die Ordnung der Güter zu einer Ordnung der Herrschaft; und diese Ordnung der Herrschaft oder der Verschiedenheit in dem Antheil an der Gemeinschaft — gleichviel welchen Grund oder Inhalt sie hat — nenne ich nun die Gesellschaft. Fasse ich wieder die Unterschiede deren geordnete Einheit die Gesellschaft ist für sich auf, so entstehen aus den wirthschaftlichen die gesellschaftlichen Unterschiede als (statistische) Thatsachen; da wo sich diese Unterschiede mit dem Bewußtsein ihrer Differenz erfüllen, entstehen die Klassen der Gesellschaft; da wo dieß Klassenbewußtsein sich klar wird über den Inhalt jener Unterschiede, erscheint das Klasseninteresse; da wo aus diesem Interesse das Streben nach dem Erwerb des Mangelnden wird, entstehen die gesellschaftlichen Bewegungen, in denen der Gegensatz der Interessen zum gesellschaftlichen Haß, und der gesellschaftliche Haß zum gesellschaftlichen Kampf um die Güter wird, deren Unterschied den Klassenunterschied erzeugt hat. Der gesellschaftliche Kampf aber ist ein Widerspruch, weil in ihm die Entwicklung des einen in die That gelegt wird, welche die des andern vernichtet; aber er enthält eine Wahrheit, weil er die Ideen der Gleichheit zum Ausdruck zu bringen sucht, die in der wirthschaftlichen und gesellschaftlichen Ungleichheit unterging. Daher sagen wir, daß der Lebensproceß der Menschheit in der ewigen Wechselwirkung von Gleichheit und Ungleichheit, so lange er nur auf Volkswirthschaft und Gesellschaft beruht, selbst ein unlösbarer Widerspruch ist, an dem diese Menschheit zu Grunde gehen muß. Seine Lösung ist unmöglich durch die bloß auf sich angewiesenen Kräfte des wirthschaftlichen und gesellschaftlichen Lebens. Es muß ein dritter Faktor hinzutreten, der außerhalb beider stehend, doch beide als Einheit umfaßt. Dieser Faktor ist die zur selbstthätigen Persönlichkeit erhobene Gemeinschaft Aller, der Staat. Da er alle Momente zugleich enthält, so enthält er auch alle Interessen und Thätigkeiten; sein Lebensprincip ist, daß die Bedingungen der Entwicklung aller die Bedingungen seines Lebens, aber auch das Maß der Entwicklung aller das Maß der Entwicklung seiner eignen Persönlichkeit ist. Das erste macht ihn zum Träger der Ungleichheit der Einzelnen untereinander, weil sie die eine große Bedingung aller Entwicklung ist, die er wo er sie als organische Thatsache enthält gegen die Gewalt schützt; das zweite zum Träger der Gleichheit, der zweiten Bedingung der Entwicklung, die er wo sie aus der Ungleichheit sich wieder herzustellen strebt, mit seiner ganzen Kraft unterstützt: dieser Proceß ist das Leben des Staats, in dem sich daher alle Elemente des Lebens der Menschheit mit ihren Kräften und Erscheinungen als ein persönliches Leben concentriren. Das nun heißt, daß sie jede für sich und in ihrem gegenseitigen Verhältniß hier zum persönlichen Bewußtsein gelangen, und zum Willen des Staats in seiner Verfassung, zur Arbeit desselben in seiner Verwaltung werden. In dem Wissen vom Staate weiß ich daher nicht bloß den Organismus des Daseins der persönlichen Welt der in dem persönlichen Staate seinen höchsten Ausdruck findet, die Philosophie des Staats und seines Rechts des Gleichen, sondern auch das thätige Leben derselben, wie es sich in Volkswirthschaft und Gesellschaft im ewigen Kreislauf das Ungleiche der Wirklichkeit aus der Gleichheit der Philosophie, und die Gleichheit der persönlichen Entwicklung aus der Ungleichheit in der Vertheilung ihrer Bedingungen erzeugt; und so erkenne ich wie dieses thätige Leben sich aus dem Wissen zur That gestaltet, alle Lebenskräfte und Erscheinungen, alle Verhältnisse und Gegensätze zugleich umfassend. Damit sagen wir jetzt, daß was in diesem Sinne die Wissenschaft des wirklichen Lebens als Einheit erfaßt, die Staatswissenschaft sei.

Die Staatswissenschaft ist daher die zum organischen System der lebendigen Ungleichheit und ihrer Bethätigung entwickelte Philosophie der That, während die Philosophie die zum organischen System gestaltete Idee der ruhenden Gleichheit und ihrer Harmonie des Seins ist. Und jetzt ist es nicht mehr schwer, den Begriff der Rechtswissenschaft aus Rechtsphilosophie und Staatswissenschaft zu entwickeln.

Denn ist das Recht auch hier das Erzeugniß der Kraft welche das Leben schafft, so ist das Recht der arbeitenden Entwicklung des Lebens aus Ungleichheit zur Gleichheit und umgekehrt niemals das gleiche, sondern es ist wie das wirkliche Leben ein ewig verschiedenes. Denn es ist dann nicht das Recht eines wissenschaftlichen Begriffes, sondern das eines Zustandes, und zwar eines wirthschaftlichen und gesellschaftlichen Zustandes der Menschheit. Das Recht des Lebens ist daher absolut und ewig ein Recht der arbeitenden Ungleichheit, indem er durch die nie ruhenden Faktoren erzeugt wird welche beständig den wirklichen Unterschied in der abstrakten Gleichheit erzeugen, und die Gleichheit in dem Unterschiede wieder herstellen. Das Recht welches der organische Begriff der Persönlichkeit an sich setzt, muß daher ewig das gleiche sein; das Recht des Lebens, durch den Lebensproceß der Entwicklung der Persönlichkeit in Gleichheit und Ungleichheit gegeben, kann nicht das gleiche bleiben; so lange es ein Leben der Menschheit gibt, muß ewig das Recht zum Nichtrecht, das Nichtrecht zum Recht werden. Ist dem nun so, so ist dieses Recht durch die Kräfte erzeugt, deren persönliche Einheit der Staat ist; es ist daher für das Leben das er selbst enthält, durch den Staat als Ausdruck des gegebenen Zustandes seiner Wirthschaft und Gesellschaft auch gesetzt; und dieser Proceß, durch welchen der Wille des Staats aus seinem innern Zustande in Wirthschaft und Gesellschaft das Recht zum objectiven Ausdruck bringt, ist die Gesetzgebung, der einzelne Willensakt das Gesetz, und das so entstandene Recht das positive oder geltende Recht. Alles geltende Recht ist daher die Anwendung des reinen Rechtsbegriffes oder der Unverletzlichkeit der einen Persönlichkeit durch die That der andern auf einem bestimmten wirthschaftlichen oder gesellschaftlichen Zustand. Es ist damit selbst zunächst wieder eine Thatsache, die Thatsache des bestimmten allgemeinen Willens, und die Kenntniß dieser Thatsache ist die Rechtskunde, deren Quelle die formale Erscheinung des allgemeinen Willens ist. Will ich aber das Wesen des positiven Rechts und seines Zustandes erkennen, so muß ich dasselbe als Consequenz der Kräfte begreifen, welche es als solches erzeugt haben. Während nun wie gesagt die Kraft welche die Begriffe der Rechtsphilosophie erzeugt die ruhende organische Natur der reinen Persönlichkeit ist, ist die Kraft welche das positive Recht ewig gebildet hat und ewig bilden wird, die Bewegung des volkswirthschaftlichen und gesellschaftlichen Lebens; die Wissenschaft, welche uns die Elemente, die Begriffe und den Lebensproceß dieser Kraft bietet, ist aber die Staatswissenschaft; die Rechtswissenschaft entsteht daher nicht durch das Recht, sondern dadurch daß ich das bestimmte Recht als Consequenz der wirthschaftlichen und gesellschaftlichen Kräfte im Staate begreife, welche es erzeugten und erzeugen mußten; die Rechtswissenschaft ist mithin die durch die Staatswissenschaft dem wirklichen Leben dienstbar gemachte Rechtsphilosophie, und so müssen wir sagen, daß die Staatswissenschaft ewig die einzige und wahre Quelle aller Rechtswissenschaft und ihrer Geschichte sein wird; daß jede Rechtslehre geradezu unfähig ist sich bloß im Ganzen oder in einem Theile zur Wissenschaft zu erheben durch das Studium des Rechts, sondern nur durch das Studium der Staatswissenschaft; daß alles was in der bisherigen Lehre des Rechts Wissenschaft ist, nicht das Recht, sondern die Staatswissenschaft zum Inhalt hat, gleichviel ob sie das weiß oder nicht; daß die Scheidung der Staatswissenschaft von der Rechtslehre, die mit der Rechtsphilosophie beginnt und schon im siebzehnten Jahrhundert sich vollzieht, damit der erste Schritt der Loslösung von der tiefen Verschmelzung und Unklarheit ist, welche das römische Recht, das Glossatorenthum, die Legalmethode und leider auch die heutigen Romanisten beherrscht; daß aber der zweite Schritt in der Erkenntniß bestehen wird, daß der Inhalt und die Geschichte jedes Volksrechtes so wie jedes einzelnen Rechtsbegriffes nur durch die Staatswissenschaft möglich ist.

Und darum können wir bei unserer traditionellen Disciplin nicht stehen bleiben; darum wird uns auch die schönste Codification niemals genügen; darum können wir der Rechtsphilosophie nicht entbehren und doch nicht mit ihr ausreichen; und darum, in diesem Sinne, gibt es eine Frage der Universitäten, eine Reform der juristischen Facultäten und ihrer Function für unser deutsches Rechtsleben.

Das sind nun die drei Begriffe der Rechtsphilosophie, der Staatswissenschaft und der Rechtswissenschaft. Aber bei der maßgebenden Bedeutung welche diese Begriffe und ihre große Funktion in unserem Rechtsleben und unserer Wissenschaft haben, müssen Sie mir nun gestatten, den Unterschied zwischen Rechtsphilosophie die auf der Philosophie, und der Rechtswissenschaft die auf der Staatswissenschaft beruht, genauer darzulegen.

---

## III. Die Rechtsphilosophie und das System des Rechts.

(Der allgemeine und der besondere Theil. Der Begriff des Strafrechts des bürgerlichen Rechts und des öffentlichen Rechts.)

Ich weiß nun recht wohl daß das was ich jetzt zunächst darzulegen habe, wenigstens auf den ersten Blick etwas abstract erscheint. Und dennoch schließt es sich auf das Innigste an das Positive mit dem wir uns täglich beschäftigen, und ohne dasselbe bleibt die Hälfte desselben unverstanden.

Ich habe im Allgemeinen gesagt, daß die Rechtsphilosophie entsteht, wenn ich den Begriff des Rechts an die organischen Grundbegriffe der Persönlichkeit und ihres Lebens lege. Diese organischen Grundbegriffe — Persönlichkeit, Wille, That, Arbeit, Einheit u. s. w. — sind an sich kein Recht; sie werden Recht, insofern sie Objekte des thätigen Willens des andern werden; ihr Recht ist nichts als ihre Unverletzlichkeit für diesen Willen. Aber indem sie zum Recht werden, entwickeln sie ein zweites Moment. Denke ich sie als Objekte der That des andern und setze auch demgemäß das Recht als für sie geltend, so erscheint das bestimmte Lebensverhältniß das jene ausdrücken zugleich als ein äußerlich bestimmtes Dasein für den Dritten und seinen Willen; das Recht, indem es ihm die Gränze gibt, gibt ihm wenigstens scheinbar auch seine Faßbarkeit, gewiß aber seine äußere Gestalt; mit der Gestalt und ihren Gränzen die erste Bedingung aller Ordnung; und so wird diese Rechtsphilosophie etwas wesentlich anderes als die übrigen Theile der Philosophie; sie wird eine Wissenschaft der menschlichen Ordnung und damit zur Wissenschaft der ersten Bedingung aller Versönlichen Entwicklung. Und da nun diese Ordnung erst als eine objektive ihre Kraft entwickelt, die objektive Ordnung aber durch den Staat gesetzt und erhalten wird, so beginnt historisch alle Rechtsphilosophie damit, den Begriff des Staats mit dem des Rechts in eine so innige Verbindung zu bringen, daß das Verhältniß beider von jeher der Ausgangspunkt jeder philosophischen Theorie vom Rechte geworden ist und man zu denken gewöhnt wurde, daß man Wesen und Begriff des Staats nur im Rechte, und eigentlich auch Wesen und Begriff des Rechts nur im Staate zu suchen habe. Die Rechtsphilosophie aller Zeiten ist daher eine Staatsphilosophie geworden.

Sie sehen aus dem Früheren, daß dieser Standpunkt falsch ist. Der Staat hat nicht mehr und nicht weniger mit dem Recht an sich und der Philosophie zu thun als etwa das Alter der Menschen, oder der Irrthum im Vertrage oder anderes. Der Staat ist ein Lebensbegriff wie ein anderer und soll zum Rechtsbegriffe werden. Die Funktion der Rechtsphilosophie ist eine wesentlich selbständige; ich muß sie darlegen, denn in ihr liegt zuletzt der Inhalt dieses gewaltigen Faktors der Rechtsbildung der mehr wirkt als man zu meinen gewöhnt ist.

Ich nenne daher das, warum es sich hier handelt, die organische Bedeutung oder die Funktion der Rechtsphilosophie. Sie ist glaube ich nicht schwer zu verstehen, da ihre Voraussetzungen schon angegeben sind.

Der Inhalt aller Philosophie ist das Leben der Persönlichkeit. Die selbständig gedachte einzelne Erscheinung des Lebens nennen wir den Lebensbegriff. Aus dem Lebensbegriff wird der Rechtsbegriff, wenn ich ihn als Objekt der That des andern setze. Daher begreife ich im Rechtsbegriffe den Lebensbegriff, und da die Rechtsphilosophie die Einheit der Rechtsbegriffe ist, so ist ihr Inhalt zuerst die Philosophie des persönlichen Lebens, insofern dasselbe Objekt der That ist und erst dadurch Recht wird. Das scheint klar.

Aber eben deßhalb enthält diese Rechtsphilosophie den Proceß, durch welchen aus dem Lebensbegriffe der Rechtsbegriff wird. Nun ist das, wodurch der Lebensbegriff das Recht empfängt, ja nicht das Leben an sich, das organische Sein der Persönlichkeit, sondern die That des andern. Wenn ich daher die That des andern als das setze was das Recht für das Leben erzeugt, so sage ich damit eigentlich, daß während jeder sein eignes Leben durch eigne Selbstbestimmung erzeugt, das Wesen der That erst das für alles Recht allgemeine rechterzeugende Moment ist. Die Rechtsphilosophie zeigt mir daher, daß die Wissenschaft der That in Subjekt und Objekt dasjenige ist, was den allgemeinen Theil des Processes bildet, der aus dem Lebensbegriffe den Rechtsbegriff erzeugt.

Da aber die That nicht für sich da ist, sondern an dem einzelnen bestimmten Lebensverhältniß erscheinen muß um Recht zu bilden, und da die Lebensverhältnisse vielfach sind und in tausend Formen erscheinen, so wird es die Besonderheit des bestimmten Lebensverhältnisses sein, welche die Besonderheit des bestimmten Rechtsbegriffes für die That erzeugt. Die Wissenschaft welche mich daher die Besonderheit jener einzelnen Lebensverhältnisse und Lebensbegriffe lehrt, an denen die That ihren besonderen Inhalt empfängt, erzeugt daher die besondern Rechtsbegriffe, deren Gesammtheit ich als den besondern Theil des Rechts zusammenfasse.

Auf diese Weise entstehen die beiden großen Kategorien aller Rechtslehre, der allgemeine und der besondere Theil, die That des Subjekts mit all ihren Modificationen, und ihre Erscheinung und Gestalt an dem Leben des Objekts mit seinen tausend Ordnungen. Der Unterschied zwischen dem allgemeinen und besondern Theil ist daher der erste wahre Inhalt einer jeden systematischen Rechtslehre; er ist die Basis aller Rechtsphilosophie; wo er ist, ist Rechtsphilosophie. Die Römer hatten ihn nicht, weil sie keine Rechtsphilosophie besaßen; er ist der erste entscheidende Sieg des deutschen Geistes über die römische Welt. Aber er muß sich mit seinem Inhalte erfüllen, wenn er fruchtbringend werden soll.

So muß nun die Rechtsphilosophie aus dem Wesen der That den allgemeinen Theil entwickeln.

Die That ist eben so wenig ein einfacher Begriff, als ihr Objekt. Sie ist eine werdende Selbstbestimmung. Sie ist daher eine Einheit von Momenten, ohne deren Dasein sie keine That sondern ein Zufall, ein natürlicher und kein persönlicher Proceß ist. Ist nun die That das Rechterzeugende, und sind jene Momente das was wieder die That erzeugt, so ist es klar, daß auch diese Momente der That rechterzeugend sind, und daß jedes dieser Momente in demselben Maße Recht erzeugt, als es selbst zur Erzeugung der That beiträgt. Oder, da jede That zugleich als eine Bedingung für die Entwicklung der anderen Persönlichkeit durch die eigene und umgekehrt erscheint, so ist das Princip für die rechterzeugende Kraft der That das, daß diese Gränze ihres Rechts in der Gränze gegeben ist, bis zu welcher sie die Bedingung der gegenseitigen oder gemeinschaftlichen Entwicklung ist.

Dieß nun ist das, was wir kurz das Rechtsprincip (der That) nennen. Aus ihm bildet sich das Rechtssystem, indem jedes Moment an der That aus einem psychologischen Lebensbegriffe zu einem „Rechtsbegriffe“ wird, während alle diese Rechtsbegriffe an dem bestimmten einzelnen concreten Lebensverhältniß als die Einheit eines „Rechtsverhältnisses“ sich zusammenfassen. Indem sich daher der Begriff der That zu einem psychologischen Systeme in der Philosophie auflöst, wird aus diesem philosophischen Organismus der That dasjenige, was wir das System des allgemeinen Theiles in jedem Gebiete der Rechtslehre nennen. So geschieht es, daß Alter, Geschlecht, Gesundheit, Willensfähigkeit, Wahnsinn, Irrthum, Bedingung, der äußere Zusammenhang der durch mich veranlaßten Bewegung, die Formel meines erscheinenden Willens, anderes, lauter Momente des thätigen Lebens der Persönlichkeit, zu Rechtsbegriffen werden, sobald sie als Momente einer That erscheinen, deren Objekt das Dasein einer Persönlichkeit ist. Eine That die dieß Objekt nicht hat, erzeugt wiederum keine Rechtsbegriffe. Das Wesen des Rechts aber zwingt mich, dieselben als Rechtsbegriffe mit aller Bestimmtheit zu formuliren, weil sie Gränzen der Persönlichkeiten setzen. So ist das System der That das System des allgemeinen Theiles aller Rechtsgebiete; die Philosophie der That, das Wissen des sich im persönlichen Leben für den andern bethätigenden Willens ist zur Rechtsphilosophie geworden.

Es ist kaum nothwendig diesem Satze den zweiten zur Seite zu stellen, daß genau dasselbe für die Lebensverhältnisse geschieht, welche das Objekt der That sind. Es ist klar, daß jedes dieser Verhältnisse, sei es daß es ein physischer, sittlicher, wirthschaftlicher, gesellschaftlicher oder staatlicher Begriff ist, nicht bloß im Ganzen, sondern in jedem seiner Momente in dem Augenblicke zu einem Rechtsbegriffe wird, wo ihn der thätige Wille des andern erfaßt. Oder wie gesagt, das System der wirklichen Lebensverhältnisse wird zum System des besonderen Theiles der Rechtsphilosophie.

Ist dem nun so, so werden die großen Grundformen des Lebens der Persönlichkeit auch die großen Gebiete sein müssen, auf denen der thätige Wille Recht erzeugt; oder es wird die Grundlage alles Lebens der Persönlichkeiten in ihrer gegenseitigen Berührung auch als die Grundbegriffe des Rechtslebens erscheinen; sie werden, so wie ihnen jener thätige Wille entgegentritt, das große System des Rechts und mithin des Inhalts aller Rechtsphilosophie bilden. Wir haben sie als solche schon bezeichnet; es kommt darauf an, sie jetzt als Rechtsbegriffe zu formuliren.

Das erste Gebiet ist das der noch als ununterschiedenen, nur als selbständige Einheit gedachten Persönlichkeit, welche aus der That dessen der sie verletzt, die Unthat macht. Die Unthat ist ein Unrecht, weil sie im Widerspruch mit dem Wesen des Rechts ist. Die Philosophie des Unrechts entsteht, wenn ich zuerst die That, welche das Unrecht enthält, auflöse und ihre Momente zu selbständigen Rechtsbegriffen mache. Das und nichts anderes ist der bekannte „allgemeine Theil" des Strafrechts; er ist die in hohem Grade vollendete Wissenschaft der That an sich, und hätte unsere Strafrechtslehre das gesehen, wie viel weiter wäre sie! Es ist das aber so klar, daß selbst das System dieses allgemeinen Theiles sich fast von selbst darbietet. Seine erste Abtheilung ist offenbar die Entwicklung der Momente der Willensfähigkeit, die hier zum Rechtsbegriffe der Zurechnungsfähigkeit wird. Seine zweite Abtheilung enthält die Momente der wirklichen Selbstbestimmung mit ihren Momenten der Absicht, des Verschuldens, des Interesses und der wirklich äußerlich erscheinenden Willensbestimmung. Seine dritte ist die Summe der Momente, welche die äußere That bilden, der Versuch, das Mittel, der Erfolg. Seine vierte endlich die Formen und Entwicklung der gemeinsamen That, die Verleitung, die Beihülfe, der Urheber, die Thatgenossenschaft (Bande, Complot 2c.). Hier ist es ganz unzweifelhaft, wie lauter psychologische und physiologische Momente der That zu Rechtsbegriffen werden. Und eben so einfach ist das Princip des besonderen Theiles. Derselbe entsteht, indem aus dem persönlichen, wirthschaftlichen, gesellschaftlichen oder staatlichen Leben je ein bestimmtes Lebensverhältniß zum Objekt der Unthat wird; erst wo das der Fall ist, heißt die That ein Verbrechen, und die Natur nicht des Verbrechens an sich sondern seines Objekts, erzeugt die Art und den Namen des Verbrechens. Das System des besondern Theiles des Strafrechts ist daher nichts anderes als das System der Lebensverhältnisse, so weit sie durch die äußere That, die Unthat, erfaßt werden können. Der Staat macht aus der Unthat Hochverrath, Majestätsverbrechen, Landesverrath, Aufruhr, Tumult, Empörung; die Person macht aus der Unthat Mord, Todtschlag, Verletzung; das Geschlecht die Leibesverbrechen; die Ehre die Injurie; das Gut Raub und Diebstahl; der Werth den Betrug; der Verkehr die Fälschung aller Art; die Sitte die gesellschaftlichen Verbrechen. Die wissenschaftliche Entwicklung jedes einzelnen Verbrechens ist dann nichts als die Entwicklung des in der Unthat berührten und verletzten Lebensverhältnisses und seiner einzelnen Momente, welche den „objektiven Thatbestand" enthalten. Das Recht welches die That, das Verbrechen, dann erzeugt, ist die Strafe. Ich darf mich hier über das Wesen der Strafe nicht einlassen. Ich bemerke nur, daß in dem Wesen des Verbrechens überhaupt kein Begriff der Strafe liegt, sondern daß die Strafe nichts ist als eine verwaltungsrechtliche Maßregel. Sie ist daher nie und nirgends durch die Natur des Verbrechens, sondern wie alles Verwaltungsrecht durch die Zweckmäßigkeit erzeugt. Die Verbrechen waren ewig dieselben, die Strafe war ewig eine andere, und während niemand an dem Unrecht des Verbrechens zweifelt, gibt es schon jetzt Verbrechen deren Strafe bloß darin besteht daß man sie als Verbrechen anerkennt, und trotz aller Kantischen Talion und Hegelschen Negation der Negation sind wir ganz einfach und praktisch von Grolmanns und Feuerbachs Besserungs- und Abschreckungstheorie zur Frage nach Einzelhaft und Volksunterricht als Kampf gegen das Verbrechen fortgeschritten; hätte doch Wahlberg nur in seinem Individualismus des Verbrechens zugleich den der Strafe in gleich ernste Untersuchung gezogen! Doch mag dieß genügen. Fest steht, daß das was wir nach seinem zweiten Theile die Lehre vom Strafrecht statt der Lehre vom Unrecht nennen, das erste große Gebiet im System des Rechts ist mit seinem allgemeinen und besondern Theile, das zum Recht gewordene System der That an der Persönlichkeit als solcher. —

Wesentlich anders, und doch auf das Entschiedenste von demselben Rechtsprincip beherrscht ist nun das zweite große Gebiet, das wirthschaftliche Leben mit seinem Rechte, das wir in seiner Gesammtheit das bürgerliche Recht nennen. So sehr ich hier fürchten muß in Wiederholungen zu verfallen, namentlich gegenüber der späteren Darstellung in der staatsbürgerlichen Gesellschaft, so ist es dennoch unabweisbar auf die Sache einzugehen. Es ist die Bedeutung des bürgerlichen Rechts, daß wenn in ihm das Rechtsprincip klar ist, dasselbe für die anderen Theile nicht zweifelhaft sein kann. Ich darf daher hier für einen Augenblick um Ihre Aufmerksamkeit bitten.

Doppelt; denn es ist leider nicht zu läugnen daß unsere bisherige Rechtsphilosophie, möge sie nun Arndts oder Trendelenburg heißen, gerade vom bürgerlichen Recht in der That so gut wie nichts weiß. Es ist hier nicht der Ort Kritik zu üben; allein die gänzliche Nichtachtung der Rechtsphilosophie von Seiten des positiven Rechts muß denn doch schließlich in der Entfremdung der ersten von dem letzteren und in seiner Unfähigkeit demselben etwas zu bedeuten, begründet sein. Sind wir wirklich so weit gekommen daß uns unsere Romanisten und Germanisten warnen dürfen, uns durch Rechtsphilosophie und Naturrecht nicht „irre machen" zu lassen?

Versuchen wir daher schon hier einmal in kürzestem Bilde zu zeigen, was die Rechtsphilosophie auch für das bürgerliche Recht zu leisten vermag.

Das Lebensgebiet von dem wir hier reden ist dasjenige in welchem der wirthschaftliche Lebensinhalt des einen zum Gegenstand des thätigen Willens des anderen wird. Der Grund warum das geschieht ist Ihnen bekannt; die wirthschaftliche Kraft des einen — sein Kapital, seine Arbeit, seine Leistung — ist schon ihrem Wesen nach die Bedingung der wirthschaftlichen Entwicklung des anderen. Dieß organische Verhältniß empfängt nun durch die wirthschaftliche That seinen Ausdruck. Obwohl daher zunächst beide wirthschaftlichen Persönlichkeiten einander vollkommen selbständig gegenüberstehen, sind sie dennoch für einander bestimmt. Dieses Verhältniß vermöge dessen jeder auf den andern angewiesen ist, erzeugt daher einen allerdings nie ruhenden Lebensproceß, in welchem beständig das wirthschaftliche Leben des einen in das des andern übergeht. Allein mitten in diesem wirthschaftlichen Uebergange muß jeder seine Selbständigkeit sich erhalten, und diese Erhaltung vollzieht sich dadurch, daß jener Proceß stets durch die Selbstbestimmung — den thätigen Willen jedes einzelnen gesetzt wird. Dieser Proceß heißt daher jetzt als der durch diesen thätigen Willen der Betheiligten gesetzte der Verkehr, und in so fern er sich auf ein bestimmtes Gut bezieht, der einzelne Verkehrsact. Das alles ist noch kein Recht, sondern es sind nur noch Erscheinungen des persönlichen wirthschaftlichen Lebens.

Nun ist, wie Sie wissen, weder die Wirthschaft mit ihren Gütern, noch der Wille mit dem Proceß seiner Selbstbestimmung etwas einfaches. Vielmehr besteht jeder dieser beiden Faktoren, der subjective wie der objective, aus einer ganzen Reihe von Momenten, die erst in der wirthschaftlichen That als Einheit erscheinen. Diese Momente wieder stehen nicht neben einander, sondern sie bedingen sich gegenseitig; jeder derselben ist nur dann fähig den wirthschaftlichen Act zu erzeugen, wenn auch die andern vorhanden sind. Ohne die Willensfähigkeit der Person zum Beispiel oder ohne die Erwerbbarkeit des Gutes kann ein Verkehrsact nicht zu Stande kommen; das eine ist die Voraussetzung des andern. Das ist gewiß genug.

Nun haben wir aber gesagt, daß das im Wesen des organischen Lebens liegende höchste Rechtsprincip das ist, daß jedes selbständige Lebenselement gegenüber dem Willen des dritten in dem Maße, in welchem es das Gesammtleben bedingt, sein Recht besitze. Demnach sagen wir daß das durch dieses Maß gegebene Recht das aus der „Natur“ des betreffenden Moments hervorgehende, sein „natürliches“ sein „Naturrecht“ sei, das was es immer sein muß, so lange diese „Natur“ nicht in ihrer Wirkung durch andere Kräfte gestört wird, quod apud omnes gentus peraeque custoditur, oder das jus naturae, gentium naturale. Das scheint klar. Wende ich nun diesen an sich einfachen Begriff auf das wirthschaftliche Leben an, so ergibt sich damit das was wir nunmehr das Rechtsprincip desselben, das ist also das „Rechtsprincip des bürgerlichen Rechtes" nennen dürfen. Ob ich mir die wirthschaftliche Beziehung zum dritten als Verkehr im Allgemeinen oder als einzelnen Verkehrsact denke, immer ist dieselbe wie gesagt, eine Einheit von sich gegenseitig bedingenden Momenten; diese haben jedes für sich ein Maß in welchem sie die Vollendung jenes wirthschaftlichen Processes bedingen, und dieses Maß des in ihrer Natur liegenden Einflusses auf Verkehr und Verkehrsact ist daher ihr Recht. Oder, die rechterzeugende Kraft in jenen Momenten der wirthschaftlichen Bewegung ist die in jener wirthschaftlichen Natur gegebene bedingende Kraft eines jeden derselben für das wirthschaftliche Verhältniß, um das es sich handelt. Oder, das bürgerliche Recht ist nichts anderes, als der in seine einzelnen Momente aufgelöste Verkehrsact, in welchem dann jedes Moment, gleichviel ob persönlich oder sachlich, durch seine bedingende Kraft zum Rechtsbegriffe wird.

Und so stehen wir hier vor dem Satze, bei dem nicht bloß der eigentliche Werth der Rechtsphilosophie, sondern bei dem auch ihr Verständniß beginnt. Aus der Philosophie wird erst dann Rechtsphilosophie, wenn ich die das Leben bedingende Kraft in ihrem Verhältniß zum Verkehr zugleich als die rechterzeugende für dieselbe setze. In dem Augenblicke wo Ihnen dieses klar wird, ist auch die Rechtsphilosophie klar, und es ist wohl kaum möglich daß über irgend einen Rechtsbegriff noch ein Zweifel sein kann, oder ein Zweifel darüber was es heißt, wenn ich sage daß stets aus dem Lebensbegriffe ein Rechtsbegriff wird.

Indeß ist es doch von Werth, dieses wenigstens in seinen Elementen auszuführen, denn diese Elemente zeigen sich dann naturgemäß später als die elementaren Kategorien auch der positiven Rechtswissenschaft.

Die Bedingungen jeder That, also auch jedes Verkehrsactes sind zuerst die Persönlichkeit, dann das Object, das Gut.

Die Persönlichkeit ist kein einfacher Begriff. Ihr Dasein, ihre Selbstbestimmung sind bedingt. Die bedingenden Momente der ersteren für die zweite sind Geburt, Tod, Geschlecht, Willensfähigkeit, Alter — lauter Begriffe des persönlichen Lebens. Insofern sie aber den Verkehr mit der anderen Persönlichkeit bedingen — ob also die Person z. B. mündig ist — werden sie lauter Rechtsbegriffe, und die Einheit derselben bildet das Personenrecht.

Das Gut ist eben so wenig ein einfacher Begriff. Sein Dasein für den andern erscheint zunächst in dem einzelnen Gute; das nun heißt gegenüber dem dritten Willen die Sache. Die Sache hat selbständige Momente, welche jede für sich Object des thätigen dritten Willens werden können. Wir nennen sie Besitz, Gebrauch, Werth. Jeder dieser an sich wirthschaftlichen Begriffe wird damit ein Rechtsbegriff — Besitzesrecht, Gebrauchsrecht, Werth- oder Pfandrecht. Die Einheit dieser Momente in der Sache wird daher zum Rechtsbegriffe des Sachenrechts. Die Sache selbst ist demnach nichts als das Einzelgut, als Rechtsbegriff gedacht. Das Gut ist ein Theil einer Persönlichkeit für andere. In dieser Identität mit meinem Leben wird es für Dritte das Eigenthum. Das Eigenthum ist das Gut als Einheit für die That des andern; das Eigenthumsrecht ist daher das als Recht unverletzliche Verhältniß meines Gutes, in dem es für meine persönliche Entwicklung eine absolute Bedingung ist. Ist es das? Gewiß. Daher ist das Eigenthum heilig. Wie weit also? So weit es eben die Bedingung meiner persönlichen Selbstständigkeit ist; also nicht mehr da, wo es das als Eigenthum nicht mehr ist, wie bei der Entwährung, der Steuer, der Noth. Das ist das Eigenthumsrecht. Da nun das Eigenthum die Sache zum Inhalt hat, so ist es selbst die Einheit des ganzen Systems des Sachenrechts; das heißt also, da die obigen Momente, Besitz, Gebrauch, Werth die Sache bedingen, die Sache aber das Eigenthum, so bedingen Besitz, Gebrauch, Werth schließlich das Eigenthum; das heißt, wenn sie vom Eigenthum getrennt sind, hat das letztere die Kraft, also das Recht, seinen Inhalt sich in der Sache wieder zu erzeugen, das heißt mit der Vindication Besitz, Gebrauch, Werth von dem dritten zu fordern, ja es muß das weil es eben selbst die Einheit seiner Bedingungen ist; kann es das nicht mehr (verlorene Sache) oder will es das nicht, so erzeugen diese Momente das Eigenthum, oder ihre Einheit, und der Lebensproceß zwischen den Momenten und der Einheit wird zum Rechtsbegriff und heißt „Erwerb und Verlust des Eigenthums", welche wieder, insofern sie durch die wirthschaftliche Verwaltung des Gutes durch einen gegebenen Zeitraum das Eigenthum erzeugen, „Ersitzung und Verjährung" heißen. Das dürfte wohl klar sein.

Aus Persönlichkeit und Gut wird nun der Verkehr, indem jenes organische Verhältniß nach welchem alle Güter sich gegenseitig bedingen, und das wir das wirthschaftliche Leben des Verkehrs nennen, durch die Selbstbestimmung des Einzelnen für das einzelne Gut vermittelt wird. Dieser einzelne Verkehrsact als durch den Willen gesetzt, heißt der Vertrag. Der Vertrag enthält daher die Uebereinstimmung des Willens als seine persönliche, die Natur des Gutes als seine natürliche Bedingung. Aus dem ersten entsteht der allgemeine, aus dem zweiten der besondere Theil des Vertragsrechts. Ich darf mich nicht dabei aufhalten, aber die Grundzüge des Vertragsrechts, wie die Rechtsphilosophie sie zu setzen hat, müssen dennoch hier Platz finden.

Der Proceß durch welchen jene Identität des wirthschaftlichen Willens und die Verwirklichung desselben erzeugt wird, ist nämlich wieder kein einfacher. Er hat eine ganze Reihe von Momenten; diese Momente der Willensbestimmung, an sich rein psychologische Begriffe, werden zu Rechtsbegriffen indem und in so weit jeder derselben die Identität des Willens oder seine wirthschaftliche Verwirklichung bedingt. Diese Begriffe selbst sind Ihnen bekannt; lassen Sie mich nur zwei Worte hinzufügen. Das erste Moment ist die Entstehung der Gemeinsamkeit des Willens überhaupt, das wir juristisch die Eingehung des Vertrages nennen. Das zweite ist der wirthschaftliche Zustand, der durch die Eingehung des Vertrages bis zu seiner vollen Verwirklichung entsteht; wir nennen ihn juristisch die Obligation mit den beiden Momenten der Forderung und der Verbindlichkeit. Das dritte ist der Proceß durch den jener Wille wirthschaftlich verwirklicht wird; den nennen wir als Rechtsbegriff die Erfüllung des Vertrages. Jeder dieser, den Vertrag bedingenden Momente ist selbst wieder ein ganzer Organismus von sich gegenseitig bedingenden Momenten, und dieses ihr psychologisches, sachliches oder wirthschaftliches Bedingtsein wird zu ihrem Rechte, die organische Einheit dieser Rechtsbegriffe zum Vertragsrecht. Ich kann das hier nicht verfolgen; aber ich habe die Ueberzeugung daß es auch nicht nothwendig ist, so lange man nicht sehr tief auf das Einzelne eingeht. Die Bedingungen der Eingehung des Vertrages erscheinen in den Rechtsbegriffen des Irrthums, der Bedingungen und der Erkennbarkeit des Willens; die der Obligation die aus jenen entsteht, in dem ganz wirthschaftlichen Verhalten der Schuld zur Forderung, das wir als causa und titulus bezeichnen; die Erfüllung bildet zuletzt ein fast unerschöpfliches Gebiet von selbständigen Momenten, welche ihrerseits theils in dem allgemeinen Wesen der erfüllenden Thätigkeit liegen, tempus, modus, locus mit der mora und dem periculum — lauter Momente der Thätigkeit an sich, welche zu Rechtsbegriffen werden — theils aus der rein wirthschaftlichen Natur des zur Erfüllung bestimmten Gutes, woraus die Rechtsbegriffe der traditio (Gut und Besitz), praestatio (Arbeitsleistung), solutio (Geld), novatio (Werthverhältniß verschiedener Güter), compensatio (Schuld und Forderung) entstehen, während das beneficium competentiae das sociale Moment in die Erfüllung hineinbringt. Das sind die Grundbegriffe des allgemeinen Theiles des Vertragsrechts; der besondere Theil beruht auf dem Begriffe des einzelnen Vertrages der durch die bestimmte und begränzte Natur des Objects des einzelnen Verkehrsacts entsteht, und dessen Inhalt daher durch jene Natur sein Einzelrecht erzeugt — Kauf (Gut und Preis), Miethe und Commodat (Gebrauch und Preis), mutuum (Kapitalsgebrauch und Preis), mandatum und locatio conductio operis und operarum (Leistung und Preis), fidejussio (Schuld und Schuldverhältniß). Die Auflösung dieser wirthschaftlichen Elemente der Einzelverträge wird somit zur wissenschaftlichen Entwicklung auch dieses Lebens- und Rechtsgebietes; ich darf es nicht verfolgen. Eben so wenig darf ich auf die zwei letzten Gebiete eingehen; es wird die Zeit kommen, in der keine Rechtslehre glauben wird Wissenschaft zu sein, wenn sie nicht auch bei diesen jene Auflösung in ihre Momente und damit in ihre Rechtsbegriffe vollzogen hat. Diese beiden Theile schließen sich einfach an den Verkehr und sein Rechtssystem als dasjenige Gebiet des wirthschaftlichen Lebens, in welchem die Natur der Personen und nicht ihr Wille die Gemeinschaft der Wirthschaft und ihre Auflösung erzeugt, die Familie, und der Tod; die Lebensverhältnisse welche diese Worte umfassen, entfalten sich zu den beiden Systemen des Familien- und des Erbrechts, und das charakteristische Element desselben besteht hier darin, daß nicht mehr das Moment des thätigen Willens sondern die Momente der persönlichen Einheit, die Verwandtschaftsverhältnisse zu Rechtsbegriffen werden. Das wird sich unten genauer zeigen.

So erscheint dieß als ein Ganzes; in diesem Ganzen ist es die Funktion des Rechts nicht etwa etwas zu setzen was ohne dasselbe nicht da wäre, sondern alle Momente jenes großen, in millionenfacher Wiederholung sich vollziehenden Processes in ihrer scharfen, klaren Begränzung für den thätigen Willen des andern darzustellen. Allein das was dieser Proceß erzeugt, erschöpft sich nicht in jenem Einzelverkehr. Derselbe geht über ihn hinaus und bildet die zwei höheren Gebiete des wirthschaftlichen Gesammtlebens durch die beiden Momente des Verkehrswerthes und der wirthschaftlichen Einheit des Einzelnen, von denen das erstere seine Rechtsbegriffe und sein Rechtssystem im *Handelsrecht*, der zweite dieselben im *Gesellschaftsrecht* entwickelt. Ihnen gegenüber wird daher das, was wir eben dargestellt, nur ein Theil des bürgerlichen Rechts und wir nennen es als solchen das *Privatrecht*. Wenn wir nun den großen wirthschaftlichen Lebensproceß, der sich in diesen drei Gebieten mit demselben Lebens- und also auch mit demselben Rechtsprincip zu einer nie ruhenden Bewegung entfaltet, wirthschaftlich mit Einem Worte bezeichnen und mithin auch mit Einem wirthschaftlichen Begriffe umfassen wollen, so nennen wir jenen Lebensproceß die *Kapitalbildung*; und somit ergibt sich der Satz, daß das, was wir das bürgerliche Recht nennen, *das Rechtssystem der Kapitalbildung* ist.

Ist dem aber so — und welche Bedeutung die Kapitalbildung für die Idee der Persönlichkeit und ihre Entwicklung hat, darf ich hier nicht wiederholen, so ergibt sich und ich glaube in klarer Weise, daß wirklich nicht das Recht die Kapitalbildung, sondern daß die Kapitalbildung, so weit sie durch die Beziehung der Einzelnen zu einander bedingt erscheint, das Recht erzeugt. Nun nennen wir jene große Ordnung des menschlichen Lebens, welche das Gut und mit ihr die Entwicklung der Persönlichkeit zum Inhalte hat, mit ihrem gewöhnlichen Namen die Nationalökonomie. Wir sagen daher nunmehr, daß der Inhalt des bürgerlichen Rechts die Nationalökonomie, daß die Elemente und Gesetze seiner Entwicklung die der Volkswirthschaft, und daß daher die lebendige Quelle alles bürgerlichen Rechts im Ganzen wie in seinen Theilen das volkswirthschaftliche Leben sei. Es ist umsonst, künftig noch dieß Recht aus dem Recht verstehen oder es als bloßes Recht lehren zu wollen; die Wissenschaft des bürgerlichen Rechts ist für die Zukunft unserer geistigen Arbeit die Wissenschaft der Volkswirthschaft.

Dasselbe nun gilt, wenn auch in anderer Weise von dem dritten Gebiet des thätigen Lebens der Persönlichkeit und seinem Recht, dem öffentlichen Recht. Nur daß natürlich hier ein anderes Verhältniß eintritt, daher auch ein ganz anderes Rechtsleben — wird es mir gelingen, dasselbe in wenig Worten zu erklären?

Jede Gemeinschaft unterscheidet sich von dem Einzelnen dadurch, daß sie, wie schon früher gesagt, die Selbständigkeit des Einzelnen zu einem Moment in ihrem Leben macht und daher undenkbar ist, ohne daß der Einzelne ihr gegenüber einen Theil seiner Selbständigkeit aufgibt. Auf diese Weise wird aus der Vielheit der Einzelnen eine Gesammtheit, deren Inhalt wesentlich jener Theil des persönlichen Lebens bildet, den die Einzelnen der Gemeinschaft hingeben. Die letztere ist daher ihrem eigenen Inhalt nach selbst schon ein persönliches Verhältniß, dessen Elemente das Ich, der Wille und die That schon durch seinen Begriff in ihm enthalten sind. Allein wie alles persönliche Leben ist auch dieses ein werdendes; dieß Werden zur höchsten persönlichen Selbstbestimmung erscheint in verschiedenen Stufen; der Unterschied, der charakteristische Moment jeder dieser Stufen besteht einerseits in dem Grade, in welchem die Persönlichkeit der Gemeinschaft sich von der der Einzelnen loslöst, und mithin als selbständiges Ich mit Wille und That erscheint; andererseits in der Form, in welcher der selbständige Wille des Einzelnen den Willen der Gemeinschaft bildet oder doch an ihm Theil nimmt. Diese selbständigen Stadien der Entwicklung jener Gemeinschaft nennen wir nun die **Arten** derselben; wir sagen deßhalb, daß sich die allgemeine Persönlichkeit in den Arten der Gesellschaft, des Vereins und des Staats entwickle. Das sind rein philosophische Begriffe, die mit dem Rechte noch gar nichts zu thun haben. Das Recht entsteht auch hier erst dann, wenn ich die Selbständigkeit der einzelnen Persönlichkeit derjenigen der gemeinsamen entgegensetze, der sie angehört, das ist die Gränze zwischen der allgemeinen und der einzelnen Persönlichkeit für Wille und That setze. Die Entwicklung dieses Begriffes wird damit zum allgemeinen Theile der Rechtsphilosophie der Gemeinschaft, und hier scheiden sich nun die Gebiete der Rechtsphilosophie durch das Wesen dieser neuen rechtbildenden Kraft, welche in der absoluten, selbstbedingten Natur der Gemeinschaft lebendig ist. Das erste, allen Formen der Gemeinschaft gemeinsame Element ist eben die persönliche Selbständigkeit dieser Gemeinschaft selbst, welche als Rechtsbegriff die juristische Persönlichkeit heißt. Begriff, Organismus und Recht der juristischen Persönlichkeit mit ihren Momenten des Ich, des Willens und der That sind daher der allgemeine Theil alles öffentlichen Rechtes, sowohl der Gesellschaft, des Vereins als des Staates und der juristischen Persönlichkeiten, die er selbst wieder enthält. Der besondere Theil, der eigentliche Inhalt dieser Rechtsbegriffe entsteht nun, indem das höchste Rechtsprincip in dem innern Leben jener Persönlichkeiten mit seiner Geltung auftritt. Das Recht eines jeden Lebensmomentes ist wie jenes Princip selbst das für den dritten unverletzlich gesetzte Maß, in welchem das Moment für das Ganze als Bedingung erscheint. Nun ist in der juristischen Persönlichkeit, sie sei welche sie wolle, der Einzelne das Moment ihres Seins, Willens und Thuns. Das Recht der juristischen Persönlichkeit ist daher gegeben durch dieses Maß, in welchem die einzelne Persönlichkeit mit Wille und Leistung die Bedingung und der Inhalt des Lebens der allgemeinen Persönlichkeit ist; das ist, als Recht dieses Bedingtseins formulirt, als Maß und Ordnung des Antheils der Einzelnen an der Bildung des Willens und der wirklichen Thätigkeit der allgemeinen Persönlichkeit; und da wir nun als die vollendetste Form des letzteren den Staatsbegriff setzen, die rechtliche Ordnung des Antheils an Verfassung und Verwaltung derselben. Die Gesammtheit der einzelnen Momente welche dieß bestimmen, bilden daher die öffentliche Ordnung, weche in ihrer durch die rechterzeugende Kraft ihrer Momente gegebenen Selbständigkeit das öffentliche Recht sind. So ist dieser Begriff formell klar; allein es lebt ein anderes in ihm, was uns weiter führt.

Ist nämlich das öffentliche Recht das Recht, das aus dem Bedingtwerden des Lebens der juristischen Persönlichkeit durch ihre Momente, die Einzelnen, hervorgeht, so folgt daß wenn die individuelle Entwicklung dieser Einzelnen verschieden ist, auch das öffentliche Recht ein verschiedenes sein muß. Das ist der Grundgedanke der Geschichte des öffentlichen Rechts. Allein es ergibt sich ferner, daß diese Verschiedenheit in jener individuellen Entwicklung, welche also den Inhalt jedes öffentlichen Rechts bildet, selbst wieder nicht etwas Zufälliges und Willkürliches sein kann. Ohne allen Zweifel wird dieselbe ihrerseits wieder auf bestimmten Gesetzen des Lebens beruhen und diese werden die Einheit und Ordnung in der scheinbar so unendlichen Verschiedenheit jener individuellen Entwicklung bilden. Nun nennen wir diese Einheit und Ordnung der Verschiedenheiten, welche diese Gesetze ergänzen, die menschliche Gesellschaft. Da nun aber jene Verschiedenheiten selbst wieder das öffentliche Recht erzeugen, so ist offenbar die Wissenschaft der Kräfte welche auf diese Weise die rechterzeugenden Faktoren des öffentlichen Rechts sind, oder die Wissenschaft der Gesellschaft die Lehre von dem Inhalte alles öffentlichen Rechts, und wir sagen daher, daß wie die Volkswirthschaft das bürgerliche, so die Gesellschaft alles öffentliche Recht in Verfassung und Verwaltung aller juristischen Persönlichkeit, also vor allem wieder die des Staates erzeugt. Und wie in dem Verständniß der Volkswirthschaft das Verständniß des bürgerlichen Rechts ruht, so ist die Zukunft des Staatsrechts und seiner Wissenschaft die Wissenschaft der Gesellschaft.

Ich glaube bei diesen Sätzen hier stehen bleiben zu müssen; Sie werden sogleich erkennen, wo ihre weitere Entwicklung liegt. Denn was ist es, das wir bisher dargestellt? Offenbar die Entwicklung des Satzes, daß die in dem absoluten Wesen der Persönlichkeit liegenden großen Kategorien des Lebens derselben die rechterzeugenden Kräfte und das System des Rechts sind, daß das, was wir „Recht" zu nennen pflegen, wirklich jenen doppelten Inhalt hat, nach dem wir suchten; daß von diesem Inhalt das eine Moment das Leben, das andere das Recht erzeugt und setzt, und daß dieß Recht schließlich nichts anderes ist als die Heiligkeit und Unverletzlichkeit dieses Lebens für den thätigen Willen des dritten, so daß nie das Recht, sondern nur sein lebendiger Inhalt in Persönlichkeit, Wirthschaft und Gesellschaft die Quelle des Rechtes ist. Die Wissenschaft aber, welche diese Auffassung und diesen Inhalt des Rechts uns organisch entwickelt, nennen wir nun die Rechtsphilosophie.

Und jetzt darf ich fragen — wird mit dieser Rechtsphilosophie nun das Gebiet unseres Wissens vom Recht erschöpft sein? — Und wenn nicht, warum nicht?

Allerdings glaube ich nun, daß das Wesen und die Bedeutung der Rechtsphilosophie bestimmt ist. Sie ist die Wissenschaft des auf der Gleichheit aller Persönlichkeit ruhenden, aus dem ewig gleichen Wesen derselben sich erzeugenden Rechtssystems; sie ist die Mutter jeder Definition; sie ist das Ganze in jedem einzelnen Theile. Ohne sie gibt es keine Rechtswissenschaft, aber durch sie auch nicht, denn ihr Recht ist wie ihr Grundgedanke, das ewig gleiche. Zu ihr kehrt jedes Studium immer wieder zurück, mit ihr erfüllt es sich da wo das Recht nicht ausreicht. Und dennoch gibt es eine große, unabweisbare Thatsache, eine Frage, welche sie nicht zu erklären vermag. Das ist der Wechsel des Rechts.

Was ist dieser Wechsel des Rechts? Kann er aus jenem Gleichen entstehen, dessen Wesen der Inhalt der Rechtsphilosophie ist? Es ist nicht möglich. Ist es das nicht, so reicht auch jene Rechtsphilosophie nicht aus. Denn ihre Gränze ist da wo die Frage beginnt, wie es möglich wird, daß es für jene an sich ewig gleichen Lebens- und Rechtsbegriffe ein dennoch ewig wechselndes Recht geben könne?

Bei dieser Frage eröffnet sich uns ein anderes, neues Gebiet. Vielleicht daß es Ihnen doch zu manchem ernsten Nachdenken Anlaß bietet. —

## IV. Die Rechtswissenschaft und die Gesellschaftslehre.

Ich gestehe, daß indem ich das Folgende beginne, der tiefe Ernst der in dem liegt was wir suchen, mich fast scheu vor unserer Aufgabe stehen läßt. Denn in Wahrheit, handelt es sich nicht mehr bloß darum, diese oder jene Auffassung zur Geltung zu bringen, diese oder jene Reform zu fordern. Es ist dem Geiste des Menschen gegeben, nicht bloß die erscheinenden Dinge zu kennen und zu nennen, sondern auch zuweilen einen Schritt in die große Werkstatt zu thun, in der die Kräfte des Daseins in gewaltiger Arbeit wirken. Es ist die höchste Poesie des geistigen Lebens, dieß anzuschauen; es ist der Punkt, auf welchem Arbeit und Dichtkunst, Denken und Schauen sich die Hände reichen, und zuletzt hat doch nur das Genuß für uns und Gewalt über uns, was uns zur innersten Harmonie zu werden vermag. Aber sie hat eine große, unabweisbare Bedingung. Man muß das Kleid jedes Vorurtheils, jedes absoluten Fertigseins mit sich selber ablegen, ehe man diese Werkstatt betritt. Sorgen Sie nicht — jenes Kleid, dessen Sie sich für einen Augenblick entäußern, werden Sie nur zu leicht wieder finden. Aber wollen Sie es wagen, den Weg mit mir zu gehen?

Ich habe in der bisherigen Darstellung den Unterschied der Persönlichkeit, die Gleichheit und Ungleichheit, als Thatsache hingestellt. Ich habe geglaubt die Frage nicht untersuchen zu sollen, welche höhere Kraft jenen Unterschied unter den Menschen erzeugt, ja zum Princip des Lebens für die an sich gleichen Persönlichkeiten gemacht hat, einen Unterschied, auf dem alles Große wie alles Kleine, auf dem alle Liebe und Hingebung, aber auch aller Haß und alles Verbrechen beruht, einen Unterschied, der das wahre Geheimniß der göttlichen Dinge auf Erden ist. Eine geradezu unendliche Perspective eröffnet sich, so wie wir die philosophische Anschauung des begrifflich Gleichen verlassen und jene Welt der Ungleichheit derselben betreten. Ich lasse sie auch hier zur Seite. Die Thatsache der Ungleichheit der Gleichen, in der die bisherige Philosophie immer nur das letztere Moment erkannt hat, steht so fest, daß wir sie als eine organische, das ist als eine von dem Wesen der Persönlichkeit geforderte, aber auch das Leben derselben bedingende setzen dürfen. Sie ist der Grundstein aller Wissenschaft des Lebens der Gemeinschaft und darum auch der Gesellschaftslehre und ihrer Rechtswissenschaft. Aber da sie das ist, so muß die Kraft welche eben jene Ungleichheit des Gleichen erzeugt, gewiß in dem Wesen der Persönlichkeit überhaupt liegen; die Persönlichkeit ist mit dieser Kraft erschlossen, weil sie durch dieselbe ihr Leben entwickeln soll. Welches ist nun die persönliche Kraft, die diese Ungleichheit der Menschen erschafft?

Ich frage nicht deßhalb darum, weil ich nach einer dialektischen Lösung suche. Sondern die erzeugte Ungleichheit ist eben die Gesellschaft, die Gesellschaft erzeugt das positive Recht, und die Wissenschaft des positiven Rechts ist das Verständniß des letzteren aus der Kraft, welche es erzeugt. Also welches ist die Kraft, die die Ungleichheit erzeugt?

Offenbar, wenn die Persönlichkeit welche jene Kraft enthält, kein einfacher sondern ein organischer Begriff ist, so wird auch jene Kraft, die ja mit ihrer Erscheinung, der Ungleichheit, das ganze Leben umfaßt, keine einfache sein, sondern dieselben Grundformen haben welche das Leben selbst hat. Sie wird daher zuerst in der natürlichen Persönlichkeit geboren und lebendig sein, dann in der schaffenden und arbeitenden, und dann in dem Selbstbewußtsein der eigenen Lebenskräfte erscheinen, und das Geheimniß dieser Grundformen jener Kraft wird das sein, daß sie als eine gleiche für alle Menschen doch für alle Menschen die große Thatsache der Ungleichheit erzeugt, und doch eben weil sie allen gemeinsam ist, wieder zur Einheit des Ungleichen, das ist zur Grundlage der Ordnung unter den Menschen wird.

Nun nennen wir die Kraft, welche zunächst die Person erzeugt, das Geschlecht. Die geistige Kraft dagegen, welche jeder Arbeit der sich durch sich selbst entwickelnden Persönlichkeit zum Grunde liegt, nennen wir den Beruf. Diejenige Kraft endlich, welche das thätige Selbstbewußtsein enthält, ist die Selbstbestimmung, die wir auch wohl mit ihrem geschäftlichen Namen die „Freiheit" nennen. Das sind die drei Grundformen der Kraft des Lebens aller Persönlichkeit.

Allein, und hier beginnt das was ich nicht mehr begründen, sondern als zweite große Thatsache neben diese erste hinstellen darf, allerdings sind diese Kräfte in jeder Persönlichkeit vorhanden und lebendig, aber sie sind auch in jeder ihrem Maße nach verschieden. Indem sich daher alle Persönlichkeit mit jenen Kräften der wirklichen natürlichen und persönlichen Welt überhaupt zuwendet, und durch sie und ihre Bethätigung ihre eigene Entwicklung sucht und findet, wird durch das ungleiche Maß jener Kräfte auch die Entwicklung der Einzelnen selbst eine ungleiche; selbst da wo das natürliche Dasein ganz gleich ist für alle; um so mehr wo auch dieß verschieden ist. So entsteht die thatsächliche Grundlage alles persönlichen Lebens, die Ungleichheit alles Gleichen.

Nun steht es aber fest, daß jeder die Bedingung der Entwicklung jedes andern ist. Er ist es daher in dem Grade mehr, in welchem er selber durch das Maß seiner Kraft höher entwickelt ist. Er wird daher die Entwicklung des andern in seinem Willen haben, und diesen seinen Willen zur Bedingung dieser Entwicklung machen, und die anderen, von ihm empfangend, werden ihm folgen. Es wird somit das verschiedene Maß, das die Verschiedenheit erzeugt hat, auch eine Gemeinschaft des Ungleichen erzeugen, in der sich der minder starke dem stärkeren unterordnet. So wird aus der Kraft, welche in der Verschiedenheit lebendig ist, die Ordnung werden. Diese Ordnung wird nun an und für, selbst da wo es sich noch gar nicht um Staat und Recht handelt, zur (psychologischen oder wirthschaftlichen) Herrschaft. Diese Ordnung und der Unterschied des herrschenden und beherrschten Elementes werden nun alle Persönlichkeiten und ihre Verschiedenheiten umfassen, und diese durch die Gemeinsamkeit des Zieles und die Verschiedenheit des Maßes der Kräfte erzeugte Ordnung, die Einheit des Ungleichen, nennen wir die Gesellschaft. Das ward schon früher gesagt.

Da nun jede jener drei Kräfte auch ihrem Wesen nach und nicht bloß in ihrem Maße verschieden ist, so vermag auch jede derselben für sich eine auf ihr beruhende, ihr Wesen zum Ausdruck bringende Ordnung zu erzeugen; und eine solche, durch eine einzelne dieser Kräfte erzeugte Ordnung nennen wir eine Gesellschaftsordnung.

Demnach gibt es drei Grundformen oder Ordnungen der Gesellschaft. Diejenige, welche durch die Kraft der natürlichen Erzeugung der Person geschaffen wird, nennen wir die Geschlechterordnung. Diejenige welche der Beruf erzeugt, nennen wir — aus historischen Gründen — am besten die ständische Ordnung, und die durch die freie Selbstbestimmung erzeugte die staatsbürgerliche Gesellschaftsordnung.

Jede dieser Ordnungen ist nun natürlich zugleich als Gemeinschaft der ihr gehörigen nicht eine ruhende, sondern eine lebendige, voll von tausend Berührungen der Einzelnen unter einander. In allen diesen Berührungen bleibt aber die einzelne Persönlichkeit. Sie fordert daher auch ihr Recht. Alle diese Ordnungen sind somit zugleich große Rechtsordnungen. Da sie aber doch jede für sich selbständige Ordnungen sind, und das Recht hier wie immer die Thatsachen des Lebens zum Ausdruck bringt, so sagen wir, daß jede dieser drei Gesellschaftsordnungen zugleich ihre Rechtsordnung habe und sei. Und nun ist die weitere Consequenz sehr einfach.

Da nämlich jede dieser Ordnungen ihre eigene Verschiedenheit erzeugt und ist, so ist es ganz unmöglich, daß die Rechtsbildung der einen Gesellschaftsordnung zugleich die der andern sei. Denn das Recht hat zwar in allen Ordnungen stets dieselbe Function, die Lebensverhältnisse rechtlich zu formuliren und zu schützen; aber da diese je nach der Kraft welche die Ordnung erzeugte, eine verschiedene Vertheilung der Güter enthalten, so wird jedes Recht als Ausdruck des wirklichen Lebens das Wesen derjenigen der drei Kräfte zu seinem höchsten Inhalte haben, welche wie gesagt, jede jener Ordnungen erzeugte; oder, das Princip für das Recht jeder der drei Gesellschaftsordnungen wird in dem Wesen derjenigen Kraft liegen, welche die letztere erzeugt; oder, jede Gesellschaftsordnung hat ihr Rechtsprincip, und bildet durch ihr eigenes inneres Leben dasselbe zu ihrem Rechtssysteme aus. Dieß heißt nun im Sinne der früheren Entwicklung, daß jede Gesellschaftsordnung ihr Strafrecht, ihr bürgerliches Recht und ihr öffentliches Recht habe, oder daß es überhaupt nie ein gleiches Recht geben kann, wo es verschiedene Gesellschaftsordnungen gibt.

Und somit wird nun auch die Wissenschaft des positiven Rechts nicht mehr mit dem allgemeinen Satze sich genügen lassen können, daß sie das positive Recht durch die Kraft begreifen muß welche seinen Inhalt bildet und es erzeugt. Sondern jeder einzelne Rechtsbegriff wird jetzt seinen Inhalt je nach der bestimmten Gesellschaftsordnung empfangen, in der er gilt; die großen Grundbegriffe des Eigenthums, des Vertrags, der Familie, der Verfassung und der Verwaltung werden zuerst nicht bloß im allgemeinen zu verschiedenen Zeiten verschiedene sein, sondern jede Gesellschaftsordnung wird ihren Begriff von Eigenthum, Vertrag, Familie, Verfassung und Verwaltung haben, und es wird dann die Aufgabe der Wissenschaft des Rechts sein, die bestimmte Gestalt dieser Begriffe durch ihr Verhältniß zu der Kraft zu erfassen, welche eben diejenige Gesellschaftsordnung erzeugt, für die jene Begriffe gelten. Und so wird es sich ergeben, daß Eigenthum, Vertrag, Familie, Verfassung und Verwaltung wesentlich anders sein müssen und thatsächlich wesentlich anders sind in der Geschlechter-, der ständischen und der staatsbürgerlichen Ordnung; oder, und darin fassen wir das Grundgesetz aller positiven Rechtswissenschaft zusammen: alle positiven Rechtsbegriffe sind ihrer Form nach gleich, ihrem Inhalte nach aber gesellschaftliche und damit je nach der Gesellschaftsordnung verschiedene Rechtsbegriffe und müssen als solche begriffen und gelehrt werden.

Ich verhehle mir keinen Augenblick den Ernst dieser Auffassung; aber die Sache wird ja nicht weniger ernst dadurch, daß wir ihr Verständniß von uns abweisen.

Kehren wir jetzt zu unserer nächsten Frage zurück.

Der erste Satz, der sich aus der obigen Entwicklung ergibt, ist nun wohl der, daß da jene drei Kräfte der Persönlichkeit gemeinschaftlich dem Wesen derselben angehören, auch ihre Erscheinungen, also die drei Gesellschaftsordnungen sich gegenseitig eben so wenig ganz ausschließen, als ihre Rechtsbegriffe und Systeme mit einander in absolutem Gegensatze stehen. Im Gegentheil liegt es in jenem Wesen jener Kräfte und ist zugleich eine geschichtliche Thatsache, daß jede dieser drei Gesellschaftsordnungen die Elemente der anderen und mithin auch ihres Rechts in sich aufnimmt und verarbeitet. Ja, nicht genug an dem; da sie schließlich doch alle eines sind, so werden wir im Gegentheil sagen müssen, daß eine bestimmte Gesellschaftsordnung um so höher steht, je klarer sie ihr Verhältniß zu den anderen versteht und die Gemeinsamkeit ihres Lebens in sich — auch in ihrem Rechte — zur Geltung bringt. Und in der That bedarf es nur eines Blickes auf die Gesittung unserer Zeit, um uns zu sagen, daß sie wesentlich darum um so viel höher steht als die alte Welt, weil unsere staatsbürgerliche Gesellschaft die Kraft gehabt hat, die Elemente der Geschlechter- und Ständeordnung wirklich in sich zu verbinden. Darin liegt der Reichthum unseres Lebens und die Breite des Unterschiedes zwischen uns und der transatlantischen Welt, daß wir zu hoch stehen, um einseitig nur den Werth einer dieser Gesellschafts- und Rechtsordnungen anzuerkennen.

Aber an diesen ersten Satz schließt sich ein zweiter, und dieser zweite eröffnet uns ein neues Gebiet.

Ist dem so, was ist dann wieder die Rechtsgeschichte? Denn in der That, jene Kräfte sind ja mit einem male da, und was sie erzeugen kann und muß daher auch ein Gleichzeitiges sein. Die Thatsache der Geschichte aber zeigt uns dagegen nicht bloß ein successives Eintreten jener Gesellschaftsordnungen mit ihren Rechtsprincipien und Rechtssystemen, sondern sie bekämpfen sich innerlich und äußerlich aufs Aeußerste. Was ist denn hier lebendig? Welches ist die Kraft, die diese Gegensätze in diesen Rechtsbildungen erzeugt?

Ich muß noch einmal — zum letztenmal — tiefer auf das Wesen dieser Dinge eingehen.

Jene Verschiedenheit mit all ihren Formen und Folgen hat die große Idee der Gleichheit nicht aufgehoben. Sie lebt als Princip fort, aber sie ist auch lebendig im Bewußtsein des Einzelnen. Sie fühlt ihren Widerspruch mit dem Bestehenden. Aber sie kann bei diesem Gefühl nicht stehen bleiben. Sie will sich ihren Inhalt durch die That herstellen. Der Kraft der Ungleichheit gegenüber wird sie selbst zur Kraft. Als solche beginnt sie ihre Erscheinungen zu erzeugen. Alle diese Erscheinungen entspringen ihr als der gemeinsamen Quelle, und finden daher auch einen gemeinsamen Namen, in ihm das gemeinsame Verständniß. Während das, was jene Kräfte für sich gedacht, erzeugt haben, die Ordnung der menschlichen Gesellschaft heißt und ist, ist das was durch die lebendige Kraft der Idee der Gleichheit erzeugt wird, die Bewegung der Gesellschaft.

Diese Bewegung ist ein Gesetz des Lebens; aber als solches erscheint es zunächst nur dem Geiste. In der wirklichen Welt aber findet sie als ihr concretes Objekt die gegebene Verschiedenheit in der Vertheilung der Güter vor. In ihr ist die wirkliche Ungleichheit da; in ihrer Aenderung allein kann die Verwirklichung der Gleichheit gegeben werden. Soll sie diese erreichen, so muß den thatsächlichen Dingen gegenüber das Princip der Gleichheit zu einer thatsächlichen Kraft werden. Das geschieht, indem zuerst die Gleichen innerhalb der Ungleichheit sich als Gemeinschaft fühlen und erkennen. So entsteht die Klasse, welche den Unterschied den sie bekämpfen will, zuerst zum Bewußtsein bringt. Wir haben sie schon oben bezeichnet.

Liegt nun die klassenbildende Kraft in derselben Natur der Persönlichkeit, welche die Ordnungen gebildet hat, so wird sie naturgemäß auch in jeder Ordnung thätig sein. Das ist, jede Gesellschaftsordnung hat wieder ihre Klassenbildung. Das erscheint als ein absolutes Gesetz für das Leben der Gesellschaft. Diese

Klassenbildung ist allerdings wieder verschieden nach der Natur der Grundlagen jener drei Ordnungen; die Geschlechterordnung bildet sie durch die Geburt, die ständische Ordnung durch den Bildungsgrad, die staatsbürgerliche durch die Unterschiede des Kapitals. Wir gehen noch nicht weiter ein; das obige Gesetz genügt hier. Allein das ist klar, daß wenn diese Klassenbildungen unbedingt in den Gesellschaftsordnungen auftreten, und diese ihrerseits zu festen Rechtsordnungen werden, das gesellschaftliche Leben bei der Klassenbildung als bloß socialer Thatsache gar nicht stehen bleiben kann, sondern daß 'das Verhältniß der Klassen selbst zu einer Rechtsordnung werden muß. Und zwar, da das Recht Strafrecht, bürgerliches Recht und öffentliches Recht ist, daß der Proceß der Klassenbildung unbedingt auch die großen Rechtsbegriffe des Verbrechens, des Eigenthums, des Vertrages, der Familie, der Verfassung und der Verwaltung zum Unterschied des Rechts nach den Klassen je nach der Natur der einzelnen Gesellschaftsordnungen führen muß. Geschieht nun dieß, so ändert sich die Natur der Klassen. Bis hierher waren sie einfache Gestaltungen des organischen Lebens der Gesellschaft überhaupt, der einzelnen Gesellschaftsordnungen insbesondere; sie waren Unterscheidungen, welche sich aus dem Leben selbst bildeten und bestimmten. So wie aber die Rechtsbildung zu ihnen hinzutritt, wird die in ihnen vorhandene, durch sie zum Bewußtsein gebrachte Ungleichheit aus einer natürlichen Thatsache zu einem Rechte, das heißt zu einem für den thätigen Willen des Einzelnen heiligen, unantastbaren Verhältniß der Persönlichkeiten untereinander; der gesellschaftliche Unterschied ist jetzt ein Recht auf den Unterschied, die Klasse ist in das Recht der gesellschaftlichen Ordnungen eingetreten, sie ist ein Rechtsbegriff und die bisher rein sociale Klasse ist eine Rechtsklasse geworden.

Und jetzt beginnt ein gewaltiger, die ganze Geschichte der Welt bewegender Proceß.

Denn in der That, erst in der Rechtsklasse ist das Princip der Gleichheit mit sich selbst in Widerspruch getreten. Es hat durch das Recht die Ungleichheit die es angreift, selber unangreifbar, heilig und unverletzlich gemacht. Der Widerspruch, der in dem Gegensatz der Gleichheit und Ungleichheit lag, ist jetzt zwar formell zu Ende; aber er ist zu Ende durch die Aufhebung der Idee der Gleichheit, und mit ihr des Lebens und der Bewegung. Die Geschichte, die Entwicklung der Menschheit steht still; der Tod beginnt. An der Gränze der Rechtsklassen hört die Berechtigung der Völker, dem Leben der Menschheit zu gehören, auf; wo immer ein Volk bei Rechtsklassen stehen geblieben ist, ist es untergegangen. Und jetzt ist auch der Kern der Antwort auf die Frage gegeben, weßhalb die an sich organischen Gestaltungen der drei Gesellschaftsordnungen nicht dauernd gewesen sind. Nicht durch ihren Unterschied und nicht an dem einfachen aber ewigen und lebengebenden Gegensatz zwischen Gleichheit und Ungleichheit sind sie gefährdet worden, sondern dadurch daß sie ihre innere Ordnung mit Rechtsklassen ausgefüllt haben. Das ist das Urtheil welches die Geschichte über sie gesprochen; wir werden ihm näher ins Antlitz schauen. Aber eine Frage bleibt — die letzte: wie ist das möglich? Wie kann die Kraft eines Princips so mit sich selbst in Widerspruch gerathen, daß sie sich selbst vernichtet? Wie kann die Gleichheit zum heiligen Recht der Ungleichheit werden?

In der That, sie kann es auch nicht durch sich allein und wird es nicht. Sondern hier tritt eine andere Macht auf, ohne welche das Leben der Persönlichkeit weder sich selbst erfüllen, noch ganz verstanden werden kann. Das ist das Interesse.

Das Interesse ist ein Begriff, der dem persönlichen Leben angehört; es gibt kein Interesse gegenüber der Natur und dem reinen Geiste. Sein Inhalt besteht darin, daß der Einzelne sich dem andern gegenüber als ausschließlichen Zweck setzt, und jenen als Mittel für sich benützt, die Entwicklung des andern der eigenen Entwicklung opfernd. Das Interesse ist daher mit dem innersten Wesen der Persönlichkeit gegeben; interessenlos ist persönlichkeitslos; es ist das ewig bewegende Element in dem Verhalten der Einzelnen zu einander; es ist das Motiv jeder That. Es ist mithin an sich maß- und gränzenlos und damit die geheime Gefahr, die in jeder That lebendig ist; denn es ist ewig die Negation jeder Begränzung durch den Andern; untrennbar vom Ich, ist es zugleich der unbedingte Gegner der fremden Selbständigkeit; erst bei ihm lernen wir in die geheimen Tiefen des Lebens der Menschen hineinschauen.

Ist dem nun so, so ist auch die ganze menschliche Gesellschaft nicht bloß eine durch Kraft und Maß, sondern auch durch die Macht des Interesses belebte und beherrschte Ordnung. In ihr wird der Unterschied, der uns erst als Princip, dann als Thatsache, dann als Recht erschien, zum Inhalt des Interesses, und die logischen Gegensätze welche die Gesellschaft erfüllen, werden zu Gegensätzen der Persönlichkeiten durch die Interessen, welche dieselben bewegen. Aus diesem Interesse der Persönlichkeit aber wird auch in der Gesellschaft die That, und in die abstracte, ruhige Ordnung der Dinge tritt mit dem Interesse die Gewalt hinein, die nach der Bedingung ihres Erfolges, der Macht, sucht; neue, zum Theil höchst ernste, ja furchtbare Erscheinungen drängen sich in den Vordergrund und die Geschichte der Welt beginnt ihren grausamsten, blutigsten Inhalt im Namen der höchsten Principien, aber auf Grundlage der zum Theil niedrigsten Interessen zu entwickeln.

Denn das Interesse in der Gesellschaft lebendig, wird naturgemäß sofort zum Gegensatz der Interessen der Klassen; jede fordert mit ihm das Höchste für sich, jede setzt durch dasselbe ihre Forderung als die höchste und absolute. So entsteht durch den Unterschied jetzt das, was wir das gesellschaftliche Sonderinteresse und in Beziehung auf die einzelnen Klassen das Klasseninteresse nennen. Der Inhalt des Klasseninteresses ist klar. Die niedere Klasse, die des geringeren Maßes der Güter, fordert das höhere Maß; die höhere fordert dagegen zuerst und vor allem die Erhaltung dessen wodurch sie eben selber die höhere ist, ihres größern Antheiles in der Vertheilung. Nun aber ist diese Vertheilung selbst nicht mit einem Schlage geschehen; sie ist durch den Proceß der wirkenden Kräfte entstanden, den wir bereits bezeichnet haben; ihre Grundlage ist die der Güter erzeugenden und erwerbenden Arbeit. Mag daher die Vertheilung sein welche sie will, die Arbeit erfaßt dieselbe, und in ihren Händen gestaltet sie sich um; derjenige der das größere Maß hat, kann es verlieren, kann aber auch noch mehr gewinnen; der das kleinere hat, kann das Gut des erstern erwerben oder von ihm ausgebeutet werden. Das Bewußtsein dieser Kraft und Bestimmung der Arbeit lebt in jedem; das Interesse an dem Werthe des Erwerbes wird zum Werthe der Arbeit, dieser zur Freude an derselben, und so tritt der Zustand ein, den wir diejenige organische Bewegung der Gesellschaft nennen, in welcher der Einzelne durch sich selbst, durch die eigene Kraft und Arbeit aus der niederen Klasse in die höhere aufsteigt, die aufsteigende Klassenbewegung. Sie ist das Zeichen eines gesunden und freien Volkes; kein Interesse und kein Gegensatz der Klassen ist gefährlich, so lange die aufsteigende Klassenbewegung auf der Arbeit beruht. Allein diese Bewegung erscheint in der wirklichen Welt doch nur als Interesse der niederen Klasse; in der höhern wird durch sie zwar nicht die Klasse als solche, wohl aber die einzelne Persönlichkeit die ihr angehört bedroht. Im Interesse des Einzelnen beginnt daher jetzt der Proceß, der die Dinge weiter führt. Zuerst erscheint dieß Interesse als Gegensatz des Gefühles; aus dem Selbstbewußtsein der höhern Klasse wird der Hochmuth, aus der Freude an der Arbeit bei der niedern das Mißvergnügen; dann entstehen zwei große Gesammtauffassungen des Lebens, in denen der Gedanke der höhern Berechtigung des Unterschiedes die natürliche Heimath bei der höhern Klasse findet, und auf die Gesammtheit aller Lebensverhältnisse sich ausbreitend, die erhaltende, conservative Richtung wird, neben der die freie, liberale den Gedanken der neuen Vertheilung durch die Arbeit vertritt — Erscheinungen die in jeder Gesellschaftsordnung Platz finden, aber ihrem Object nach, nach dem zu Erwerbenden und zu Erhaltenden, verschieden sind; in der Geschlechterordnung der Grundbesitz, in der ständischen Ordnung die Berufsarbeit, in der staatsbürgerlichen das Kapital. Noch stehen sich indeß beide als innere Gestaltungen des gesellschaftlichen Lebens gegenüber. So wie aber das Interesse zu der Erkenntniß gelangt, daß die erwerbende Arbeit trotz alledem die aufsteigende Bewegung erzeugt, entwickelt es das, was die Gefahren der Geschichte erzeugt. Es wird zum Gegensatz gegen die kapitalbildende Kraft der Arbeit selbst, weil es diese ist welche die Vertheilung ruhelos umgestaltet. Ihr aber diese ihre innerste Kraft zu nehmen, dazu gibt es nur ein Mittel. Sie muß das Recht verlieren jenen Erwerb zu machen. Ist sie rechtlos, so mag sie arbeiten; sie wird dann nur noch für die höhere Klasse erhalten, was sie früher bekämpft hat: die Vertheilung der Güter. Und doch — wie ist das möglich, da ihr eigenstes Wesen eben die durch den Erwerb, die Kapitalbildung der wirthschaftlichen und geistigen Welt war? Nur dadurch, daß die Gemeinschaft selber ihrer niedern Klasse jenes Recht der Arbeit nimmt. Die Gemeinschaft aber, um dieß zu können muß eben die Kraft des Wollens und Thuns in sich entwickeln. Sie muß zum Staate werden. So wie nun der Staat sich so aus der Gesellschaft gebildet hat, wird er, der endgültig über das Recht und also auch über das Recht der Arbeit entscheidet, damit selbst zum Gegenstand des höchsten Interesses; und so tritt jetzt der Proceß ein, in dem jede Klasse für ihr Klasseninteresse sich der Staatsgewalt zu bemächtigen strebt. Naturgemäß nun wird die höhere Klasse dieselbe gewinnen; hat sie sie aber gewonnen, so wird sie dieselbe auch ihrem Interesse dienstbar machen. Das thut sie, indem sie die kapitalbildende Kraft der Arbeit zuerst dem Interesse der höhern Klasse unterwirft, und so entsteht die Thatsache und der Begriff des Dienstes. Aber dieser Begriff ist seinem Inhalte nach noch ein wirthschaftlicher; er schließt die Kapitalbildung an sich nicht aus. Diese wird erst vernichtet, wenn die Arbeit und der Besitz rechtlich zur Kapitalbildung unfähig gemacht worden; mit dieser rechtlichen Unfähigkeit ist die Klassenbewegung nicht mehr in ihren Erscheinungen, sondern in ihren Voraussetzungen gebrochen. Diese rechtliche Unfähigkeit setzt die Staatsgewalt, die in dem Dienste der höhern Klasse ist, als Gesetz; die Ungleichheit der Klassen ist damit geltenden Rechts; die niedere Klasse, der Bedingung ihrer Entwicklung beraubt, ist grundsätzlich von der Staatsgewalt ausgeschlossen, welche ihr ihr Recht genommen; das Interesse ist zur rechtsbildenden Kraft geworden; die gesellschaftliche Rechtsbildung ist durch die Staatsgewalt in den Dienst der gesellschaftlichen Interessen getreten, und die höhere gesellschaftliche Klasse ist durch den Besitz der ihr dienenden, und ihre Interessen gegenüber der niedern Klasse zum geltenden Recht erhebenden Staatsgewalt jetzt die herrschende, die niedere Klasse die beherrschte, und dieß durch die Ordnung und das Recht geschützte Verhältniß nennen wir das der Herrschaft und der Freiheit.

So sind jetzt Herrschaft und Freiheit aus organischen Thatsachen zu socialen Rechtsbegriffen geworden; sie sind ohne den gesellschaftlichen Gegensatz und den Klassenkampf inhaltslos; Streit und Mißverständniß über das Wesen beider sind nur möglich, wo man sie aus dem abstracten Wesen der Persönlichkeit, und nicht aus der Gesellschaftslehre heraus begreifen will. So wie man beide aber auf die Elemente der Gesellschaft und ihre Rechtsordnung anwendet, so ergeben sich drei Sätze, welche ihrerseits die Erfüllung der Rechtswissenschaft in unserem Sinne zu bilden haben.

Zuerst ist es klar, daß wenn die großen Kategorien des Staatsbegriffes durch das Wesen der Persönlichkeit des Staates gegeben sind, alles positive Staatsrecht nur durch die Klassenbildung und Bewegung der Gesellschaft verstanden werden kann.

Zweitens erzeugt vermöge der Natur des Substrates jeder drei Gesellschaftsordnungen jede derselben ihre Gestalt des öffentlichen Rechts; Verfassung und Verwaltung sind anders in der Geschlechts-, der ständischen- und der staatsbürgerlichen Ordnung, und die Rechte welche von dem Interesse der herrschenden Klasse gegenüber der beherrschten festgehalten, von dieser gegenüber der herrschenden gefordert werden, sind jedesmal nach der Natur der gesellschaftlichen Ordnung bestimmt und verschieden.

Drittens aber kann, und das ist die Hauptsache, die Rechtsbildung in dem von der Gesellschaft beherrschten Staate niemals auf die Dauer bloß bei dem öffentlichen Rechte stehen bleiben, sondern das Interesse der herrschenden Klasse wird stets eben durch ihre Gewalt über den Staat plötzlich oder langsam, je nachdem eine heftige oder ruhigere Bewegung in der Gesellschaft vorausgegangen ist, das ihrem Interesse entsprechende bürgerliche Recht erzeugen und durch die Staatsgewalt zum geltenden Recht machen. Daher die Regel, daß nach jeder gesellschaftlichen Bewegung stets eine durchgreifende Gesetzgebung entsteht, welche die neue Ordnung der Gesellschaft und ihrer bewegenden Kräfte zum rechtlichen Ausdruck bringt. Wir fassen deßhalb alle Beobachtungen die sich daran knüpfen hier in dem Satze zusammen, daß jede Codification stets die Folge eines gesellschaftlichen Kampfes ist, und abgesehen von ihren einzelnen Sätzen im Ganzen nur durch diesen Kampf und das Princip das in ihm zum Siege gelangte, verstanden wird. So war es unter Lykurg, Solon, den zwölf Tafeln, den leges Barbarorum, dem dänischen Gesetz von 1685, dem Code Napoléon; so war es bei den Siete partidas, der Magna charta, den Wahlcapitulationen der deutschen Kaiser, und selbst bei den preußischen und österreichischen Gesetzbüchern; und wie uns der fertige sociale Kampf die französische Codification erklärt, so erklärt uns die Unfertigkeit der socialen Bewegung die wahre Unmöglichkeit der Reception des französischen Rechts und die Unfähigkeit zur eignen Codification. Das Erscheinen der großen Gesetzgebungen folgt daher dem Gesetze der socialen Bewegungen; hier sind tausend Gestaltungen im Einzelnen denkbar, aber das Ganze wird von dem unwandelbaren Gesetze beherrscht, daß der Inhalt jeder Codification durch den Inhalt und die Intensität der Klassenbewegung, und der Umfang derselben durch ihre Ausdehnung auf die Lebensverhältnisse der Gesellschaft bedingt und gesetzt wird. Das ist es, wodurch auch die Thatsache der Codification uns zur Erscheinung der sie erzeugenden Kraft, und damit zum Inhalte der Wissenschaft der Rechtsgeschichte wird. —

Und jetzt können wir das Gesetz für dasjenige bestimmen, was wir als die rechtbildende Kraft der Gesellschaft, ihrer Ordnungen und ihrer Klassen bisher dargelegt. Dieses Gesetz geht dahin, daß jede Gemeinschaft, in der die Staatsgewalt in der Gesellschaft liegt, zur Herrschaft der höhern und der Unfreiheit der niedern Klasse gelangen muß, welche beide in dem positiven öffentlichen und bürgerlichen Recht als Unfreiheit der Person, der Arbeit und des wirthschaftlichen oder geistigen Kapitals zur formell unverletzlichen Ordnung der Menschheit werden. Und dieses höchste Gesetz der gesellschaftlichen Rechtsbildung ist zugleich das Gesetz für den Tod der Völker auf der Erde.

Und was ist dem gegenüber das Lebensgesetz derselben?

Es liegt in dem obigen, denke ich, klar genug vor. Können und sollen wir nicht das Interesse und seine Gewalt vernichten, so muß jener Proceß der es für das Leben der Völker tödtlich gemacht hat, seine Auflösung in die Klasseninteressen und ihren Kampf und Gegensatz, dadurch bewältigt werden daß ein selbstthätiges Interesse entstehe, welches den Gegensatz der Sonderinteressen in sich aufhebt. Die Gewalt, die das allein vermag, ist die Staatsgewalt. Der Staat und eine Macht, das letzte Ziel alles gesellschaftlichen Sonderinteresses, muß sich daher von der Macht der gesellschaftlichen Interessen frei machen, und der Staat als Träger der Harmonie aller Interessen außerhalb der Gesellschaft seine persönliche Selbständigkeit finden. Dieser Gedanke, diese Erhebung des Staats über jedes Einzelinteresse, dieses Bewußtsein daß seine Freiheit von den gesellschaftlichen Gewalten die unbedingte Voraussetzung aller Freiheit der gesellschaftlichen Bewegung ist, die Erkenntniß daß er eben dadurch die unbedingte Negation der Gewalt auf der einen und der Unfreiheit auf der andern Seite ist, ist das was wir die Idee des Staats nennen, und die Würde die in dieser seiner über aller Gesellschaft stehenden Funktion liegt, ist die Staatshoheit. Ihr persönlicher Träger ist das Königthum; und die Arbeit dieser, für die freie Entwicklung der gesellschaftlichen Bewegung im höchsten in ihm zum selbständigen Bewußtsein gekommenen Staatsidee ist die Verwaltung des Staats, deren Organismus das Amt ist. Mit dem Entstehen der selbstthätigen Staatsidee beginnt daher die Epoche, in welcher die Elemente des Lebens mit dem des Todes in harmonischem Einklang zu wirken beginnen; und der Träger dieser Epoche der Weltgeschichte ist die staatsbürgerliche Gesellschaft des germanischen Europas. Sie fängt daher an mit der Scheidung ihres Königthums von der gesellschaftlichen Herrschaft der Stände über die Staatsgewalt, sie wird in dem aufgeklärten Despotismus zum Verständniß der socialen Aufgabe der jungen Staatsthätigkeit, die sich noch Regierung und Polizei nennt; mit dem neunzehnten Jahrhundert aber kommt sie zur Erkenntniß, daß die Voraussetzung aller gesellschaftlichen Freiheit und mit ihr des freien gesellschaftlichen Rechts die kapitalbildende Arbeit der einzelnen Persönlichkeit ist; diese aber bedarf wieder, auf ihren begränzten Stoff beschränkt, des unendlichen geistigen Faktors, um für ihre an sich unendliche Bewegung der Gesellschaft die geistigen und wirthschaftlichen Bedingungen zu finden; und so entfaltet sich die abstrakte Staatsidee zu dem großen organischen Gedanken durch ihre Thätigkeit, ihre Arbeit in der Verwaltung jedem Einzelnen ohne Unterschied seiner gesellschaftlichen Stellung die Bedingungen seiner wirthschaftlichen und geistigen Kapitalbildung, die Erfüllung seiner Persönlichkeit mit den Elementen der die Gesellschaft bewegenden Kräfte zu geben. Damit wird an die Stelle des gesellschaftlichen Moments des bürgerlichen Rechts das persönliche gesetzt; dieß rechtsbildende Princip der staatsbürgerlichen Gesellschaft für dieß bürgerliche Recht ist die Rechtsgleichheit, und in diesem Sinne kann man von einem „Rechtsstaate" reden. Die Verwaltung dagegen hat zu ihrem Objecte das gerade Gegentheil. Die ewig sich erneuernde Thatsache der Ungleichheit wird ihr Lebensgebiet, und in diesem ist ihr rechtbildendes Element das Princip, die Bedingungen der

Entwicklung zur Gleichheit zu geben, wo die durch das bürgerliche Recht heilig gehaltene Vertheilung dieser Bedingungen sie dem Einzelnen vorenthalten. So ist ein neues Staats- und Rechtsleben entstanden, dessen Princip im bürgerlichen Recht die Gleichheit, im öffentlichen Recht die Freiheit und dessen Basis die Selbständigkeit des Staats außerhalb und über der Gesellschaft ist. Und jetzt erst kann das bürgerliche Recht, von den Klasseninteressen befreit, seiner Idee entsprechen, und der rechtliche Ausdruck des großen wirthschaftlichen Lebens in Princip und System werden, während neben ihm das öffentliche Recht die zu Aufgabe und Inhalt des Staatswillens gewordene gesellschaftliche Arbeit der Gemeinschaft ist.

Das nun ist in seinen allgemeinen Grundlagen dasjenige was wir die Gesellschaftslehre nennen. Und jetzt wird es, denke ich mir, nicht mehr schwer fallen, die Bedeutung und den Begriff der Rechtswissenschaft in ihrem Verhältniß und Unterschiede von der Rechtsphilosophie zu bestimmen.

Wir fassen denselben aber nicht mehr in einer einfachen Definition, sondern in einer wissenschaftlichen Schlußordnung zusammen.

Alles Leben der Persönlichkeit beruht zunächst auf dem, was in allen Persönlichkeiten das Gleiche ist. Die Philosophie ist die Wissenschaft dieses Gleichen in allem; aus ihr wird Rechtsphilosophie sobald das Objekt der Philosophie als Objekt der That einer dritten Persönlichkeit gesetzt wird. Nur dasjenige ist mithin Inhalt der Rechtsphilosophie innerhalb der Wissenschaft des Lebens, was fähig ist, Gegenstand der äußern That zu sein; die Rechtsphilosophie aber wird ein Ganzes, indem dieser Inhalt als Einheit erscheint; der Rechtsbegriff entsteht, indem das Lebensverhältniß als Objekt des thätigen Willens gesetzt wird; aus jener Einheit entsteht das System, aus der Besonderheit seiner Theile die Definition im Recht; beide verdanken wir einzig und allein der Rechtsphilosophie.

Aber sie vermag nicht den Wechsel und das Werden des Rechts zu begreifen. Die Quelle beider ist der Wechsel und das Werden im Leben der Persönlichkeit. Diese selbst werden durch Gesetze beherrscht, welche an sich mit dem Recht gar nichts zu thun haben. Wir nennen sie die Gesetze der Entwicklung der Volkswirthschaft und der Gesellschaft, welche wieder im Staate sich als ein einheitliches persönliches Leben zusammen fassen. Darnach nennen wir die Wissenschaft dieses, in der Gemeinschaft sich entwickelnden persönlichen Lebens die Staatswissenschaft. Die Staatswissenschaft ist daher die Quelle alles wechselnden und damit alles zeitlichen, das ist positiv geltenden Rechts und seines Verständnisses, und wie die Rechtsphilosophie die als Recht formulirte Philosophie, so ist die Rechtswissenschaft die als Recht formulirte Staatswissenschaft.

Nun zeigt die Gesellschaftslehre, daß die wirthschaftliche Entwicklung die Gesellschaftsordnung erzeugt, daß aber die einmal erzeugte Gesellschaftsordnung die Volkswirthschaft beherrscht, indem in ihr das Interesse zum Recht wird. Es ergibt sich demnach, daß die Gesetze, welche die Ordnung und Entwicklung der Gesellschaft beherrschen, zugleich die Gesetze für die Entwicklung und Gestaltung der positiven Rechtsbildung werden, zuerst im öffentlichen Recht, dann im wirthschaftlichen oder bürgerlichen Recht und im Strafrecht. Ist dem aber so, so wird, da aller Rechtsinhalt die Consequenz des Lebens in Wirthschaft und Gesellschaft ist, die Wissenschaft des positiven Rechts nur als Theil und Consequenz der Staatswissenschaft erscheinen, welche ihrerseits in dem Verständniß des Kampfes zwischen Gesellschaft und Staat ihren höchsten Inhalt findet — oder der Inhalt der Rechtswissenschaft wird das Begreifen jedes wirklichen Rechtssatzes aus der Gesellschafts- und Staatswissenschaft sein, und es wird fürderhin als Mangel an elementarer Rechtsbildung gelten, das positive Recht und seine Geschichte aus der einfachen Thatsache seiner Geltung als Gesetz oder aus dem einfachen Begriffe des Rechts an sich verstehen und die Rechtswissenschaft in Gesetz oder Philosophie suchen zu wollen.

— Ist das wirklich wahr? —

Ist es das, so muß die Gesellschaftslehre sich als die Grundlage der europäischen Rechtsgeschichte beweisen.

III.

# Die Gesellschaftsordnungen und die Rechtsbildung.

Indem ich jetzt auf Grundlage der bisherigen Darstellung den Versuch mache, die Gesellschaftslehre der Rechtswissenschaft zum Grunde zu legen, darf ich mir vor allem nicht verhehlen, daß es absolut unmöglich ist, hier etwas Fertiges zu leisten. Nie hatte ich so lebhaft das Bewußtsein daß die Arbeit die ich vorlege nur den Werth der Anregung haben kann; so möge es denn genügen zu zeigen was in unserer Rechtslehre künftig nicht mehr möglich sein darf; das für die Zukunft sein soll, mögen mächtigere Kräfte erschaffen.

Es ist ein theoretisch ganz richtiger Satz, daß das positive Recht aller Zeiten, das ist die Erfüllung der absoluten Kategorien der Rechtsphilosophie mit den concreten Rechtsbegriffen und Sätzen durch die Gesellschaftsordnung gegeben wird. Allein soll derselbe zu wirklichen Erfolgen für die Wissenschaft führen, so ist seine erste Forderung, daß diese einzelnen Ordnungen nicht mehr im allgemeinen als die der Geschlechter, der Berufe und Stände und des Staatsbürgerthums bezeichnet werde. In der That ist das, was wir jetzt zu suchen haben, die rechtbildende Kraft jeder derselben; darum muß das was wir ihr gesellschaftliches Lebensprincip nennen, zuerst klar und bestimmt hervortreten; denn in ihm liegt die wahre Quelle des positiven Rechts und seines Verständnisses. Eine Gesellschaftslehre aber gibt es noch nicht; so wird das Folgende nur Elemente darbieten. Doch sind diese erreichbar. Allein es ist das Wesen jedes Princips, daß es in jedem Momente in beständiger Entwicklung begriffen ist; diese Entwicklung der Gesellschaftsordnung aber ist eben die Grundlage der Entwicklung des Rechts; in ihr umfaßt diese die Weltgeschichte; wird es möglich sein den Umfang zu beherrschen? Und wenn das möglich ist, so tritt ein anderes hinzu. Stünden jene Ordnungen der Gesellschaft äußerlich geschieden neben einander wie sie es innerlich sind, so wäre die Aufgabe noch leicht. Allein Europa ist der Welttheil, dessen charakteristisches Moment es ist, alle jene Ordnungen und alle Stadien der Geschichte jener Ordnungen gleichzeitig zu durchleben; es ist alles mit einem male da. Wenn nun die Grundbegriffe der Gesellschaftsordnungen schon traditionelle Gestalten in unserer Auffassung gewonnen hätten, so wären wir berechtigt vorauszusetzen, was wir jetzt erst im Princip erstreben müssen, indem wir zugleich die Consequenzen ziehen. Und wenn daher das Folgende nicht genügt, so möge man über den Fehlern die Sache selbst nicht vergessen, um derentwillen jene gewagt wurden.

Denn das Ziel, das dem arbeitenden Geiste vorschwebt, bleibt. Es gibt eine Rechtswissenschaft, und diese Rechtswissenschaft ist nun einmal nicht dieser oder jener Theil der Rechtslehre, nicht das Nebeneinander derselben, sondern ein lebendiges Ganze, dessen Lebensgesetze wir erfassen können und darum sollen. Diese Rechtswissenschaft ist eine europäische. Es ist falsch, sie in alte und neue Welt zu scheiden; es ist falsch, jeden Theil zusammenhangslos neben den andern zu stellen; es ist falsch, bei den Thatsachen der positiven Rechtsbildung stehen zu bleiben, und nicht die Lebensgesetze sich zum Bewußtsein zu bringen, welche sie gemeinsam umfassen; es ist falsch, für die Sache selbst und für die Bildung des Geistes unserer Jugend sich auf die beschränkte Auffassung vom römischen und deutschen Recht u. s. w. zu beschränken; es ist falsch, das Recht zu lehren, ohne das Bild des europäischen Rechtslebens in jedem Theile des Ganzen lebendig vor der Seele zu haben; und alles dieß ist unmöglich zu überwinden, wenn man nicht der Rechtswissenschaft Europa's das Leben, und dem Leben die Gesellschaftsordnungen zum Grunde legt. Wir haben in unserer deutschen Literatur den wunderbarsten Reichthum des Materials; wir haben in unserem deutschen Geiste die nicht minder wunderbare Kraft der Hingebung an den Beruf; machen wir uns los von den Fesseln, welche die römische Tradition um uns geschlungen, und wir werden sein, was wir zu werden fähig und berufen sind!

In diesem Sinne wage ich den Versuch, aus der Rechtsphilosophie durch die Wirthschafts- und Gesellschaftslehre eine Rechtswissenschaft zu machen. Ich muß es Ihnen überlassen, das Material zur Hand zu haben; ich wäre stolz, wenn es mir gelänge Sie zu zwingen, bei demselben nicht länger stehen zu bleiben.

Ich werde daher jetzt zuerst die Geschlechter-, dann die ständische und dann die staatsbürgerliche Ordnung in den Grundzügen ihres Rechtslebens hinzeichnen. Nur daß wir in keinem Augenblicke vergessen, daß wenn die Wissenschaft alle diese Dinge hintereinander stellen muß, die Wirklichkeit sie alle auf einmal, und eben darin den unerschöpflichen Reichthum ihres Lebens besitzt, an den sich dann noch die höhere Lebensordnung der Individualitäten in Volks- und Staatenbildung anschließt, die in der europäischen Rechtsgeschichte die Geschichte des Staatenlebens Europa's auch im Rechte zur Erscheinung bringt.

## A. Die Geschlechterordnung und ihre Rechtsbildungen.

Ich darf, indem ich jetzt bei der Geschlechterordnung beginne, eine Bemerkung voraussenden.

Es ist gar kein Zweifel, daß das was wir die Geschlechterordnung nennen, die Grundgestaltung des ganzen gesellschaftlichen Lebens Europa's ist. Sie ist so alt wie seine Geschichte, und gilt ihrem Wesen nach noch in jedem Theile desselben. Allein sie ist in allen Epochen dieser Geschichte stets eine andere. Es ist daher außerordentlich leicht sie mit dem Gefühle, und außerordentlich schwer sie mit der Wissenschaft festzuhalten. Sie hat die Fähigkeit, nicht bloß mit den andern Gesellschaftsordnungen sich leicht und innig zu verbinden, sondern auch selbst ganz neue Gestaltungen anzunehmen. Sie ist dadurch zugleich eine ungeheure Gewalt, und doch höchst schwierig im Einzelnen zu definiren. Es ist deßhalb unmöglich, sie in einem Bilde zusammenzufassen. Sie ist ein dauerndes Element des Lebens. Sie erscheint daher als eine beständig wechselnde geschichtliche Erscheinung, die doch in ihrem Kerne gleichartig, von den Urzeiten der Griechen bis zur Gegenwart reicht. Darum ist es gerade bei ihr nothwendig, sie auf ihre festen, logischen Elemente zurückzuführen, um sie allenthalben wieder finden und erfassen zu können. Für uns nun treten diese Elemente in der Form des Rechts auf. Die Lebensfaktoren der Geschlechter werden zu Rechtsbegriffen, und erst in der Form dieser gesellschaftlichen Rechtsbegriffe gestalten sie das Leben der Welt. Das Studium des Wesens und damit des Rechts der Geschlechterordnung ist die Grundlage alles Studiums der Geschichte Europa's; kein Gebiet derselben ist ohne ihren gewaltigen Einfluß verständlich, und es ist einer der größten Mängel unserer Geschichtsschreiber, Historiker sein zu wollen ohne Rechtshistoriker zu sein. Freilich ist das Geschlecht nicht bloß eine Thatsache, sondern eine organische Kraft; ich kann dieselbe nicht bloß vorstellen, ich muß sie wissenschaftlich denken. Das Recht nun ist es, das uns dazu mit seiner unerbittlichen Consequenz zwingt. Es ist unmöglich, für das Recht bei der Beobachtung stehen zu bleiben; nirgends fordert die Thatsache so sehr die Arbeit des Gedankens, als hier. Aber das Ziel ist der Arbeit werth, die wir fordern. —

Ich darf daher jetzt um so mehr ganz kurz und scharf sein, je unerschöpflicher das Gebiet ist, welches wir betreten.

Dafür nun scheint es mir von entscheidendem Werth, sich gleich anfangs vollkommen klar zu sein über die Methode, da sie allein den Stoff zu bewältigen vermag, und die Klarheit gerade über Geschlechterordnung die Basis für die ganze Gesellschaftswissenschaft ist.

Das was wir die Geschlechterordnung nennen, ist natürlich weder ein einfacher Begriff an sich, noch ist die Erscheinung dieses Begriffes immer dieselbe. Seine Entwicklung geht vielmehr in ziemlich bestimmten Formen vor sich; wir werden sie wie gewöhnlich die Epochen der Geschichte der Geschlechterordnung nennen. Ihre Scheidung erscheint allerdings als eine erste Voraussetzung der richtigen Beurtheilung dieser Ordnung überhaupt; wie tief sie in die ganze Weltgeschichte eingreift, werden Sie sofort ersehen.

Natürlich sind demgemäß die großen Epochen dieser Geschichte der Geschlechterordnung auch die Epochen ihrer Rechtsgeschichte. Sie ist die rechtbildende Kraft, und in ihrer Hand werden die an sich absoluten Rechtsbegriffe von Persönlichkeit, Eigenthum und Gemeinschaft als Strafrecht, bürgerliches und öffentliches Recht zu dem wirklich geltenden Recht, das die Welt erfüllt.

Fast die größte Schwierigkeit der Durchführung dieses Gedankens aber ist es, wie schon gesagt, dieß eigenthümliche und selbständige Geschlechterrecht von dem Rechte der andern beiden Gesellschaftsordnungen zu scheiden, die fast auf jedem Punkte sachlich und örtlich sich mit jenem vermengen. Das meiste und wichtigste dieses Theiles unserer Arbeit muß ich Ihnen überlassen; freilich ist das erst dann leicht, wenn die Rechtssysteme der ständischen und staatsbürgerlichen Gesellschaftsordnung selber erst dargestellt sind. So muß ich bei dem Anfange das Ende als bekannt voraussetzen.

## 1. Das Wesen des Geschlechts und die Elemente seiner Rechtsbildung. Erste Gestalt.

Der Punkt, bei welchem die menschliche Ordnung aus dem individuellen Leben zu einer Ordnung der Gemeinschaft wird, besteht in dem Beginne des Processes welcher aus der Familie das Geschlecht bildet. Die Familie an sich ist unfähig das Geschlecht zu erzeugen; beständig durch Tod und Ehe aufgelöst, erzeugt sie selbst wieder nur Familien. Damit das Geschlecht werde, muß ein anderer Faktor hinzutreten. Dieser Faktor ist der Grundbesitz. Die Familie als Herrin eines Grundbesitzes ist das Geschlecht. In dem Geschlechte treten daher zuerst die beiden Faktoren des ganzen Lebens der Menschheit, der persönliche und der natürliche, in ihrer Wechselwirkung auf; erst mit ihr beginnt die Weltgeschichte.

Denn der Grundbesitz ist die Form, in welcher das wirthschaftliche Leben dauernd in die Menschheit hineingreift. Von jetzt an verläßt der Besitz mit seiner ungeheuren Gewalt die Menschen nicht mehr und die Hälfte aller Geschichte wird von nun an zur Geschichte des Besitzes; an ihn schließen sich das Interesse und die Arbeit, und die Entwicklung des Lebens ist ohne die Gesetze, welche ihn beherrschen, nicht mehr verständlich. An ihm hat daher künftig auch das Recht seinen Inhalt und an seiner wirthschaftlichen und gesellschaftlichen Bewegung entsteht in der That die Rechtsgeschichte. Das Recht und die Rechtsgeschichte der Geschlechter aber beruht auf der specifischen Natur eben des Grundbesitzes, und nie gab es in der Welt eine klarere Logik als die der rechtbildenden Kraft dieser Besitzesform in ihrem Einfluß auf das Leben der Einzelnen, der Familie und der Gemeinschaft.

Denn so wie einmal der Grundbesitz mit der Familie zum Geschlecht verbunden ist, so umfaßt er die elementaren Kategorien alles Lebens der Persönlichkeit überhaupt und verschmilzt mit ihnen zu dem System der Rechtsbegriffe aller ursprünglichen Geschlechterordnung. Das was wir die erste Epoche des Geschlechterrechts nennen, ist daher in der That das Geschlechterrecht eben nur in so weit, als die weiteren gesellschaft- und rechtbildenden Faktoren, die Verschiedenheit des Besitzes, die daraus entstehenden Klassen und die gesellschaftliche Gestalt der Staatsgewalt noch nicht ausgebildet sind. Es ist ganz natürlich, daß dieß der Beginn aller Geschichte ist, so weit sie als europäische, das ist auf dem Besitz und seiner Gewalt ruhende erscheint. Und darum ist es kein Zweifel, daß sie nicht eben diesem oder jenem Volke angehört, sondern die Urgeschichte des Rechts für alle europäischen Völker, Griechen wie Römer, Germanen wie Slaven ist. Darum kann ich nicht anders als hier wieder unserer bisherigen Rechtsgeschichte einen Vorwurf machen, der ein principieller ist und als solcher sein Recht fordert.

Es ist ganz gewiß schon an sich verkehrt, nicht bloß unsere Rechtsbildung mit zwei Rechtsgeschichten, der römischen und der deutschen, zu belasten, als müßten wir Deutsche immer jenes Römerthum uns als gleichberechtigt schon in der ersten Jugend unseres Geistes uns einprägen und als gäbe es daneben in der Welt nicht auch etwas, was wir die griechische Rechtsgeschichte nennen. Wie gründlich falsch und einseitig muß dem Gedanken des Studirenden seine Rechtswelt erscheinen, wenn er von Anfang an in der Vorstellung erzogen wird, als sei dieses römische Recht eine ganz besondere Welt, als habe sein herrliches Griechenland daran gar nicht hinangereicht und als beuge sich das so viel größere germanische Leben auch jetzt noch diesem Römerthum! Aber abgesehen davon hat man durch diese falsche Auffassung übersehen gelernt, daß das älteste griechische und römische Recht denn doch weder anderes sein konnte noch wesentlich anderes gewesen ist als das der alten Germanen. Es ist im Gegentheil gar nicht zu verkennen daß, wie für die Rechtsgeschichte Europas, die Rechtsquellen des ursprünglichen Geschlechterrechts, die sich zum Theil nur in der germanischen Geschichte finden, in der That als die leitenden Rechtsquellen auch für Rom und Griechenland gelten müssen. Die Kenntniß der Geschichte der letzteren beginnt für uns erst da, wo sich schon die Klassenunterschiede der Geschlechterordnung gebildet haben und der Kampf derselben um die Staatsgewalt anfängt. Was vorher bei ihnen galt, das erfahren wir höchstens andeutungsweise, und Thucydides steht leider einsam unter den Historiographen der alten Welt. Nur bei den Germanen tritt uns das älteste Geschlechterrecht in seiner vollen Reinheit noch entgegen, und wenn wir einmal so weit kommen, von den ersten angelsächsischen Gesetzen und der ältesten deutschen Poesie in das Dunkel Griechenlands und Roms vor Theseus und Romulus hinein zu schauen, dann erst werden wir eine wahre europäische Rechtsgeschichte gewinnen. Vielleicht daß das Folgende uns das im Einzelnen näher legt; gewiß ist aber, daß es kein europäisches Rechtsbewußtsein für unsere Rechtsbildung geben kann, so lange wir nicht von den organischen gemeinsamen Elementen derselben auszugehen lernen!

Wenden wir uns nun aber zu unserem Gebiete zurück, so scheint mir ein eben so klares als einfaches Rechtsleben sich zu entfalten.

Den Akt, durch welchen die Familie sich einen dauernden Grundbesitz gewinnt und ihr wirthschaftliches Leben mit demselben verschmilzt, nennen wir die Niederlassung. Der Schritt vom Nomaden- und Hirtenvolk zum ansäßigen Volke ist nun ein so entscheidender, daß erst bei ihm die Geschichte beginnt. Und die Form dieses Beginnens ist die sofort aus dem Wesen des Besitzes sich erzeugende Rechtsbildung, die von jetzt an von dem Grundbesitz beherrscht wird. Nur muß man sich dieselbe gleich von Anfang an als eine in beständiger Entwicklung begriffene denken. Es ist gänzlich falsch, die ältesten Worte und Rechtsbegriffe gleichsam als ein stillstehendes abgerundetes Ganzes zu nehmen. Wo verschiedene Ausdrücke vorkommen, liegt stets ein oft sehr ernster historischer Proceß zwischen ihnen, den wir im einzelnen nur dadurch erkennen, daß wir beginnen, statt bei den Worten stehen zu bleiben, den rechterzeugenden Kräften zuzuschauen, welche sie und ihren Sinn gebildet haben. Hier hat unsere Rechtsgeschichte ihre Arbeit noch kaum begonnen.

Um das zu erreichen müssen wir jenen Proceß der Ansiedlung in seine einzelnen rechtbildenden Faktoren zerlegen.

Jede Ansiedlung ist eine Besitzergreifung durch eine Gesammtheit von Familien; der ἰδιοτης des Thucydides, der in dem ut fons, ut nemus placuit des Tacitus kopirt ist, bleibt Familie und bildet zwar eine Wirthschaft, aber kein Recht. Die Gesammtheit ist daher die Niederlassung; ihr gehört der Boden; in der Gemeinschaft sind die Familien gleich, aber nur die Familie ist die Person, weil nur die Familie den besessenen Grund bewirthschaften kann. Die Angehörigkeit an die Gemeinschaft aber ist daher auch nur durch den Besitz des Grundes gegeben und consequent wird wieder dieser Besitz zur Grundlage der Pflicht gegen die Gemeinschaft. In dieser Verbindung eben entsteht aus der Familie das Geschlecht; erst die besitzende Familie ist als Geschlecht zugleich ein öffentlich-, straf- und bürgerlich rechtlicher Begriff.

In dieser Gemeinschaft beginnt nun die Bewegung, durch welche der Grundbesitz die rechtliche Gestalt der ursprünglichen Geschlechterordnung erzeugt.

Jede Familie bekommt ihr „Los" zugemessen — mit der Schnur in Skandinavien (Reebsmänd); et superest ager. So entsteht gleich im Beginn die doppelte Gestalt des Besitzes, das Gemeinland, die κοινα χωρα der Griechen, die alte possessio der Römer, die Almend der Germanen und das Einzellos; mit beiden ein zweifaches Recht des Besitzes und der wirthschaftliche Keim einer zweifachen Geschichte. Betrachten wir zuerst das Einzellos.

Hier beginnt mit dem Besitz die Nothwendigkeit der regelmäßigen und einheitlichen Arbeit. Ihre Bedingung ist, daß „εἱς κυριος ἐστι"; der Vater ist das Haupt; Ackerbau ist nur möglich, wenn die andern gehorchen. Die Frau waltet im Innern; zwei Frauen sind unmöglich in der Landwirthschaft; die Monogamie ist ein landwirthschaftliches Princip und Polygamie verschwindet, wo der Ackerbau beginnt. Die Kinder gehorchen, weil die Arbeit es fordert; die Wirthschaft ist auch für Dritte Eins; sie kann auch im Verkehr nur durch Einen vertreten werden, das ist das Familienhaupt. Aber der Besitz ist der Besitz des Geschlechts; das Familienhaupt ist nur Verwalter, denn nicht er, sondern die Familie hat ihr Los bekommen. Daher stirbt die Familie nicht mehr, wenn das Haupt stirbt; der Sohn tritt an seine Stelle; fehlt der, der nächste im Geschlecht; consanguinei gibt es in keiner ursprünglichen Geschlechterordnung, noch weniger affines, sondern nur adgnati; ein Testament ist undenkbar, so lange es nur Grundbesitz gibt. Die Frau aber bedarf ihres Mannes und seines Besitzes, um zu wirthschaften; sie kann nicht erben; sie kann kein Geschlecht sein. Mit der Heirath verläßt sie daher das Geschlecht so gut als den Besitz — finis familiae; aber sie bleibt Arbeitskraft, als solche ein Theil der Wirthschaft, und daher ist von der ältesten Zeit die Brautwerbung entweder ein Raub oder ein Kauf, ob Sie Homer lesen oder noch jetzt in Mecklenburg die Hochzeit sehen. Die Einführung in das Haus des Gatten ist die Einführung in die wirthschaftliche Arbeit; bei den Griechen wie bei den Römern ist die älteste Trauung die confarreatio, das Kornsieb fehlt nirgends; noch jetzt finden wir die Spuren. So schließt sich alles innig zusammen; an die Ordnung der Jahreszeiten knüpft sich das Fest; an die Gefahren der landwirthschaftlichen Produktion die Götterlehre; die ersten Götter sind Naturkräfte, die zweiten sind landwirthschaftliche, die im Ζευς ἑρκειος, in den Lares und den Kobolden alsbald Hausgötter werden und Vieh und Korn segnen, befruchten oder verderben. Die Sitte endlich wird streng und unerbittlich wie Wetter und Wind, und der Mann wird stark im Bewußtsein seiner Herrlichkeit über das Stück Erde, das in seinen Händen sein zweites Dasein empfängt; es ist ein in sich geschlossenes Leben.

In ihm beginnt nun die Arbeit der Familie. Aus der Arbeit gehen aber zwei Dinge hervor. Zuerst das, was sich mit dem Grund und Boden als Bedingung der Produktion verbindet und doch kein Grund und Boden ist; zuerst wieder das Haus. Das Haus ist die Quelle und der Ursprung des selbständigen Eigenthums am Grund; in ihm scheidet sich das Recht des Erbauers (Bauers) von dem der Gemeinschaft, denn das Haus hat sie ihm nicht gegeben. So trennt sich jetzt das dominium, hunderte von Jahren älter als die proprietas, von der possessio, die οἰκια vom κοινον, der Bauer vom Dorfe; steht das Haus, kann ich nicht mehr theilen, mutare agros; der Baupfahl (Bopäl, die Janua) ist der Beginn des Einzeleigenthümers. An das Haus schließen sich die Betriebsbedingungen der Landwirthschaft, pecunia und familia, das Gesinde, die mancipia, die φανερα der Griechen. Allein aus dem Produkte der Arbeit erzeuge ich neue Güter, die nicht mehr Bedingungen der Landwirthschaft sind; das sind die „res,“ die Geräthe (nicht „Sachen“), das was ich für mich habe, das ἀφανης der Griechen, vor allem die Waffen, das „Heergeräth,“ die hasta des quiris, des Mannes, des vir; dann das erzeugte Gut, das mit dem Grunde nicht zusammenhängt, die Fahrniß. Damit entwickelt sich innerhalb des „Loses“, des Alods, ein ganz selbständiges Güterleben mit drei wesentlich verschiedenen Verhältnissen; einerseits in seinem Zusammenhang mit der Gemeinde, dann mit dem wirthschaftlichen Ganzen des Grundes und Bodens und endlich mit der producirenden Persönlichkeit. Das Einzeleigenthum beginnt sich vom Gesammteigenthum loszulösen und mit dieser Ablösung erscheint der an sich einfache Begriff des Eigenthums in der eigenthümlichen dreifachen Gestalt, welche wir das Geschlechtereigenthum nennen und dessen einzelne Formen je wieder ihre eigene Geschichte haben. Wie gerne verfolgte ich sie hier im Einzelnen. Doch bleibt das vorbehalten.

Indeß geht dieser Proceß der wirthschaftlichen Entwicklung noch innerhalb des Hauses und Hofes, des dominium oder der *κτησις* vor sich. Dem Willen des Dritten gegenüber ist die so entstehende Persönlichkeit nur Ein Ganzes und zwar als einheitliches Geschlecht. Es ist jenem Dritten gegenüber auf sich selbst, die eigene Kraft angewiesen; es muß sich selber helfen. Damit entsteht zuerst für die Verletzung durch Dritte die Selbsthülfe, das Faustrecht, das Recht aller ältesten Zeit. Dieß Recht wird bei der Tödtung zur Blutrache; nicht der Einzelne, sondern das Geschlecht ist verletzt; darum ist sie erblich, so weit die Geschichte reicht und gewiß mit dem Grundbesitz verbunden. Aber das Geschlecht ist aus der Familie doch eben nur durch den Besitz entstanden; ich kann daher auch einen wirthschaftlichen Ersatz nehmen; damit folgt das Wehrgeld der blutigen Rache und entwickelt sich in dem Grade, in welchem das Einzeleigen sich vom Gesammtgut ablöst. Nur muß der zur Selbsthülfe Berufene seine Zustimmung geben; daher ist es die Buße und heißt compositio. Das Verbrechen ist da, aber die Strafe nicht; das Gericht straft nicht, sondern bestimmt das Wehrgeld, bis dasselbe durch das Gesetz fixirt wird; dann hat es nur noch über die Thatsache zu entscheiden. Das ist die Grundlage alles Strafverfahrens der freien Geschlechterordnung. Es scheint mir unzweifelhaft, daß in Griechenland das Wehrgeld gegolten: ob auch in Rom, vielleicht zu Numa's Zeit? Jedenfalls ist das Wehrgeldsystem die wirthschaftliche Strafe des Verbrechens gegen die Persönlichkeit; dagegen ist die wirthschaftliche Strafe des Vergehens gegen das Güterleben die poena, deren Inhalt die culpa ist; die germanischen Compositionen haben noch beides verschmolzen; die *βλαβη τετραποδων*, die Aquilius wörtlich aus dem athenienſischen Vorbild mit seinen si quadrupes abschrieb, hat sie vom Wehrgeld schon geschieden; hätten wir die ersten zwei recensiones der lex salica, so würden sie kaum mehr enthalten als die ältesten altsächsischen Gesetze bei Schmidt. Das nun ist das erste Gebiet des Rechts der ältesten Geschlechterordnung.

Eben so einfach in seinen Grundzügen ist das zweite, die Geschlechtergestalt des bürgerlichen Rechts. Sein erstes großes Princip ist, daß anfänglich in keiner Geschlechterordnung der Welt das Eigenthum sich vom Besitze zu scheiden vermag, da eben das persönliche Eigenthum sich erst langsam vom Geschlechtereigenthum ablöst. Daher die nun einfach erklärliche Erscheinung, daß alle Worte welche „Eigenthum" bedeuten, sehr jung sind. Die Griechen haben nie ein Wort dafür gehabt; κτησις, der Grundbesitz, und κτημα, den Sachenbesitz, sind Eigenthum und Besitz zugleich. Bei den Römern löst sich wahrscheinlich das Wort dominium, Eigenthum des domus, des Hauses, erst nach den punischen Kriegen von dem des possessio los, der Eigenthümer heißt so lange „herus" und nicht dominus. Die germanische „Gewere" ist das Recht des Eigenthums aber nur gegen Dritte, nicht im Verhältniß zum ersten Eigenthümer der Gemeinschaft; das Wort Eigenthum kommt noch im ganzen Sachsenspiegel nicht vor; doch haben wir schon das „Eigen." Die saisine ist die durch den Besitz gewonnene Gewere, propriété und propriétaire sind sehr jung. Wenn an der schönen Arbeit von Gerber (die Lehre von der deutschen Familie, Ihering Jahrb. I, 60) über den Grundgedanken des deutschen Geschlechtereigenthums an Grund und Boden — „das Grundeigenthum in Deutschland hat niemals als ein Recht von unbeschränkter Freiheit gegolten — es hatte nicht bloß den Charakter eines ausschließlichen Rechts, sondern noch mehr den eines Amtes" — noch etwas zu wünschen wäre, so wäre die Bedeutung des Hauses und seines Einflusses auf das Geschlechtereigenthum, namentlich als der Beginn der späteren Zeit und ihres Rechts. Deßhalb wohl mangelt hier der Uebergang zu dem folgenden Rechtssatze. Denn aus demselben Grunde ist die Scheidung von Eigenthum und Besitz stets ein Zeichen der eintretenden staatsbürgerlichen Gesellschaft; das Recht auf das Eigenthum geht gänzlich auf in dem Recht auf den Besitz; entweder erzeugt das Eigenthum unbedingt den Besitz wie bei der vindicatio, oder der Besitz erzeugt ein Eigenthumsverhältniß ohne ein Eigenthumsrecht, wie bei der βλαβη κατ᾽ ἐξουλης in Griechenland, der Publiciana, der Uebersetzung dieser Klage ins römische — warum hat Gittermann nicht Heffter oder Mayer gelesen? — oder dem possessorium der germanischen Zeit; Labaud und Heußler haben gezeigt, daß Deutschland noch im späten Mittelalter nur das possessorium und kein petitorium hatte, freilich nur nicht für den Geschlechterbesitz, wohl für den gewerblichen; noch gegenwärtig hält der Code civil an dem Satze fest: possession vaut titre. Die Scheidung von Besitz und Eigenthum wird erst klar mit dem Auftreten der staatsbürgerlichen Gesellschaft; in Rom denke ich mir die Zeit der punischen Kriege, in Deutschland die der Klag- und Laienspiegel; keine ursprüngliche Geschlechterordnung kann sie kennen.

Das zweite große Gebiet des bürgerlichen Geschlechterrechts ist nun der Vertrag. Nirgends sind Unklarheit und Confusion der Rechtsgeschichte größer als hier. Die älteste Geschlechterordnung läßt einen Vertrag über das Geschlechtereigenthum überhaupt consequenterweise nicht zu und muß jede Uebertragung des Gesammteigenthums an den Einzelnen als „Verleihung", das beneficium des Mittelalters, erklären. Daher kommt das Wort Vertrag im ganzen Sachsenspiegel nicht vor, eben so wenig in den Etablissements, und nichts wäre verkehrter als die Meinung, als ob „contractus" oder gar pactum dem alten römischen Recht angehörte; ja das griechische Recht hat überhaupt kein Wort für Vertrag, sondern nur zehn Worte für Uebereinkommen. An der Stelle des Vertrages erscheint dagegen als Vermittlung des Verkehrs zuerst die einfache Uebergabe, bei welcher eben der Besitz das Eigenthum erzeugt und überträgt, in Harmonie mit der Auffassung des Geschlechtereigenthums. Daher genügt sie dem damaligen Recht. Das re contrahere heißt auf deutsch, daß erst die Erfüllung der Vertrag ist. Das Objekt dafür aber kann nur ein gewerbliches Produkt der Landwirthschaft sein; der Grund und Boden ist überhaupt unübertragbar. Dann beginnt der Vertrag als Willensbestimmung; aber der Contrahent war nicht freier Mann, sondern Glied des Geschlechts; er mußte daher seinen Willen vor dem Geschlecht erklären, öffentlich. Zu dem Ende mußte er genau seinen Willen aussprechen, legere; legere heißt nicht lesen, sondern öffentlich sagen, λεγειν; dazu brauchte er die formula; diese ward ausgesprochen in der legis actio, die actio ist die spätere Erscheinung, das legere das Ursprüngliche; das pater familias uti legassit heißt natürlich nicht „legiren", sondern „wörtlich aussprechen"; wird ein Mensch da an lesen denken? Alle Geschlechterordnungen, die griechische, die römische wie die germanische, haben im Anfang nur in formulis Verträge geschlossen, und hätte Sigel seine schönen Forschungen einerseits mit Markulf und anderseits mit der Tradition von Coruncanius und einigen griechischen Spuren in Verbindung gesetzt, wie viel weiter wären wir! Die sponsio ist schon ein zweites Stadium; Gajus IV. 14 hat selbst noch die unklare Vorstellung, daß sie gegenüber den legis actiones neu sei („non ut nunc sponsionis poena"); bei ihr liegt die Zuwägung des Werthes (pondus, aes et libra) als Tradition zum Grunde; der contractus ist vielleicht gleichzeitig mit der sponsio, aber schon kein Geschlechter-, sondern ein staatsbürgerlicher Vertrag ursprünglich zwischen civis und peregrinus; er ist daher überhaupt eine Vertragsform für den praetor peregrinus, während die sponsio dem urbanus angehört (propria civium Romanorum est; caeterae verborum obligationes (also auch die contractus) juris gentium sunt. Gaj. III. 93). Wie war es möglich, das zu übersehen? Die mancipatio ist dabei derjenige Vertrag durch traditio, wo das Objekt eine Bedingung der Landwirthschaft — res mancipi ist, deßhalb kann der bloße contractus das alte nudum jus Quiritium nicht brechen, eben weil er juris gentium ist; erst zur Zeit Cicero's half dagegen die exceptio doli; es muß jedes Bild der Rechtsgeschichte verwirren, wenn man übersieht zu zeigen, wie zwischen den formulis der legis actio und denen des stipulatio gewiß zwei, zwischen denen der sponsio und des contractus vielleicht wieder zwei und zwischen contractus und pactum wieder mindestens zwei Jahrhunderte gelegen haben! Das Wesen dieser Rechtsbegriffe läßt sich eben nicht aus dem Recht, sondern nur aus der Geschichte des vom Geschlechterbesitz sich ablösenden gewerblichen Besitzes und Verkehrs verstehen; sie sind ein wesentliches Stück der als Rechtsbegriff formulirten wirthschaftlichen Geschichte Roms; hier ist die römische Quelle bis jetzt noch reicher als die germanische, eben so in der inneren Geschichte des Geschlechterpfandrechts. Der nexus ist die Verpfändung der ganzen wirthschaftlichen Persönlichkeit, also vor allem des Hauptes derselben, des pater familias; er wird mit seinem Besitze zur Sache und als solche verkauft. Die fiducia ist das Pfandrecht an der einzelnen Sache, durch revocables Eigenthum hingestellt; aber da die sponsio das jus Quiritium übertrug, nur auf Treu und Glauben beruhend; hier ist meiner Ueberzeugung nach der Fall der legis actio per condictionem, die man gewiß nur durch die fiducia erklären kann, wobei das Beweisverfahren die legis actio sacramenti, der wirthschaftliche Siebenmännereid war mit den zwei Bußfüßen für die culpa, welche das Läugnen der fiducia enthält; das alte germanische Recht kennt doch wohl auch das sacramentum in solchen Fällen, nur die poena quingenaria und quinquagenaria nicht. Im pignus scheidet sich dann schon Besitz vom Eigenthum; nur jener wird als Pfand übertragen und das antichreticum ist wieder einmal ein griechischer recipirter Begriff, der übrigens bei der germanischen Pfandbestellung auch ohne Griechenland und Rom von selbst entstand. Alle diese Dinge wären weiter zu verfolgen, aber hier müssen wir bei dem Gesammteindruck stehen bleiben. Er ist nicht weniger klar für das älteste öffentliche Recht der Geschlechter.

Ist die Familie ein Geschlecht erst durch den Besitz, so folgt von selbst, daß nur die Besitzenden das Recht haben in der Gemeinschaft aufzutreten. Wer keinen Besitz hat, hat überhaupt kein öffentliches Recht. Der Grundbesitz aber ist gemeinsam; daher bilden die Geschlechter die auf demselben wohnen eine Einheit. Diese Einheit ist der χορος, der Gau, der pagus, für öffentliche Angelegenheiten; sie werden auf der ἀγορα, dem forum, der Dingstatt, verhandelt — συγχωρειν, placere, sind die Formen des Landtagsbeschlusses. Innerhalb desselben ist noch jedes Geschlecht gleich; daher gibt es noch keinen selbständigen Staatswillen, keine Gewalt Aller über den Einzelnen. Die Könige sind nur Gefolgsherren; sie werden gewählt; ein erbliches Königthum erzeugt erst die folgende Epoche. Wer nicht dem Gau angehört, ist Ξενος, peregrinus, und damit rechtlos. Erst langsam nimmt diese Gemeinschaft die Rechtsbildung in die Hand; ihr erster Rechtsbegriff ist der Friede, der die Einzelthat aufhebt; die Verletzung des Friedens wird ein eigenes Verbrechen und dieses Verbrechen beginnt allmählig der Gau selbst zu strafen; so entsteht die Friedenspolizei mit ihrer Gewalt. Wie das in der germanischen Welt gewesen, zeigen uns die Quellen; in Griechenland und Rom beginnt die Geschichte erst da, wo der Friede schon von der herrschenden Klasse verwaltet wird; doch sind gewiß die „Gesetze" eines Minos, Romulus, Numa's solche „Friedensgesetze", klar genug sind sie unter der ersten socialen Dictatur die wir kennen, der Gesetzgebung Draco's. Dann beginnt aber die gesetzgebende Thätigkeit der Landtage. Naturgemäß stellen sie keine Rechtsprincipien auf; diese sind durch die Geschlechterordnung selbst gegeben. Ihre Funktion besteht nur darin, das Maß und die Ordnung der Lebensverhältnisse in Strafrecht, bürgerlichem Recht und öffentlichem Recht festzustellen; das deutlichste Beispiel sind eben die Wehrgelder und das Erbrecht. Diese bilden daher den Inhalt aller ältesten Gesetze. Alles was auf Formel und Vertrag sich bezieht, ist schon der zweiten Epoche angehörig. Wir sollten darum endlich aufhören die Auffassung der ganzen Epoche der leges barbarorum in der ich möchte sagen unverantwortlichen Weise zu verwirren, in der wir es thun! Sie sind auf den ersten Blick in zwei große Gruppen zu scheiden, die Geschlechtergesetze mit der lex salica und den angelsächsischen Gesetzen an der Spitze, zu denen die Leges Frisionum, Anglorum et Verinorum gehören, und die staatsbürgerlich römischen Gesetze der West- und Ostgothen mit den Leges Burgundionum und Longobardorum. Es sind geradezu zwei große Rechtsepochen, die sich hier begegnen, auf der einen Seite das fortschreitende Geschlechterrecht, auf der anderen die erste große Reception des römischen Rechts in die germanische Rechtsordnung. Wann werden wir uns von der Tradition loslösen, die seit Jahrhunderten hier nichts gesehen, als Eine Erscheinung? Und doch wie schwer das ist, zeigt uns Gaupp in seiner Sorge, nur ja nicht über die Grenze seiner ausgezeichneten westgothischen Studien in die Frage hineinzugerathen wie es denn komme, daß die lex salica so ganz anders sei? — Doch genug. Wohl aber müssen wir nun den letzten Punkt, die eigentliche bewegende Kraft in diesem Leben betonen. Er ist entscheidend, denn er führt uns zur zweiten Epoche hinüber.

Wenn demgemäß der Grundbesitz dem Geschlecht Gleichheit, Stellung, Recht und Pflicht in der Gemeinschaft gibt, so ist es klar, daß die Verschiedenheit des Grundbesitzes den Quell der Verschiedenheit in der Gleichheit der Rechte und Pflichten erzeugen muß, welche die Grundlage der ältesten Geschlechterordnung ist. Die Welt- und die Rechtsordnung der im Besitz Verschiedenen können nicht dieselben sein wie die der im Besitz Gleichen. Der Grundbesitz hat die erste Gestalt des Lebens und damit des Rechts der Geschlechter geschaffen; die Verschiedenheit in seiner Vertheilung schafft die zweite.

## 2. Die zweite Gestalt der Geschlechterordnung und ihres Rechts. Die Entstehung der wirthschaftlichen und Rechtsklassen in derselben.

Wir wissen es alle, daß die bisher bezeichneten Zustände zwar gemeinsam im ganzen Europa gewesen sind, daß aber nach ihnen eine Epoche folgt, in der nicht bloß jenes Rechtssystem sich wesentlich ändert, sondern auch die heftigsten inneren Kämpfe als rechtsbildende Faktoren auftreten. Wir wissen ferner, daß dieser Proceß in Griechenland, Rom und der germanischen Welt gleichartig beginnt, aber zu höchst verschiedenen Erfolgen führt, und daß sich aus ihm drei Gestaltungen der Geschichte entfalten, über deren tiefen Unterschied man die noch tiefere Gemeinsamkeit der Grundlagen vergessen hat. Die Frage tritt jetzt an uns heran, wie nun das entstanden ist?

Für unsre, die ganze alte Geschichte umfassende Antwort brauchen wir vor allem ein Princip. Dieß Princip liegt nahe. Das Recht ist ein anderes geworden, weil die Basis des Geschlechts, der Grundbesitz, nicht mehr derselbe ist. Das Leben der Völker ist es, das ihn zu vertheilen beginnt. Die Thatsache als solche ist unbezweifelt. Ich denke, auch ihre rechtliche Consequenz wird es sein.

Denn wenn das Recht aus dem Leben entsteht, so wird das Studium des Processes, der den Grundbesitz vertheilt, das Studium der Rechtsgeschichte dieser zweiten Epoche sein müssen.

Versuchen wir es, die Grundzüge desselben hier zu zeichnen.

Im Anfange der Zeit, von der wir geredet haben, sind jene Geschlechter als Grundbesitzer grundsätzlich gleich, wenn auch nur soweit, als sie Grundbesitz für das Geschlecht empfangen haben. Bald aber erzeugt der Vater mehrere Kinder; aber das Geschlecht ist nur eines, und nur eines kann erben. Was wird aus den jüngeren Söhnen des freien Hufners? Sollen sie bei dem älteren Bruder besitzlos in Dienst treten, sich selber unterwerfend? Sie mögen es nicht. Da entstehen dann die zwei Erscheinungen, welche in allen germanischen Völkern dieselben sind. Die einen gehen zur See und treiben den Seeraub; der trojanische Krieg und die λῃστεια des Thucydides sind vollkommen dasselbe was die piratae (πειραν — sie wagen es —) der Römer und die Vikinger der Skandinaven. Zu Lande aber tritt das Gefolgswesen mit dem Herzoge auf; Hyllus und Jon sind mythenhafte Herzöge, eben so Jason zur See; die gentes sind ursprünglich Gefolge (die gens Fabia); das bekannte Wort des Tacitus — tamdiu Germania vincitur — beruht einzig auf jenen besitzlosen Söhnen der Geschlechter, die in den Krieg zogen, weil sie zu Hause keine Höfe erben konnten; die Völkerwanderungen sind Heereszüge, und nur in einzelnen Fällen wirkliche Wanderungen der Völker. Die Franken ziehen über den Rhein, die Angeln nach Britannien, die Wäringer nach Rußland, Europa ist auf allen Punkten in Bewegung. Dieselbe Unmöglichkeit in der Heimath Besitz zu finden treibt noch jetzt die Jugend über die Weltmeere, und unser Welttheil ist noch jetzt darum so groß, weil er für seine Kinder zu klein ist. So erzeugt die Beschränkung des Grundbesitzes das Völkerleben.

Aber nicht alle ziehen aus. Was bleibt denen, die in der Heimath bleiben? Was geschieht, wenn ein Geschlecht ausstirbt? Es ist kein Zweifel — jene müssen bei dem Besitzer in Dienst treten, auf fremdem Grunde arbeiten; persönlich frei, werden sie wirthschaftlich abhängig; in letzterem Falle aber erwirbt das Geschlecht zwei, drei, zehn Hufen. Die Gleichheit verschwindet, die Ungleichheit tritt ein. Und jetzt beginnt die zweite Epoche; ihr Charakter ist die Klassenbildung. Eben der Charakter dieser Klassen aber beruht wieder auf dem Wesen des Grundbesitzes, durch dessen verschiedene Vertheilung sie selbst entstanden sind.

Denn wenn der Grundbesitz an sich die gesellschaftliche Stellung gibt, so muß der Unterschied im Maße des ersteren den des Maßes in der zweiten erzeugen. Zuerst in Sitten und Gefühl; die größeren Besitzer haben die größere Achtung, die in ihrer Erscheinung zur Ehre wird; der Besitz selbst erblich, gibt dem Erben des Gutes zugleich das Erbe der Ehre; die höhere Geltung verschmilzt mit der Geburt; die εὐγενες sind naturgemäß zugleich die εὐποροι; daneben ist noch immer der Freie, wenn auch ohne Grundbesitz, ein „angesehener Mann" ϑειος — wie doch ward aus dem „angesehenen" ein „göttlicher" Sauhirt des Odysseus? Allein lange dauert das nicht; hängt er doch von dem Besitzer ab. Denn alsbald wird aus der Ehre die Macht. In der Gemeinde herrschen die Besitzenden; zunächst als Herren des eigenen

Grundes, dann aber sind sie es, die über die Almend entscheiden. Damit wird ihr Interesse wach; haben sie vermöge ihres Besitzes den größten Theil am Almend, wer hindert sie es ausschließlich zu verwalten, zu verpachten, den Pächter zu bestimmen, ihm Bedingungen vorzuschreiben, ihn auch zu vertreiben wenn es sein muß? Wer aber diese Almend pachtet, ist dem Verpächter unterthan; das ist der εὐγενεης, das Haupt des großen Geschlechts, der patricius, qui patrem ciere potest, der auch schon ein θειος — nobilis — war, ein angesehener Mann; für die Verwaltung dieser Pacht ist aber nur der Reiche dem Reichen verantwortlich; wie soll da nicht jeder zuerst seinen Besitz durch seine Macht vermehren? Schon ist so der kleine und mittlere Besitz dem größeren gegenüber machtlos; schon verschwindet die Mittelklasse, und das ganze Volk spaltet sich in zwei große Theile; da tritt nun das Moment hinzu, das dem hier beginnenden Proceß seinen specifischen rechtlichen Inhalt gibt. Das ist das Moment der verschiedenen Nationalität. Es ist der größte Unsegen aller auf den Grundbesitz angewiesenen Geschlechterordnung, daß sie es ist, welche aus dem Gegensatz der Nationalität — im weitesten Sinne auch die Stammesunterschiede umfassend — die rechtliche Unfreiheit gemacht hat, die weder die ständische noch die staatsbürgerliche Gesellschaft kennen.

Das einfache oben schon erwähnte Princip, auf welchem dieß Entstehen der Unfreiheit beruht, ist nun das der Geschlechterordnung überhaupt, daß die Besitzlosigkeit Rechtlosigkeit ist. Geräth das Geschlecht in Kampf mit dem Fremden, also besitz- und damit rechtlosen, so ist die Consequenz daß der Fremde Sklave wird wenn er in Gefangenschaft geräth. Und auf diesem Punkte beginnt nun der tiefe Unterschied zwischen der alten und neuen Welt in ihrer Klassenbildung und damit in ihrem öffentlichen Recht, trotz der vollen Gleichheit in allen übrigen Lebensverhältnissen und Rechtsbegriffen der gemeinsamen Geschlechterordnung.

In der alten Welt gehen anfangs die Eroberungen stückweise vor sich, und jeder Krieg endet daher mit der vollständigen Erwerbung des Grundes und Bodens, daher auch anfangs stets mit der Sklaverei der Gefangenen. Der Sklave aber dient nicht wie der besitzlose Freie; er arbeitet wie ein Thier, wie ein Werkzeug. Persönlich Freie oder Besitzlose und Sklaven sind daher im Anfang wesentlich verschieden; die Besitzlosigkeit aber verschmilzt sie allmählig zu einem Ganzen und die besitzlose Klasse wird ohne Unterschied als solche langsam aber sicher zur öffentlich rechtlosen. So tritt gleich anfangs in der alten Welt der harte Unterschied der Rechtsklassen aus denen der wirthschaftlichen und gesellschaftlichen Klassen heraus und läßt die Mittelklassen verschwinden. Alle Zustände und Bewegungen der alten Welt zeigen uns daher den, von den stärksten gesellschaftlichen Interessen erfüllten und bewegten Gegensatz der herrschenden und der beherrschten Klasse, der dann über das Schicksal der Staaten und ihrer Verfassungen entscheidet. Die Eroberungen der germanischen Welt dagegen geschehen so rasch und von so wenig Personen und umfassen daneben doch ein so gewaltiges Gebiet, daß die germanischen Völker die alten Besitzer auf ihrem Grund und Boden lassen mußten; sie konnten sie daher nicht zu Sklaven machen, sondern höchstens ihren Dienst fordern. Darum hat eben der Umfang des Sieges der in der Völkerwanderung lag, die Germanen vor der Anerkennung der Sklaverei bewahrt; bei ihnen bleibt die Idee des Rechts der Persönlichkeit auch für die unterste Klasse lebendig, und darin lag der Keim der hohen Entwicklung dieser Nationen, der alle ihre gesellschaftlichen Bewegungen überdauert und die Staatsidee derselben erzeugt hat. Das Gesammtergebniß aber ist, daß von jetzt an die auf den Kriegen und ihren Eroberungen beruhende Vertheilung des Grundbesitzes sich zur Basis des Rechtes der gesellschaftlichen und damit der rechtlichen Ordnung herausbildet und daß daher jetzt die Gestaltung des öffentlichen Rechts eben so vielfach und reich wird, wie die der Vertheilung der Gründe und der Herrschaft die sich daran knüpft. Es ist von jetzt an nur noch möglich, entweder auf das Einzelnste einzugehen, oder nur in den größten Umrissen die Verbindung des Grundbesitzes mit der Rechtsbildung als das Gesetz der innern Staatenbildung zu verfolgen. Wir versuchen das Letztere; denn hier kann es nur auf das Eine ankommen, die innerste Gleichartigkeit des Lebens der ganzen germanischen Welt, und daher die hohe Nothwendigkeit des Verständnisses der Einheit für die Rechtswissenschaft und Rechtsgeschichte auf die rechtbildenden Kräfte zurückzuführen, welche durch die Vertheilung des Grundbesitzes zuerst die wirthschaftlichen und dann die Rechtsinteressen der Geschlechterordnung, damit ihr Rechtssystem des freien und unfreien Rechts und damit das Ende desselben erzeugt haben.

So wie nämlich in dem Unterschied der gesellschaftlichen und Rechtsklassen der Geschlechterordnung allmählig — zuweilen auch rasch — die Mittelklasse vernichtet, beginnt das Gefühl der ursprünglichen Gleichheit seine wunderbare Arbeit; denn keine Verschiedenheit in Besitz und Recht ist in der germanischen Welt jemals stark genug gewesen, es zu vernichten. Diese Arbeit nun hat, wie alle großen Gestaltungen des persönlichen Lebens, zwei Elemente; jedes dieser Elemente hat seinen Namen, seine Erscheinungen und seinen Kampf; mit diesen ist es allgegenwärtig, und erfüllt Europa mit seinem Leben vom Anfange der

Geschichte bis zum heutigen Tage; zu rechtsbildenden Kräften aber werden jene Elemente erst da, wo sie den Staat erfassen. Das aber beginnen sie wie gesagt mit dem Augenblicke, wo durch das Verschwinden der Mittelklasse sich der Gegensatz der zwei großen Rechtsklassen herausbildet, deren Ringen die Geschichte beherrscht.

Das erste dieser Elemente ist der Haß der niederen Klasse gegen die höhere, dessen materieller Inhalt der Gegensatz der Interessen bei den Klassen ist. Das zweite ist der Versuch, durch eine zweite Form des Besitzes die verlorene materielle Grundlage für die Gleichheit in Wirthschaft und Gesellschaft wiederzufinden, die gewerbliche Arbeit. Aus beiden entsteht dann ein neuer, gewaltiger Lebensproceß, in welchem die Klassen zu den Waffen greifen, und das Recht um des Besitzes, den Besitz um des Rechts willen vergewaltigen. Das ist der Beginn der socialen Revolution der Geschlechterordnung.

So wie der Haß der niederen Klasse gegen die höhere entsteht, fordert das Interesse der letzteren, daß sie nicht bloß ihre Macht wirthschaftlich sichere, sondern sie auch sanctionire durch den Besitz der Staatsgewalt. Es ist der niederen Klasse unmöglich, diese Gewalt in ihren Händen festzuhalten. Sie fällt fast unwillkürlich, sei es in welcher Form, der grundbesitzenden Klasse in die begehrenden Hände. Aber so wie das geschieht, tritt ein neuer Faktor auf. Das höhere Wesen des Staats läßt kein Volk und keine Zeit sich mit der bloßen Thatsache der Macht genügen. Der Staat ist absolut eine Persönlichkeit; einmal vorhanden, fordert und erzeugt er unbedingt seine Organisation des Ichs, des Wollens und der That. So wie daher die höhere Klasse sich der Gewalt bemächtigt, werden allerdings jene organischen Grundbegriffe des Staats zum geltenden öffentlichen Recht, und es erzeugt sich von selbst das was wir die Verfassung und Verwaltung nennen. Die aber beruhen naturgemäß auf dem, worauf die höhere Klasse selbst beruht, dem Grundbesitz und seiner Vertheilung; und so entsteht das Lebensprincip aller Staatenbildung aller Geschlechterordnung der Welt, daß Verfassung und Verwaltung sich nach der Vertheilung des Grundbesitzes ordnen, und daß sie vermöge der Kraft des größeren Besitzes im Interesse des mächtigeren Grundbesitzes ausgeübt werden. Damit nun bildet sich das, was wir den Inhalt der Rechtsungleichheit der Rechtsklassen nennen, und zwar so daß dieser Rechtsunterschied durch das Gesetz zum öffentlichen Rechte wird. Und diesen Proceß lassen Sie uns einen Augenblick betrachten.

Das Interesse jedes Grundbesitzes ist die Vermehrung und Erhaltung der Basis seiner eignen Stellung, des Grundbesitzes selbst in den Händen der Geschlechter. Die erste Voraussetzung desselben ist naturgemäß, daß der Erwerb des Grundbesitzes für die niedere Klasse, sei es auf dem Wege der Ehe, des Erbrechts oder des Verkehrs, unmöglich werde. Das nun kann man rein wirthschaftlich nicht erreichen; so muß es rechtlich festgestellt werden. Um das zu können, muß zuerst die Verfassung und mit ihr die Gesetzgebung in den ausschließlichen Händen der höheren Klasse sein; sie schließt im Interesse ihres unerwerbbaren Grundbesitzes und ihrer darauf beruhenden Macht dann die niedere von der Rechtsbildung des geltenden Rechts aus, und setzt sich selbst als Staat. Jetzt ist sie die Staatsgewalt, und hat in ihr vermöge des Besitzes das Recht über das Recht; das Unterworfensein unter den Staat ist Unterworfensein unter sie, und jetzt ist sie die herrschende Klasse geworden. Das ist der Punkt auf welchem zuerst die Staatsidee und die Staatsgewalt in der Gesellschaft aufgehen, und damit dem Klasseninteresse dienstbar werden. Und jetzt beginnt der Widerspruch, der darin liegt, daß durch sie allein die Geschichte der Völker und ihres Rechts beherrscht wird.

Es scheint nun wohl schon nicht mehr nothwendig, die Verfassungen der auf diese Weise herrschenden Geschlechterklassen zu charakterisiren. Sie kennen sie alle. Weniger bedenkt man das zweite Element; und doch ist dieß eigentlich das entscheidende. Denn kaum besitzt jene die gesetzgebende Gewalt, so beginnt sie aus ihrer Verfassung ihre Verwaltung zu entwickeln. Sie beschließt Frieden und Krieg; sie ordnet das Heer; sie legt die Steuern auf; vor allem aber setzt sie eine Rechtsordnung, welche das Aufsteigen der niederen Klasse in die höhere unmöglich macht, indem sie Ehe, Erbrecht und Verkehr in Grundbesitz zwischen beiden Klassen für rechtlich ungültig erklärt. In keiner Geschlechterordnung der Welt hat es ein connubium und commercium zwischen der herrschenden und beherrschten Klasse gegeben, von den Spartanern bis zum neunzehnten Jahrhundert; erklärt doch noch Pfeffinger trotz allen kanonischen Rechts das matrimonium zwischen dem Adlichen und Nichtadlichen für nullum, und die Kinder für illegitimos, genau wie zur Zeit der XII. tab. Allein bei dieser Negation bleibt jene Klasse nicht stehen; sie schließt alsbald die niedere Klasse auch von der Rechtspflege aus; sie hält allein Gericht; sie beherrscht damit auch die werdende Rechtsbildung mit ihrem Interesse; dann, das Gefühl des entstehenden Hasses selber fühlend, nimmt sie der niederen Klasse die Waffen, weil sie den nahenden Kampf vorausahnt, und vertheilt die Führerschaft des Heeres nach Geburt und Besitz; ist dann das geschehen so beginnt sie, aus der Rechtlosigkeit derselben ungescheut auch die Besitzlosigkeit zu machen, damit sie selber nicht bloß alles beherrsche, sondern auch alles besitze. In Sparta werden die alten Spartaner die arbeitenden Landleute, die Heloten sind Sklaven; von den Penesten in Böotien, den Hörigen der Geschlechter, weiß schon Aristoteles, daß sie ihren Herren nur übles ansinnen; die plebeji Roms werden geknechtet durch ihre wirthschaftliche Lage, in der sie durch Zins und nexus auf das Grausamste von den patricii ausgebeutet werden; der Leibeigenschaft der französischen Hörigen, taillables de haut en bas, à la merci du Seigneur, der Patrimonialgerichtsbarkeit erinnern Sie sich; es ist dasselbe mittelklassenlose Europa der Geschlechterordnung, so weit die Geschichte reicht. Sie werden den Unterschied des Rechts der beiden Klassen, wie er sich somit auf Grundlage des Besitzes zu zwei Systemen ausgebildet hat, in seinem Wesen leicht charakterisiren; es ist das Rechtssystem des freien Rechts gegenüber dem des unfreien; das Princip des Unterschiedes, das was ihm zugleich seinen Charakter und seine Kraft gibt, besteht darin, daß das Eigenthumsrecht die Grundlage der gesellschaftlichen Herrschaft geworden ist. Und jetzt scheint der Punkt gekommen, auf dem der Gegensatz zum Kampfe, der Kampf zur socialen Revolution werden muß. Da beginnt nun der zweite Faktor, dessen wir erwähnt, seine historische Laufbahn. Es ist die gewerbliche kapitalbildende Arbeit der nichtbesitzenden Klasse. Das Gewerbe entsteht.

Es ist etwas anderes, die Geschichte des Gewerbes für sich wie Schmoller sie begonnen, und sie in ihrem Verhältniß zu der großen gesellschaftlichen Entwicklung des Grundbesitzes zu betrachten, die wir so eben dargelegt. Immer aber werden wir aus der ersteren den Satz gebrauchen, der das letztere beherrscht.

Dieser Satz besteht darin, daß das Gewerbe, um in der Geschlechterordnung die dort verlorene Freiheit wieder zu finden, sich eine neue wirthschaftliche Basis für das Recht und seine Entwicklung in einer neuen Gestalt des Eigenthums zu schaffen, die vom Grundbesitz unabhängig ist. Dieß Eigenthum ist das gewerbliche Eigenthum. Sein hoher organischer Unterschied vom Geschlechtereigenthum besteht darin, daß es nicht wie der Grundbesitz ein gegebenes und beschränktes, sondern ein unendliches ist. Das ist es, weil es durch die selbstthätige Arbeit erzeugt wird. Selbstthätigkeit aber ist gegenüber dem anderen Freiheit. Das Eigenthum der gewerblichen Arbeit ist daher durch sein innerstes Wesen die wirthschaftliche Quelle des freien Rechts, die absolute Negation der Rechtsklassen der Geschlechterordnung. Wo diese daher die Unfreiheit erzeugen, flüchtet sich die freie Persönlichkeit in die gewerbliche Arbeit, um sich hier eine neue wirthschaftliche, gesellschaftliche und damit rechtliche Ordnung zu erzeugen. So entsteht eine neue Welt mit neuem Eigenthum und neuem Recht neben der Geschlechterordnung. Das Lebensprincip derselben ist zu mächtig, um von dieser einfach unterworfen zu werden. Aber auch zu gemeinsamem Leben kann sie sich nicht verbinden. Denn im richtigen Gefühl des principiellen Unterschiedes negirt die Geschlechterordnung dem entstehenden Gewerbe jedes Recht, und glaubt es selbst und seine Quelle, die Arbeit, verachten zu müssen. Das, und nicht die Sklaverei ist der Grund des tiefen Mißverständnisses jeder gewerblichen Arbeit in jeder Geschlechterordnung, der Mißachtung des ungleichartigen Eigenthums und des neuen Rechts desselben, das wieder den Haß des Gewerbes gegen den Grundherrn erzeugt. Hier ist eine Gemeinschaft nicht denkbar. So entsteht das, was diesen Theil der Geschichte Europa's charakterisirt; beide Formen trennen sich. Nur ist diese Trennung eine verschiedene, und ohne diese Verschiedenheit ist das Leben der Völker und Staaten nicht zu verstehen. In Sparta negirt die Geschlechterherrschaft einfach den mächtigen Gegner; die gewerbliche Arbeit und ihr Werthbesitz werden geradezu verboten; in Athen bauen sich die letzteren die Stadt, und während die Reste der Geschlechter um die Akropolis wohnen, ist der Piräus die Heimath des gewerblichen Besitzes; in Rom tritt erst mit den punischen Kriegen das Werthkapital als selbständige Macht auf, und bewältigt die Herrschaft der Geschlechter; in der germanischen Welt entsteht dagegen das große System der Städte in scharfem Gegensatz zu dem der Grundherren. So wirkt das Gleiche verschieden. Nur ein Punkt wird von den Verhältnissen gleichsam erzwungen, auf dem die äußere Noth eine formale Gemeinschaft fordert; das ist das Heerwesen. In ihm wird die Verschiedenheit des Besitzes zur Grundlage der militärischen Ordnung; der Thaler wird wehrpflichtig neben dem Joch Landes, mit gleichem Recht und gleicher Pflicht. So entstehen die solonische und die servianische Verfassung; aber sie haben beide durch die Wehrordnung die Gesellschaftsordnung nicht zu bewältigen vermocht; es ist charakteristisch für beide, daß sie aus einer Verfassungsordnung zum einfachen militärischen Verwaltungsgesetz werden. Denn sie haben beide die Staatsgewalt nicht den Händen des großen Besitzes entreißen können; noch ist und bleibt der Besitz der Geschlechter das herrschende Element in Wirthschaft, Gesellschaft, Staat und Recht.

Und jetzt fassen Sie das Bild dieser zweiten Epoche zusammen.

Die Vertheilung des Grundbesitzes hat die Klassen der Geschlechterordnung erzeugt, die bereits Rechtsklassen geworden sind. Der Unterschied derselben erzeugt die zwei großen Systeme des freien und des unfreien Rechts in Strafrecht, bürgerlichem Recht und öffentlichem Recht. Die gesellschaftliche Herrschaft der höheren Klasse hat sich mit dem Titel des Privatrechts an dem eignen Besitze verschmolzen; das Element der gewerblichen Arbeit, bestimmt eine neue Ordnung zu schaffen, hat sich von der Geschlechterordnung geschieden, und steht ihr gegenüber ohne sich mit ihr zu verbinden. Die Unfreiheit der persönlichen Entwicklung ist zum geltenden Recht geworden. Das ist das Ende dieser Bewegung.

Und dennoch ist diese persönliche Entwicklung das höchste Gesetz alles Lebens — und dennoch ist anderseits die Heiligkeit des Rechts die absolute Bedingung des letzteren! Das, dieser tiefe, unlösbare Widerspruch ist der Charakter aller Zustände, welche bloß auf der Geschlechterordnung beruhen. Soll der gelöst werden, so scheint es daß es nur ein Mittel gibt. Die Menschheit muß die Gewalt gegen das Recht setzen, und mit den Waffen die Freiheit wieder erobern, die ihr durch die ewigen Gesetze der Bewegung des Eigenthums genommen sind.

Ist das möglich? — Jedoch sie thut es. In allen reinen Geschlechterordnungen kommt der Augenblick, wo die unfrei gewordene Klasse zum Schwerte greift, um ihrem Rechte Raum zu schaffen. Das ist der Bürgerkrieg. Er ist so alt wie seine Quelle, die Thatsache, daß die herrschende Gesellschaftsklasse sich der Staatsgewalt bemächtigt, um ihre Interessen zum Inhalt des geltenden Rechts zu machen. Aber der Bürgerkrieg ist verschieden wie die Gewalten die ihn erzeugen. Es ist vom höchsten Interesse das Element der Weltgeschichte, das dieses Wort bezeichnet, nicht mehr wie bisher in seiner abstracten Allgemeinheit hinzustellen. Nur zwei Worte verstatten Sie mir dafür; es ist ja auch ein Theil der Rechtsgeschichte Europa's.

Jeder erste Bürgerkrieg ist ein Kampf der herrschenden Geschlechter gegen das Geschlechter-Königthum. Dieser Kampf, an der Wiege der Staatenbildung aller Völker stehend, gehört zu den merkwürdigsten, lehrreichsten Erscheinungen der Geschichte. Wir werden dereinst, wenn die Gesellschaftslehre in die Staats- und Rechtswissenschaft eingedrungen ist, verstehen und lehren lernen, was eigentlich sich hier vollzieht. Wenn irgendwo, so sehen wir hier den Geist der Staatenbildung, die Ideen des Staats thätig und selbständig wirkend, und darum ist der Proceß den sie in ihrer ersten Jugend durchlebt, gleichartig in allen Epochen und bei allen Völkern.

Ich habe Ihnen das innerste Wesen des Königthums bereits charakterisirt. Seine erste Form ist nun das Geschlechter-Königthum.

Der Geschlechterkönig ist noch nicht eigentlich König; er ist ursprünglich seinem Wesen nach der Erste unter den Gleichen; um ihn stehen die pairs der Geschlechter, die γεροντες, die patricii, die barones. Aber kaum ist dieß Königthum geboren, als die Idee des

Staats es erfaßt. Es will mehr, es will ein anderes sein als jene. Es wird von dem Gefühle ergriffen, daß es nicht bloß das Königthum der Geschlechter, sondern auch das der Geschlechterlosen sei. Es will auch für sie sorgen; es findet in ihnen eine Macht und zugleich eine Aufgabe; es will schützen was es beherrscht. Es ist kein Zweifel, der Staat beginnt in ihm lebendig zu werden, am meisten da, wo in der gewerblichen Arbeit das Material der staatsbürgerlichen Gesellschaft sich vorbereitet. Da fühlen nun die Geschlechterherren die Gefahr, und es beginnt ihr Kampf mit dem im Königthume aufkeimenden Staate. Da nun, wo die engen Gränzen die Elemente dicht an einander bringen, bricht der Kampf frühe los; da aber wo ganze Länder den Staat bilden, geht er langsam vor sich, immer indeß mit dem gleichen Inhalt. Denn das ist allen Geschlechtern aller Zeiten klar, daß wenn der Geschlechterkönig zum wirklichen König wird, der Staat mit seiner Gewalt und seiner Funktion nicht mehr in den Händen einer gesellschaftlichen Klasse bleibt, sondern sich seine selbständige Bahn bricht. Der Punkt, auf dem in allen Reichen dieser Kampf gegen das Königthum losbricht, ist der wo dasselbe sich an die beherrschte Klasse anschließt und sich zum Vertreter derselben machen will. So wie die Geschlechterherrschaft das merkt, greift sie im Namen ihrer in ihrem Kerne gefährdeten Herrschaft zur Gewalt, und die ganze älteste Geschichte Griechenlands und Roms ist voll von geschlagenen und verjagten Königen; hinter ihnen werden die Geschlechter jetzt die unbestrittenen Erben der Staatsgewalt. Die Folge aber bleibt nicht aus. Hinter jenem ersten Hochverrath der Geschlechter an der Staatsidee tritt sofort seine Strafe ein; die zweite Art des Bürgerkrieges bereitet sich vor. Wir nennen sie kurz den Bauernkrieg.

Sie werden mir wohl erlassen, weiter über die Bauernkriege zu reden, die in der verschiedensten Gestalt immer dieselben sind, sei es daß es Kriege der Heloten, oder eine Kündigung des militärischen Gehorsams wie die secessio oder als Sklavenkrieg, oder als der germanische Bauernkrieg mit ihren Wat Tylers, Jacques bonhomme, Fadinger und wie sie heißen gewesen sein mögen. Ihr Ende ist immer dasselbe; die Macht der herrschenden Klasse hat immer gesiegt, und immer war die Folge eine nur um so härtere Unterdrückung der unfreien Klasse. Ich verfolge das Bild nicht; es ist kein freundliches.

Nur einen letzten Blick werfe ich auf die dritte Serie des Bürgerkrieges, den Krieg der Geschlechter gegen das gewerbliche Kapital. Sie kennen ihn; er ist der Krieg zwischen Land und Stadt. Er beginnt wie Sie wissen in Attika, wo Pisistratus die athieniensischen Bürger gegen die πεδιαιοι führt; im peloponnesischen Kriege erweitert er sich zum Kampfe des freien Gewerbes gegen die Geschlechterherren aller Stämme im Todeskampf zwischen Athen und Sparta, in Rom wird er zum punischen Krieg in dem nicht Europa und Afrika, sondern Grundbesitz und Geldkapital den Kampf um die Herrschaft der Welt führen; in den germanischen Ländern erscheint er in den Städtekriegen, deren gewaltigste Heimath die belgischen Niederlande sind, und setzt sich von da aus über ganz Frankreich und Deutschland fort. Aber diese Kriege haben einen andern Charakter. Sie wollen eigentlich nicht die Vernichtung des einen durch den andern, sondern mehr das gleiche Recht beider kämpfenden Elemente; sie schließen sich daher an die höhere Entwicklung der Gesellschaft und bereiten sie vor; sie nehmen namentlich auf germanischem Boden einen örtlichen Charakter an, und gehen damit in die neue Staatenbildung über. Allein eines haben sie mit den beiden ersten Formen am letzten Punkte gemein, und das ist es, weßhalb wir ihnen in der Rechtsbildung ihren Platz lassen.

Denn wieder sind es gerade die Auflösungsformen der Gesellschaft welche, die gesellschaftliche Einheit vernichtend, die staatliche wieder erzeugen. Es ist fast wunderbar anzuschauen, wie die Staatsidee, so wie die rohe Gewalt Raum gewinnt, sich in ihrer vollen Kraft erhebt, und nun mit ihrer unwiderstehlichen Macht selbst zur Gewalt wird. Sie kennen den Proceß, in dem sich dieß vollzieht; er ist das Entstehen der Dictatur. Wie der Unterschied der Rechtsklassen und die Bewältigung der Freiheit durch die Unfreiheit, so ist auch die Dictatur, diese ewige Erbin der blutigen Bürgerkriege eine welthistorische Erscheinung, und ihr Auftreten ist die Bethätigung eines die ganze Welt umfassenden Gesetzes. Ein gesellschaftlicher Kampf ist unmöglich ohne die Dictatur zu erzeugen, und immer wird in ihr die gewaltige Individualität des Dictators dem Staat selbst, möge derselbe nun Perikles, oder Augustus, oder Cromwell, oder Napoleon, oder selbst Johann von Leyden oder Rizzio oder anders heißen, ihrem Charakter aufprägen; es sind dieselben Erscheinungen der Weltgeschichte. Die Gewalt aber ist Unfreiheit; unter der Dictatur sind Grundbesitzer und Arbeiter gleichmäßig dem Herrn unterworfen. Das Erbe aber, das er zunächst hinterläßt, ist die militärische Gewalt mit ihrer naturgemäßen Funktion, dem systematischen Kriege. So schließt sich das Heer- und Kriegswesen an den socialen Kampf; mit ihm die Militärgerichtsbarkeit; an die Stelle des Gesetzes tritt der Befehl, an die des Gehorsams die Unterwerfung, und der Keim alles Lebens, die selbständige freie Persönlichkeit wird zur Gefahr und zum Verbrechen. Aber natürlich am meisten gerade für die, welche mit dem Bürgerkriege die Dictatur verschuldet haben, die herrschende Klasse. Wie diese die

Freiheit der Beherrschten und das Recht des gewerblichen Kapitals negiren, so negirt die Dictatur sie selbst; für den Dictator gibt es keine Hohen und Niederen, keine Vorrechte und Herren, denn er ist der Herr. Daher vertritt die Dictatur die formale Gleichheit mitten in aller wirthschaftlichen und gesellschaftlichen Ungleichheit; und das ist die geschichtliche Strafe der herrschenden Klassen, vollzogen durch die ewige Logik der Weltgeschichte. Aber gerade dadurch greift die Dictatur auch in die Rechtsbildung hinein. Der Charakter ihrer rechtserzeugenden Kraft ist klar genug in ihrer ganzen Stellung gezeichnet. Sie vernichtet das öffentliche Recht, und setzt sich selbst als Strafrechtsgewalt; aber für das bürgerliche Recht bringt sie das Princip der rechtlichen Gleichheit wieder zur Geltung; und so erzeugt sie das was im tiefsten Widerspruch mit dem Wesen der Persönlichkeit steht, ein unfreies Recht öffentliches Recht, das aber zugleich die erste Forderung jeder Rechtsentwicklung befriedigt, das gleiche bürgerliche Recht für alle, eine Rechtsbildung, die durch die Gewalt und um der Gewalt willen die Rechtsordnung auf das zurückführt, was eben ewig der Gewalt entzogen sein sollte. Daher zeigt uns die Geschichte aller Zeiten, daß keine Dictatur lange ohne bürgerliche Gesetzgebung geblieben ist, während sie für das Staatsleben zwar stets ein strenges Verwaltungsrecht, aber nie ein Verfassungsrecht erzeugt. Das römische Privatrecht ist das erste große Document, das diesen Satz beweist, der Code Napoléon das zweite; das ist der Punkt auf welchem die Kämpfe der gesellschaftlichen Elemente in ihrem Ausgange die freie Rechtsbildung durch die unfreie erzeugen.

Und jetzt bleibt mir nur noch übrig einen Blick auf die dritte Epoche der Geschichte der Geschlechterordnung zu werfen, auf die eigentlich germanische Welt. Hier will ich um so kürzer sein, als sich hier gleich anfangs die andern Gesellschaftsordnungen mit derselben kreuzen; es wird nur darauf ankommen zu bezeichnen, was eigentlich in dem so reichen Bilde der europäischen Rechtsgeschichte der Geschlechterordnung angehört, was den andern Faktoren.

### 3. Die germanische Gestalt der Geschlechterordnung und des Geschlechterrechts, ihre Entwicklung und ihr Ende.

Ich würde vieles erreicht zu haben glauben, wenn diese germanische Gestalt der Geschlechterordnung Ihnen nunmehr nicht etwa als eine neue Thatsache, sondern als eine jener großen logischen Consequenzen erschiene, welche uns in der Weltgeschichte mit der ehrfurchtsvollen Ahnung einer leitenden, höhern Gewalt erfüllen.

Es ist kein Zweifel, daß die germanische Geschlechterwelt mit ihren Ordnungen und ihrem Rechte im Wesentlichen keine andere ist als die griechisch-römische. Sie erklären und erfüllen sich gegenseitig; wir werden nie die eine ganz ohne die andere verstehen. Und dennoch geht die letztere unter, während die erstere besteht und mit ihren ethischen, und ein wenig auch mit ihren rechtlichen Elementen hoffentlich ewig bestehen wird. Warum?

Am Ende der griechisch-römischen Welt hat die Geschichte Europas Eine entscheidende Gewißheit gewonnen. Keine Geschlechterordnung ist durch sich selbst fähig, die freie Entwicklung zu erzeugen und zu erhalten. Jede Geschlechterordnung, stark oder schwach, mit den höchsten Gütern des Geistes ausgerüstet wie die Griechen, oder auch erfüllt mit den stärksten Charakteren welche die Geschichte kennt, wie die römische, ist fähig, den Proceß von sich fern zu halten, der in jeder Geschlechterordnung die freie Entwicklung vernichtet, den Proceß der aus den wirthschaftlichen Klassen die gesellschaftlichen und aus diesen die Rechtsklassen erschafft, und in den letzteren die Unfreiheit zum Inhalt des Privatrechts macht. Jede für sich bestehende Geschlechterordnung erzeugt daher entweder die gänzliche Auflösung des Volkes wie Griechenland, oder die militärische Dictatur wie Rom. Soll daher eine neue Welt beginnen, so muß dieselbe nicht etwa die Geschlechterordnung vernichten, denn sie besitzt Elemente welche nur sie geben kann, den Stolz des nicht bloß freien sondern unabhängigen Mannes, das innere Leben der Familie mit all seinem herrlichen Inhalt, den Gedanken der über das Einzelleben hinaus in die Zukunft der kommenden Geschlechter reicht und für sie sorgt, sich des Künftigen freuend in der Gegenwart, und zur Liebe und Verehrung der Lebenden die der Geschiedenen hinzufügend. Aber sie genügt nicht allein. Sie bedarf unbedingt für die höhere Entwicklung zuerst der beiden andern Gesellschaftsordnungen und ihrer Faktoren, für ihre Rechtsbildung aber der selbständigen Staatsgewalt. Die Aufgabe, welche der denkende Geist der Weltgeschichte sich daher nach dem Untergange der alten Welt stellt ist die, zuerst die Geschlechterordnung mit diesen beiden Elementen zu verbinden, dann die Staatsgewalt auch von der Geschlechterordnung zu trennen, indem sie die Rechtsbildung von der letzteren scheidet, die Unterschiede der Rechtsklassen aufhebt, und die Entwicklung des Lebens in die freie That der Persönlichkeit legt. Und die Lösung dieser Aufgaben ist der Inhalt der germanisch-europäischen Geschichte.

Natürlich vollzieht sich das alles nicht mit einemmale. Der Proceß aber, in welchem es sich vollzieht, ist gleichfalls kein zufälliger. Die

Gedanken des Weltgeistes werden auch hier zu Gestaltungen und Epochen der Geschichte. Ich muß versuchen sie wenigstens anzudeuten; sie bilden den Inhalt der Rechtsgeschichte Europa's, denn auch hier formulirt sich das Leben erst im Rechte zur greifbaren Gestalt, und erst in ihm wird das Werden des Unendlichen ein meßbares.

— Die große wirthschaftliche Grundlage der neuen Geschichte Europa's gegenüber der Geschlechterordnung ist die Thatsache, daß der Grundbesitz für die siegenden Germanen so groß ist, daß einerseits für alle Formen und Ordnungen Raum genug bleibt, und anderseits das Königthum neben dem Geschlechterbesitz sich frei entwickeln kann. Das Element der starken persönlichen Freiheit wird daher nicht gleich von Anfang an durch den scharf begränzten Grundbesitz erdrückt, und die Staatsidee findet im freien und selbständigen Königthum seine Heimath. Aus diesen Faktoren bildet sich die ganze Geschichte Europa's. Sie aber ist auf allen Punkten von der Geschlechterordnung durchdrungen; indeß wenn diese auch herrscht, so herrscht sie doch nicht allein; und der Kampf der drei Gesellschaftsordnungen neben ihrem gemeinsamen Kampfe der Staatsidee ist es, der in seinen Stadien die Epochen der Geschichte der Menschheit und ihres Rechts erzeugt.

Die erste dieser Epochen ist die, in welcher sich die Elemente der kommenden Geschichte selbständig neben einander stellen, aber noch strenge unter der Herrschaft der Geschlechterordnung. Sie geht bis zum Ende der Karolinger. In dieser Zeit erwächst die ständische Gesellschaft mit der Kirche zu einer ebenbürtigen Gewalt neben den Geschlechtern, die staatsbürgerliche entfaltet im ersten Städtewesen ihre Keime in gewerblicher Arbeit und ihrer ersten noch abhängigen Selbstverwaltung; das Königthum aber erfüllt sich mit dem Gedanken einer über allen Ordnungen stehenden Selbständigkeit, deren Inhalt die noch vage Vorstellung von der römischen Staatsgewalt, deren Form die Krönung durch den Pabst, deren Aufgabe aber nur noch das Heerwesen und der Friede ist. Aber gerade die unermeßliche Ausdehnung des germanischen Europa's lähmt nicht bloß jede Einheit der Gesellschaftselemente, sondern auch die des Staats und seiner Gewalt. Von Anfang an muß die junge Geschichte die Theile Europa's, und in den Theilen wieder die Theile desselben in ihrer wirthschaftlichen, gesellschaftlichen und öffentlich rechtlichen Bildung sich selber überlassen. Zwar sind diese Elemente in ganz Europa absolut gleich; aber das Verhältniß ihrer örtlichen Zusammensetzung ist verschieden. Immer sind Geschlechter, Stand und staatsbürgerliche Selbständigkeit neben einander da; aber dort herrscht der Grundbesitz, hier der Beruf, da die gewerbliche Arbeit. Das Verhältniß nun, in welchem sie sich mischen und zusammenstehen, wird dadurch zum Charakter der Individualität in der Entwicklung auf allen Punkten und so wird diese individuelle Gestaltung des Gleichartigen der Grundcharakter der Geschichte Europa's. Sie ist es, die wir allenthalben wieder finden; sie ist es auch, welche der Geschichte Europa's ihren Stempel aufprägt; denn das ist der erste wesentliche Unterschied zwischen der germanischen und der alten Welt, daß jener zu allen ihren andern Kräften noch die gewaltigste, die der Individualität in aller Rechts- und Staatenbildung hinzufügt. Und so wird jetzt Europa die Heimath nicht bloß der gewaltigsten, sondern auch der reichgestaltetsten Gesellschafts- und Rechtsbildung der Welt, deren letzte und unendliche Tiefe in ihrer Individualität ruht. Doch hier müssen wir zuerst das Gemeinsame in dem Verschiedenen ins Auge fassen.

Jener Charakter der europäischen Geschichte kommt nun im Rechtsleben dadurch zur Geltung, daß diese örtliche Bildung des positiven Rechts aus den gemeinsamen europäischen Elementen desselben, die örtliche Gestalt der Gesellschaftsordnungen, der örtliche Klassenkampf, die örtliche Rechtsgeltung durch den Grundbesitz bedingt, und daher der Geschlechterordnung angehörig ist. Sie wird durch die Natur und Gewalt ihres Besitzes aus der ursprünglich gleichartigen Ordnung, wie sie uns noch bei Cäsar und Tacitus entgegentritt, allmählig eine locale, die erst in unserm Jahrhundert durch die (beinahe) definitive Aufhebung der Gutsherrlichkeit das Ende ihrer örtlichen Gewalt über die Rechtsbildung findet. Daß unsre deutsche Rechtsgeschichte nichts von Rom und Griechenland weiß, ist ein großer Mangel; daß sie gerade mitten in dem Proceß ihres Lebens, mitten im siebzehnten Jahrhundert abbricht, und damit gänzlich außerhalb unsrer Gegenwart steht, ist noch mehr als ein großer Fehler. —

Der Beginn der Besonderung des Rechtslebens der Geschlechterordnungen sind wie schon gesagt, die Leges Barbarorum, deren tiefer, hartnäckig vernachlässigter Unterschied auf dem Unterschied in Umfang und Kraft der Elemente der römischen bürgerlichen Ordnung beruht. Neben ihnen tritt sofort mit dem Bewußtsein seiner europäischen Geltung das ständische Recht der Kreise und die thatsächliche Gleichartigkeit des Rechts der Städte auf. Und von Anfang an durchdringt diese europäische Welt das Bewußtsein, daß diese drei großen Rechtsbildungen geradezu unvereinbar sind. Warum, das weiß noch niemand. Doch die höhere Ordnung der lebendigen Kräfte bedarf unserer Erkenntniß nicht, um ihren eigenen Weg zu finden.

Allein mitten in dieser ersten Besonderung steht doch schon die wenn auch noch ganz vage Idee der Staatsgewalt als die gemeinsame Einheit da. Sie ist nicht bloß eine Thatsache, sie ist schon eine Macht. Als solche erzeugt sie ihr Recht. Dieß Recht, das Recht für das Verhältniß des freien Mannes zum König ist das Recht des Volkes auf die Bildung des Staatswillens durch die Versammlung der Geschlechterhäupter, der freien Besitzer, und zugleich das Recht des im König vertretenen Staates auf die Vollziehung dieses Willens. So stehen die beiden großen Elemente des Staatslebens, Gesetzgebung und Vollziehung, schon an der Wiege unserer Geschichte; das Gesetz, die lex, hat neben der Verordnung, den Capitularien sein Recht und seine Geltung; die Grundzüge des staatsbürgerlichen öffentlichen Rechtes sind gegeben. Allein das dritte Element, das Staatsoberhaupt, ist an sich noch inhaltslos. Will es einen Inhalt, muß es ihn da suchen, wo alles Recht ihn findet, im Grundbesitz. Darum ist der König als persönlicher Vertreter des Stammes, der ja in aller Geschlechterordnung den Grundbesitz vertheilt, das Haupt des Grundbesitzes aller Angehörigen; die Souverainetät der ältesten Zeit ist eine Form des Rechts auf jedes einzelne Grundstück, dessen Gränze nur noch gefühlt, nicht objektiv bestimmt ist. Diese objektive Bestimmung entsteht nun wiederum an den zwei Kategorien des Besitzes selbst, dem vertheilten, dem alod, und dem nichtvertheilten dem ursprünglichen dominium regis. Ueber das erstere hat er eine noch unklare Oberhoheit, für das zweite ist er Eigenthümer oder Verwalter des Stammes. Er kann dasselbe daher verleihen — nicht eigentlich verschenken, denn auch er ist ja nicht eigentlicher Privateigenthümer; das verliehene Stammland ist eben darum noch kein dominium, sondern nur ein beneficium, das nicht wegen seiner privatlichen, sondern wegen seiner öffentlich rechtlichen Natur im Namen der fides die für das beneficium gelobt ist, feod heißt. Mit der Verleihung der beneficia oder feuda, zwei Namen, das ist zwei Verhältnisse derselben Grundstücke, beginnt nun in der germanischen Welt die Verschiedenheit im Grundbesitz; der Reiche scheidet sich vom Freien; der Klassenunterschied bereitet sich vor; aber beneficium und feudum sind ursprünglich kein öffentliches, sondern ein persönliches bürgerliches Rechtsverhältniß, und in dem Mißverständniß dieses Punktes finden wir den Mangel der reichen Arbeit von Roth, der nicht festhält, daß das Wesen der beneficia nicht ohne ihre Beziehung selbst zur neuesten Gestalt des Patrimonialjurisdictiums jemals recht klar wird. Denn das beneficium ist zuletzt nur ein verliehener großer Besitz, noch nicht ein verliehenes öffentliches Recht. Erst da, wo das letztere mit dem ersteren sich verbindet, beginnt das Mittelalter. Sein rechtliches Wesen beginnt in der Auflösung des ursprünglichen

Geschlechterbesitzes an Grund und Boden in seinem Momente, die sofort selbst zu Rechtsbegriffen werden.

Denn mit den Karolingern stirbt nicht etwa das Königthum überhaupt, sondern der Gedanke, daß die königliche Gewalt noch jene Oberherrlichkeit über den Grundbesitz habe, sei dieser nun beneficium oder alodium. Der Grundbesitzer, jetzt ohne Verleihenden und ohne Oberherrn, wird jetzt als Einzelner das für seinen Besitz, was früher die Gemeinschaft durch den König und seine Macht war, das staatliche Haupt seines Besitzes; durch die Auflösung des Staats fallen alle Rechte desselben an das zurück wodurch sie selbst eben gelten, an diesen Grundbesitz, und der Grundbesitzer wird vermöge seines wirthschaftlichen Besitzes zugleich Besitzer der staatlichen Gewalten innerhalb seines Besitzes. So ist jetzt das Recht auf den Besitz des Grundes zum Recht auf den Besitz dieser staatlichen Gewalt geworden, und zwar ohne einen Klassenkampf; das öffentliche Recht ist Privateigenthum, das Privateigenthum ist öffentliches Recht; der Staat ist mit dem Einzelnbesitz identificirt; und diese Identificirung erzeugt den Begriff der Grundherrlichkeit. In ihr sind die Rechte des Staats, obwohl die karolingische Epoche sie nur im Keime angedeutet hat, Gericht, Waffen, Steuer und Polizei, zum Privatrecht des Besitzers geworden. Nur der Grundbesitz kann dieselben geben; indem er sie aber verleiht, ändert er seinen Charakter; er gibt nicht mehr wie früher bloß die gesellschaftliche Herrschaft unter den rechtlich Gleichen, sondern ein Sonderrecht, eine Klasse, welche vermöge ihres Besitzes das öffentliche Recht zu ihrem Eigenthum macht. Das ist die Klasse der „Herren" gegenüber den „Freien", die noch dem gemeinsamen Willen des Gaues sich unterwerfen, den Mittelfreien, die persönlich frei, unfreien Besitz haben, den Unfreien, die nie frei gewesen sind. Damit spaltet sich die Geschlechterordnung in ihre Mehrzahl von Klassen; jede dieser Klassen hat wieder das Interesse die zunächst unter ihr stehende zu unterwerfen, womit denn die andern von selbst folgen; aus dem Interesse wird der Kampf; das Princip desselben ist in ganz Europa gleich, aber seine Gestalt ist in jedem Lande, an jedem Orte verschieden, weil Zahl und Kraft aller Klassen verschieden sind; gemeinsam ist nur, daß nirgends mehr die Staatsgewalt diesen Kampf bewältigt; jeder Grundherr ist Staatsgewalt auf seinem Grunde; und so wird der Kampf aller gegen alle selbst zum Recht als das Faust- und Fehderecht, die streng juristische Consequenz der staatlosen Grundherrlichkeit, das unbezweifelte öffentliche Recht des Mittelalters. Das ist die zweite Epoche der Geschichte der Geschlechterordnung.

In diesen Untergang aller Ordnung tritt nun die Staatsidee wieder hinein, getragen von der Kirche, aber ihr Recht suchend in dem ältesten Gedanken der Geschlechterordnung, daß die Gemeinschaft zuletzt die Vorläuferin des Grundbesitzes sei. Es ist wahr, der König will nicht mehr Geschlechterkönig sein, sondern er ist der Staat selbst; ist er es aber, so ist er jetzt das Haupt alles Eigenthums am Grundbesitz, nicht weil er ihn verliehen hat wie einst im beneficium, sondern obgleich er ihn nicht verliehen hat; denn er ist die persönliche Gemeinschaft aller Besitzenden. Damit spaltet sich der Begriff des Eigenthums in das Verhältniß zum Könige und zum Einzelnen. Es gibt ein königliches, ein Ober-Eigenthum, ein dominium eminens neben dem dominium utile, dem bürgerlichen Eigenthum. Aller Grundbesitz ist jetzt beides zugleich; aller Grundbesitz hat daher jetzt auch ein doppeltes Recht, und das Wort dominium jenen doppelten Sinn, der die bekannte Anekdote vom Martinus in Bologna erzeugt hat. Das erste Recht ist das Lehnsrecht, dessen Grundgedanke eine nachweisbare Verleihung ist, das zweite das Allodialrecht, wo an die Stelle der nachweisbaren Verleihung die allgemeine Unterordnung unter den König tritt. Jeder dieser Begriffe an sich klar, erzeugt nun sein eigenes Privatrechtssystem; zusammen aber bilden sie das Privatrecht der ganzen Klasse, welche vermöge ihres Grundbesitzes staatliche Rechte besitzt. Sie ist die herrschende Klasse, und das öffentliche Recht, einmal auf das Privatrecht am Besitz basirt, wird damit auch erblich wie dieser und zum Recht des einzelnen Geschlechts. Ein solches Geschlecht heißt jetzt ein adliches; der Adel ist nicht der εὐγενης oder patricius, sondern der durch seine Abstammung Bevorrechtete; aus einer Geschlechterklasse wird er ein Stand; sein Inhalt ist nicht mehr wie in Griechenland und Rom eine Macht, sondern ein Recht; dieß Recht, vom Besitz ausgehend, umfaßt das ganze Leben; mit ihm scheidet sich daher das Geschlechterrecht in zwei große Rechtssysteme überhaupt, das adliche und das unfreie Recht, und zwar sowohl für das Strafrecht, das bürgerliche Recht, als das öffentliche Recht; die Herrschaft des Adels ist zu einer rechtlich organisirten geworden. Alles das aber ist nicht mit einemmale da, nicht gleichmäßig an allen Orten, nicht gleichzeitig entwickelt. Es ist auch nicht durch Gesetze eingeführt, sondern durch den Entwicklungsproceß der Geschlechterordnung von selbst entstanden; es erscheint nicht mehr als Willkür und Gewalt, sondern als Thatsache; diese Thatsache liegt dem ganzen Rechtsleben zum Grunde; man muß sie vor allen Dingen kennen, und das ist nicht leicht. Daraus entsteht nun die Arbeit, welche das zwölfte und dreizehnte Jahrhundert charakterisirt, nicht eine juristische Deduction als eine Gesetzgebung, sondern eine Aufzeichnung der Verhältnisse der Geschlechterordnung als Recht formulirt, die Rechtsbücher dieser

Glanzepoche der Klassenherrschaft der germanischen Geschlechterordnung. Sie treten alsbald in allen Hauptstaaten Europas auf; in England sind es Fleta, Granville, Bracton, die Autoren der Leges Angliae; in Frankreich die Sammler der Assises de Jérusalem und der Etablissements, in Deutschland vor allem der Sachsenspiegel, dann seine Nachahmungen. Es ist klar, daß Griechenland und Rom etwas Aehnliches weder hatten noch haben konnten, denn in dieser Epoche der germanischen Welt ist dieselbe nicht wie jene im gesellschaftlichen Kampfe mit den andern Klassen, sondern in unbestrittener Herrschaft, und die Rechtsbücher sind die einfache Aufzeichnung des Rechts das sich für Strafe, Besitz, Verkehr, Erb- nnd Familienrecht und Form und Maß der Unterordnung unter das Geschlechtshaupt und sein Obereigenthum, die Lehnsherrschaft, aus jenem Zustande der herrschenden Klassen ergab. Eben deßhalb tragen sie alle denselben Charakter an ihrer Stirn. Sie enthalten weder Principien noch Begriffe, sondern nur anerkannte, geltende, zu Recht gewordene Ordnungen der Geschlechter und ihrer Besitz- und Verkehrsverhältnisse; in ihnen ist nirgends mehr ein Grundsatz, sondern höchstens eine Thatsache fraglich, und ihr Gesammtresultat ist, daß die Geschlechterordnung mit ihrer inneren Entwicklungsfähigkeit bei ihrer Gränze angelangt ist. Das Europa der Geschlechterordnung beginnt in seinem Privatrecht zu erstarren; soll die Geschichte nicht zur Auflösung werden, so müssen jetzt die andern Gesellschaftsordnungen eintreten und der Staat sich seinerseits in seiner Majestät über alle zugleich erheben.

Und das geschieht. Gerade in derselben Zeit, wo die Geschlechterordnung sich zur reinsten Form in ihren Rechtsbüchern zusammenfaßt, gibt es eigentlich schon nirgends in Europa eine reine Geschlechterordnung mehr. Allenthalben treten die Berufsstände unwiderstehlich neben die Geschlechter und zwingen sie, selbst zum Stande zu werden. Allenthalben stellen sich die Städte ihnen gegenüber, verjagen sie aus ihren Mauern und lassen ihnen nur ihre Grundherrlichkeiten als ihre Heimath. Allenthalben sind sie, die einst das Ganze waren, zu einem Theile geworden; die ständische Ordnung beginnt zu herrschen und das Geschlechterrecht dem ständischen und seinem Staate zu unterwerfen. Nur auf einem Punkt erhält es sich; auf demselben, auf dem es entstanden ist. Das ist die örtliche Gränze der einzelnen Grundherrlichkeiten. Hier hat jene Herrschaft entschieden über die andern Klassen der Geschlechterordnung zu siegen gewußt; sie vermochte es, weil sie hier nur den gleichartigen Elementen gegenüberstand; der Grundherr, der kleinsten Stadt und dem niedrigsten Geistlichen gegenüber machtlos, hat allenthalben auch den stärksten Bauernstand leicht bewältigt. Der

Grundbesitz, der Vater so großer Dinge, ist aus der Heimath der Freiheit zur Heimath der Unfreiheit, aus dem Sitz des Reichthums zum Sitze der Armuth geworden; das „Land" der Geschlechter, von der Geschichte verlassen, die nur noch in den andern Gesellschaftsordnungen und ihrem Kampfe mit der jungen Staatsgewalt zu leben scheint, ist todt; Noth und Elend beginnen zu herrschen, der „Bauer" wird ein Schimpfwort, und der Fluch der auf der Herrschaft der Geschlechter ruht ist ein so schwerer, daß noch am Ende des vorigen Jahrhunderts deutsche Gelehrte ersten Ranges wie Runde in kläglichem Verkennen der Geschichte die Rechtspräsumtion aufstellen konnten, daß der Bauer unfrei sei bis das Gegentheil bewiesen werde. In dieser traurigsten aller Epochen flüchtete sich der letzte Rest der persönlichen und wirthschaftlichen Freiheit auf dem Festlande in das wirthschaftliche Privatrecht der beherrschten Geschlechterklassen, eine rechtliche Gränze für die zur Willkür gewordene Herrschaft der Grundherren suchend. Das ist das Streben, mit dem die Dorf- und Bauernrechte aller Art, die Weisthümer, Bauernsprachen, Taidinge, die Coutumes in Frankreich, ähnliche Erscheinungen in Skandinavien hervorgehen. Sie entfalten allenthalben die Entwicklung der Unfreiheit an Person und Besitz zu einem eigenen Rechtssystem, und dieses Rechtssystem der unfrei gewordenen Geschlechterklassen ist es, das nachdem mit dem siebzehnten Jahrhundert die herrschende Klasse an das Königthum ihre öffentlichrechtliche Stellung verloren hat, jetzt den Inhalt des adlichen Rechts, den Inhalt des Rechtsbegriffes der Grundherrlichkeit bildet. Auf dieses letzte, enge, und doch an Elend, Armuth und tiefem sittlichem Unrecht so reiche Rechtsgebiet zieht sich mit dem achtzehnten Jahrhundert das einst so große und herrliche Geschlechterrecht zurück; es fällt, unfrei und unwürdig seines Namens, wieder hinab in das „Dorf", von dem aus es vor anderthalb Jahrtausenden die gewaltigen Sieger über die römische Welt ausgesendet; das ganze Geschlechterrecht ist ein bloßes elendes Herrenrecht über das Dorf geworden, das selbst wieder nur zum „Gute" gehört — und dieses Recht, diese Carrikatur seines eigenen Ursprungs, dieser letzte Scherben der Geschichte unseres Volkes bildet seit zweihundert Jahren den Haupttheil dessen was unsere Disciplin das „deutsche Privatrecht" oder „deutsche Rechtsalterthümer" nennt und als solche lehrt! —

— Begreifen Sie jetzt, weßhalb vor hundertfünfzig Jahren selbst ein Heineccius sich von diesem Jus germanicum mit Unwillen abwandte und warum nicht minder sich unsere Zeit weigert, das als unser eigentliches Privatrecht anzuerkennen, lieber selbst dem fremden römischen Recht sich zuwendend? —

So ist nun dieß zu Ende. Die Frage ob in Europa die Geschlechterordnung sich selber zu genügen und die Keime ihrer Freiheit zu erhalten und zu entwickeln vermöge, ist historisch verneint. Der edlere Geist der germanischen Völker hat das begriffen. Schon seit einem halben Jahrtausend brachen auf allen Punkten die Gewalten hervor, welche die neuen Gesellschaftsordnungen und mit ihnen neue Rechtsprincipien und Begriffe erzeugen, und was wir jetzt darstellen, ist schon seit dem dreizehnten Jahrhundert ein gleichzeitiger Lebensproceß der germanischen Welt, den wir nunmehr in seine Faktoren aufzulösen haben.

## B. Die ständische Gesellschafts- und Rechtsordnung.

### 1. Beruf und Berufsordnung.

Wenn ich jetzt von der Geschlechterordnung zu der zweiten großen Gestalt der Gesellschaft, der ständischen Ordnung, übergehe, so wird es bei weitem größere Schwierigkeiten haben, Begriff und Wesen der Sache festzustellen, als ihre allgemeine Bedeutung zur Geltung zu bringen. Die großen Thatsachen die sie enthält, kennen Sie; es kann nur noch darauf ankommen, sie in ihrer inneren und äußeren Harmonie mit der Rechtsgeschichte Europa's zu charakterisiren, und die Kräfte welche die ständische Gesellschaftsordnung in ihrem tiefen, viel zu wenig beachteten Unterschiede von der Geschlechterordnung erzeugt haben, zugleich als die rechterzeugenden Faktoren in ihrer ganz Europa bewegenden Wirksamkeit zu zeigen.

Stand und ständisches Recht sind keine abgeschlossenen Thatsachen oder Begriffe, so wenig wie Geschlecht und Geschlechterrecht. Beide Worte bedeuten vielmehr einen Entwicklungsproceß voll von Leben, Kampf und Werden; es ist eine zweite Welt der wir hier begegnen, und Sie müssen auch hier, wollen Sie sie verstehen, die gewaltige Arbeit dieses Theiles der Geschichte gerade wie bei der Geschlechterordnung in sich zum zweitenmale vollziehen.

Die Voraussetzung dafür ist, daß Sie auch diese Gesellschaftsordnung in ihrem letzten Kerne erfassen, und der Gestaltung zuschauen die sich aus dem abstracten Princip desselben entwickelt. Dieser Kern ist der Begriff und die Kraft des Berufs. Ist dieser Begriff einmal da und wirkt er in der lebendigen Wirklichkeit der Gesellschaft, so erzeugt er wieder im tiefen Gegensatze zum Geschlechte seine eigene, die ständische Gesellschaftsordnung.

Die Bildung und mit ihr das Recht der ständischen Gesellschaftsordnung sind daher gleichfalls zuerst ein streng logischer Gedanke der Geschichte. Lassen Sie mich ihn darlegen bevor wir zu den Thatsachen und zum positiven Recht übergehen.

Der Beruf an sich hat mit dem Geschlechte gar nichts zu thun. Er ist seinem Wesen nach die Hingabe der gesammten geistigen Kraft an eine bestimmte Lebensaufgabe, die Erfüllung des ganzen Seins, der ganzen Arbeit mit der Idee dessen, was ich mit meinem irdischen Wirken vollbringen will, das Erheben über das Zufällige und Aeußere in dem Bewußtsein einer höheren, göttlichen Ordnung und Bestimmung, die Befriedigung und der Genuß in dem Erkennen, daß auch ich berufen bin, für das Erhabenste und Ewige mitzuarbeiten. Während das Geschlecht daher ein physischer Faktor ist, ist der Beruf ein geistiger. Während aus jenem eine materielle Macht entsteht, erzeugt dieser eine ethische. Und diese ethische Macht verschmilzt auf das Innigste mit meiner ganzen Kraft, mit meinem ganzen Glauben und Hoffen. Sie erschafft sich ihre Welt, ihr Leben; sie ist für mich der Werth meiner selbst; sie ist daher die höchste Gewalt, die nicht mehr dem physischen sondern dem moralischen Gesetze gehorcht; einmal den Menschen erfassend, entsteht an ihr und durch sie eine neue, gegen das Geschlechterwesen ganz gleichgültige Ordnung der Gesellschaft; und die Lehre vom Berufe wird daher mit ihrem ganzen Inhalt ein selbständiges Gebiet der Wissenschaft der Kräfte, welche die Staaten beherrschen und das Recht derselben erzeugen.

Der Beruf aber ist zuerst ein individueller. Seine recht- und gesellschaftbildende Macht entfaltet er erst dann, wenn aus dem individuellen ein öffentlicher Beruf wird.

Der öffentliche Beruf entsteht, wenn das geistige Bedürfniß des Gesammtlebens zum Bewußtsein kommt und in bestimmten Funktionen als selbständige Aufgaben des letzteren erscheint, welche wieder vermöge ihrer Natur bestimmte Voraussetzungen bei denen fordern, die jene Funktionen für alle vollziehen.

So wie der öffentliche Beruf beginnt, beginnt daher auch eine Scheidung zwischen der Menge und dem Berufenen, und mithin in der Gewalt des letzteren über ihre specifische Funktion eine Macht über die erstere, welche in dem Grade bestimmter und größer ist, je mehr die Funktion selber als Bedingung für das Gesammtleben erkannt wird.

So wie eine solche Scheidung auftritt, wird diese Macht sich zuerst dahin äußern, daß die Berufenen selber über die Bedingungen entscheiden, unter denen solche öffentliche Funktionen vollzogen werden dürfen.

Sie wird dann naturgemäß die für den öffentlichen Beruf Bestimmten als eine Gemeinschaft aufstellen, und eine solche Gemeinschaft, welche sich mithin durch sich selber erzeugt und ihre öffentliche Funktion selbst verwaltet, nennen wir so wie sie in ihrer Selbständigkeit öffentlich anerkannt ist, eine Körperschaft. Jede solche Berufskörperschaft wird dann jene Bedingungen ihrer öffentlichen Funktion, weil eben nur sie selbst dieselben kennt und versteht, als eine ausschließlich ihr gehörige betrachten; sie wird sich als ausschließlich für diesen öffentlichen Beruf berechtigt erklären. Sie wird sich daher im Namen ihrer Funktion ihre Ordnung selber setzen und ihr Oberhaupt ohne Rücksicht auf seine sonstige gesellschaftliche Stellung wählen; sie wird das für sie und ihre Ausübung Geltende durch ihren eigenen Willen und unabhängig von allem andern festsetzen; das ist, der Beruf wird sich gleichviel unter welchem Namen seine eignen Statuten geben und sein Recht durch seine Beschlüsse bilden. Allein da der Beruf zugleich seiner wirthschaftlichen Bedingungen bedarf die keiner anderen Thätigkeit dienen können, so wird die Körperschaft ihren für sie und ihren Beruf bestimmten Besitz oder ihr Einkommen naturgemäß wie den Beruf selbst von dem übrigen wirthschaftlichen Leben gleichfalls ausschließen; sie wird ein eigenes Berufseigenthum fordern und erhalten. Und da nun dieses Sondereigenthum nur für den Beruf da ist, so wird auch sein Recht von dem der übrigen Güter ausgeschlossen sein; es wird mit dem für sich stehenden geistigen Leben ein für sich stehendes wirthschaftliches, ein Sondergut mit Sonderrecht entstehen. Es ist ferner klar, daß derselbe Zweck — dieselbe Kraft — welche die Körperschaft und ihr Sondergut erzeugt hat, zugleich fordert, daß auch nur die Berufskörperschaft dasselbe verwalten darf; an die Körperschaft schließt sich daher ein von der übrigen Gesammtheit getrenntes, in sich ruhendes, durch Wesen und Kraft des Berufes erzeugtes und verwaltetes Lebensganze, mit Gut, Arbeit, Werth und Verzehrung, über das nur die Körperschaft im Sinne ihres Berufes verfügen darf. So tritt uns in dem Leben des Berufes an sich eine neue, selbständig geartete Ordnung des Lebens entgegen mit eigner Organisation, eigner Wahl, eignem Besitz, eigner Verwaltung; die geistige Welt beginnt sich selbstthätig von der übrigen zu scheiden.

Allein diese Scheidung ist ein Widerspruch. Des Geistes, und seiner Kraft ist doch alles voll. Ist das was der Geist als Beruf für den Einzelnen fordert, die Wahrheit des Lebens, so muß der Beruf in die Welt hinaustreten, und auch das ganze Leben sich unterwerfen.

Dieß ganze Leben aber ist in der That zunächst die Güterwelt, welche das bürgerliche, die Gesellschaft, welche das öffentliche Recht schafft, und der Staat, welcher beide als höhere thätige Einheit in Verfassung und Verwaltung zusammenfaßt.

Der wahre, lebendige, thatkräftige Beruf der in den Berufenen lebt, wird daher mitten in Güterleben und Gesellschaft hineintreten, wird durch das erste die zweite, durch beide sich den Staat unterwerfen, und die ganze Menschheit im Namen seiner Wahrheit beherrschen wollen. Und jetzt beginnt ein zweites Stadium des Lebens der Menschheit, von dem die reine Geschlechterordnung noch keine Ahnung hat.

Es ist eine der großen Bedingungen des Verständnisses der Geschichte, sich den gewaltigen Proceß der sich hier unter den verschiedensten Formen und Namen vollzieht, und der alsbald seine Rechtswelt über die Rechtsordnung aller Gesellschaft auszudehnen trachtet, in seinem Wesen anzuschauen. Denn wie er von Anfang der Geschichte gelebt hat so lebt er jetzt und wird ewig leben.

Soll jene Wahrheit die der Beruf verwaltet, das Recht haben alle menschlichen Dinge sich unterzuordnen, so darf sie nicht von dem Einzelnen stammen. Sie muß, selbst als das Höchste geltend, von dem Höchsten kommen; sie muß der Wille der Gottheit sein. Den aber kann ich mit der Arbeit des Gedankens nicht erfassen; Gott selbst muß ihn unmittelbar gesetzt haben; und ich der Berufene bin nur das unwürdige Organ seiner Offenbarung. Mit der Offenbarung aber ist der menschliche Zweifel gehoben; das Individuum verschwindet mit seiner selbständigen Berechtigung; ich gebe alles hin an die Gottheit von der ich alles empfangen, und was ich für mich anerkenne, das darf ich jetzt auch von andern fordern. Diese tiefste Hingabe meiner selbst an das von meinem Begreifen und Willen Unabhängige, durch sich selbst Wahre ist der Glaube. Der Glaube hat sein absolutes Recht in sich; er will nicht bewiesen und begriffen, sondern unmittelbar empfangen werden; er selbst, aber auch sein Inhalt. Dieser Inhalt ist daher zuerst die Gottheit als solche, dann der Wille derselben für Arbeit, Bestimmung und Recht der Menschen auf der Erde. Den ersten nun formulire ich als das Bekenntniß, die Confession, den zweiten breite ich aus über alle Lebensverhältnisse aller Menschen, als die unbedingt wahre und gewisse Ordnung derselben, als das geoffenbarte Recht. Und eben darum umfaßt jedes geoffenbarte Recht nicht etwa einen oder andern Theil dieses Lebens, sondern das Ganze desselben; es entwickelt sich, so wie der innere Beruf zum Glauben wird, aus bloßen Glaubenssätzen zu einer allgemeinen göttlichen Rechtsordnung, und jedes Bekenntniß beginnt mit einem „Buche", das unter verschiedenen Namen stets dasselbe enthält, das göttliche Recht des menschlichen Lebens. Dieß Recht ist die Wahrheit; alles andere neben ihm ist

Menschenwerk; ihm muß sich die höchste irdische Macht beugen; jeder Widerstand gegen ihn ist nicht bloß Widerstand gegen das Recht, sondern Widerstand gegen die Gottheit selber. Da kann die Geburt nichts mehr gelten, der Besitz wird mit all seiner Macht todter Stoff, und der arbeitende Gedanke hat seine absolute Gränze gefunden, denn die Wahrheit die er sucht steht außer ihm in ihrer unabänderlich festen Gestalt und in ihrer Herrschaft über das All als die Offenbarung des göttlichen Wesens. Wo diese auftritt, da erhebt sie zuerst den Gläubigen über alle irdische Sorge, über alle irdische Furcht; sie erfüllt ihn mit der höchsten Begeisterung; sie wird zur gewaltigen Macht, und zum erstenmale zeigt der Geist in seinem vollen Glanze, wie hoch er über der Kraft und dem Walten der Materie steht. In der Offenbarung erst löst sich das menschliche Leben von dem natürlichen los; sie ist die geistige Taufe mit dem Göttlichen, die zweite Geburt des Menschlichen, und einmal der Erde gegeben, verläßt sie der Geist Gottes nicht mehr. Gleichgültig gegen den Namen und das Bekenntniß mit dem ihn die Menschen anrufen, bleibt er in tausend Formen allgegenwärtig; ihm beugt sich die roheste Gewalt; er ist der höchste Richter im Himmel und auf Erden. Und jetzt fordert er sein Organ; das unbestimmte Wesen des Berufes hat seinen festen, erhabenen Inhalt empfangen; er wird zum Dienste der Gottheit die allgegenwärtig die Wahrheit für Leben, Macht und Recht aller Dinge ist; der aber, der diesen Dienst der Gottheit zu seinem Berufe gemacht hat, ist der Priester, und das Priesterthum aller Zeiten ist daher die äußere Form, in der sich jenes innere Leben über die Welt ergießt. Mit dem Priesterthum — mögen Sie es nennen wie Sie wollen — beginnt daher der Beruf nicht mehr bloß eine Körperschaft und ein Recht, sondern eine alles bezwingende, heilige, im Namen der Gottheit unverletzliche Macht zu werden, die hoch über der Rechtsordnung der natürlichen Kräfte steht, welche Wirthschaft und Gesellschaft beherrschen. Mit dem Priesterthum tritt eine neue gesellschaftliche Gewalt in das Leben hinein: die geistige Arbeit des Berufes, im Glauben zur göttlichen Berechtigung und zum Dienste der Gottheit erhoben, und aus einer rein geistigen jetzt zugleich den Besitz und die Unterschiede desselben in seiner Gleichheit vor dem Herrn umfassend, eine rechterzeugende Macht. Das ist der Punkt, auf welchem innerlich die Berufsordnung zur ständischen überzugehen beginnt.

Der Proceß aber, durch welchen sich das vollzieht, ist eine jener Entwicklungen, welche uns einen tiefen Blick in das Leben der menschlichen Welt gestatten. Seine Basis ist eine einfache, aber eine furchtbar ernste. Sie besteht in dem Auftreten des Interesses neben dem

Glauben, und der Verschmelzung beider zu einer neuen, die Hälfte der Weltgeschichte beherrschenden Rechts- und Staatsordnung.

Denn wo einmal der Glaube da ist, da herrscht er. Seine Herrschaft aber ist die Herrschaft dessen, der den Dienst des Glaubens zum Lebensberufe gemacht, des Priesterthums. Die Erschütterung des Glaubens wird daher unabweisbar die Erschütterung der Herrschaft jener Priester. Die Herrschaft aber ist der höchste Genuß, der theuerste Besitz. Mag man thun was man will, ewig wird sich an diesen höchsten Besitz das höchste Interesse knüpfen. Dieß Interesse wird daher in der Heiligkeit des Glaubens die Unverletzlichkeit der Herrschaft seiner Priester erkennen. Den Glauben aber erschüttern zwei Gewalten. Die eine dieser Gewalten ist der arbeitende Gedanke, der nach Wahrheit ringend sie in sich selber sucht; die andere ist die auf Besitz und Gesellschaft ruhende höchste Gestalt der irdischen Persönlichkeit, der Staat mit seiner Bestimmung und seiner Gewalt. Kein Glaube ist daher gesichert, so lange der Gedanke arbeitend nach Wahrheit forscht; kein Glaube kann sich vollenden, so lange das Leben der Güter und der Gesellschaft den Staat erfüllen, und mit ihm das Recht schaffen. Will also das Priesterthum nicht bloß den Glauben, sondern auch die Herrschaft, so muß es unerbittlich den Gedanken und seine Möglichkeit, durch sich der Wahrheit näher zu kommen zuerst hassen, dann läugnen, dann verdammen und verfolgen; und es muß zweitens den Staat selbst zum Priesterthum formen, den Willen desselben unter dem Gehorsam Gottes gefangen nehmen und seine Kraft zur Dienerin der Priester machen. Das aber kann sich nur dann vollziehen, wenn es nicht mehr bloß das kämpfende Interesse, sondern das objectiv gültige R e ch t der Gemeinschaft ist, das das Priesterthum im Namen der Gottheit ausspricht, und in dessen Namen sie die wirthschaftlichen und gesellschaftlichen Bedingungen ihrer Herrschaft sichert. So wird eine göttliche, durch das Priesterthum gesetzte Staats- und Rechtsordnung aus dem gläubigen Berufe, in welcher das Recht die Bedingungen der Herrschaft des Priesterthums für das beherrschte Leben aller die nicht Priester sind, unnahbar macht, den Willen des Staats aber durch die ihn beherrschenden Priester zum Willen Gottes, und die gesammte Einrichtung und Ordnung des Lebens zum Dienst der göttlichen Macht gestaltet; und eine solche Staats- und Rechtsordnung nennen wir die T h e o k r a t i e. Die Theokratie aber vernichtet den Gedanken, und mit ihm die geistige Arbeit; damit nun nicht die wirthschaftliche dem Einzelnen die Selbständigkeit gebe, die der absoluten Herrschaft entgegentritt, muß sie auch den Grund und Boden als Eigenthum Gottes und den Bewohner nur als Besitzer erklären; den Erwerb aber, daß er unfrei bleibe, bindet sie an das natürliche Element der Geburt, die Elemente der Geschlechterordnung mit sich verschmelzend, und so entsteht allmählig die Kaste, mit dem durch die Gottheit an die Geburt gebundenen, unwandelbaren Lebensberuf. Jetzt ist die Bewegung abgeschlossen; der Beruf ist zum Glauben, der Glaube zur Herrschaft, die Herrschaft zum Interesse, das Interesse zum Recht, das Recht zum ewigen Stillstand der Arbeit in der Kaste geworden; die Begeisterung verliert auf Erden ihre durch die formale Function des Priesters schon erfüllte Aufgabe; das Herz der Völker erkaltet; der Staat wird ein willenloser Dienst, und das Leben erstirbt an derselben Macht, welche ihm in der höchsten geistigen Entwicklung durch die Herrschaft der Interessen den Tod der Unfreiheit gebracht. —

Das nun, was ich Ihnen gesagt, kennen Sie. Es ist der Orient mit seinem Staat und seinem Priesterthum, dieser lebendige Tod, seit Jahrtausenden sich selbst gebärend. Ich darf kein weiteres Bild desselben entwerfen; aber auch die alte Welt kann ich nicht aufnehmen. Denn es ist der specifische Mangel derselben, daß sie in Geschlechter- und Staatskämpfe aufgelöst, niemals aus dem individuellen Beruf zum öffentlichen Berufe und seiner hohen ethischen Gewalt gelangt ist. In ihr erschöpft sich der Geist in dem Leben des Einzelnen; er wird sich nie und nirgends objectiv; es gibt in der alten Welt keine absolute Wahrheit, wie es für das orientalische Geistesleben kein Forschen nach derselben gibt; jene erfüllt sich ausschließlich mit Wollen, Denken und Thun, diese mit dem Glauben; wie diese nur zum Wissen, gelangt jene nur zum Glauben, und während jene Staat, Gesellschaft und Macht unbedingt in die Hände des Priesterthums gibt, ist für diese das letztere nur ein bestimmtes, wenn auch hoch verehrtes Gebiet ihrer staatlichen Verwaltung. So scheiden sich beide auf diesem Punkte, gegenseitig einander unverständlich; erst der germanischen Welt ist die schwere Aufgabe geworden, den Glauben mit dem Wissen, den freien Beruf mit dem Priesterthum, die Staatsidee mit der Idee der Gottheit zu verschmelzen und durch das geistige Leben mitten in der harten, beschränkten, der materiellen Unfreiheit sich hinneigenden Geschlechterordnung ein neues Gesellschaftsprincip hinein zu bringen. Die germanische Welt ist daher dieß Gebiet des großen Kampfes zwischen der Geschlechter- und der geistigen Welt; er dauert Jahrhunderte und wird ewig dauern; aber wir verfolgen ihn nur auf dem Felde, auf welchem er in das Recht und sein Leben hineingreifend die beiden großen gesellschaftlichen Rechtsbegriffe der Kirche und des Standes bildet, welche das ganze Leben Europa's umfassen und mit der Geschlechterordnung zugleich die Rechtsgeschichte unseres Welttheiles erfüllen. Das aber werden Sie schon jetzt erkennen, daß eine Rechtslehre, welche jenen zweiten gewaltigen Faktor nicht mit seinem ganzen Leben in sich aufgenommen hat, wohl eine Rechtskunde, aber wahrlich kein Rechtsbewußtsein erzeugen kann! —

## 2. Die Kirche des Morgenlandes und die des Abendlandes.

Wenn wir den ungeheuren Stoff, der sich hier vor uns ausbreitet, bewältigen wollen, so begreifen Sie, daß wir nicht beim Beginne beginnen dürfen. Ich fasse deßhalb die Punkte, auf welchen unsere Frage anfängt, so bestimmt und klar als möglich zusammen. Sie beherrschen das, was wir zu sagen haben, nach allen seinen Seiten.

Das Christenthum ist ewig dasselbe; die christlichen Kirchen waren ewig verschieden. Was ist denn die Kirche gegenüber dem Christenthum und wie konnte aus dem ewig Gleichen auch hier das Verschiedene entstehen?

Offenbar, nicht durch Faktoren welche im Christenthum liegen. Das was dasselbe in seiner wirklichen Geschichte zu den verschiedenartigsten Kirchen gestalten konnte, mußte ohne allen Zweifel in dem Wesen und den Kräften desjenigen liegen mit dem das Christenthum in Berührung kam, und dem gegenüber es sich Macht und Geltung verschaffen mußte. Das ist nicht wunderbar; es ist das vielmehr ein einfacher historischer Proceß; wir können die Kirchen entstehen und vergehen sehen und mit vollkommener Klarheit erkennen, was sie und ihr Recht so gebildet hat, wie es geworden. Aber das Wunderbare ist vielmehr, daß das Christenthum die keinem andern Glauben verliehene Kraft hatte und hat, alle Wandlungen seiner Kirche, und mit ihnen alle Kräfte und Wirkungen des Menschenlebens in sich aufzunehmen und in höchster Harmonie das Widersprechendste in Einer Gestalt zu versöhnen. Für jede Kirche gibt es daher nur ein kirchliches Christenthum; das Göttliche aber in der Christenlehre ist, daß das Christenthum der Weltgeschichte kein kirchliches ist.

Nicht daher die tiefe Bedeutung des Christenthums und nicht die formale Bekenntnißlosigkeit des Neuen Testaments neben dem nie zu Ende gedachten Gottesbewußtsein des Vaterunsers, diesem letzten Vereinigungspunkt aller Lehren, haben wir hier zu besprechen. Unsere Frage ist die, was sind die Kirchen, und wodurch sind sie und ihr Recht entstanden?

Und es kann kaum zweifelhaft sein — sind sie verschieden, und sie sind es ja, so sind sie es durch das was überhaupt in der Menschenwelt verschieden ist, die Güterordnung und die gesellschaftlichen

Verhältnisse, und haben sie ein verschiedenes Recht, so ist dieß ihr Recht ein verschiedenes an dem und mit dem geworden, was eben diese Verschiedenheit des Rechts überhaupt bildet, die Gesellschaft und der Staat. Wir streiten nicht über die Wahrheit der Confession, aber wir streiten für die Wahrheit, daß jede Kirche und jedes Kirchenrecht sein Verständniß und seine Geschichte nicht im Christenthum, sondern nur in Gesellschaft und Staat findet. Wer das Wesen der Kirche in der wörtlichen Confession sucht, der wird das Recht derselben nicht verstehen; wer aber das Wesen des Christenthums mit dem der Kirche erschöpfen will, der wird niemals die Kirchengeschichte zu begreifen vermögen.

Wenn wir daher jetzt von Kirche und Kirchenrecht des Morgen- und Abendlandes reden, so sprechen wir von demselben Christenthum und seiner Sendung, die in zwei wesentlich verschiedenen gesellschaftlichen und staatlichen Welten zwei wesentlich verschiedene Grundgestaltungen der Kirche und ihres Rechts erzeugt hat.

Und das ist es nun auch, was uns die Principien der Kirchengeschichte und des Kirchenrechts in unsere Aufgabe aufnehmen läßt.

Es ist nun durchaus nicht unsere Sache, nachzuweisen daß das Neue Testament noch gar kein formales Bekenntniß enthält; aber das wird niemand bestreiten, daß es seinem innersten Wesen nach in der Gleichheit aller Menschen vor Gott und der von Gott gebotenen Liebe den Kern seiner höchsten Forderungen an den Geist und an das Gemüth des Menschen stellt, beide dadurch unwiderstehlich, daß beide für jede edlere Natur gleich klar und gleich verständlich sind.

Das aber was in ihnen liegt, hat nun für die Wissenschaft sein Gebiet in der höheren Ethik. In die wirkliche Welt hineintretend, wird es etwas anderes. Aus einem rein christlichen höchsten Princip wird ein sociales Gebot, und nicht mehr ein Gebot der Menschen, sondern ein Gebot der Gottheit. Und mit diesem Princip tritt nun das junge Christenthum in das Leben Europa's hinein.

Als es mit diesem Glauben und dieser Liebe den Hellespont überschreitet, findet es die alte Geschlechterordnung von Hellas und Rom schon in dem letzten Stadium der Unfreiheit, Unfreiheit der Einzelnen gegenüber den Herren, Unfreiheit Aller gegenüber der Staatsgewalt, unermeßlichen Reichthum gegenüber hoffnungsloser Armuth, Entnervung des Volks, Sittenlosigkeit der Mächtigen, Mangel jedes leitenden Gedankens in der Staatsgewalt. Allen diesen Dingen gegenüber ist das neue Christenthum machtlos. Will es gelten, so muß es das Gebiet finden auf welchem alle jene Elemente aufhören berechtigt zu sein. Das ist die selbst über Freiheit und Unfreiheit, über Herrschaft und Sklaverei, über Besitz und Armuth erhabene reine Idee der Persönlichkeit.

nicht etwa bloß dieß zu erkennen, sondern in jenen Zuständen auch gerade im innigsten, gläubigen und liebenden Anschluß an die zertretene Klasse sich das zu schaffen, wornach jedes Seiende strebt, die Macht in Rechts- und Gesellschaftsordnung! In diesem Glauben mit seinen großen gesellschaftlichen Principien für das irdische und seinem Paradiese für das himmlische Leben ward das wieder gefunden, was der Erde verloren gegangen war, ein Ideal für das man leben und für das man in den Tod gehen konnte. Und ewig war es so und wird so sein, daß da wo die Furcht vor dem Tode aufhört, die Beherrschung des Lebendigen beginnt. Der Tod der Märtyrer hat mehr noch die Liebe als den Glauben besiegelt. Auf ihren Scheiterhaufen aber ward der Sieg des Christenthums geboren.

Nun ist es da. Es ist die Religion des Staates. Kann es halten was es versprochen? Kann es die Liebe befehlen? Kann es der niederen Klasse wirklich helfen? Kann es auch nur die Sklaven befreien, den Besitz neu vertheilen, die Herrschenden den Beherrschten gleich stellen, ja auch nur die letzteren vor den ersteren schützen? Es ist unmöglich. Es hat die größte gesellschaftliche Frage aller Zeiten geweckt, aber zu beantworten vermag es sie nicht. Da bleibt nur Eines übrig. Es muß das Irdische von dem Himmlischen, das Leben der Welt von dem Leben nach dem Tode trennen; es muß den Schwerpunkt seiner Lehre in das Jenseits legen, damit das Diesseits nicht an ihm zweifeln lerne. Aber das kann wieder nur unter Einer Bedingung geschehen. Es muß den Glauben an die Stelle der Liebe setzen; die Gleichheit wird aus der wirklichen des Abendmahls zur abstracten vor dem Gotte, der zu groß ist um die kurze Spanne des Lebens anders als gering zu achten. Nun aber zeigt es sich, daß das Neue Testament, allein stehend, fast bekenntnißlos ist, mit Ausnahme der einzigen und noch dazu vielfach bestrittenen Lehre von der Gottheit Christi. Dennoch liegt jetzt, wo die wirkliche Welt sich dem Christenthum unterwirft, der Schwerpunkt desselben gerade in diesem Glauben und seinem Inhalt. Damit beginnt jene gewaltige Arbeit der morgenländischen Kirche, welche ihren Charakter und ihre Geschichte bildet. Es ist die Formulirung des noch ganz unbestimmten Christenglaubens zu einem festen Bekenntniß, dessen Spitze naturgemäß die ὁμωουσις und ὁμοιουσις bildet. Diese Arbeit aber ist keine welche die Masse der Gläubigen übernehmen kann; sie wird alsbald zum selbständigen Berufe; das christliche Priesterthum scheidet sich damit von der Gemeinde. Die speciellen Grundzüge des Orients treten in einer Religion auf, die doch für die ganze Menschheit bestimmt sein soll, und das Christenthum tritt mit dem ächt orientalischen Unterschiede der priesterlichen und der Laienwelt in eine neue Epoche. Die Elemente des Klassenunterschiedes zwischen Priesterthum und Laienthum, dem Berufe und dem Nichtberufe sind gegeben; sie beginnen ihre Wirkung, und aus den gesellschaftlichen Kräften, welche jene Trennung wach gerufen, geht der Proceß hervor, den wir die erste Kirchengeschichte und die Entstehung des Kirchenrechts nennen.

Ich kann hier, wie Sie leicht begreifen, Ihnen keine Geschichte dieses Kirchenrechts geben. Aber die Elemente werden genügen um Ihnen zu zeigen, daß auch hier das Recht nur das Ergebniß der geistigen Kräfte ist, welche wir als den allgemeinen Theil der Staatswissenschaft bezeichnet haben. In diesem Sinne müssen wir die großen Rechtsbegriffe verstehen lernen, die von jetzt an vom Morgenlande aus nach dem Abendlande zu ziehen sich vorbereiten; und das worauf es ankommt ist für die Anschauung des Weltlebens die wir suchen, aber auch für die Lehre welche wir nicht verstehen, die Erkenntniß daß diese Rechtsbegriffe und ihre Entwicklung nicht christliche sondern kirchliche Begriffe sind.

Ich fasse dieselben in drei Hauptpunkten zusammen.

Die erste große Folge jener Scheidung zwischen Priesterthum und Laienthum, welche das Neue Testament nicht kennt, ist die Bildung und Organisirung des Priesterberufs zur Körperschaft. Diese Körperschaft des Priesterthums entwickelt dann alsbald ihre Organisation; die Priesterweihe entsteht, mit ihr die körperschaftliche Tracht, fast bis auf das geringste Detail dem jüdischen Priesterthum entnommen, wie es aus der babylonischen Gefangenschaft mit assyrischem Schmucke zurückkam; dann die höheren und niederen Weihen mit dem Bischofe an der Spitze, über den sich schon frühe das persönliche Haupt im Papste stellen will; und diese Körperschaft heißt sich nun, indem sie das dem Priesterthum unterworfene Laienthum als die geistig beherrschte Klasse mit sich zu einem gesellschaftlich organisirten Ganzen verbindet, die Kirche. Die Kirche ist in diesem Sinne ein gesellschaftlicher Begriff; alsbald entwickelt sie ihr gesellschaftliches Recht, und mit ihm die gesellschaftliche Bewegung und den Kampf derselben mit seinen Verbrechen und Strafen.

Denn der Beruf dieser kirchlichen Körperschaft ist wie gesagt, die Herstellung eines im Neuen Testament nicht enthaltenen Glaubensbekenntnisses. Um das zu finden muß die junge Kirche einen kühnen Griff in die Geschichte des christlichen Gottesbewußtseins thun. Sie stellt zu dem Ende den Begriff der Tradition des heiligen Geistes auf und macht aus den subjektiven Anschauungen der ersten Lehrer, gerade wie die Tannaïm und Amoraïm des Talmud, die Kirchenväter. Aus den Ansichten derselben bildet sie dann das, was sie für ihre Körperschaft zu glauben befiehlt, das Dogma. Das Dogma wird aus einer Forderung des Berufes damit zum Rechtsbegriff, weil das Festhalten an ihm eine erzwingbare Pflicht für die Mitglieder wird; das Abweichen von ihm wird zum kirchlichen Verbrechen der Häresie und die Ketzerei mit ihrem furchtbaren Mißverständniß des Christenthums tritt in die Geschichte des Strafrechts hinein. Aber eben dieses Werden des Bekenntnisses aus den Traditionen ist nicht denkbar ohne geistige Arbeit; Arbeit aber ist Denken und Denken ist Selbständigkeit. Damit findet die neue große gesellschaftliche Körperschaft sich ihrem eigentlichen Todfeinde, dem Gedanken gegenüber, der sich an die Seite des Glaubens und der Offenbarung stellt und gleiches Recht mit beiden fordert, weil eben das neue Testament keine scharfbestimmten Glaubensartikel enthält. Der Kampf zwischen beiden beginnt; er endet schon damals mit dem Verfluchen der Arianer, des ältesten Febronianismus, den bezeichnend genug nur die germanischen Völker festhalten. An seiner Vernichtung erprobt sich zuerst die Macht des Priesterthums, und seine Herrschaft über den allmählig und stückweise aufgebauten Glauben und durch ihn über die Gemüther heißt schon damals die „Orthodoxie." Und gleichfalls begreift schon damals die „orthodoxe Kirche", daß sie nur durch die Staatsgewalt den Glauben und mit dem Glauben ihre Herrschaft ganz verwirklichen, die gewonnene ganz festhalten könne. Daher versucht sie fast gleichzeitig mit den Fabeln die sie über die Siege und die Person Constantins verbreitet, sich selbst der Staatsgewalt zu bemächtigen. Aber hier scheitert ihre Gewalt. Dieser römische Staat ist von seinem Beginne an so gewöhnt, jede mögliche Form des Glaubens und des Gottesdienstes zuzulassen als etwas, das für ihn und seine Funktion vollständig indifferent ist, daß er sogar die orthodoxe Kirche neben sich stellt, ohne sich im Geringsten in seinem geltenden Recht beirren zu lassen. Wie er seit der Zeit der Imperatoren kein Vorrecht im bürgerlichen Recht zugelassen, so duldet er auch jetzt für alles was nicht direkt den Glauben betrifft, keine Einmischung irgend einer kirchlichen Gewalt; bei aller Orthodoxie fällt es den Kaisern gar nicht ein, dieser Kirche ein Privilegium zu verleihen, und wer je einen Blick auf den Codex und die Novellen geworfen, der wird begreifen, daß diese „Kirche" auf keinem Punkte wagen durfte, auch nur mit dem greisenhaften Staatsleben von Byzanz in Kampf zu gerathen. Wie richtig verstanden die Päpste des Mittelalters das gegen die privilegirte Kirche gänzlich unbarmherzige Corpus juris, dessen Constitutiones übervoll von Mai-Gesetzen sind, als sie nicht dulden wollten, daß die Legisten neben den Canonisten auf den Universitäten zur

Bedeutung gelangen sollten? Und wird den Legisten und Canonisten unserer Zeit davon auch nur ein Wort gesagt? Und eine Rechtsgeschichte, die darüber schweigt, sollte in einer Zeit genügen, wo man den Stein der Wüste unter tausendjährigem Sande herausgräbt um ihn zum Reden zu zwingen? — Indeß so viel steht fest — aus dem Christenthum ist eine Kirche mit einem Glaubensbekenntniß geworden; sie hat ihre Organisation, ihre Orthodoxie, ihre Häresie, ihren Fluch gefunden; sie hat schon gelernt den Gedanken zu hassen und das Streben nach Wissen zu verfolgen; sie hat ihre Herrschaft gebildet, aber nur für den Glauben; sie weiß schon daß zwar der Staat für sie schwer zu bewältigen ist, daß aber unter allen gesellschaftlichen Elementen nur das Weib ihr keinen Widerstand zu leisten vermag; sie versteht zu brechen und Parteien zu bilden; sie ist aber weder die Gesellschaft noch der Staat selbst, sondern nur die Kirche des Staats. Da vergeht das Morgenland und das Abendland tritt in die Weltgeschichte. Die germanischen Völker welche dasselbe bilden sind zwar noch kein Staat, wohl aber eine streng geordnete Geschlechterordnung; sie tragen in der Verschiedenheit des Besitzes und in der Rechtlosigkeit der unterworfenen Stämme den Keim der Unfreiheit, aber in der unbezähmbaren Kraft der Individuen den ewigen Keim der Freiheit in sich; sie geben sich mit voller, innerster Wahrhaftigkeit der Idee des Berufes hin; sie verstehen die Kirche nicht, aber sie glauben getreulich ihr Bekenntniß; die Staatsgewalt, dieser unüberwindliche Gegner der Kirche im Morgenland, ist noch gar nicht da; nur die Klassen der Gesellschaft beginnen schon zu Rechtsklassen zu werden. In diese Welt tritt die Kirche hinein mit ihrer Erhebung über alle Dinge in dem einfältigen Glauben an Gott und Christus, mit ihrer belebenden Kraft für die geistige Arbeit und zugleich mit ihrem Haß gegen den freien Gedanken, mit ihrem ruhelosen Streben nach der Verschmelzung der kirchlichen Herrschaft mit dem göttlichen Glauben, mit ihrem klaren Bewußtsein daß sie nur durch den Staat diese Herrschaft zuerst zur Thatsache und dann zum Recht machen kann — was wird ihre Aufgabe, ihre Arbeit und ihre Geschichte sein?

Es ist nun allerdings nicht unsere Sache, die germanische Kirchengeschichte zu schreiben oder die geschriebene zu kritisiren. Wohl aber müssen wir hier wieder hervorheben, daß eine Kirchengeschichte selbst als Dogmengeschichte nur als die große gesellschaftliche Funktion der Kirche erscheint und daß ihre Bedeutung für Wirthschaft, Gesellschaft und Recht viel größer ist als die, welche ihre inneren rein kirchlichen Bewegungen besitzen. Erst die Rechtsgeschichte im höheren Sinn des Wortes kann diese Bedeutung auf ihre Elemente zurückführen und diesen dadurch ihre ganze Würdigung geben.

Man wird sagen, daß diese germanische Epoche der Kirchengeschichte beginnt, so wie die Kirche die Alpen überschreitet. Hier findet sie die Geschlechterordnung in ihrem zweiten Stadium, da wo aus den Familien schon Geschlechter geworden sind und aus dem Geschlechterthum sich Grundherren bilden. Schon beginnt das Princip der Unfreiheit für die Personen wie für den Grundbesitz seine verderbliche Laufbahn, und schon ist es gewiß, daß nur die Herren die Gewalt haben. Da nun beginnt die Kirche ihre gewaltige Arbeit. Sie kann nicht einfach wie im Orient sich zur herrschenden Gewalt machen, denn das Geschlecht und der Grundherr vertheidigen was sie besitzen. Will sie das auch hier sein was sie vermöge ihres hohen Berufes sein muß, so muß sie zwei Wege zugleich einschlagen. Der eine dieser Wege liegt tief in ihrem christlichen Wesen, der andere eben so tief in ihrem kirchlichen Interesse. Jeder dieser Wege ist für sich klar; aber der Reichthum des Lebens besteht in dem langsamen aber unverkennbaren Hervortreten des letztern, der sich dem erstern unterwirft und der durch den Glauben zum Besitz, durch den Besitz zur Herrschaft, durch die Herrschaft zum Recht kommt. Und das Werden eben dieses Rechts, des specifischen Kirchenrechts der abendländischen Kirche aus den Kräften welche die Kirche in Wirthschaft, Gesellschaft und Staat zur Geltung bringt, ist unsere Aufgabe.

Es hat wohl jetzt keine Schwierigkeit mehr, den ersten dieser Wege seinem Inhalte nach als die sociale Funktion der Kirche in der Geschlechterordnung zu bezeichnen.

Das Geheimniß dieser Funktion liegt nun nicht in der Kirche, sondern in dem Wesen der Geschlechterordnung. Durch diese erst lernen wir die alte Kirche kennen. Denn ihr gegenüber muß sie zuerst in dem immer mehr die freie Bewegung des Lebens tödtenden Erstarren des Geschlechterthums und seiner Geschlechterklassen mit ihren öffentlichen und privatrechtlichen Unterschieden wieder die große Idee der Gleichheit und Freiheit vertreten und selbst zur Macht werden, indem sie die Gesammtheit aller Machtlosen in sich vereinigt. Sie findet in der Erinnerung an die alte Gleichheit der besitzlos Gewordenen wie in dem Schmerz des durch den völligen Mangel des Besitzes Rechtlosen Bundesgenossen, die in gleicher Gesinnung ihr in ganz Europa gehorsam sind; sie wird zur Vertreterin der Bedrückten, zum Asyle der Verfolgten. Ja sie geht weiter und zwar mit einem sehr ernsten Schritte. Sie verwirft den allgewaltigen Unterschied der Klassen und Geschlechter nicht bloß im Geiste und Principe des Christenthums, sondern sie erkennt ihn auch für ihre eigene Organisation nicht an. Sie nimmt ihre Glieder in allen Klassen, und einmal aufgenommen bietet sie ihnen ohne allen

Unterschied der Geburt und des Rechts die Möglichkeit, durch die eigene Kraft und Arbeit die höchste gesellschaftliche Stellung der Welt zu erreichen. Sie fragt nicht ob der Clericus reich oder arm, edel oder unedel sei; sie fragt nur ob er geistige Kraft genug habe, um das zu werden wozu ihn allein die Kirche machen kann. Für sie gibt es keine Geschlechterordnung. Das ist das Geheimniß ihrer Macht im Mittelalter; und wie wenig verstehen die von jener Zeit, die nicht sehen daß eine Körperschaft von den tiefsten Anklängen des Volksbewußtseins als die wirkliche Trägerin der höchsten Rechtsidee getragen und verehrt werden mußte, welche für ihre eigene, so hohe und glänzende Stellung die große Idee der Gleichheit täglich zur Geltung brachte! Der elende Knecht und Hirtenknabe — zum Besitze des kleinsten Bauerngutes konnte er nach dem Geschlechterrecht nie gelangen, nie konnte er es hoffen, auch nur im engsten Dorfe jemals ein Richter und selbständiger Mann zu sein, aber Priester und Bischof, ja Papst kann er werden in dieser Kirche, wenn er versteht ihr zu dienen! Da geschah, was die Kirche damals so gewaltig macht. Aus allerlei Volk strömten ihr willig und opferfreudig die edelsten Kräfte aller Länder zu; in der Kirche finden sie Befriedigung, Arbeit, Freiheit, Achtung des Geistes, gesellschaftliche Stellung, Macht, und vor allem jene Begeisterung ohne die nie etwas Großes geschieht. Sie wird zum Asyl der freien gesellschaftlichen Bewegung, des Aufstrebens der niedern Klasse, die in der immer unfreieren Geschlechterordnung ohne Erbarmen von Gut und Recht vertrieben wird; sie ist der Friede, den die Welt des Faustrechts verloren, sie ist die Heimath des geistigen Wirkens für Gegenwart und Zukunft; sie hegt und pflegt den letzten Rest der untergegangenen römisch-griechischen Welt, an den Trümmern des geistigen Lebens der alten Völker ihre Gedanken anklammernd, und das Weltbewußtsein eines gemeinsamen Lebens mitten in seiner endlosen Zersplitterung der germanischen Geschlechter in Oertlichkeit und Gewaltthat festhaltend. Und wo so große Dinge geleistet werden, da erheben sie die edlen Geister fast ohne ihren Willen über das Gewöhnliche und erfüllen sie mit der Kraft, die nur das Bewußtsein gibt, für die höchsten Güter der Menschen zu arbeiten. So weit das Auge jener Zeit reicht hat nur die Kirche noch große Gedanken und große Männer aufzuweisen. Welch' erhebende Bilder sind die kämpfenden Heidenapostel, die ruhig wirkenden Mönche, die großen Päpste jener Epoche neben den in Roheit immer tiefer verfallenden Geschlechtern der Grundherren, den halb verlorenen Bauern, den verkommenen Hörigen! Mußte es nicht ein Stolz und ein Glück sein, dieser Kirche anzugehören? Wer durfte wagen diese Macht anzugreifen, deren hohe Berechtigung nicht mehr wie im Orient bloß auf ihrer Gewalt über die Gemüther und ihren abstracten Lehren, sondern auch auf ihrer wirklichen, positiven, greifbaren Thätigkeit beruhte? War es denn nicht in jener Zeit im Namen aller Gesittung wahr und vollberechtigt, wenn diese Macht den in ihrem ganzen geistigen und rechtlichen Leben gebrochenen Völkern, gegenüber der zersplitterten Staatsgewalt und den rohen Grundherren zurief: ihr sollt Gott mehr gehorchen als den Menschen? Und nun wird diese Macht allmählig nicht bloß eine geistige. Schon im ersten Beginne ihrer großen Geschichte versteht sie es vollkommen, auch den zweiten Weg zu betreten, den wir oben angedeutet. Mit ihm beginnt ein zweiter nicht minder verständlicher Inhalt der Kirchengeschichte. Denn wo immer sie hingelangt, erkennt sie bald daß in dieser Geschlechterordnung die Grundlage aller positiven Macht doch zuletzt der Grundbesitz ist. Dieser unbezweifelten Thatsache kann sich auch der reinste Glaube nicht entziehen. Dem wendet sie sich daher alsbald zu, und dieser Grundbesitz, gleichsam einer höhern Gewalt folgend, kommt ihr in ganz Europa willig entgegen. Mit einer unserer Zeit fast unverständlichen Freigebigkeit bringen alle germanischen Geschlechter ihre Schenkungen und Stiftungen der Kirche dar; sie wird neben den Reichen die reichste. Aber sie besetzt ihren Grundbesitz nicht wie der König oder die übrigen Grundherren. Noch sind in ihr die beiden großen Fundamente des christlichen Lebens mächtig; sie will beten und arbeiten. Sie will zuerst im Glauben nicht der Liebe, wohl aber in der Arbeit dem Einzelbesitz und seinem Genusse entsagen. Weit voran ihrer Zeit ergreift sie daher die wirthschaftliche Arbeit neben der geistigen, aber sie zuerst bringt das geistige Element in dieses bisher gänzlich rohe Güterleben hinein. Was dem Germanen noch vollkommen fremd ist, der in seinen Wäldern und Wiesen vom Tage zum Tage lebt, das bringt der Geistliche schon mit noch ehe er den Pflug ergreift, die Ordnung und den Plan. Zuerst bei ihm tritt neben der Wirthschaft die Rechnung auf; er zuerst weiß weniger zu verzehren als zu verbrauchen; er zuerst bildet den Vorrath für die schlimme Zeit und für ihn gibt es keine Noth, sondern weil er des Reichthums nicht bedarf hat er in christlicher Liebe dem Hungernden Brot und für den Leidenden Trost. Die Kirche des Abendlandes, mitten unter den unbezähmten Germanen, ist eine tiefverschiedene auch in der Wirthschaft von der alten Kirche des Abendlandes; sie ist die große Schule der wirthschaftlichen Ordnung und namentlich der ersten vernünftigen Landwirthschaft geworden; statt wie jene goldene und silberne Schätze zu häufen hat der Reichthum in ihren Händen seinen Charakter geändert; er ist aus einer Macht durch seine Masse zu einer Macht durch seine Bearbeitung und Verwendung geworden. Und als ob sie gewußt hätte was das bedeutet, scheidet diese merkwürdige Epoche der Kirche dieses ihr wirthschaftliches Moment aus zu selbständigen Körperschaften, die sich in sich selbst betend und arbeitend ausleben, von der Welt getrennt und doch das Beste in ihr, die wirthschaftliche neben der geistigen Arbeit in Friede und Mühe bewahrend. So entsteht neben dem örtlichen Grundbesitz die specifische Erscheinung der germanischen Kirche, das Kloster neben der Weltgeistlichkeit. Es ist ein sehr ernstes und wenig verstandenes Gebiet der Kirchengeschichte, dieses Klosterwesen und sein tiefer Unterschied, der sich in dem germanischen und romanischen Orden entwickelt; und dieser Unterschied hängt auf das innigste mit dem Gegensatz, der in der Kirche lebt, zusammen, ihn und seine Weise zum Ausdruck bringend. Denn die ersten Orden sind die Verbindung der ächt germanischen Elemente mit dem Christenthum, die germanischen Orden der Arbeit, unter jenen die Benediktiner das Haupt, diese großen Civilisatoren des Abendlandes, eine Erscheinung die wie in der liebenswürdigen Gestalt ihres Stifters so in ihrer ganzen Geschichte das freundliche und segensreiche Bild der wirklich arbeitenden Kirche und ihrer körperschaftlichen Selbstverwaltung darbieten, des ruhigen Besitzes froh, gastfrei, hülfreich, niemals den Frieden störend, aber die Heimath der Wissenschaft in der Kirche. Erst die Zeit der Herrschaft erzeugt allmählig die romanischen Orden, die Orden des Gehorsams und des Bettels; unter ihnen das Haupt die Jesuiten mit ihrem nie ruhenden Kampf um die Herrschaft als solche, die schon keinen andern Inhalt mehr hat als die blinde Aufgebung des eigensten Selbst, velut ac cadaver. Wie tief, ja wie unausfüllbar ist die Kluft zwischen beiden! Darum beginnt mit den Benediktinern jener Gedanke, der von der Kirche aus die germanische Welt erfaßt, daß auch die Arbeit ein göttlicher Beruf sei; wenig Gedanken haben so tief in das Leben Europas eingegriffen als dieser; und sogleich werden wir ihm wieder begegnen. Aber zunächst steht jetzt die Kirche als ein machtvoller, in seiner Weltgeistlichkeit grundbesitzender, in seinen Klöstern arbeitender, in seinem Princip die Liebe für alle und die Gerechtigkeit auch für den Armen und Rechtlosen lehrender, in seiner Organisation sich selber erzeugender und ordnender, und dabei alle Völker Europas durchdringender, in allen durch seine Gewalt über das zukünftige und durch seine Einheit für das gegenwärtige Leben gewaltiger, thätiger, bewußter Körper — ein Lebensbild, wie die Geschichte kein gleiches bietet. Kann dieses Leben ohne sein Recht bleiben?

Gewiß nicht. Aber das ist klar, das Recht der Geschlechterordnung kann absolut nicht für dasselbe gelten. Zu tief, zu durchgreifend sind die Unterschiede zwischen beiden; es ist fast gar keine Gemeinschaft weder im Personen- noch im Sachenrecht. Nie war daher etwas verkehrter als jenes einfache Nebeneinanderstellen des Kirchenrechts und des bürgerlichen und staatlichen Rechts, wie wir es namentlich seit Eichhorn gewohnt sind, der alles im Recht begriff, nur die Kirche nicht. Wenn man sich der gegenwärtigen Rechtswissenschaft hingibt so muß man annehmen, daß dieß Kirchenrecht im Grunde nicht viel anderes sei als eine Modification des übrigen Rechts, eben wie das Landrecht vom Stadtrecht, oder der Sachsenspiegel von den Weisthümern verschieden ist. Die Eichhornsche Rechtsgeschichte hat den tiefen Irrthum theils erzeugt, theils nicht überwunden, daß der Kern des Kirchenrechts für die deutsche Rechtsentwicklung in der Immunität gelegen. Und doch war die Immunität nur ein Moment in diesem großartigen Rechtssystem, mit dem ein ganz neues Leben in die Rechtsbildung Europas hineintritt. Wie ganz anders wird das Kirchenrecht der Zukunft aussehen, wenn wir die Kirche erst als das begreifen belehrt werden, was sie in Wahrheit ist, die gesellschaftliche Gestalt des höchsten Berufes und seines Rechts!

Wird es mir nun gelingen, in dem Wenigen, was ich hier sagen darf, diesen Gedanken zum Ausdruck zu bringen?

Wollen wir es aber, so müssen wir allerdings da beginnen wo alle Rechtsbildung beginnt, bei den Kräften, welche das Recht auch der Kirche erzeugen.

Es ist erwähnt, daß die Kirche des Abendlandes die innige Verschmelzung zweier Faktoren ist, die im ersten Keime identisch, bald ihren tiefen Unterschied entfalten und daher auch zwei Gestaltungen des Lebens erzeugen. Der erste ist der Glaube, der nach Herrschaft strebt, der zweite der Beruf, der die Arbeit fördert. In dem durch den herrschenden Glauben gebildeten Recht bleibt die Kirche bei sich selbst; in dem Recht des Berufes geht sie über sich hinaus. Das ist die allgemeinste Grundlage; ich will es versuchen, die Rechtsentwicklung an dieselbe anzuschließen. Und zu dem Ende will ich gleich die beiden Worte hier hinstellen, welche jenes Doppelleben auch historisch bezeichnen. Aus dem herrschenden Glauben als rechtbildendem Faktor wird das *eigentliche Kirchenrecht* des Abendlandes, aus dem arbeitenden aber zugleich rechterzeugenden Beruf wird das *ständische Recht*. Beide beruhen in ihrem letzten Grunde auf ewigen Faktoren, und irgend eine Gestalt beider ist von jetzt an auch ewig in der Rechtswelt vorhanden. Denn eine Zeit ohne Kirche und ohne Beruf gibt es nicht, und ein Rechtssystem ohne irgend ein Kirchen- und Standesrecht ist undenkbar. Aber das historische Kirchen- und Standesrecht ist freilich eine eigenthümliche Gestaltung; sehen wir zu, wie beides sich aus dem Mittelalter heraus bildet.

## 3. Das Kirchenrecht.

Ich glaube ich darf hier kurz sein. Denn nicht etwa um den Inhalt des Rechts der verschiedenen Kirchen Europas darf es sich hier handeln, sondern nur um das was ihnen gemeinsam ist. Das aber ist die Kraft welche in allen lebt, der in der Kirche zum Berufe des Priesterthums gewordene und nach Herrschaft trachtende Glaube in seinem Kampfe mit den Rechts- und Gesellschaftsordnungen, in deren Mitte er auftritt.

Ich darf voraussetzen, daß Ihnen die Rechtszustände und Begriffe jener Epoche, die Gestalt der in Europa herrschenden Geschlechterordnung noch gegenwärtig ist. Eben so klar ist es, daß die junge Kirche absolut unfähig ist, dieß Recht für sich gelten zu lassen. Dennoch empfängt und besitzt sie die große wirthschaftliche Basis jedes Rechtssystems, den Grundbesitz, auf den das ganze System des bürgerlichen und öffentlichen Rechts gebaut ist, und muß ihre Glieder aus den Personen nehmen die in jener Klassenordnung ihr Recht haben. Demnach steht sie in unzweifelhaftem Widerspruch mit allem was sie gesellschaftlich und rechtlich umgibt. Zuerst und vor allem muß sie daher diesen Widerspruch lösen, um ihr eigenes Recht zur Geltung zu bringen.

Das nun thut sie durch zwei große Rechtsbegriffe, welche für das Kirchenrecht fundamental sind. Das Gemeinsame beider ist, daß sie nicht etwa die Kirche, sondern das ganze bürgerliche und öffentliche Recht derselben vom Rechtsleben der Geschlechterordnung ausschließen. In ihnen beginnt das Kirchenrecht als ein großes gesellschaftliches Vorrecht; dieß Vorrecht erscheint von jetzt an als die absolute Bedingung ihrer Existenz und von jetzt an gleichfalls ist jede Reformation der Kirche erst dann denkbar und verwirklicht, wenn und in soweit eben dieses Vorrecht für die Vertretung des Glaubens modificirt oder aufgehoben wird; das heißt, eine Reformation der Kirche ist ohne ein neues Kirchenrecht, das ist ohne eine neue gesellschaftliche und wirthschaftliche Stellung der Geistlichkeit nicht möglich, und erst in diesen Punkten erscheint dann thatsächlich das, was wir den Unterschied des Charakters der verschiedenen christlichen Kirchen Europas nennen.

Es wird mir, glaube ich, nicht schwer sein, dieß auch für die Hauptgebiete des Rechtslebens nachzuweisen.

Jene beiden großen Rechtsbegriffe, welche nun die Basis alles kirchlichen Vorrechts bilden, sind Ihnen vollkommen bekannt. Sie sind die Immunität und das Cölibat. Mit dem ersten stellt sich die Kirche mit ihrem gesammten Besitz außerhalb des gesammten bürgerlichen und Strafrechts, mit dem zweiten ihr gesammtes persönliches

Leben außerhalb des gesammten wirthschaftlichen und gesellschaftlichen Rechts der Geschlechterordnung. In ihnen ist die letztere nicht mehr bloß durch das ethische Wesen des Berufes, sondern durch das positive Recht einfach für die Kirche negirt, und von jetzt an gibt es durch beide, in ganz Europa gültig, eine zweite, die kirchliche Gesellschaft neben der Geschlechterordnung. Das ist die große Thatsache, mit der das eigentliche Kirchenrecht beginnt und aus der die ständische Ordnung hervorgeht.

Denn betrachten wir sie genauer, so ergeben sich folgende Consequenzen aus der Natur der Sache, die sich dann selbst wieder zum geltenden Recht gestalten. Wohl aber wäre es für das Kirchenrecht die erste Bedingung seines Verständnisses, diesen Zusammenhang und seine Hauptgestaltungen zum Bewußtsein zu bringen.

Die erste große Folge ist die, daß die innere Organisation des kirchlichen Berufes jedem anderen Willen als dem der großen, allerdings alle Völker Europas umfassenden kirchlichen Körperschaft entzogen wird. Es ist das eine sehr ernste Sache; aber gerade darum ist es nicht erlaubt, sie unaufgelöst anzunehmen. Die Grundlage dieser Auffassung ist der morgenländische Gedanke, daß die Priester die herrschende Klasse für den Glauben und seinen Beruf, die Nichtpriester die beherrschte sind, und zwar nicht etwa thatsächlich sondern vermöge göttlicher Ordnung, nicht vermöge des Berufes der in uns lebt sondern vermöge der priesterlichen Weihe die von außen kommt. In diesem Sinne entsteht das Bisthum der Kirche als die einzig legitime Tradition des heiligen Geistes, und die Heiligkeit jenes tiefen Unterschiedes wird zu einem geoffenbarten Recht erhoben. Der bisher allgemeine kirchliche Gehorsam wird dadurch innerhalb dieser Organisation zu einem unbedingten Princip des Gehorsams der einzelnen Organe gegen einander; die unbedingte Herrschaft der Häupter wird die Grundlage jenes Organismus, der den göttlichen Willen auf Erden vertritt, und naturgemäß brandmarkt die Kirche daher jede Forderung, daß dieser erste Inhalt der Immunität ihrer Körperschaft sich dem Staatswillen irgendwie unterordnen solle wie jede andere Körperschaft, als ein Verbrechen gegen den heiligen Geist. Das vermag sie indem sie die zweite, nicht minder ernste Consequenz daran schließt, welche die Handhabe nicht mehr der organischen Herrschaft der Häupter über die Glieder des Priesterthums sondern der Herrschaft der kirchlichen Körperschaft über das ganze Laienthum wird. Ist das Priesterthum der ausschließlich geweihte Beruf für den Glauben, so ist es auch allein berechtigt, dem Glauben seinen Inhalt zu geben. Die Kirche entwickelt sich damit zur gesetzgebenden Gewalt für den Glauben, und nimmt damit die großen Faktoren des persönlichen Lebens in sich auf, den Kampf des germanischen Priesterthums mit der absoluten Herrschaft des obersten Hauptes, des Papstes. Mit diesem Kampfe, dem Ringen des Principes der Concilien mit der päbstlichen Unfehlbarkeit ist die ganze neuere Geschichte der katholischen Kirche erfüllt, bis die Reformation dem germanischen Elemente seine Freiheit wiedergibt, während das romanische sich dem Glaubensabsolutismus der Unfehlbarkeit unterwirft — den zwei entgegengesetzten Radien desselben Mittelpunkts, die für das germanische Kirchenthum zuerst den Landesherrn als summus episcopus, dann die Selbstverwaltung der Kirchengemeinde und ihre Kirchenverfassung, für die romanische aber die eigentliche Priesterherrschaft und den Kampf mit den Staatsgesetzen erzeugen. Die Kluft zwischen beiden Rechtsprincipien des jus in sacra ist groß — aber ist es denn Wissenschaft, wenn das katholische Kirchenrecht nichts vom protestantischen und englischen, und diese nichts von jenem wissen und lehren, jede sich allein als das Christenthum bezeichnend? Wie lange wird es dauern, bis wir nicht mehr dieß oder jenes, sondern das Kirchenrecht und seine Geschichte als gemeinsames Gut oder wenn man will Kampfgebiet des Geistes darzustellen wagen?

Ich verfolge das nicht weiter. Es genügt, den inneren Zusammenhang zu erkennen. Fest steht, daß jetzt die Kirche zuerst eine innere Rechtswelt für sich ist. Diese nun muß aber das gesammte Rechtsgebiet des wirklichen Lebens in Strafrecht, bürgerlichem und öffentlichem Recht in sich verarbeiten; und mit der Gestalt, welche das Princip der Kirche diesen drei Gebieten gibt, entsteht nun das positive Kirchenrecht.

Der erste Theil desselben ist das kirchliche Strafrecht. Die Kirche ist es, welche den Begriff des Verbrechens mit dem ethischen Moment der Sünde erfüllt; das thut sie als Beruf; sie ist es aber auch, welche dieß Verbrechen über das Gebiet des Glaubens ausdehnt und die Ketzerei zur unsühnbaren Sünde gegen Gott macht; das thut sie als Kirche. Sie ist es aber ferner, welche die Strafe vom Verbrechen scheiden lehrt, denn sie stellt zuerst die kirchliche Strafe als eigenes System neben die weltliche, in ihrer höchsten Gestalt von der ewigen Verdammniß zur irdischen Excommunication als dem durch sie geforderten Ausschluß von aller wirthschaftlichen, gesellschaftlichen und rechtlichen Gemeinschaft hinabsteigend, und dann die Buße und Sühne selbständig mit der weltlichen Strafe verbindend, wobei sie die Vergebung der Sünde als ihr Gebiet innerhalb der weltlichen Bestrafung sich vorbehält, das götttliche Strafrecht von dem irdischen trennend und damit die Lehre von Verbrechen und Strafe für die folgende Gesellschaftsordnung vorbereitend. Das Asylrecht aber, aus der heidnischen Lehre herüber genommen, erscheint daneben als ein Theil der wirklichen Immunität; specifisch kirchlich dagegen ist das eigentlich kirchliche Strafrecht und zwar mit seinem im Wesen der Strafe liegenden doppelten Inhalt: der kirchlichen Gehorsamsstrafen gegen die eigentlichen Angehörigen der Körperschaft, die historische Grundlage dessen was wir das Berufsstrafrecht nennen müssen und was dann in der staatsbürgerlichen Gesellschaft zum Disciplinarstrafrecht wird, und der kirchlichen Glaubensstrafen, die sich auf das ganze Laienthum erstrecken und mit Scheiterhaufen, Confiscation und Verbannung zugleich dem Glauben, dem wirthschaftlichen Interesse der Confiscirenden und den politischen Tendenzen der Verbannenden genügen. So ist das Strafrecht der Kirche ein eigenes und wahrlich nicht geringes Gebiet des positiven Kirchenrechts des Mittelalters; aber die Kirchenrechtslehre hat es so sehr der allgemeinen Geschichte überlassen, daß man es da kaum zu finden vermag, wo man es als bekannt voraussetzen müßte. Wie viel aus den Werken Voltaires, Buckle's und anderer wäre überflüssig, wenn das Kirchenrecht und die Kirchengeschichte sich mit demselben Ernst diesen Hauptsachen zuwendeten, mit dem sie Nebensachen behandeln!

Ein anderes Bild, aber auf gleicher Grundlage, bietet das bürgerliche Recht, wie es aus den Händen der Kirche hervorgeht. Seine Grundlage ist wie gesagt die Negation des Geschlechterrechts, ausgedrückt in dem gleichfalls rein negativen Rechtsbegriff der Immunität. Es ist selbstverständlich; aber das Wesentliche ist, sich seinen positiven Inhalt zu vergegenwärtigen. Denn es ist einer der größten Fehler der bisherigen Rechtsgeschichte zu erkennen und zu lehren nicht, was die Immunität ist, sondern was innerhalb derselben für Rechtsbildung geschieht.

Der Besitz der Kirche ist so groß, daß derselbe auf allen Punkten den Besitz der Geschlechter, bald als einzelnes Grundstück, bald als Dorf, bald als Stadt, bald als ganze Herrschaft in sich aufnimmt und daß sie mit diesem ihrem Besitze sich widerstrebend dennoch zum Theil dem Geschlechterrechte unterwerfen muß. Es ist ihr nun zwar unmöglich, sich dem letzteren ganz zu entziehen, aber auch unmöglich sich ihm ganz zu unterwerfen. So erzeugt dieser Widerspruch innerhalb des Kirchenbesitzes ein doppeltes bürgerliches Recht, und das Mißverständniß über das Wesen der Kirche hat die eine Seite desselben in dem eigentlichen Kirchenrecht festgehalten, während die andere der Geschichte des nicht kirchlichen Rechts überwiesen ward, so daß dieser ganzen Wissenschaft die Einheit fehlt, welche im Wesen der Sache liegend doch allein ihren Inhalt erklärt. Ich muß mich wieder auf Andeutungen beschränken. Innerhalb des weiten Besitzes scheidet nämlich die Kirche das, was sie als das eigentliche Eigenthum der Kirche besitzt, und für welches sie die Anwendung des Geschlechterrechts dadurch principiell rechtlich unmöglich macht, daß sie jede Familien- und Geschlechterbeziehung von demselben ausschließt. Zu dem Ende stellt sie statt des Einzelnen und des Geschlechts die Kirche selbst als wirthschaftliche Persönlichkeit, also als Eigenthümerin und Besitzerin auf, und so erzeugt sie zuerst den Begriff der sogenannten „juristischen Persönlichkeit" zunächst für sich, dann aber ihn über das ganze Ständewesen ausdehnend. Diese „moralische Persönlichkeit" ist daher ein ursprünglich kirchlich-gesellschaftlicher Begriff, und erst unsere Zeit hat, in seiner rein bürgerlichen Gestalt ihn auf das Besitzen überhaupt beschränkend, ihn mißverstanden. Ihm entspricht der Rechtsbegriff des Eigenthums der „todten Hand", das als verwaltet durch die Kirche pium corpus heißt. Es ist klar daß alle diese Begriffe im römischen wie im germanischen Recht nicht bloß nicht vorhanden sind, sondern nicht vorhanden sein können; nur einzelne Elemente desselben finden sich vor, namentlich daß die Objekte nicht im Verkehr sein dürfen; aber das Vertragsrecht dieser res sacrae das die alte Welt nicht kennt, gehört in seiner zum Theil glänzenden Entwicklung der kirchlichen Rechtsgeschichte, die es aber der bürgerlichen überlassen hat. So erzeugt die Kirche die ihr eigenthümliche Gestalt des Eigenthums und seines Rechts; ein Gleiches geschieht für das Personenrecht. Wie nämlich im Besitz sich das Kirchengut vom Geschlechtergut trennt, so trennt sich im Cölibat der Geistliche vom Laien. Was hätte alle Befreiung des Besitzes von der Geschlechterherrschaft, was hätte in jener Zeit der höchste Beruf genützt, wenn die Kinder der Geistlichen von denselben Grundherren wieder abhängig geworden wären, von denen der Vater sich eben unabhängig gemacht hatte! Der Cölibat war eine absolute Bedingung der unabhängigen Kirche; wenig Dinge haben der Gesellschaft so viel Unheil, aber auch so viel Segen gebracht, als diese im Cölibat liegende Gleichgültigkeit gegen das ethische Element der Familie und die mit ihm zugleich gegebene Freiheit des geistigen Lebens von der wirthschaftlichen Gewalt über Frau und Kind! Aber wunderbar — gerade durch das Cölibat lernte die Kirche, daß eben vermöge der Frau, die sie von sich ausschloß, die Familie und ihr Leben ihr gegenüber widerstandslos werden! Und dadurch ist das Cölibat aus einem Mittel für die Freiheit der Kirche zu einer gewaltigen Handhabe ihrer Macht geworden; sie ward durch ihre Ehelosigkeit zur Herrin der Ehe, und es hat eines furchtbar ernsten Kampfes bedurft, um die staatsbürgerliche Gesellschaft von dieser Herrschaft über das bürgerliche Eherecht frei zu machen; denn durch die Kirche ist die Ehe aus einem gesellschaftlichen zu einem kirchlichen Rechtsbegriffe geworden, und wer kennt nicht die Folgen dieses

Princips? — Wie nun dieß Kirchengut und wie die Personen der Geistlichkeit sich dem bürgerlichen und Strafrecht auch ferner entziehen, ist bekannt; in beiden erst gewinnt der ständische Rechtsbegriff des „Vorrechts" seinen positiven Inhalt, und wird Lehrmeister und Grundlage der ganzen ständischen Gesellschaft. Aber das alles ausgleichend, tritt nun der übrige Besitz der Kirche, ihr Geschlechterbesitz, neben jenem auf, und hier entwickelt sich eine zweite Gestaltung des Rechtslebens.

In der That, es wäre eine der wichtigsten Aufgaben dieß Gebiet genauer zu verfolgen, und wird es dereinst werden, wenn wir endlich dahin gelangen, statt mit Savigny und Stobbe die Reception des römischen Rechts bloß in der weltlichen, sie vielmehr in der Arbeit der geistlichen Jurisdiction zu verfolgen. Denn daß diese geistlichen Herren und diese Klostermönche, oft mit dem tiefsten Haß gegen die unfreie Geschlechterordnung erfüllt aus der die Weihe sie herausgerissen, nicht daran dachten dieß Geschlechterrecht auszubilden oder es auch nur mehr anzuwenden als auf das Dringendste nothwendig war, das wenigstens wird man uns zugeben. Aber wenn sie das versuchten, woher denn ein anderes Recht an seiner Stelle nehmen? Die Antwort lag nahe genug. Gerade die Geistlichen hatten das römische Recht der Geschichte aufbewahrt; aus den Tiefen der klösterlichen Bibliotheken stieg es wieder hervor, und von den Geistlichen zuerst, in den Klostervorträgen und Compendien Frankreichs, von denen uns Aug. Thierry in den Archives de Rheims ein so merkwürdiges Beispiel gefunden, in dem Forum Judicum des hierarchischen Spaniens ward es zuerst zum praktischen Recht. Mit Unwillen verwarf dann diese Geistlichkeit den Geschlechterproceß; sie mußte sich selbst einen neuen schaffen; in ihm entsteht das charakteristische Element der ganzen kirchlich-römischen bürgerlichen Rechtsbildung, der Rechtsbegriff des Beweises und das Beweisverfahren mit der Lehre von den Zeugen, durch die sich dann das zu Beweisende umgestaltet. Denn die Germanen bewiesen die Thatsache (des Verbrechens, des Besitzes, die Gewere) bald so, bald so; die Kirche aber will das Recht bewiesen haben, und muß es daher definiren; durch sie zuerst löst sich der Begriff des Eigenthums vom Besitze los, und durch sie lernt Europa daher zuerst die römischen Rechtsbegriffe, nicht theoretisch, sondern als den praktischen Inhalt des Processes kennen; und wie sehr dieser Weg alle andern überwiegt, das zeigen uns am besten die alten Grand Coûtumiers aus dem fünfzehnten und sechzehnten Jahrhundert Frankreichs und die Klag- und Laienspiegel Deutschlands, an deren gewaltigem Einfluß unsere Rechtsgeschichte fast schweigend vorübergeht. Es ist das das Gebiet, wo die Kirchengeschichte bürgerliche Rechtsgeschichte wird; ist es ein Grund daß beide es nicht gehörig bearbeiten, weil seine Gränzen, freilich hauptsächlich durch seine Größe, so unbestimmt sind?

Wenn nun in dieser Weise sich die Kirche nach zwei Seiten hin als eine der größten rechtserzeugenden Kräfte manifestirt, welche die Geschichte kennt, so mußte sie bald diesem ihrem eigenthümlichen Rechte auch seine positive Gestalt geben. Die Sache selbst ist klar genug; die historischen Thatsachen sind bekannt; Sie werden sie mir erlassen. Die Decretalen entstehen, das Corpus juris canonici wird geschaffen; erfunden oder nicht, es war das objectiv gültige Recht dieser kirchlichen Körperschaft für sich und in ihrem Contacte mit der Geschlechterordnung. Es war keine Aufzeichnung, kein „Rechtsbuch", kein Sachsenspiegel, kein Etablissement; es war eine Rechtsgesetzgebung für eine gesellschaftliche Gestaltung, welche in ihrer Gleichartigkeit ganz Europa umfaßte, und deren Rechtsbegriffe nicht wie die des justinianeischen Rechtsbuches auf freien wissenschaftlichen, durch die Vermengung mit geschichtlichen Elementen halb unverständlichen Definitionen beruhten, sondern das wirkliche große greifbare Leben der Kirche umfaßte. War es ein Wunder, daß die Welt vorerst nach diesem Gesetzbuch griff? daß die Legisten ihm gegenüber mit ihrem Corpus juris civilis fast verschwanden, und das canonische Recht Jahrhunderte hindurch die unbedingt herrschende Form des theoretischen Rechts war? Der Boden für das römische Recht, der Begriff des freien Eigenthums, beginnt erst langsam sich zu bilden; der Boden für das canonische Recht dagegen war da, dem des altgermanischen Geschlechterrechts an Umfang ebenbürtig, an Princip und Form ihm überlegen — war es ein Wunder, daß der Schwerpunkt der gesammten theoretischen Rechtsbildung des Mittelalters nicht etwa in das Civilrecht, sondern in das canonische fiel? Wie einseitig ist dieser Thatsache gegenüber jener beschränkte Germanismus, der auch in der europäischen Rechtsgeschichte nichts sieht als sich, und der Romanismus, der in ihr von nichts weiß als von der Reception die er mißversteht! Wahrlich wäre das Rechtsleben Europa's nicht größer als jene beiden Einseitigkeiten es begreifen, es lohnte sich kaum der Mühe es so ernst zu verfolgen.

Und jetzt sei auf diesem Gebiete nur noch eines hervorgehoben; das ist der Einfluß der Kirche auf das Erbrecht. Hier hat sie allerdings das germanische Erbrecht der Parentalordnung nicht angegriffen, aber sie ist die eigentliche Schöpferin des testamentarischen Erbrechts und namentlich des Rechts der Vermächtnisse. Sie ist es, welche aus diesem Recht ein selbständiges Gebiet gemacht hat; sie hat den Dienst, den ihr die Vermächtnisse geleistet, durch die Rechtsbildung derselben vergolten. Durch sie erst ist das testamentarische Erbrecht als ebenbürtig neben das Intestaterbrecht gestellt, und das römische Recht hat aus ihrer Hand ein fertiges, anerkanntes Princip empfangen, das sie einfach im Einzelnen ausgebildet hat. Es ist zu leicht, die natürlichen Gründe für diese Beförderung des testamentarischen Erbrechts durch die Kirche in jener Zeit sich zu vergegenwärtigen, zu schwer aber, hier Einzelheiten und historische Beweise zu entwickeln, als daß wir uns dabei aufhalten dürften. Aber es ist das Ganze durchaus nicht der unwichtigste Theil der bürgerlichen Rechtsbildung durch die Kirche, und eine Rechtsgeschichte des Erbrechts, wie dieselbe vom Kirchenrecht vorbereitet fast fertig dem römischen Recht in die Hand gegeben wird, wird dereinst im Einzelnen zeigen, was wir hier nur im Allgemeinen andeuten können.

Dieß nun sind, um uns eines bezeichnenden Ausdruckes zu bedienen, das specifische bürgerliche Kirchenrecht und das kirchlich bürgerliche Recht, beide durch die Kirche als den zur gesellschaftlichen Organisation und Macht gewordenen Glauben erzeugt. Und jetzt bleibt uns der letzte Theil, die Kirche mit ihrer rechtbildenden Kraft im öffentlichen Recht, als Grundlage und zugleich Höhepunkt der ständischen Gesellschaftsordnung.

### 4. Der Stand und die ständische Gesellschaft.

Wenn es wahr ist was wir gesagt, daß jede Verfassung durch ihre Gesellschaftsordnung erzeugt und deßhalb auch durch sie begriffen wird, so folgt, daß die Kirche wie wir sie bisher gesehen, mit all ihrer ungeheuren Gewalt nicht fähig war, eine Verfassung und ein für das Ganze geltendes öffentliches Recht zu erzeugen. Denn sie ist nicht bloß nur eine große Körperschaft, sondern sie will auch nichts anderes sein. Es ist die Voraussetzung ihrer Selbständigkeit, sich von der Laienwelt abzusondern. Es ist wahr, daß sie das öffentliche Recht der Geschlechterordnung eben so entschieden negirt als ihr Privatrecht; aber eben deßhalb kann sie zwar eine gewaltige Macht, aber nicht eine Verfassung bilden. Damit aus ihr auch diese hervorgehe, muß sie einen entscheidenden Schritt weiter thun. Sie muß, wenn sie gleich für sich bleibt, doch ihr eigenstes Lebensprincip zum allgemeinsten Princip der Gesellschaft machen. Dieß Lebensprincip ist der Beruf, den die Gottheit anerkennt. Aus ihm geht das Rechtsprincip des Vorrechts für den Beruf an sich hervor. Dieß Vorrecht erstreckt sich alsbald über die wirthschaftliche Grundlage, den Besitz, und damit über die gesellschaftliche Geltung jedes Berufes; er wird zu einem Faktor der Staatsgewalt; das Vorrecht bildet sich damit zu einem Vorrecht auch im öffentlichen Recht aus, und die bürgerlich und öffentlich bevorrechtete Berufskörperschaft, mit dem Recht der Verwaltung der Berufsordnung ausgerüstet und öffentlich anerkannt, ist der Stand. Und indem ein jeder Theil und jede Function der Gemeinschaft sich zum Berufe und damit zum Stande erhebt, wird die ganze Gesellschaft, auf Grundlage des Berufes für jeden ihrer Theile lauter bevorrechtete Körper bildend, eine ständische Gesellschaftsordnung. Das Vorrecht jedes Standes aber hebt für jeden Stand das Recht aller anderen auf, und damit auch das Recht des Staats selbst; die Gemeinschaft wird selber zu einer Gemeinschaft der Berufskörper, ihre Macht, ihre Aufgabe, ja ihre ethische Idee ist, wie nach dem Fall der Karolinger an die Grundherren, so hier an die Berufskörper vertheilt; die Staatsgewalt ist nur noch die freie Vereinigung dieser Berufskörper zu gemeinsamem Wollen und Thun, und die Vereinigung, auf dem Grundbesitz beruhend, heißt der Landtag, die Mitglieder nach den bevorrechteten Berufen geordnet und an dem Landtag Theil nehmend, sind die Stände. Jetzt scheidet sich damit das ganze Volk in Stände, sein ganzes Recht in Vorrechte. Jeder Stand ist dem andern gegenüber selbständig in Besitz und Recht; aber eben deßhalb sind Inhalt und Recht des Gesammtwillens in Verfassung und Verwaltung absolut und formell von der Zustimmung dieser Stände abhängig; der kaum entstehende Staat wird zur inhaltslosen Form, das Königthum ein leeres Wort; die höchste Macht ist in den Händen der Stände, die in der Verfassung ihr staatliches Vorrecht zum Gesetz erheben und in der Verwaltung ihre körperschaftlichen Sonderinteressen dem Gesetz entziehen; und so ist aus der ständischen Gesellschaftsordnung der ständische Staat und das ständische öffentliche Recht geworden.

Das ist mit wenig Worten der Uebergang von der Kirche zum Ständethum. Es ist fast unmöglich, Ihnen Einzelheiten hinzuzufügen, ohne jede Gränze dieser Arbeit zu überschreiten; denn es gibt hier nichts was Ihnen nicht im Wesentlichen bekannt wäre. Aber das Eine muß ich hervorheben, was den Kern dieses zweiten Theiles der eigentlich ständischen Rechtsgeschichte bildet. Es eröffnet uns wieder einen Blick in die Tiefe des organischen Lebens der Geschichte, des unendlichen Kleides der Gottheit.

Als die Kirche ihre große Laufbahn beginnt, steht sie mit ihrer geistigen Kraft unendlich viel höher als die rohen Germanen, unter deren Schwert sich die Welt beugt. Sie ist ihrem innersten Wesen nach gänzlich unfähig, sich von ihnen beherrschen zu lassen, und steht doch in ihrer Mitte. Sie hat allein die geistige Initiative, und vermag doch nicht die Verfassung zu bilden, weil sie noch nicht die ganze Gesellschaft, sondern nur ein Theil derselben ist. Da ergreift sie das einzige Mittel, ihrer höheren Berechtigung Geltung zu verschaffen. Statt an die Verfassung, wendet sie sich an das persönliche Königthum. Ein wunderbarer, neuer Proceß tritt ein. Die Kirche gewinnt ihre Gewalt über das Königthum, indem sie es selbst zum Bewußtsein seines Berufes erhebt. Sie thut dieß, indem sie dasselbe lehrt was es ist, und was es thun soll. Durch die Kirche wird es die von Gott gesetzte Majestät des Staats, erhaben über jede gesellschaftliche Gestalt, mit einer Aufgabe, die von keinem Sonderinteresse erschöpft, und eben deßhalb mit einem Recht, das von keiner besondern Verleihung abhängig ist. Die Kirche lehrt das Königthum fühlen, daß in ihm der Staat lebendig ist; und einmal erweckt lebt dieser Gedanke in den Königen aller germanischen Racen fort. Es ist fast wunderbar, diesem Proceß der Scheidung des Königthums von der Gesellschaft zuzusehen; in ihm haben alle Geschichtsforscher mit gutem Recht ein ganz wesentliches Element der Staatengeschichte Europa's erkannt, und ihn oft bis auf die letzte Einzelheit verfolgt. In ihm liegt das Geheimniß des Ideals eines Königs, und sein absoluter Unterschied von jedem fürstlichen Titel; durch ihn begreift sich das Königthum in seinem staatlichen Recht, während jeder andere Titel nur ein höchstes gesellschaftliches Recht bedeutet. Mit dieser allgemeinen Loslösung des Königthums von der Gesellschaft und hier speziell von der Geschlechterordnung entsteht nun der für uns entscheidende Satz, daß das Königthum die eigentliche Quelle des Rechts und zwar zuerst seines eignen, dann des allgemein bürgerlichen und gesellschaftlichen Rechts ist. Dieses Bewußtsein entsteht zuerst als ein noch unbestimmtes; aber als solches nimmt es schon damals den typischen Ausdruck an, daß die Könige „von Gottes Gnaden" Könige sind, und nicht durch die Gesellschaft. Dann aber geht dasselbe auf die Basis der letzteren über; der König ist nicht mehr der oberste Grundherr, der Lehnsherr, der Souzerän, sondern er ist das Haupt aller Grundherren vermöge der Majestas; er wird zum Souverän. Er ist daher auch im Grunde seiner Stellung nicht gebunden weder an das Geschlechter- noch an das ständische Recht; sein Wille wird Recht, oder wie wir jetzt sagen, sein Wille ist Gesetz und Verordnung zugleich. Wohl wehrt sich die Gesellschaft dagegen, und die Kämpfe des siebzehnten Jahrhunderts um das Königthum und die Herrschaft zeigen uns, wie schwer die Staatsidee mit dem wirklichen gesellschaftlichen Staat zu ringen hat; aber mit dem achtzehnten Jahrhundert hat sie gesiegt, und die Souveränetät des Königthums ist jetzt die selbständige Herrschaft des Staats und seines Rechts geworden.

Das alles nun wäre ohne die Kirche nicht möglich geworden.

Aber sie that es nicht um der Staatsidee willen. Sie rechnete wie immer, daß es leichter sei Einen Menschen als einen ganzen Staat zu beherrschen, und sie hat gerade in dieser Beziehung das Gewaltigste geleistet. Und dennoch brach auch in ihrer Hand das Werkzeug dessen sie sich bedienen wollte. Denn sie hatte neben dem Glauben, der ihr diente, die große Idee des Berufes wach gerufen, die mehr will als Dienerin eines andern sein, und an diese schloß sich sofort die edlere germanische Welt, zwar unter harten Irrthümern, aber dennoch mit tiefer Innigkeit, den wahren und lebendigen Inhalt desselben festhaltend. Die Geschichte der drei Jahrhunderte ist der merkwürdigste Kampf zwischen den zwei großen Faktoren, die uns die Kirche gebracht, dem ständischen Vorrecht und der Idee des Berufes, und dieser Kampf ist zuletzt nichts anderes, als die Vorbereitung der neuen Gesellschaftsordnung, der wir angehören.

Nun ist es keinen Augenblick zu verkennen, wie die Idee des Berufes an sich zuerst belebend und erhebend auf alle Functionen der Gesammtheit einwirkt. Sie hat das ethische Element in jeder Arbeit erzeugt, und das ist es, was die folgende Gesellschaftsordnung als ein theures Erbe jener Zeit festhält. Allein nach dem großen Vorgange der Kirche will nun jede dieser Funktionen zugleich als Körperschaft auftreten. Jede von ihnen beginnt sich daher zu organisiren, damit sie vorerst eine selbständige Macht sei; dann macht sie ihre eigne Ordnung zum Recht, und den andern Körperschaften gegenüber zum Vorrecht; und jetzt wird der gesammte gesellschaftliche Zustand ein System von Vorrechten der, in lauter Körperschaften mit eigner Rechtsbildung aufgelösten Gesellschaft. Das Bild das sich entfaltet, kann ich nur in seinen Grundzügen angeben. Unbekannt ist Ihnen ohnehin kein Element desselben.

Die erste große Funktion neben der Kirche ist die des Wissens und der Lehre. Sie geht vom individuellen Berufe zum öffentlichen über, und tritt mit dem dreizehnten Jahrhundert als Facultät und Universität auf. In beiden trägt sie den Keim des Bildungswesens der Folgezeit in sich; zuerst aber schließen sie der Kirche an, und werden zum Stand mit ihrem Besitz, ihrer hohen gesellschaftlichen Stellung, ihrer Selbstverwaltung und ihren Privilegien. Während in ihnen die geistige Arbeit fortlebt, stellt sich fast gleichzeitig die wirthschaftliche Arbeit als zweite Funktion an die Seite der Geschlechterordnung, und wie Wissenschaft und Lehre das Erkennen der Wahrheit, so erhebt sich in dem Gewerbe die Erzeugung des Werthes zum Berufe; mit dem Berufe wird es zur Körperschaft, und die metiers und jurandes, die Zünfte und Innungen entstehen. Sie geben sich selbst ihre Statuten, wie die

Universitäten sie von König und Kirche empfangen, und nehmen sofort die Verwaltung ihrer Angelegenheiten gleichfalls in die eigne Hand. Ihre Heimath nun ist die Stadt; sie fordern für die Stadt eben so wie die Kirche für das Kirchengut die Immunität, und diese Immunität der Stadt heißt das Weichbild derselben. Jede dieser Immunitäten erzeugt nun nicht bloß ihr eignes Recht, sondern naturgemäß nach dem Vorbild der Kirche auch ihr eignes Gerichtswesen, zum Theil sogar mit eignem Proceß; und so scheidet sich jetzt das ganze Leben der Gemeinschaft in drei große Grundformen, je mit ihrem Besitz, ihrem Rechtsleben und ihrer Verwaltung zusammen den Staat bildend, aber ihm auf jedem Punkte das „Privilegium" als die für ihn in seiner immer steigenden Macht unüberschreitbare Rechtsgränze entgegenhaltend. Das nun sind die im Sinne des öffentlichen Rechts sogenannten drei Stände, die sich in ganz Europa wiederholen: der Stand der Grundherren, in dem jetzt die Geschlechterordnung den Namen und rechtlichen Charakter des Standes erhält, und den man auf dieser Stufe den Stand des Adels nennt; der geistliche Stand, zu dem die großen Lehrkörper gehören, und der Bürgerstand, der in seinen Städten alle gewerblichen, selbst schon zu Ständen gewordenen Körperschaften als ein Ganzes zusammenfaßt. In ihnen allen ist die alte Geschlechterordnung zwar nicht bewältigt, wohl aber aufgenommen und gleichsam verarbeitet; jeder dieser Stände hat seine Klassenordnung der Höheren und Niederen, der Herrschenden und Beherrschten; der tiefe Unterschied dieser ständischen Ordnung von den Geschlechtern aber besteht darin, daß diese Klassenunterschiede nicht mehr eine große Grundform haben, sondern so viele, als es ständische Körperschaften gibt, und eben dieser Unterschied ist es nun, der die Folgen der Geschichte beherrscht.

Wie wenig kann ich nun von dieser und der Bewegung ihrer Rechtsbildung hier sagen! Und doch ist vom höheren Standpunkte aus das Ganze einfach. So wie nämlich die Klassenherrschaft entsteht, bemächtigt sich in jedem Stande das Interesse der höheren Klasse des Rechts und bezwingt es, ihm zu dienen. Es stellt zwischen der aufsteigenden Bewegung der niederen und der Herrschaft der höheren Klasse eine feste Rechtsschranke, und die Arbeit des Geistes wie die des Gewerbes wird durch sie unfrei, wie bei den Geschlechtern. Nur hat hier diese Rechtsschranke einen andern Charakter; denn die Kraft selbst, welche ihre Beschränkung finden soll, ist eine andere; sie ist nicht der Besitz, wie bei den Geschlechtern, sondern die Arbeit. Nun hat aber die schaffende Arbeit in sich selbst eine solche Gränze nicht; dieselbe muß ihr von außen kommen; und das einzige Moment, das der Arbeit äußerlich ist, ist doch wieder die persönliche Grundlage der Geschlechter, die Geburt. An die Geburt schließt sich daher allmählig das Interesse der Herrschenden; langsam entsteht der Gedanke, der die Arbeit selbst in ihrem innersten Kern bedroht, daß die Geburt es sein müsse, welche das Recht auf die Arbeit verleiht. In der Kirche, in den Zünften und Innungen, in den Städten, ja zum Theil sogar an den Universitäten beginnt daher das Geschlechterprincip der Geburt wieder seine vorrechtbildende Laufbahn; schon wirft das Kastenwesen seinen dunklen Schatten über diese Zustände, deren Inhalt die Verschmelzung der Geschlechter- und ständischen Ordnung durch das Privilegium der Geburt ist, und der Adel des Berufes geht an dem des Stammbaumes verloren. Es ist die höchste Gefahr für die Entwicklung des europäischen Lebens, in welchem die Kirche den König, der König die Stände, die Stände die Arbeit und in ihr den Fortschritt durch die heiligen Schranken des Rechts beherrschen, das aus dem Vorrecht des Berufes und seiner Körperschaft vom absoluten Vorrecht der Geburt zu werden droht.

In dieser Noth ruft die Geschichte dieselbe Macht auf, welche jene Gefahr gebracht, und legt die Aufgabe der Entwicklung in ihre Hände. Das ist das ethische Element des Berufes, das uns lehrt in uns selbst hinabzusteigen, und in innerster Arbeit den großen Proceß zu vollziehen, auf dem die neue Gesellschaftsordnung beruht. Dieser Proceß ist die Scheidung der Berechtigung vom Recht. Das Recht hat der Arbeit das genommen, was ihr einzig und allein ihre wahre Kraft gibt, die Fähigkeit dem Einzelnen durch sie den Besitz, das Recht und die gesellschaftliche Gleichheit zu geben. Die Kirche bindet die Arbeit an den absoluten Glauben, die Geschlechter binden sie an die Geburt, das Gewerbe bindet sie an die Willkür der Meister; dennoch ist sie da mit dem vollen Bewußtsein ihrer Kraft und ihrer hohen, göttlichen Bestimmung — kann das ein wahres Recht sein, was dieser Kraft ihre Entwicklung nimmt? Kann das ein Recht sein, welches den Besitz durch Zufall vertheilt, den Gedanken über Gott zum Verbrechen macht, und den Erwerb von der Erlaubniß derer abhängig macht, welche das höchste Interesse haben, daß ein solcher für andere nicht stattfinde? Und ist das nicht Recht, was nun einmal gilt, was ist denn Recht? Gewiß — das Recht muß eine andere Quelle haben, als seine bloße Geltung; die Wahrheit des Rechts liegt nicht in dem positiven Recht, sondern in dem was dasselbe erzeugt; das aber was es erzeugt ist ja dasselbe, aus dem Geburt, Glaube und Arbeit zugleich und lebendig hervorgehen; in diesem Wesen ist die wahre Quelle des Lebens der Menschen, ihrer Wirthschaft, ihrer Gesellschaft, ihres Staats und ihres Rechts; und diese Grundkraft aller Ordnung unter den Menschen ist ja doch eben der Mensch selbst, die freie, selbstbestimmte Persönlichkeit. In sie versenke ich meinen Gedanken, bis er zum Begriff wird; die Wahrheit des Begriffes wird zum Recht des Rechts, zur wahren Berechtigung des Geltenden, zur alleinigen gesellschaft- und rechtbildenden Kraft; in ihm liegt die Gerechtigkeit für das Gegenwärtige, die Freiheit für die Zukunft. Und jetzt beginnt dieser Gedanke zu arbeiten. Sie sehen ihn, wie er auftritt, zuerst die ganze Seele der Einzelnen erfüllend; die Propheten der freien Persönlichkeit treten auf; ihr Wissen ist naturgemäß die Negation des Bestehenden, die unausfüllbare Kluft zwischen ihnen und der gegebenen Ständeordnung; in der Kirche entsteht der Protestantismus, in der alten Wissenschaft die Philosophie, neben dem Gewerbe die freie Industrie, vor allem aber neben dem Königthum die selbständige Staatsgewalt im Staatsdienst und seiner Thätigkeit, der Regierung. Nur Eines hält unabänderlich an seinem Vorrecht, das gerade bei ihm nicht mit einer Kraft, sondern mit jenen zwei Thatsachen, dem Grundbesitz und der Geburt, zum Recht verschmolzen ist, die Geschlechterherrschaft. Mit ihr muß der gesellschaftliche Kampf zuletzt ausgekämpft werden; und er wird es. Wieder einmal bricht die höhere Kraft das positive Recht das sie erzeugte; die Kraft der freien Persönlichkeit wirft die ganze ständische Gesellschaftsordnung darnieder, und baut sich eine neue, und mit ihr ein neues Rechtsleben, die Rechtsordnung der staatsbürgerlichen Gesellschaft.

---

## C. Die staatsbürgerliche Gesellschaft und ihre Rechtswissenschaft.

### 1. Die staatsbürgerliche Gesellschaftsordnung.

Wenn ich nun das ungeheure Gebiet das uns vorliegt, bewältigen soll, so müssen Sie mir verstatten so kurz zu sein, als dieß eben dadurch möglich ist, daß ich alles Bisherige als Ihnen gegenwärtig annehme.

Es ist kein Zweifel, daß die beiden Gesellschaftsordnungen der Geschlechter und der Stände nicht fähig gewesen sind, die Idee der höchsten persönlichen Entwicklung zum Ausdruck zu bringen.

Der wahre Grund dieser Unfähigkeit aber lag nicht darin, daß sie überhaupt aus dem ursprünglichen Princip der Gleichheit die gesellschaftliche Ungleichheit erzeugten und eben so wenig darin, daß die höheren Elemente die niederen beherrschten. Sondern derselbe lag vielmehr darin, daß in ihnen das Sonderinteresse des Herrschenden die Kräfte des wirthschaftlichen Lebens durch das von ihnen erzeugte Recht rechtlich entwicklungsunfähig, und somit aus den Wirthschafts- und Gesellschaftsklassen Rechtsklassen machten, in denen sie sich der Staatsgewalt und damit desjenigen Willens bemächtigten, welcher die Geltung des Rechts schafft. Dadurch wird die Ungleichheit, an sich eine absolute Bedingung aller Entwicklung so lange sie in der Persönlichkeit liegt, zur Unfreiheit durch das sie äußerlich feststellende Recht, und keine von beiden Gesellschaftsordnungen hat in sich die Kraft, durch ihre eigene Elemente sich von dieser Unfreiheit zu befreien.

Soll nun dennoch die Entwicklung fortschreiten, so müssen sich Wirthschaft, Gesellschaft und Staat von diesen Momenten frei machen, welche dem Interesse die Macht gegeben haben, ein solches Recht zu schaffen. Diese Momente waren die Geburt und der Beruf. Nehme ich beide von der Persönlichkeit weg, so bleibt der eine Begriff derselben, die freie individuelle Selbstbestimmung, die ihren Grund wie ihr Ziel in sich hat. So wie daher jene Momente sich historisch ausgelebt haben, tritt die Idee und die Kraft dieser individuellen Selbstbestimmung auf. Sie wird jetzt die wirkende Kraft für das gesammte persönliche Leben in Wirthschaft, Gesellschaft und Staat; sie erzeugt den Organismus derselben, und sie ist daher jetzt die rechtbildende Kraft der Menschheit. Die große Ordnung der letzteren, welche auf diese Weise durch das Princip der individuellen Selbstbestimmung entsteht, nennen wir nun die staatsbürgerliche Gesellschaft, und die Wissenschaft von Recht und Staat hat in derselben die principielle Aufgabe, das gesammte Leben beider, namentlich aber das Recht, seine Rechtsbegriffe und seine Entwicklung als die organische Entfaltung des obersten Princips im Ganzen wie im Einzelnen zu begreifen.

Es ist nun vom höchsten Werthe gegenüber dem fast unerschöpflichen Stoffe der sich hier entwickelt, ein möglichst klares und einfaches Bild des großen organischen Processes vor Augen zu haben, an den sich wie Blätter und Blüthen an dem Stamme, die Einzelheiten und die ganzen Gebiete anschließen, von dem sie innerlich beherrscht und daher auch wissenschaftlich begriffen werden.

Der oberste Grundgedanke der individuellen Selbstbestimmung jeder Persönlichkeit wird als Inhalt dieses individuellen Verhaltens der Einzelnen zu einander zuerst zu den beiden Principien der Freiheit und Gleichheit, jener für den Willen und die That, dieser für die Persönlichkeit an sich geltend. Beide negiren unbedingt nicht eben die organischen Begriffe der Geburt, des Berufs, des Standes an sich, sondern nur das aus ihnen vermöge der Interessen entstehende Vorrecht der Einzelnen in der Gemeinschaft. Während somit ihr Wesen in dem der Persönlichkeit liegt, ist eben diese Negation alles Vorrechts der Inhalt ihrer geschichtlichen Funktion; sie sind nicht die staatsbürgerliche Gesellschaft und ihr Recht, aber sie begründen dasselbe.

So wie nun jener oberste Grundgedanke aus dieser einfachen Negation in das wirkliche Leben hineintritt, wird er zuerst zur wirthschaftlichen Kraft. Die Funktion desselben in diesem Leben der Güter ist es, jedem Einzelnen die wirthschaftlichen Bedingungen seiner Selbstbestimmung durch diese Selbstbestimmung selbst zu gewinnen. Die für diese Aufgabe thätige Selbstbestimmung heißt die Arbeit; das Gut, welches durch sie der Persönlichkeit gewonnen wird und den Inhalt ihrer wirthschaftlichen Selbstbestimmung bildet, nennen wir das Kapital. Die Grundlage des ganzen wirthschaftlichen Lebens wird dadurch eine wesentlich andere als in den andern Gesellschaftsordnungen; sie besteht nicht mehr wie bei den Geschlechtern im Besitz und nicht mehr wie bei Ständen in dem Berufe, sondern die wirkende und schaffende Kraft der staatsbürgerlichen Ordnung ist von jetzt an das was wir die kapitalbildende Persönlichkeit nennen.

Und da nun wie früher entwickelt, der Inhalt und die erzeugende Kraft für alles was wir das bürgerliche Recht genannt haben, dieß wirthschaftliche Leben ist, so sagen wir jetzt, daß das gesammte bürgerliche Recht dieser staatsbürgerlichen Ordnung nichts anderes ist und sein kann als das System der Rechtsbegriffe und das Leben der aus der kapitalbildenden Persönlichkeit hervorgehenden Rechtsordnung.

Wenn nun nicht das zweite große Element alles Lebens der Menschheit, die Entstehung der Verschiedenheit hinzuträte, so ist es klar, daß auf den übrigen Grundlagen die Rechtsphilosophie vollständig ausreichen würde, das Recht zu erkennen. Und weil eben die Philosophie das Ungleiche im Gleichen nicht weiß, hat auch die Rechtsphilosophie nicht erkannt, weßhalb sie nicht ausreicht. Hier muß daher jener neue Faktor zur Geltung kommen.

Mit der Kapitalbildung nämlich tritt sofort auch die Verschiedenheit für die an sich gleiche und freie Persönlichkeit ein: der Unterschied in Art und Maß des durch jene Arbeit gewonnenen Kapitals wird damit unbedingt zum Unterschiede der Persönlichkeiten selbst. Dieser Unterschied organisirt sich hier wie immer zur Klasse; die anfängliche Gleichheit erzeugt daher durch die Arbeit mit dem Kapital zugleich die Klassenunterschiede, und die Ordnung desselben wird auch hier zur Gesellschaftsordnung der selbstbestimmten Persönlichkeiten.

Allein das große Princip der Gleichheit und Freiheit lebt fort in allen. Es ist der Inhalt des gemeinsamen Lebens geworden; es wird daher auch zum Inhalt des Staats, der mit seinem Wesen ja der persönliche Ausdruck dieser Gemeinschaft ist. Der Staat nun, als Persönlichkeit der Gesammtinteressen, läßt zwar das Sonderinteresse des Einzelnen wie der Klasse nothwendig zu, weil es selbst die Verwirklichung der Selbstbestimmung des Einzelnen im Gesammtverkehr enthält; aber als Vertreter jedes Interesses sind ihm alle wirthschaftlichen und gesellschaftlichen Zustände principiell gleich; seine Aufgabe ist zuerst die, daß sie nicht durch das Recht ungleich werden; er negirt daher zuerst und vor allem den Uebergang des Interesses in das Vorrecht; vermöge seines Wesens und seiner Gewalt verhindert er mithin den Proceß aus dem in den andern Gesellschaftsordnungen eben die Unfreiheit entstanden ist, das ist das Entstehen der Rechtsklassen aus jenen wirthschaftlichen und gesellschaftlichen Klassenunterschieden. Um dieß zu können, muß er absolut über jeder Klasse stehen; denn alle Unfreiheit tritt ein, so wie sich irgend eine Klasse der Staatsgewalt bemächtigt. Er muß ferner die absolute Gleichheit des Rechts gegenüber allen jenen Unterschieden für die einzelne selbstbestimmte Persönlichkeit durch seine Gewalt aufrecht halten, und in diesem Sinne nennen wir ihn den Rechtsstaat. Er muß aber endlich mit seiner Macht den wirthschaftlichen und gesellschaftlichen Fortschritt aller seiner Angehörigen fördern, weil zuletzt die Entwicklung des Einen stets die Bedingung und eben so sehr die Consequenz der Entwicklung des Andern ist; und in diesem Sinne sprechen wir von dem gesellschaftlichen oder dem socialen Staate. Auf diese Weise erzeugt das Moment der freien Selbstbestimmung in der Persönlichkeit nicht bloß die Ordnung der Gesellschaft, sondern auch die staatliche Ordnung und ihr Recht, und damit entsteht das öffentliche Recht der staatsbürgerlichen Gesellschaftsordnung, in welchem der Staat in Verfassung und Verwaltung zum organischen Ausdruck derselben Kraft geworden ist, welche das bürgerliche Recht erzeugt hat, der freien Persönlichkeit.

Ist dem nun so, so ist unsere Aufgabe klar.

Ich habe versucht, als das höchste Princip der Wissenschaft des Rechts den Satz zu erklären, daß alles Recht sowohl in Inhalt als System nur die Consequenz des Wesens und des Lebens der Persönlichkeit sei. Es war oft schwer, diesen Gedanken in den beiden früheren Gesellschaftsordnungen festzuhalten. Aber die staatsbürgerliche Gesellschaft beruht auf dem reinen Begriff der Persönlichkeit, und hält denselben wie Sie sehen selbst in den gesellschaftlichen Unterschieden fest. Während in jenem Besitz, Geburt, Beruf und Interesse auf allen Punkten in die Rechtsbildung eingreifen, hat sich das arbeitende Leben der Persönlichkeit hier von diesen Faktoren befreit und beherrscht sie statt von ihnen beherrscht zu werden. Daher wird dann jetzt erst jene Wissenschaft des persönlichen Lebens zur wahren Grundlage der Wissenschaft des Rechts, und die große Idee der Rechtswissenschaft hat in der staatsbürgerlichen Gesellschaft ihre Basis gefunden; erst durch sie ist sie überhaupt möglich, aber durch sie entsteht sie auch. Nun nennen wir das Wissen der Persönlichkeit an sich, das ist der Persönlichkeit welche noch die Unterschiede nicht in sich aufgenommen hat, die Philosophie; und die Wissenschaft desjenigen Rechts, welches auf diese Weise auf diesem absoluten Wesen der Persönlichkeit beruht, ist die Rechtsphilosophie. Das Wissen von der wirklichen Persönlichkeit dagegen, welche aus der Gleichheit die Ungleichheit durch ihre individuelle Lebenskraft erzeugt, um jene doch wieder in sich zu verarbeiten, und die Gesetze und Ordnungen in denen dieß sich als das Einzel- und Gesammtleben vollzieht, nannten wir die Staatswissenschaft. Es ergibt sich somit, was wir dem Folgenden jetzt an die Spitze stellen können; erst die staatsbürgerliche Gesellschaft ist fähig und bestimmt, durch Rechtsphilosophie und Staatswissenschaft zur Rechtswissenschaft zu gelangen, und muß andererseits unbedingt fordern, daß ihr Recht nicht wie bei der Geschlechterordnung als Thatsache und nicht wie bei der Ständeordnung als Wille des Sonderinteresses, sondern als organisches Glied des Gesammtlebens der Persönlichkeit in Wirthschaft und Gesellschaft und Staat erkannt, und als solches auch in ihrer Rechtsbildung gelehrt werde.

Das nun ist ohne allen Zweifel eine sehr ernste und schwere Aufgabe, und diese Aufgabe, die Schöpfung des höchsten Rechtsbewußtseins und Rechtslebens der Welt, kann weder durch einfache Gelehrsamkeit, noch durch Casuistik und Interpretation, noch auch durch die vollendetste Codifikation gelöst werden. Ich trage die innerste Ueberzeugung in mir, daß zur Lösung dieser Aufgabe das deutsche Volk bestimmt ist; und nicht bloß weil ich glaube und liebe was ich glauben muß, sondern weil seine eigenste ganze Rechtsgeschichte in der That die große, durch Jahrhunderte hindurch erarbeitete Vorbereitung für diese Aufgabe ist. Eben deßhalb aber kann ich bei jenem Satze nicht stehen bleiben. Es ist bei dem gegenwärtigen Zustande unserer mittelpunktslosen Rechtslehre unbedingt nothwendig, auch im Ganzen wie im Einzelnen zu zeigen, daß die Grundbegriffe der Staatswissenschaft wirklich die große Quelle des Rechts sind; erst damit treten wir aus der Negation des Anfanges dieser Arbeit, der Abstraction des zweiten Theiles und den historischen Zweifeln des letzten in das Gebiet des positiven Rechtsbildungsprocesses durch die elementaren Kräfte der Staatswissenschaft, und ich muß es daher wagen, ein vollständiges System der Rechtswissenschaft der staatsbürgerlichen Gesellschaft an die der Geschlechter- und ständischen Ordnung anzuschließen.

Gewiß nun wäre das ein ganz unmögliches Beginnen, wenn ich das thun sollte. Welche Kraft eines Einzelnen, und wäre sie noch so groß, würde dafür auch nur zum geringen Theile ausreichen! Aber von dem, was ich hier zu sagen habe, gehört mir selber eben fast gar nichts. Das was ich anschaue und was ich mit dieser Arbeit zum Ausdruck bringen möchte, liegt so tief im germanischen Charakter und das Bewußtsein seines Werthes und seiner Berechtigung ist so gewaltig in ihm, daß das was wir als unsere Aufgabe fordern, theils bereits seit Jahrhunderten geschehen ist, und theils ohne auf die Wissenschaft zu warten sich täglich von selbst vollzieht. Die Geschichte bringt uns ihre Arbeit in ihrer Rechtsphilosophie und ihrer Staatswissenschaft, die Gegenwart rund umher die ihrige in Praxis und Theorie; und das Bewußtsein, daß wir in dem gewaltigsten Rechtsbildungsprocesse stehen, den die Geschichte kennt, bricht sich Bahn in dem Gefühle, daß „die bisherige Wissenschaft des Rechts sich dem wirklichen Leben nähern müsse.“ Ja freilich muß sie das! Nur muß sie sich nicht einbilden, daß dieß durch geistreiche Behandlung des „Geistes“ oder durch scharfsinnige Casuistik, oder durch immer neue Editionen alter Handbücher, Definitionen und Citate mit neuen Namen geschehe. Die Geschichte spottet derer die ohne sie groß sein wollen, und die da glauben durch sich selber etwas zu sein und zu leisten. Wir arbeiten alle in ihrem Dienste und der wahre Unterschied ist zuletzt nur der, ob wir die Herrscherin und ihren Willen verstehen oder nicht. Sie selbst ist aber eben das, was unserer Theorie fehlt; sie ist die Einheit aller der Theile, in denen nur zu viele sich gleichsam vergraben, ohne zum Bewußtsein des großen Lebens zu kommen, das über sie hinweg geht. Sie will daß jeder von uns und jeder an seinem Theile sich nicht als ein gesondertes Wissen und Arbeiten, sondern als Glied des Ganzen fühle; wie bei all dem ungeheuren Reichthum an Einzelarbeiten und Erfolgen ist es gerade das, was uns fehlt und weßhalb wir nicht sind und nicht leisten, was wir sein und leisten könnten. Das Haupthinderniß des wahren Verständnisses unseres Rechtslebens ist und bleibt eben das römische Recht in seiner ganz unvernünftigen Behandlung; und eben deßhalb möge mir zum Schluß die Bemerkung über dasselbe gestattet sein, welche das was wir im ersten Theile gesagt haben, mit diesem letzten in Verbindung setzt.

Wir haben das römische Recht recipirt und wir recipiren es noch immer fort. Warum denn haben wir das gethan und warum thun wir es noch? Ich wiederhole nicht früher Gesagtes; aber das ist klar, daß diese Reception jetzt auf einem ganz bestimmten Verhältniß des Corpus juris zu unserer staatsbürgerlichen Gesellschaftsordnung und ihrem Recht beruhen muß, dem unsere römische Jurisprudenz dient ohne es selbst zu wissen. Und das ist in der That der Fall, und ich muß es hier dem Folgenden voraussenden, weil darin in der That nicht so sehr ein Urtheil über diesen Theil unserer Rechtslehre als vielmehr der Grund, aber auch die richtige Gränze der Gewalt und die Basis der künftigen Stellung dieser Disciplin in der Rechtswissenschaft der Zukunft liegt, was alles sehr gleichgültig dagegen ist, ob jene Romanisten es begreifen oder nicht.

Das Corpus juris enthält nämlich auf allen Punkten den Kampf der staatsbürgerlichen Privatrechtsbegriffe gegen das Privatrecht der alten römischen Geschlechterordnung, die Loslösung der erstern von den letztern und ihren Sieg über sie. Es enthält dieser, wie schon angedeutet, auf allen Punkten die Geschichte desselben Processes der Rechtsbildung, den die germanische Rechtswelt hat durchmachen müssen. Es ist in allen seinen Sätzen das Werden des staatsbürgerlichen Privatrechts und seiner Rechtsbegriffe; und indem wir es recipirten, haben wir gerade vermöge der Reception bei uns dieselbe Geschichte durchgemacht, die Rom durchgemacht hat; wir haben uns im Corpus juris zum zweitenmale gleichsam selbst wieder erlebt. Das aber gilt nicht eben bloß im Ganzen und Großen, sondern der Reichthum des römischen Rechts besteht darin, daß in ihm jeder einzelne Rechtsbegriff seine staatsbürgerliche Geschichte hat, die wiederum durch die Reception des griechischen Rechts in Rom vorbereitet ist. Darum scheint uns jedes Wort in diesen Pandekten gleichsam innerlich verwandt, und wir haben das Gefühl etwas auch für uns Gültiges zu lernen, obgleich wir recht gut wissen, daß er für uns nicht gültig ist. Darum ferner sind so viele rein römische Begriffe für unsere staatsbürgerliche Gesellschaft vollkommen richtig und darum lernen wir heutiges Recht im römischen Recht. Darum endlich der Haß der Geschlechter und Stände gegen das Studiren desselben; darum die Langsamkeit seines Vorschreitens, darum aber auch die Unwiderstehlichkeit desselben, und darum die sonst unverständliche Thatsache, daß dieß deutsche Volk gerade in dem Augenblick zu diesem ihm fremden Rechte mit aller Gewalt griff, in dem es das fremde politische Joch abwarf und ein selbständiges Volk ward. Denn das Geheimniß der ganzen Geschichte des römischen Rechts ist kein anderes als dieß sein Verhältniß zur staatsbürgerlichen Gesellschaft; sie hat in ihm ihr als Recht formulirtes Lebensprincip gefunden; das ist seine historische That in der Rechtsgeschichte der Welt. Nur wissen sollen wir das!

Aber das ist auch sein Mangel. Denn es selbst ist ein höchst beschränktes Recht; es ist nicht einmal ein bürgerliches, geschweige denn ein öffentliches Recht. Es hat nicht nur nicht versucht, den Staat anders als vom Standpunkt des Privatrechts zu begreifen, sondern es ist nicht einmal so weit gekommen, das wirthschaftliche Leben in seinen Hauptgebieten zu erforschen; es ist nichts als das Privatrecht, das Recht zwischen den gleichen oder einzelnen Persönlichkeiten; es hat gar keine Ahnung vom Werth und Werthverkehr und damit vom Handelsrecht, geschweige denn vom Vereins- und Gesellschaftsrecht. Alle diese Dinge kennt es nicht einmal dem Namen nach und es ist gänzlich umsonst, sie ins lateinische übersetzen zu wollen. Es ist also der eine Theil des eines Theiles unseres Rechtslebens und ihm sind gerade die gewaltigsten Dinge, welche dasselbe in Wirthschaft und Gesellschaft erzeugen, vollkommen unverständlich. Natürlich, das mindert seinen Werth da nicht, wo es einen solchen hat; aber man denke sich ein Entwicklungsstadium dieser staatsbürgerlichen Gesellschaft, in welchem dieselbe den Handel und die Industrie, Werth und Geldverkehr, Klassenunterschiede und Gegensatz von Arbeit und Kapital, Verfassung und Verwaltung des Staats in sich vollständig aufgenommen und umgestaltet hat, und das nun mit einer Rechtsbildung sich genügen, ja dieselbe gar bewundern soll, die nicht ein Wort von allen Dingen enthält und versteht, aber dafür desto hochmüthiger sich und ihr Verständniß für die Grundlage aller Rechtswissenschaft der Welt ausgibt? Kann das dauern? Und doch ist das der Zustand Deutschlands. Es ist der Charakter seines Rechtslebens, daß durch den Rest des Mittelalters, der in diesem beschränkten römischen Pandektenthum sich hartnäckig erhält und der auch jetzt noch berechtigt zu sein glaubt, alles zu sein weil er es einst gewesen, das wahre Verhältniß zwischen Leben und Rechtswissenschaft total verloren gegangen ist, und daß es uns geradezu unmöglich wird unsere eigene Rechtsbildung für uns zu gebrauchen, weil sie in ihrer Grundlage gar nichts kennt und lehrt, als den Standpunkt des Privatrechts für den höchsten Gipfel des Rechtsbewußtseins zu halten. Der Widerspruch zwischen dieser Rechtsbildung und den Forderungen unserer Zeit ist principiell und thatsächlich zu groß; die alte Ordnung unserer Disciplin ist nicht mehr fähig unserer Zeit zu genügen; und wenn wir auch jetzt noch uns von dieser Pandektenherrschaft nicht losmachen können, werden wir bleiben was wir bisher gewesen, das in seiner Rechtsbildung und in seinem Rechtsbewußtsein von Englands Volksrecht und Frankreichs Codification beherrschte Rechtsleben. —

Darum kann es nicht viel helfen, bei dem Begriffe der staatsbürgerlichen Gesellschaft stehen zu bleiben. Es muß versucht werden, den gesammten Organismus unseres Rechts als Eine große, gewaltige Einheit, als ein Gemeingut unseres Lebens zu entwickeln, und der Rechtslehre das definitiv zum Grunde zu legen, was sie beherrscht und erzeugt, die Staatswissenschaft in Wirthschaft, Gesellschaft und Staatsleben. —

## 2. Das bürgerliche Rechtssystem der staatsbürgerlichen Gesellschaft.

### a) Die drei Gebiete desselben: das Privatrecht, das Handelsrecht und das Gesellschaftsrecht.

Indem ich nun das Rechtssystem der staatsbürgerlichen Gesellschaft beginne, stehe ich sogleich vor einer jener Thatsachen, die scheinbar formell dennoch den tiefen Mangel unserer gesammten gegenwärtigen Rechtswissenschaft bezeichnen.

Wir haben nämlich in unserer ganzen Wissenschaft nicht nur keinen Begriff des Unterschiedes zwischen dem Privatrecht und dem öffentlichen Recht, sondern wir haben nirgends, so viel ich sehe, auch nur einen Versuch, Begriff und Wesen des „bürgerlichen Rechts" zu bestimmen.

Ich finde daß unsere Juristen den Eindruck machen als nähmen sie an, daß die Sache zu selbstverständlich sei um darüber erst nachzudenken. Allein bei genauerer Betrachtung werden Sie mit mir erkennen, daß eine solche Begriffsbestimmung allerdings zur Voraussetzung hat, daß man über das Rechtssystem überhaupt klar sei. Eine Unklarheit im Ganzen muß sich aber auch auf die Rechtsbildung im Einzelnen fortpflanzen. Wenn man selbst keine lebendige Gesammtauffassung hat, kann man natürlich auch keine erzeugen. Ich glaube daher Sie werden mir zugeben, daß es für eine wirkliche Privatrechtswissenschaft die erste Voraussetzung wäre, sich selbst in Wesen und Inhalt als organischen Theil des Ganzen zu erkennen. Der Mangel daran war erträglich so lange, wie Sie gesehen haben, das ganze bürgerliche Recht von dem öffentlichen Recht der Klassenunterschiede beherrscht wurde. So wie aber die staatsbürgerliche Gesellschaft dieses Princip bricht, scheidet sich auch ganz klar und bestimmt das bürgerliche vom öffentlichen Recht, und diese Scheidung wird sogar zur Grundlage des gesammten Rechtssystems. Und da wir nun dieselbe nicht finden, so müssen wir sie selbst aufstellen.

Und hier nun müssen wir mit dem Satze beginnen, der zunächst und vor allem dem Folgenden zum Grunde liegt.

Ist es wahr, daß das Recht mit seinem ganzen Inhalt eine Consequenz des Wesens der Persönlichkeit ist, so muß auch jeder einzelne

Rechtsbegriff seine Wahrheit in der Richtigkeit der Folgerung suchen, durch die er selber entsteht. Ich muß das betonen. Denn Sie betreten jetzt ein Gebiet, auf welchem die Tradition in so hohem Grade zu Hause ist, daß sie vor allem das logisch Nothwendige haßt und negirt und sich hinter tausend Einzelheiten und Streitigkeiten flüchten wird, um von dem ausgetretenen Wege nicht weggedrängt und zum selbstthätigen Denken gezwungen zu werden. Verstatten Sie mir daher die Erklärung, daß ich keinen Angriff der ernsten Erwiederung werth halten werde, der nicht an die Grundlage des folgenden Rechtssystems, die logische Wahrheit der einzelnen Rechtsbegriffe und Sätze heranreicht. Wer diese Forderung läugnet wird läugnen, daß das Leben selbst logisch denkt und arbeitet; mögen jene es thun — die alte traditionelle Epoche ist ohnehin vorüber!

Wollen wir demnach den festen Begriff des bürgerlichen Rechts, so müssen wir ihn denken lernen. Alsdann ergibt sich Folgendes.

Das was wir das bürgerliche Recht genannt haben hat zu seinem Inhalt die Gesammtheit derjenigen wirthschaftlichen Erscheinungen, in denen der Verkehr — die Gemeinschaft in der Bewegung des wirthschaftlichen Lebens — durch den individuellen Willen der Einzelnen erzeugt wird.

Das Wesen der staatsbürgerlichen Gesellschaft macht nun die Einzelpersönlichkeit von der rechtlosen Beschränkung durch die Gesellschaft frei. Er ist mit seiner Persönlichkeit und seinem Güterleben vollkommen dem eigenen Willen unterworfen. Dieses erste Rechtsprincip der staatsbürgerlichen Gesellschaft vollzieht daher, was der Geschlechts- und ständischen Ordnung nicht möglich war — es scheidet das Einzelleben vom Leben des Ganzen und die dadurch principiell gesetzte Selbständigkeit aller Einzelnen einander gegenüber bildet somit die erste Grundlage des neuen Rechtssystems. Das bürgerliche Recht gegenüber dem öffentlichen Recht ist daher in dieser Gesellschaft nicht mehr wie bisher ein bloß logischer, sondern ein Rechtsbegriff geworden.

Aus diesem Rechtsbegriff entsteht nun etwas, was die Tradition eben so wenig kennt als jener selbst. Das ist das System des bürgerlichen Rechts.

Denn es genügt nicht, das bürgerliche Recht einfach vom öffentlichen zu scheiden. Ist es einmal selbständig, so muß es auch seinen Inhalt organisch zu entwickeln vermögen.

Für die wirkliche Welt — und also auch für das in ihr entstehende Recht — ist nun jene selbständige wirthschaftliche Persönlichkeit nicht wie bisher eine einfache Thatsache, deren Recht man sieht, sondern sie ist eine lebendige Kraft. Sie hat als solche einen doppelten Inhalt.

Ihr wirthschaftliches Element, für sich gedacht und selbst eine wirthschaftliche Kraft, nennen wir das Kapital; ihr persönliches Element dagegen, gleichfalls als thätige wirthschaftliche Kraft selbständig gedacht, heißt die Arbeit. In der Einheit beider wird daher aus der ruhenden die ihr wirthschaftliches Leben sich selbst erzeugende, die kapitalbildende Persönlichkeit; und das bürgerliche Recht ist daher jetzt das Recht der durch den Verkehr in Kapital und Arbeit kapitalbildenden Persönlichkeit, wie schon oben angedeutet.

Aus diesem an sich einfachen Begriff entsteht nun der Inhalt desselben dadurch, daß derselbe eben keine ruhende, abgeschlossene Thatsache ist, sondern vielmehr als ein beständiger niemals ruhender wirthschaftlicher Lebensproceß erscheint, der eben deßhalb sich in seine einzelnen Elemente und Momente beständig auflöst und das Aufgelöste wieder zusammenfaßt. Das was wir den Verkehr genannt haben, ist daher nicht etwa mehr eine allgemeine Berührung der wirthschaftlichen Lebenssphäre, sondern er enthält vielmehr eine Auflösung dieser Berührung in alle die einzelnen Momente, welche bei der kapitalbildenden Arbeit im Verkehre als mitwirkende Faktoren erscheinen. Insoferne nun alle diese einzelnen Momente — wir werden sie gleich sehen — wirthschaftliche Bedingungen der Kapitalbildung sind, gehören sie der Wirthschaftslehre in Produktion, Consumtion und Reproduktion; insofern sie dagegen eben vermöge des Verkehrs Gegenstand des thätigen Willens eines andern werden, empfangen sie ihr Recht und werden zu Rechtsbegriffen. Jeder Rechtsbegriff des bürgerlichen Rechts ist daher immer und nothwendig ein wirthschaftlicher Begriff. Sie werden sich der früheren Darstellung wohl noch erinnern. Die Gesammtheit dieser, durch den thätigen Willen der Dritten aus wirthschaftlichen zu Rechtsbegriffen gewordenen Verkehrsmomente bildet mithin den Inhalt des bürgerlichen Rechts. Und dieses bürgerliche Recht empfängt nun sein organisches System, indem jener Proceß der Kapitalbildung auf die, als die wirkenden Kräfte der letzteren erscheinenden Grundverhältnisse der wirthschaftlichen Persönlichkeit zurückgeführt wird.

Das erste dieser Elemente ist nun die einzelne selbständige Persönlichkeit für sich den anderen Einzelnen gegenüber als Gegenstand seines Willens gesetzt. Für diesen ist der Dritte eine unverletzliche Thatsache; die Bewegung des Verkehrs — der wirthschaftliche Uebergang der Güter vom einen zum anderen, aus dem natürlich allein das Recht entsteht, — beruht hier daher einzig und allein auf dem Einzelwillen, der Maß, Ordnung und Ort des Verkehrs rein durch sich selbst bestimmt. In ihm ist daher die Persönlichkeit nur noch Person, das Eigenthum ist nur noch ein Gut, und das daraus entstehende, durch die Momente der Person, des Gutes und das durch die Verkehrsbewegung, die der freie Einzelwille setzt, erzeugte Recht ist der erste Theil des bürgerlichen Rechts, das Privatrecht.

Das zweite große Element des kapitalbildenden Lebens der Persönlichkeit ist nun aber eben die Bildung des Kapitals. Die Güterlehre zeigt, daß dieß nur möglich ist, indem der Werth des Erzeugten größer ist als der der Erzeugung. Sie zeigt ferner, daß die Voraussetzung für die Erzielung dieses Mehrwerthes die zweite große Form der Güterbewegung — des Verkehrs — ist, die wir den Handel nennen; sie zeigt endlich, daß jene Kapitalbildung durch den Handel die Erzeugung selbst beherrscht, und mithin ganz neue Verkehrsverhältnisse setzt, die sich in der Form des wirklichen Werthes, des Geldes und seiner Bewegung vollziehen, welche mithin als ein selbständiger Proceß den wirklichen Güterverkehr begleitet. Hier löst sich daher der Werth und das Werthleben von dem einzelnen Gute los, und die große Thatsache bricht sich Bahn, daß der Werth, das wirthschaftliche Leben überhaupt, das Einzelleben im Besondern beherrscht. Und jetzt entstehen zuerst neue wirthschaftliche Begriffe; aus dem Kapital wird die Unternehmung, an die Stelle der Person tritt die Handelspersönlichkeit, an die der Arbeit die Organisirung derselben, an die des Darlehens der Credit, an die der Zahlung Wechsel und Anweisung, und so fort; und das Recht für diese wirthschaftlichen Verhältnisse der handelsrechtlichen Persönlichkeit, welche durch die Wertherzeugung und ihre Kapitalbildung in Produktion, Consumtion und Verkehr gefordert wird, ist dann das Handelsrecht.

Das dritte große Element ist nun auch hier die Einheit der Kapitalbildung; es ist unnöthig, ihre organische Stellung und Nothwendigkeit nochmals darzulegen. Nur ist diese Einheit innerhalb des bürgerlichen Rechts keine durch das Wesen der Sache, sondern durch den selbstthätigen Willen der Einzelnen für den Zweck der Kapitalbildung erzeugte, und der Einzelne bleibt daher auch in dieser Einheit selbständig und sein wirthschaftlicher Selbstzweck. Eine solche Einheit nennen wir eine Gesellschaft; ich werde hier noch nicht näher darauf eingehen, aber ich glaube Ihnen nur Bekanntes zu sagen, wenn ich einfach hinzufüge daß das daraus entstehende wirthschaftliche Leben das Gesellschaftsrecht erzeugt.

Somit ergibt sich, daß das was wir das bürgerliche Recht nennen, mit seinem höchsten Princip, der Selbständigkeit der kapitalbildenden Persönlichkeit, nicht ein einfacher Begriff ist, sondern in drei wesentlich verschiedene Gebiete zerfällt, das Privatrecht, das Handelsrecht und das Gesellschaftsrecht. Und schon hier steht fest, daß es ganz unmöglich ist, das römische Recht künftig in seiner Stellung mißzuverstehen. Es ist absolut falsch, es mit dem bürgerlichen Recht zu identificiren, denn es ist selber nichts als das — noch dazu höchst unklare — Privatrecht der staatsbürgerlichen Gesellschaft. Es ist dadurch unendlich viel ärmer als das Leben, zu dessen Hauptrecht die Geschichte es gemacht hat; das Uebel aber ist, daß es auch kein Verständniß von seiner eignen Natur und von dem Wesen des Handels- und Gesellschaftsrechts aufkommen läßt, und dadurch jede größere, organische Auffassung unmöglich macht. Wie wenig es sich im Ganzen über sich selber klar ist, hat unser erster Theil gezeigt; jetzt wird es darauf ankommen, nachzuweisen, daß es auch im Privatrecht nur den Werth der historischen Basis unserer Privatrechtsbegriffe hat und fordern kann.

Denn wenn wir nun zu jenen einzelnen Gebieten übergehen, so wird es sich zeigen daß jedes derselben seinen Begriff von Person, Eigenthum und Vertrag hat, und daß jedes eben nichts ist, als die zu Rechtsbegriffen formulirte Entfaltung der Grundbegriffe des Privatrechts, als die durch das Werthleben und die wirthschaftliche Gesellschaft erzeugte Modification und Entwicklung derselben zu dem ihnen eigenthümlichen wirthschaftlichen Leben, welches die Welt erfüllt.

### b) Das Privatrecht der staatsbürgerlichen Gesellschaft.

#### 1. Wesen und Elemente desselben.

Gegenüber dem fast unermeßlichen Stoffe der sich jetzt vor uns ausbreitet, darf ich zunächst unsere erste Aufgabe möglichst scharf begränzen.

Das was wir wollen ist die Erhebung des Privatrechts in seiner Scheidung vom Handels- und Gesellschaftsrecht zur Wissenschaft durch das Verständniß der Kraft, welche das Recht desselben erzeugt. Diese Kraft ist die freie, einzelne, selbstthätige Persönlichkeit, und zwar innerhalb des wirthschaftlichen Processes ihrer Kapitalbildung, insofern diese Kapitalbildung bloß durch den Verkehr zwischen Einzelnen und bloß in Beziehung auf ein bestimmtes Gut vor sich geht. Die Nationalökonomie zeigt nun, daß auch diese erste und einfachste Form der Kapitalbildung ein wirthschaftlicher Lebensproceß und somit ein Ganzes ist, in welchem jedes seiner einzelnen Momente jedes andere, und mithin eben auch das Ganze bedingt. Jedes selbständige Moment jenes Lebensprocesses wird daher selbst wieder zu einer wirthschaftlichen Kraft für die Bildung der wirthschaftlichen Bewegung und der Gegenseitigkeit in der Entstehung des Kapitals. Es folgt mithin, daß wenn der Begriff der selbstthätigen wirthschaftlichen Persönlichkeit überhaupt das Privatrecht erzeugt, jedes jener Momente des Lebensprocesses als Bedingung und Inhalt desselben auch wieder sein Recht erzeugt und hat, und zwar so, daß dieses Recht jedes dieser Momente keinen andern Inhalt haben kann, als eben das Maß seiner Kraft, vermöge dessen es zur Bedingung der freien Kapitalbildung wird. So wie daher jene Momente der letzteren dem thätigen Willen des Andern gegenüber treten, werden sie aus rein persönlichen und wirthschaftlichen Begriffen zu Rechtsbegriffen, deren rechtlicher Inhalt nichts sein kann, als ihr organisches Verhältniß zu jenem Proceß der Kapitalbildung. Was nicht dazu gehört, ist zwar ein persönliches und wirthschaftliches, aber kein Rechtsverhältniß. Denke ich mir nun dieses wirthschaftliche Leben des Einzelnen gegenüber dem Andern als ein organisches Ganzes, so wird damit dasselbe zugleich zu einem System von Rechtsbegriffen, welche in ihrer lebendigen, sich gegenseitig für den Proceß der Kapitalbildung bedingenden Einheit das — allerdings absolute — System des Privatrechts und als solches die Wissenschaft desselben bilden.

Dieß System ist bereits in der Rechtsphilosophie entwickelt. Sein erstes Moment ist die Person, sein zweites das Kapital im weitesten Sinn, sein drittes die durch den individuellen Willen vermittelte Bewegung des Kapitals zwischen den Einzelnen, der Verkehr, sein viertes die zur wirthschaftlichen Einheit werdende Einheit der Personen in Ehe und Familie, sein fünftes der Tod als wirthschaftliches Ereigniß. Diese Momente wirken je vermöge ihrer Natur als wirthschaftliche und selbst als gesellschaftliche Kräfte; zu Rechtsbegriffen werden sie, insofern ich sie als Faktoren und Bedingungen der Kapitalbildung gegenüber dem Anderen betrachte; dadurch entstehen dann die bekannten Begriffe des Personen-Rechts, des Eigenthums-Rechts, des Verkehrs-Rechts, des Ehe- und Familien-Rechts, und des Erb-Rechts.

Hier ist vor der Hand nichts zweifelhaft oder unklar. Natürlich löst sich nun bei genauerer Betrachtung jedes jener Elemente oder Rechtsbegriffe wieder in tausend sich gegenseitig bedingende Momente auf, wie z. B. das Alter und das Geschlecht der Person, der Besitz der Sache, der Irrthum im Vertrage, die Abstammung im Erbrecht. Und, um es zu wiederholen, das Recht dieser Momente ist dann nichts anderes, als das Maß der Kraft, mit dem jedes derselben wieder als die Bedingung der Kapitalbildung erscheint; oder das Recht jedes dieser Momente besteht in dem Antheil den dasselbe an dem bestimmten Theil der Kapitalbildung hat, in dem es auftritt. Nun ist diese Kraft denn doch nur das thätige Wesen eines solchen Moments; das Verständniß dieses persönlichen und wirthschaftlichen Wesens des Momentes wird dadurch zum wissenschaftlichen Verständniß seiner rechtsbildenden Kraft; oder: wenn ich das Recht finden will, muß ich es in dem Begriffe desjenigen suchen welcher es erzeugt. Dadurch nun erzwingt das Streben nach der Wissenschaft des Rechts die Entwicklung der Wissenschaft und formulirt die Momente dieses Einzellebens im Einzelverkehr; ja sie ist in der That die Wissenschaft selbst; eine juristische Definition ist somit gar keine juristische im gewöhnlichen Sinne des Wortes, sondern sie ist eine physiologische (z. B. Alter, Geschlecht, Früchte) oder eine psychologische (z. B. Wille, Irrthum, Wahnsinn) oder eine wirthschaftliche (z. B. Besitz, Eigenthum, Geld, Arbeit, Zahlung u. s. w.), und wir sind nur deßhalb darüber nicht recht klar, weil wir noch immer zu glauben gewohnt sind, daß dieser Inhalt des Rechts das Recht sei. Und jetzt versteht sich auch, wie mit jenen physiologischen, psychologischen und wirthschaftlichen Lebensbegriffen sich das Recht selbst ändern und entwickeln muß; nicht das Recht, sondern sein Inhalt ist die Rechtsgeschichte. Da nun aber diese Verhältnisse dem ganzen Leben der Persönlichkeit zum Grunde liegen, so leuchtet es endlich ein, daß die beiden andern Gebiete des bürgerlichen Rechts doch nur Modifikationen jener fundamentalen Verhältnisse und Begriffe sind, und daher eben so wie das Privatrecht aus Personen-, Güter-, Vertrags- und Erbrecht bestehen; daß bei ihnen das Eherecht wegfällt ist die einfache Folge der Verschiedenheit des Personenrechts. Das alles ist schon oben im Allgemeinen entwickelt.

Ich kann jedoch nicht umhin, daran eine wichtige Beobachtung zu schließen, die jeder von Ihnen täglich machen kann. So lange es eine Rechtswissenschaft gegeben hat steht es fest, daß die Juristen berufen gewesen sind die Leitung der öffentlichen und Privatangelegenheiten zu übernehmen. Noch jetzt wird die juristische Bildung mit gutem Recht als Grundlage der wissenschaftlichen Bildung jedes Geschäftsmannes erkannt. Ist das Recht der Grund? Wahrlich nicht. Sondern das Gefühl sagt uns, daß wir im Recht etwas anderes als das Recht studiren — wer Recht versteht, kann das Leben beurtheilen. Und doppelt schmerzlich empfinden wir es daher, wenn wir ein Recht lernen müssen dessen Leben nicht mehr das unsere ist. Aber, und mit aller Kraft die ich habe möchte ich es betonen, wie ganz anders, wie viel tiefer und gewaltiger wird die Achtung und Liebe zu diesem Recht und seinem Studium werden, wenn dereinst der Rechtshörer nicht mehr das Gefühl hat, in die Katakomben des römischen Lebens hinabsteigen zu müssen, sondern die wirkliche lebendige Welt in seinem Rechte vor sich entfalten zu können! —

Und nun scheint demnach die Wissenschaft dieses Rechts einfach, und die Methode unzweifelhaft. Aber sofort tritt ein anderes hinzu; so leicht wird nicht verständlich, was Jahrtausende hindurch unverständlich geblieben.

Gerade die letzte Grundlage dieses ganzen Privatrechts, die freie selbstthätige Persönlichkeit ist zwar ihrem Begriffe nach einfach; aber in der Wirklichkeit der Geschichte ist sie von Anfang an in die Ordnungen der Gesellschaft hineingestellt, und daher als Ganzes, und daher also auch mit allen Momenten ihrer Selbstbestimmung den Elementen dieser beiden Gesellschaftsordnungen und mithin ihrem unfreien Recht unterworfen. Was der freie Gedanke sofort begreift und setzt, ist im wirklichen Leben stets im Beginn ein Unfertiges, und muß je größer es ist desto länger ringen um zur Geltung zu gelangen. Und wenn nun dieß für das Princip der freien Persönlichkeit gilt, so gilt es auch consequent für ihr ganzes Leben und damit auch für ihr ganzes Privatrecht, also auch für jeden einzelnen Rechtsbegriff. Ehe daher das staatsbürgerliche Privatrecht zur Anerkennung gelangt, muß es Jahrtausende hindurch mit dem Privatrecht der beiden andern Gesellschaftsordnungen ringen, denn gerade im bürgerlichen Recht haben sie ihre tiefsten Wurzeln, und es ist aus dem Obigen klar, weßhalb die gesellschaftlichen Rechtsklassen stets zu Privatrechtsklassen werden. Das nun heißt, daß die Rechtsbegriffe von Person, Eigenthum, Vertrag, Ehe- und Erbrecht sich erst durch die ganze Rechtsgeschichte der Welt hindurch zu den gegenwärtig geltenden staatsbürgerlichen Rechtsbegriffen hinaufarbeiten, und daß in ihnen erst sich die staatsbürgerliche Persönlichkeit sich aus Geschlechter- und Ständethum losringt. Und nun sind gerade auf diesem Punkte die großen Culturvölker so tief verschieden von einander. In England ist die freie Persönlichkeit nie ganz verloren gegangen; England hat jenen Kampf derselben gegen die andrängende Geschlechter- und Ständeordnung nur in seinen Volksgerichten durchzufechten gehabt, und daher eine Rechtswissenschaft nicht erzeugt, die es nicht gebraucht hat. Frankreich hat in seiner Revolution sich plötzlich mit einem Schlage ein staatsbürgerliches Recht in seinem Code gegeben, sein Gesetzbuch ist damit an die Stelle seiner Wissenschaft getreten, und seine Jurisprudenz ist dadurch zur bloßen Interpretation geworden. Nur Deutschland hat jenen Kampf stückweise durchmachen müssen, und der gegenwärtige Zustand seiner Privatrechtswissenschaft ist der letzte Ausläufer dieser gewaltigen, welthistorischen Arbeit. Hier erst versteht man sie ganz. Ihr erster Akt ist das was wir die vielgenannte Reception des römischen Rechts nennen. Das römische Recht ist selbst nichts anderes als das Herausarbeiten des staatsbürgerlichen Privatrechts aus dem Geschlechterrecht des alten Roms, wie wir schon früher gesagt; aber die Reception des römischen Rechts wird dadurch zur Reception der Geschichte des römischen Kampfes der staatsbürgerlichen Rechtsbegriffe mit den Geschlechterbegriffen von Person, Eigenthum, Vertrag, Ehe und Erbrecht. Im römischen Recht durchleben wir diesen Kampf zum zweitenmal — leider ohne ihn recht zu begreifen; mit ihm kommt der zweite Akt, das Entstehen des Naturrechts. Diese „Natur" der Sache ist nichts anderes als eben jenes Wesen der Momente der Persönlichkeit, insofern sie eben rechtsbildend sind; aber gerade weil dieß jus naturae sich um den Kampf mit dem gesellschaftlichen Recht nicht kümmert, wird es von all den Generationen nicht verstanden welche mitten in jenem ersteren stehen, und daher Person, Eigenthum und Vertrag an sich überhaupt nicht verstehen lernen, weil sie sie nicht im geltenden Recht gebrauchen können. Mit dem neunzehnten Jahrhundert nun siegt allerdings das staatsbürgerliche Princip; aber es bildet weder ein Volksgericht noch eine Codification, sondern es will eine Rechtswissenschaft. Und die Aufgabe dieser Rechtswissenschaft ist es nun, die hier für das Privatrecht an uns herantritt. In ihr wird neben dem System der Rechtsphilosophie das römische Recht zur römischen Geschichte des privatrechtlichen Staatsbürgerthums in jeden Begriff des Privatrechts aufzunehmen und aus dem festen System von Begriffen somit ein System von Geschichten der Rechtsbegriffe zu machen, welches das Rechtsleben der Welt, zum wissenschaftlichen Bewußtsein erhoben, vor uns ausbreitet. Gibt es etwas Größeres und Mächtigeres, aber zugleich etwas Schwierigeres? Aber es war die Mission der deutschen Wissenschaft, diese Aufgabe zu vollziehen; und wir sind durch die Geschichte unseres ganzen geistigen Lebens so innig mit derselben verwachsen, wir haben so ganz und so voll die wissenschaftliche Verantwortlichkeit dafür übernommen, daß die gewaltige Arbeit Roms der Geschichte erhalten bleibe und zum Gliede und Inhalt unserer eigenen Arbeit werde, daß es — und wir sagen es zu unserer Ehre — erfolglos ist, bloß von dem Privatrecht an sich zu reden, und fänden wir es auch in seiner vollsten, reinsten Gestaltung. Deßhalb würde ich mich nicht unterfangen auch nur einen Theil des Privatrechts zu behandeln, ohne auf seine zugleich römische Geschichte hinzuweisen, die unser geistiges Eigenthum geworden ist. So möge hier versucht werden, was zu vollenden jetzt noch keinem gegeben ist; denn hier liegt das, wodurch wir innerhalb desselben Gebietes das Gleiche mit allen andern Völkern wollend, doch erst uns in dem Geist unserer Geschichte zum vollen Ausdruck bringen werden.

## 2. Das System.

### 1) Das Princip desselben.

Wenn wir hier mit der Bezeichnung des Princips unseres Privatrechts beginnen, so hat das nur dadurch noch Bedeutung, daß wir dasselbe von dem Privatrechtsprincip der früheren Gesellschaftsordnungen scheiden.

Das Princip dieses staatsbürgerlichen Privatrechts gegenüber dem der Geschlechter- und Ständeordnung besteht nun darin, daß alle jene, dieß individuelle wirthschaftliche Leben erzeugenden Momente dem Einzelnen nicht durch die Ordnung der Gesellschaft, sondern durch die Bethätigung der eigenen freien Selbstbestimmung gegeben werden. Das staatsbürgerliche Privatrecht ist daher das Recht der individuellen wirthschaftlichen Thhat, und nicht der gesammten Gesellschaftsordnung. Ich selber bin durch mich die Quelle meiner wirthschaftlichen Selbständigkeit und daher auch meines individuellen Rechts, und für mein Recht kämpfend, kämpfe ich für meine eigene Selbständigkeit; und das ist sein Charakter, der Standpunkt der Rechtsphilosophie. Das System des Privatrechts an sich war nothwendig und immer dasselbe; aber der Inhalt desselben, bisher durch die gesellschaftliche Persönlichkeit gegeben, wird jetzt für die freie Persönlichkeit gesetzt, welche die Grundlage der Rechtsphilosophie ist. So geschieht es, daß erst in der staatsbürgerlichen Gesellschaft Philosophie und Recht sich die Hände reichen; und darum lieben wir die Rechtsphilosophie und verehren sie, obgleich wir Juristen sie nicht verstehen und sie uns nicht.

Der Proceß nun, durch den diese Rechtsbildung entsteht, besteht nicht darin, daß sofort das Princip der früheren Gesellschaftsordnungen aufgehoben wird. Im Gegentheil sehen wir auch hier sich vollziehen, was in der ganzen Natur erscheint. Das Werden des neuen Lebens beginnt bei der Umgestaltung der einzelnen, für sich bestehenden Momente des alten; diese unterwirft es sich; die alte Ordnung, die alten Begriffe dauern dann noch einige Zeit als Formen des Lebens, deren Inhalt schon einer höhern Kraft angehört, bis sie selbst zusammenbrechen und die neue Ordnung ihnen folgt. In diesem Kampfe innerhalb der einzelnen Elemente vollzieht sich daher der nie ruhende Lebensproceß der Geschichte, in welchem das „neue" Recht stets das schon fertige Ergebniß ist; die schwierige Aufgabe aber ist, gerade diese Arbeit des Neuen in dem Alten zu verfolgen; und das Geschehende auch im Privatrecht durch das zu verstehen, was sich erst vollenden will. Freilich aber liegt die Frage nahe, ob das in den kurzen Andeutungen, die wir geben können, möglich sein wird.

Ich muß es versuchen.

Das erste Element aller Wirthschaft und ihres Rechts ist, wie gesagt, die Person. In der Geschlechterordnung ist sie noch ein Theil des Geschlechts; in der Berufsordnung ein Organ der Berufsfunction; erst in der staatsbürgerlichen Ordnung ist sie was sie ist durch sich selbst. Das aber ist für jede Person gleich; alles staatsbürgerliche Privatrecht beginnt daher mit dem *ἴσους εἶναι τοὺς ἀνθρώπους*, dem aequales esse omnes homines. Die Unterschiede liegen dann nicht mehr in der gesellschaftlichen Ordnung, sondern in der Natur der Person, in Alter, Geschlecht, geistigem Zustand; und so wie ich daher damit beginne, auf jenen natürlichen Unterschieden die Bedingungen der wirthschaftlichen Beziehungen zum Dritten zu suchen, muß ich die Gleichheit des **wirthschaftlichen Personenrechts** zum ersten Princip des Privatrechts machen. Das ist es, was hier das römische Recht geleistet hat; es hat die physiologischen Begriffe des Alters, des Geschlechts und der geistigen Zustände zu positiven Rechtsbegriffen geformt, die für alle gleich sind wie die Natur der Person selbst, und damit die Substanz des Personenrechts der gleichen Persönlichkeiten gegeben. Dieß System ist Ihnen bekannt; das freilich ist kein specifisch römisches, sondern das allgemeine staatsbürgerliche Personenrecht des Privatrechts. Erst unsere Wissenschaft hat es systemisirt und erweitert; das deutsche Privatrecht war dazu gänzlich unfähig, da es nur Geschlechter- und ständische Personen kannte; das kirchliche Recht kennt nur die Gleichheit vor Gott; erst durch die germanische Rechtsphilosophie ist aus dem abstrakten Princip unser heutiges Personenrecht geworden. Alles was in den Pandekten nicht diese Gleichheit der privatrechtlichen Person enthält, ist römisches Geschlechterrecht und gehört der römischen Geschichte. Dieser Theil ist einfach.

Das zweite, unendlich viel schwierigere Element ist nun das was wir das **Eigenthum** und sein Recht nennen.

### 2) Das Eigenthumsrecht und die Sachenrechte.

Ich habe schon früher gesagt, daß jede Gesellschaftsordnung ihren Begriff des Eigenthums hat, und daß derselbe doch nichts ist, als die wirthschaftliche Consequenz des gesellschaftlichen Begriffes der Persönlichkeit. Es wird daher nothwendig, den Begriff des staatsbürgerlichen Eigenthums hier zu entwickeln. Das ist einfach in der Rechtsphilosophie; die Entwicklung zum positiven System des Eigenthums dagegen ist **sehr** schwierig.

Wir gehen davon aus, daß jetzt in der staatsbürgerlichen Ordnung die Persönlichkeit alles durch sich und die eigene That, und nicht mehr durch Geschlecht und Beruf hat, besitzt und ist. Sie hat daher hier weder Eigenthum noch Besitz durch etwas anderes, als durch ihre eigene Kraft, mit der sie beides erwirbt. Das Erwerben aber ist der Proceß, durch welchen das Individuum sich mit seiner arbeitenden Kraft sein Gut schafft. Das so durch Arbeit geschaffene Gut des Einzelnen ist dann sein Eigenthum. Das Eigenthum der staatsbürgerlichen Gesellschaft ist daher das durch die Arbeit der Einzelnen erzeugte Gut, und das Recht auf das Eigenthum ist in ihr mithin nicht mehr ein Recht durch die Natur und Kraft der Gemeinschaft, sei dieselbe Geschlecht oder Stand, sondern in der staatsbürgerlichen Gesellschaft wird das positive Eigenthumsrecht mit dem abstracten der Rechtsphilosophie identisch, indem das Recht — die Unverletzlichkeit des gesammten wirthschaftlichen Inhalts eines Lebens — darum heilig ist, weil es die Bedingung jeder individuellen Entwicklung und damit auch der des Ganzen ist. Will ich daher dieß Recht des Eigenthums wirklich begreifen, so nützt es nicht viel daß ich es einfach als Negation des fremden Willens definire. Ich muß die Kraft die es erzeugt, den Proceß der es bildet, anschauen. Das nun kann nur geschehen, indem ich diesen Proceß der das Eigenthum bildet, nicht in seiner wirthschaftlichen Beziehung für mich, sondern in seinem Verhalten zur dritten Persönlichkeit in seine Momente auflöse. Alsdann ergibt sich, daß jedes dieser Momente wieder jenes Ganze, das Eigenthum, in seiner Weise bedingt; dadurch wird jedes dieser Momente ein Rechtsbegriff, da das was jeder für sich erzeugt, auch für andere unverletzlich ist. Der Inhalt dieser Rechtsbegriffe ist dann das Eigenthum als Einheit derselben. Aber von ihnen und ihrem Recht erzeugt, erzeugt es sie selbst wieder, weil sie doch nur Momente desselben sind. So ist das individuelle Eigenthum seinem organischen Inhalt nach etwas wesentlich anderes als das Geschlechter- und ständische Eigenthum. Wie es wirthschaftlich ein ganzes System zusammenwirkender Kräfte bildet, so enthält es damit rechtlich auch ein ganzes System von Rechtsbegriffen, die ich lieber schon hier, um klar zu sein, als das System der Sachenrechte bezeichnen will, deren Einheit das Eigenthumsrecht ist. So wie ich demnach jene Rechtsbegriffe des Sachenrechts dem Rechtsbegriffe des Eigenthums zum Grunde lege, so wird das Eigenthum nicht mehr eine gesellschaftliche Thatsache, sondern das Ergebniß einer in den Sachen lebendigen wirthschaftlichen Kraft; ich gewinne es durch diese und verliere es durch sie, das ist durch meine That; ich begränze und gestalte es in ihnen; ich mache es dadurch zum Inhalt meines persönlichen Willens, und bin nicht mehr abhängig in dem was ich geschaffen vom Geschlecht und Vorrecht; ich kann für das, was auf diese Weise durch die allen gleiche

Natur der wirthschaftlichen Persönlichkeit erzeugt ist, keine Ungleichheit mehr anerkennen; das Eigenthum ist frei und gleich in seinem Princip, und durch mich gültig dem Willen des Andern gegenüber, es ist der Ausdruck und Träger meiner Individualität; es wird mit seinem freien, gleichen und organisch sich selbst erzeugenden Leben mein eigenes Leben gegenüber dem anderen, und das Eigenthum der staatsbürgerlichen Gesellschaft ist ein organischer, lebendiger Rechtsbegriff geworden.

Das ist im Grunde derselbe Gedanke, der die ganze Fichte'sche Auffassung vom Eigenthum durchdringt — die organische Verbindung von Arbeit und Eigenthum, die Schmoller in seiner werthvollen Arbeit über Fichte (Hildebrand Jahrb. B. V.) treffend hervorhebt. Wenn wir etwas Eigenes dabei geben, so ist es eben nur die Entwicklung dieses Gedankens zu seinem rechtlichen Inhalt und System; und der Begriff des Rechts ist doch weder bei Fichte noch Krause recht faßbar geworden.

Und nun kommt es darauf an, das zu bezeichnen, was wir das System der Rechtsbegriffe innerhalb des Eigenthums genannt haben. Es ist das aber doppelt nothwendig. Denn wieder begegnen wir hier der Erscheinung, daß die Römer den Rechtsbegriff des individuellen Eigenthums nicht als solchen geschaffen, sondern aus den einzelnen Rechtsbegriffen des Sachenrechts langsam entwickelt haben. Mit diesen haben sie in langer Arbeit das ursprüngliche Geschlechtereigenthum, das jus Quiritium, gleichsam unterwühlt und ihm stückweise seinen Inhalt genommen. Sie machten jedes Moment des Eigenthums für sich wirthschaftlich erwerbbar, während ihr Geschlechtereigenthum, das jus Quiritium nur rechtlich erworben werden konnte; sie gaben zu dem Ende jedem einzelnen Sachenrecht das Recht des Eigenthums und lösten damit langsam aber sicher die Sache vom Eigenthum los; sie schützten in höchst merkwürdiger Weise dieß Sachenrecht gegen das Geschlechtereigenthumsrecht; sie stellten dadurch einen rein wirthschaftlichen Eigenthumsbegriff neben den juristischen, das in bonis esse neben das dominium, bis jenes in den Rechtsbegriff der proprietas überging und dieses als nudum jus Quiritium sein Scheinleben unter Justinian endete. Diese Jahrhunderte lang fortgesetzte Arbeit der Juristen war in der That wieder nur der Ausdruck der wirthschaftlichen und gesellschaftlichen Entwicklung der römischen Zustände, der thatsächlichen Auflösung der Geschlechterordnung in die des staatsbürgerlichen Privatrechts, die wir schon früher charakterisirt haben; aber eben dadurch hat sie doppeltes Interesse. Doch für uns muß es genügen, das große juristische Mittel zu charakterisiren, durch welches ein Zustand des Eigenthumsrechts geschaffen ward, der ein vollkommener Widerspruch zwischen den staatsbürgerlichen wirthschaftlichen Kräften und der noch bestehenden rechtlichen Form des Geschlechtereigenthums war, und doch ohne Störung des Rechts möglich wurde. Es wird vielleicht unserem heutigen römischen Recht schwierig sein, hier statt historischer Thatsachen lebendig wirkende Kräfte anzuerkennen; dennoch gibt es keinen andern Weg. Jenes Mittel nämlich war die Scheidung des Besitzes und seines Rechts vom Eigenthum und die rechtliche Selbständigkeit des ersteren gegenüber dem letzteren. Das System dieser römischen Jurisprudenz ist hier eben so einfach als großartig. Das jus Quiritium mit seiner mancicipatio und in jure cessio hatten das Eigenthum fast dem Verkehr entzogen; dem peregrinus gegenüber ist es geradezu unerwerbbar; der gewaltig steigende Verkehr macht aber einen solchen Zustand unerträglich. Nun erlaubte das jus Quiritium, da es nur Geschlechtereigenthum war, principiell die freie Verfügung auch nur über den Besitz des Gutes. Zwar war es rechtlich unmöglich, dieß Geschlechtereigenthum an den peregrinus zu veräußern; gab der civis auch den Besitz, so behielt er doch noch immer das jus Quiritium; allein den Besitz konnte er nicht zurückfordern, ohne mit seinem eigenen Acte der Besitzübertragung, also mit sich selbst in Widerspruch zu treten. An den Schutz des Besitzes knüpft sich daher die zweite Epoche in der Geschichte des römischen Eigenthumsrechts; gegen die Gewalt und den Zufall, der den Besitz dem dominus zurückbrachte, gab ihm die Sicherheitspolizei des Prätors das System der Interdicte, gegen die vindicatio die Einrede des dolus; den Besitz vermochte daher das jus Quiritium nicht zu stören, wenn es auch Eigenthum blieb. Damit nun erscheint der Besitz gegenüber Dritten als Eigenthum und doch kein „rechtes" oder „ächtes" Eigenthum. Wie nun sollte man dieß Verhältniß bezeichnen? Ohne Zweifel, da es kein juristisches Eigenthum war, als ein „wirthschaftliches". So entstand jenes in bonis esse, das „prätorische" Eigenthum oder die proprietas im Unterschied vom dominium. Aber die Kraft die diesen Zustand erzeugt hatte, wirkte in ihm fort; der Besitz, einmal vom Eigenthum geschieden, konnte als solcher zwar kein Eigenthum werden, aber das Eigenthum konnte während des Besitzes wirthschaftlich entstehen; und diese Erzeugung des Eigenthums durch Bewirthschaftung auf Grundlage des durch die Interdicte und die exceptio doli geschützten Besitzes war eben die usucapio. Für den Fall aber, daß die Besitzes-Interdicte nicht anwendbar waren und doch von Seiten des dritten Besitzers keine Besitzstörung sondern bloß eine thatsächliche oder wirthschaftliche Besitzveränderung vorlag, gab das prätorische Recht dem wirthschaftlich in jener Weise Erwerbenden die actio publiciana, die Gimmerthal zuerst richtig in ihrer wirthschaftlichen Bedeutung erkannt hat; hätte er sie mehr in Verbindung mit den Interdicten und ihrer wirthschaftlichen Funktion als mit den rebus mancipi bearbeitet, so würde auch er erkannt haben, wie gänzlich unhistorisch Ihering mit seinen Abstractionen über den Besitz sich in Gebiete verliert die er nicht beherrscht. Hatte nun der wirthschaftliche Besitzer — possessor ad usucapionem — eine Zeit lang die Sache bearbeitet, so erzeugte der Besitz Eigenthum: einmal erzeugt, konnte dann dieses durch den Besitz erzeugte Eigenthum wieder mit der vindicatio den Besitz erzeugen. So ward das in bonis esse zum quiritarischen Eigenthum und das ist der Sinn davon, wenn Gajus und mit ihm die übrigen Juristen sagten, die usucapio sei zwar gegen das Recht, aber „jus bono publico introductum". Das ist der Weg, auf dem die Scheidung des Besitzes vom Eigenthum des Geschlechterrechts juristisch durch den Besitz, wirthschaftlich durch die in ihm geschützte Arbeit das staatsbürgerliche Eigenthum, die proprietas der Juristen, geschaffen hat. Nur blieb immer die Form des ersteren, und das hat den Gang der Entwicklung sowie ihre Begriffe leider so unklar gemacht, daß wir noch jetzt über die publiciana und den Besitz fünfzig Bücher schreiben müssen, um eine an sich höchst einfache Thatsache noch immer nicht zu begreifen. Dagegen hat jene formelle Unfertigkeit der Römer nach einer andern Seite gewirkt; sie hat sie gelehrt, den Schwerpunkt — die wirthschaftliche Berechtigung — der Entwicklung des staatsbürgerlichen Eigenthums aus dem einfachen Besitze in seine einzelnen Momente des Sachenrechts zu verlegen. Dadurch hat jeder dieser Rechtsbegriffe, deren Einheit das Eigenthum bildet, wieder seine höchst lehrreiche und interessante Geschichte. Ich kann nur zwei Worte an dieselbe verwenden, aber ich thue es um zu zeigen, wie viel wir gerade hier den Römern verdanken.

In der That ist nämlich jener Begriff des Besitzes an sich nur ein rein äußerliches Verhältniß zum Dritten; der Punkt aber auf welchem der Besitz seine Eigenthum erzeugende Kraft in seine Momente und mithin in ein Rechtssystem entwickelt ist der Begriff der Sache. Diese „Sache" wird eben dadurch zu einem neuen und selbständigen Rechtsbegriff. Das Geschlechterrecht hat weder das Wort noch den Begriff der Sache. In der germanischen Geschlechterordnung kommt das Wort überhaupt nicht vor; die „res" des römischen alten Rechts ist nicht Sache — wie hätte man sonst pecunia, familia und res scheiden können, wie in der XII. tab. — sondern die Fahrniß. Erst das staatsbürgerliche Privatrecht versteht unter der Sache ein Gut, das durch Besitz zum Eigenthum werden kann. Die Auflösung der Momente der Sache, an denen sich dieser Proceß vollzieht, wird damit zum Sachenrecht, in welchem alle Momente dieses Processes selbst wieder zu Rechtsbegriffen werden. Durch dieses Verhältniß derselben zum Eigenthum und seiner Bildung entsteht wieder in natürlicher Weise das System des Sachenrechts. In der juristischen Entwicklung dieses Sachenrechts liegt der großartigste Theil der ganzen römischen Jurisprudenz; freilich war eben dieß Sachenrecht die Grundlage ihrer ganzen Rechtsbildung. Nur das organische — d. i. das erzeugende Verhältniß zum Eigenthum — fühlten sie mehr als sie es verstanden; erklärlich, weil sie dieß neue Eigenthum ja überhaupt erst bilden sollten. Unsere heutigen Pandekten sind in der formalen Beherrschung des Stoffes wiederum weiter als die Römer; aber das eigentliche Wesen der Sache ist ihrem Verständniß fern geblieben.

Dieß System des Sachenrechts enthält nun zuerst die Aufstellung des Rechtsbegriffs der Sache, dann ihrer einzelnen Eigenthum bildenden Momente, und dann den Proceß der Eigenthumsbildung selbst, dem sogenannten Erwerb und Verlust des Eigenthums. Man kann daher ganz füglich dieß System in dem elementaren Begriffe des Sachenrechts, der sachlichen Rechte und des Eigenthumsrechts scheiden.

Das Princip des Sachenrechts in demselben Sinne ist nun gemäß dem Wesen der Sache, daß dasjenige was aus dem Gute die Sache macht, auch das Recht derselben erzeuge. Die Kraft aber, welche in der bestimmten Sache lebt, ist der wirthschaftliche Zweck derselben. Das Recht der Sache ist daher das Recht des wirthschaftlichen Zweckes gegenüber den an sich ganz selbständigen Theilen der Sache; der Zweck ist es, der dieselbe Sache bald zum Theile eines Gutes, bald selbständig, theilbar, auflösbar, ersetzbar macht; in diesem Zwecke hat damit das Gut auch seine juristische Gränze, durch welche es erst objektiv zur Sache wird; jedes Entstehen des Eigenthums wie sein Verlust geht mithin nur in der Sache vor sich; ich kann rechtlich nur eine Sache, keinen Gegenstand erwerben und verlieren, und erwerbe und verliere ihn selbst eben nur so weit der Zweck — die Sache — reicht. Die Römer wußten das; aber nach Pomponius in seiner Glosse zum dreißigsten Buch des Sabinus (l. 30. Dig. 41. 3) gehört dieser Begriff den Griechen wie so manche andere.

Denke ich mir nun diese „Sache" in ihre Grundverhältnisse Dritten gegenüber aufgelöst, so entstehen die drei sachlichen Rechtsbegriffe des Besitzes, des Gebrauches und des Werthes, welche wir juristisch das Besitzesrecht, die eigentlich dinglichen Rechte und das Pfandrecht nennen. Das gemeinsame Princip dieser sachlichen Rechte ist, daß sie einerseits selbständige Gegenstände des Rechts, andererseits Faktoren des werdenden Eigenthums sind, und damit ein doppeltes Rechtssystem haben. Hier eröffnet sich ein fast unübersehbares Gebiet, dessen Inhalt ich nur andeuten kann. Dieser Inhalt aber besteht wie im ganzen Privatrecht wieder darin, daß jeder jener Begriffe wieder in die einzelnen Momente aufgelöst, und jeder dieser Momente zu einem Rechtsbegriffe wird, dessen Rechtsinhalt sein Verhältniß zu seinem Gesammtbegriff ist.

Der erste sachliche Rechtsbegriff ist nun wie gesagt, der Besitz, die räumliche Einheit mit der Persönlichkeit. Auch diese entsteht; ich kann den Proceß, durch welchen sie entsteht, in seine einzelnen Momente auflösen; der Besitz als solcher wird erworben; ich kann die Thatsache der räumlichen Einheit (die detentio), von der Thätigkeit der Ergreifung (der occupatio), der Thätigkeit des Dritten gegen das Ergriffene (die vis und dejectio), die Thatsache des wirthschaftlichen Zusammengehörens verschiedener Sachen in Einer, den symbolischen Besitz, die Uebertragung durch den andern (die traditio), und endlich sogar den Willen, der auf den Besitz gerichtet ist (den animus), von der Thatsache des räumlichen Verhaltens (dem corpus) scheiden; jedes dieser Verhältnisse wird zu einem selbständigen Rechtsbegriffe und dieß Recht wird gegen den Dritten bei den Römern durch die interdicta, bei den Griechen durch die βλαβη κατ' ἐξουλης, bei den Germanen durch die Klage wegen Verletzung der Gewere, bei uns durch die Besitzstörungsklage vertheidigt. Die Namen sind verschieden, die Sache ist dieselbe. Das ist das System des Besitzesrechts. Alle diese einfachen Begriffe werden nun aber gestört eben durch jene historische Funktion des Besitzrechts, nach dem das staatsbürgerliche Eigenthum aus dem Geschlechtereigenthum gerade vermöge des Besitzes entstehen soll. Das ist es was Savigny nicht gesehen und was Jhering nicht begriffen hat. Die Folge davon ist, daß so lange das letztere noch existirt, der Besitz noch immer vom alten Eigenthum sich nicht ganz zu scheiden vermag; ich habe noch immer vermöge des Besitzes jedem Dritten gegenüber Eigenthum (possession vaut titre) und selbst vom Eigenthümer erwerbe ich das Eigenthum doch erst nur durch den Besitz; selbst noch unter Justinian (l. 20. Cod. d. pactis l. 3. l. 15 Cod. de rèi vindic. 3. 32). In der That ist die Scheidung vom possessorium und petitorium und damit die volle Selbständigkeit des Besitzes gegenüber dem Eigenthum erst das Ergebniß der neuesten Zeit, und der größte Irrthum der gegenwärtigen Besitzeslehre besteht deßhalb darin, noch immer dieselbe nur auf die römischen Grundbegriffe zurückzuführen. Denn jene endgültige Scheidung fehlt noch bis zuletzt im römischen Recht; erst die staatsbürgerliche Gesellschaft hat beide vollständig in ihrer Selbständigkeit zu Rechtsbegriffen gemacht.

Der zweite sachliche Rechtsbegriff ist der Gebrauch der Sache. Er wird Gegenstand des Rechts, wenn ich ihn wirthschaftlich von der

Sache, in der er gegeben ist, scheide. Gebe ich den bestimmten einzelnen, dauernden Gebrauch einer dauernden Sache in das Eigenthum des andern, so entsteht die Servitut. Gebe ich den Gebrauch einer nicht dauernden Sache, wird es der usus. Gebe ich die wirthschaftlich erzeugenden Kräfte, so entsteht der usufructus; gebe ich bloß das Erzeugniß, so gebe ich die fructus; gebe ich die ersetzbare Sache zum Gebrauch, so entsteht das mutuum. Allein der Gebrauch ist ein absolutes Moment des Gutes; es kann daher keine Nutznießung des Einen absolut dauern, ohne das Wesen des Gutes und damit das des Eigenthums des andern zu vernichten. Das Princip der Freiheit des staatsbürgerlichen Eigenthums fordert und erzeugt daher auch die Aufhebung der Rechte auf die Produktion, die als Frohnden und Zehnten aus der früheren Gesellschaft bestanden; sie sind für den staatsbürgerlichen Begriff des Eigenthums unmöglich, denn das System des Gebrauchsrechts darf nie das Princip des freien Eigenthums vernichten. Erst die Erzeugung des Eigenthums durch den Gebrauch ist in Verbindung mit dem Besitz dann die usucapio. Diese Lehre ist somit ein Ganzes; jetzt liegt ein Theil im deutschen Privatrecht, ein Theil im römischen, ein Theil im bürgerlichen Recht; erst aus der Einheit aller dieser Auffassungen kann das wissenschaftliche Verständniß auch des Einzelnen folgen. —

Der dritte sachliche Rechtsbegriff ist der Werth. Ich kann den Werth von der bestimmten Sache trennen und ihn selbständig als Analogon der Sache zum Gegenstande des kapitalbildenden Processes machen. Thue ich das, so entsteht das Pfand, in welchem im Allgemeinen der eine die Sache, der andere den Werth derselben besitzt. Dieser Werth, selbständig gedacht, hat aber wieder seinen Gebrauch, das ist ich kann ihn wirthschaftlich für die Kapitalbildung verwenden. Dadurch erhält der Gebrauch des Werthes der Sache wieder einen Werth und dieser Werth des Gebrauches eines Werthkapitals ist der Zins. Es dauert lange bis diese Gestalt des Pfandwesens begrifflich verstanden wird, weil man ja auch heute noch das Wesen des Pfandes in dem Rechte finden will, das erst aus jenem Wesen erzeugt ist. Thatsächlich aber ist die Entwicklung einfach; sie enthält in allen Phasen des positiven Pfandrechts in der That nichts anderes, als die Stadien der Loslösung des Werthes vom Besitz und die Formen des Kampfes beider mit einander, der auch hier zum staatsbürgerlichen Eigenthum führt. Der nexus enthält noch Person und Werth vereint, die fiducia gibt das (revocable) Eigenthum, weil sie den Werth noch nicht zu trennen vermag, das pignus den Besitz schon ohne das Eigenthum, das p. antichreticum die Nutznießung für den Zins mit dem Besitz, bis die griechische hypotheca den Werth zum selbständigen Objekt macht, ein Verhältniß das die germanische Welt als Landtafel und Grundbuch endlich verwaltungsrechtlich ordnet. Das System des Rechts, welches sich an diese einzelnen Bewegungen der Trennung des Werthes von seiner bestimmten Sache anschließt, nennen wir das Pfandrecht. Das römische Pfandrecht wird bei uns im römischen Recht, das griechische gelegentlich in den griechischen Alterthümern, das germanische der Geschlechterordnung zuweilen im deutschen Privatrecht, das Grundbuchswesen und -Recht gar nicht gelehrt. Das Princip alles Pfandrechts aber ist, daß wirthschaftlich keine Sache dauernd ohne ihren Werth bleiben kann; es ist eine wirthschaftliche Nothwendigkeit, daß sie sich wieder vereinigen. In Rom thut das die pigneratitia und hypothecaria actio; in Deutschland werden die Ewiggülten aufgehoben und das Recht der staatsbürgerlichen Gesellschaft fordert die Pfandklage, die sich in der höheren wirthschaftlichen Entwicklung der Bodenkreditgesellschaften zur Amortisationsquote ausbildet. Gelehrt wird das letztere nirgends; aber über nexus und fiducia existirt eine tiefsinnige, gelehrte Literatur bei den Deutschen, die den Römern sehr wichtig gewesen wäre.

So ist nun das sachliche Recht ein selbständiges System neben dem Personenrecht. Und jetzt erst entsteht das Eigenthum, das als die Einheit alle diese Momente an einer bestimmten Sache zusammenfaßt. Das Eigenthum ist daher die Kraft, welche Besitz, Gebrauch und Werth der Sache erzeugt; aus dieser Kraft geht mithin das Recht hervor, jene Momente zu haben, wenn ich das Eigenthum habe. Dieß Recht also, das Recht auf alle einzelnen Momente der Sache vermöge des Rechts auf das Gut als Einheit gedacht, ist das eigentliche Eigenthumsrecht; und die Eigenthumsklage (vindicatio) ist der Proceß, durch welchen ich das Einzelne vermöge des Ganzen zurückfordere. Und jetzt entsteht die Frage, wie ich eben dieses Ganze, also das Eigenthum der Sache, erwerbe. Natürlich hat der Proceß durch den dieser Erwerb vor sich geht, wieder seine einzelne Momente und in ihrem Verhältniß zu einander erscheint das, was wir Erwerb und Verlust des Eigenthums und mithin das Rechtssystem derselben nennen. Ich kann das Eigenthum durch einen Akt, meine persönliche That, erwerben (occupatio), ich kann es durch einen natürlichen Proceß verlieren (casus), und dieser Verlust ist ein Schaden für den Proceß der Kapitalbildung (damnum), der entweder durch Fahrlässigkeit (culpa) oder in böser Absicht (dolus) von Dritten zugefügt wird. Das ist das Verlustrecht des Eigenthums. Das Erwerbsrecht dagegen ist der wirthschaftliche Proceß, in welchem ich das Eigenthum an der Sache durch die Reproduktion des Gutes gewinne; denn es ist ein unbezweifeltes Gesetz des Güterlebens, daß jedes Gut zur neuen Produktion bestimmt ist und daher, weil es neu erzeugt wird, nicht dasselbe bleibt. Wer daher ein (fremdes) Gut so lange bewirthschaftet bis er es reproducirt, der hat wirthschaftlich in der Sache nicht mehr das alte, sondern sein Gut. Dieses wirthschaftliche Gesetz wird nun zum Recht und indem ich die Verwirklichung dieses wirthschaftlichen Gesetzes in seine Momente auflöse, entsteht eine ganze Reihe von neuen Rechtsbegriffen. Ich erwerbe das Eigenthum durch die Herstellung der einen Sache aus eigenen und fremden Sachen (commixtio, confusio) durch die Herstellung eines neuen Werthes in der fremden Sache (specificatio); ich verliere es durch Verwendung meines Gutes an einer fremden Sache (in rem versio) doch nur wenn sie den wirthschaftlichen Werth erhöht (negotiorum gestio); aber in allen diesen Fällen verliere ich doch nur die Sache selbst, nicht ihren Werth, den man mir zurückgeben muß. Wenn ich dagegen auch den Werth, das persönliche Element des freien Eigenthums erwerben will, entsteht ein anderer Proceß. Ich trete der Persönlichkeit gegenüber. Zuerst kann ich sie in ihrer wirthschaftlichen Selbständigkeit nicht einfach negiren; will ich daher die Sache erwerben muß ich hier daher nicht das Bewußtsein haben, daß ich diese Selbständigkeit durch meinen Erwerb aufgebe; der „gute Glaube" wird zum Rechtsbegriff. Aber der darf wieder nicht willkürlich sein; er muß durch die Gutsverhältnisse begründet erscheinen; der titulus und die causa werden als wirthschaftliche Voraussetzungen der bona fides damit selbst zu Rechtsbegriffen, und jetzt erst beginnt die Ersitzung, die wirthschaftliche usucapio, deren Grundgedanke ist, daß jedes Gut in Produktion, Consumtion und Reproduktion als solches ein ganz neues Gut und die Sache daher wirthschaftlich meine Sache wird. Darum kann ich nur eine Sache ersitzen die ich verwalte, ein Recht nicht. Natürlich ist nun die Ersitzung zugleich die Klageverjährung; so wie es sich aber um Forderungen handelt kann es keine Ersitzung, sondern nur die praescriptio geben; es ist gänzlich falsch, die Lehre von der letztern mit der erstern zu verbinden. Doch ist das Gebiet, das wir hier betreten, so reich, daß wir an Einzelheiten nicht denken dürfen. Nur die eine Bemerkung verstatte man uns hier. Alles was wir dargelegt gipfelt zuletzt in dem Gedanken, daß das Eigenthum der staatsbürgerlichen Gesellschaft ein organischer Begriff ist, den man daher nicht in seiner Definition, sondern nur in seinem lebendigen Proceß verstehen kann und daher als solchen auch lehren sollte. Und das ist das Schlimmste, daß wir in dieser Beziehung nicht weiter sind als die Römer. Im Grunde aber hatten dieselben doch das richtige Gefühl für jenen inneren Zusammenhang aller dieser

Rechtsbegriffe, aus denen sich der große Rechtsbegriff des Eigenthums als Einheit derselben bildet. Sie fühlten daß ihre Geschlechterbegriffe nicht ausreichten; aber aufheben konnten sie sie nicht. So entstand bei ihnen jene merkwürdige Terminologie, die uns jetzt leicht verständlich ist; alles was sie anerkennen mußten ohne es recht zu verstehen, bezeichnen sie für die Rechtsbegriffe mit dem Ausdruck „quasi," für den Proceß mit dem Ausdruck „utilis." Allenthalben wo diese Worte vorkommen liegt der Proceß der Loslösung des staatsbürgerlichen Eigenthums vom alten Geschlechterrecht Roms und daher eine Unklarheit der römischen Jurisprudenz vor. Bei den deutschen römischen Juristen ist das nicht der Fall, sie sind eben nicht klar über ihre Unklarheit.

3) Der Verkehr und das Vertragsrecht.

So ist jetzt das Eigenthum der Schlußstein des wirthschaftlichen Processes, durch welchen die Sache vermöge ihrer wirthschaftlichen Momente aus dem Leben der einen Person in das der andern übergeht, noch ohne Rücksicht auf den Willen derselben. Sein großer Inhalt war der, jedes einzelne Moment der Sache und ihrer Bewegung zu einem selbständigen Rechtsbegriffe und damit für den thätigen Willen des andern unverletzlich zu machen. Jetzt beginnt aber die zweite Gestalt der wirthschaftlichen Bewegung. Es ist die, wo der kapitalbildende Wille des Andern zum Inhalt meines gleichfalls wirthschaftlichen Wollens wird. Wir nennen diese Bewegung den Verkehr und in seiner einzelnen Erscheinung den Verkehrsakt. In ihm erst bewegt sich das wirthschaftliche Leben der Kapitalbildung; hier wird nicht mehr die Sache an sich, sondern die Sache vermöge des Willens Inhalt derselben; dieser Proceß wird dann als Rechtsbegriff zum Vertrag und in seine einzelnen Momente aufgelöst wird er zum System des Vertragsrechts.

Das große Princip dieses Vertragsrechts ist nun die einfache Consequenz des Princips aller staatsbürgerlichen Gesellschaft, die freie Selbstbestimmung der Persönlichkeiten in ihrer wirthschaftlichen Geltung für die Kapitalbildung durch den Verkehr. Das ist der specifische Unterschied dieses Vertragsrechts von dem der Geschlechterepoche. In dieser ist das Individium persönlich und wirthschaftlich nur Theil des Geschlechts; sein Wille muß daher stets als Wille seines Geschlechts constatirt werden; das subjektive Moment und seine Gültigkeit ist grundsätzlich für den Vertrag ausgeschlossen und jeder Vertrag entsteht daher für das Recht nur als eine formula; der buchstäbliche Inhalt der formula ist damit der ausschließliche Inhalt des ganzen Verkehrsaktes; was in der formula steht ist gültig, was nicht, nicht; die formula ist der Rechtsbegriff, nicht der Vertrag. So ist es bei allen Geschlechterordnungen, und daher ist das Aufsagen der anerkannten Formel, das „legere“ die Bedingung des Geschäfts. Der Vertrag jeder Geschlechterordnung ist daher eine lex, welche für Dritte jus ist und durch die actio verwirklicht wird. Die legis actio sacramenti ist dabei das Beweisverfahren durch die übrigens verschwundenen Consacramentalen, die judicis postulatio ist die Aufforderung an den Richter, nach dem abgelegten sacramentum Urtheil zu fällen, jus dicere; die drei andern sog. legis actiones sind die vom judex ausgesprochenen Vollzugsformen des Urtheils, die pignoris capio die Exekution des Pfandrechts an einer Sache, die condictio dagegen die Pflicht zur Rückgabe bei der fiducia — eine andere Erklärung des condictio ist in jener Zeit nicht denkbar — und die manus injectio die Ergreifung der Person des Schuldners, um ihn trans tiberim zu verkaufen, da es gegen eine Sache keine manus geben konnte. Doch ist hier nicht der Ort dieß genauer zu begründen. Jedenfalls wird aber schon bei den ersten Stadien der Entwicklung des Verkehrs die Eingehung von Verträgen durch „legis actio“ (lex und actio) ganz unthunlich; das werdende Geschäft muß die Gültigkeit auch für freiere Formen annehmen. Natürlich geschah nun bei den Römern, was auch bei den Germanen geschah. Zuerst fängt man an, eine Mehrheit von Formeln aufzustellen; die Sache ist einfach, nur sorgten in Rom die Patricier dafür, daß die beherrschte Klasse die Formeln nicht erfuhr, während Marculf sie gleich hergab. Aber auch Coruncanius machte die Sache nicht definitiv besser. Das Verkehrsleben hebt sich in Rom; Rom ist und bleibt der Mittelpunkt der Güterbewegung der mittelitalischen Ebene und seine Schiffe wissen schon den Weg nach dem Süden, die griechischen Kaufleute den Weg nach Rom zu finden. Der römische Bauer, zu dem sie kaufend und verkaufend kommen, hat aber noch kein Gewerbe; er kauft und verkauft, nimmt sogar Conto's von dem gewandten Griechen an, der ihm mit seiner französischen Ueberlegenheit verständlich macht daß er sein Fleisch und Korn behalten möge wenn er die Rechnung, die litera nicht auch ohne formula oder gar legis actio einfach als gültig anerkennt. So muß der Römer aus seinen Formeln hinaus, aber er wendet auf die ersten Formen des Vertrages doch noch hartnäckig den Gedanken an, daß der buchstäbliche Inhalt den rechtlichen des Vertrages bedeute. Auf diese Weise entsteht nun zwar ein neuer Rechtsbegriff, der des contractus; aber der contractus wird zuerst formell bestätigt, wie nach altem Recht; der entwickelte Verkehr erzwang dann, daß man sich mit einer Schlußformel begnügte, die man dem eigentlichen Vertrage hinzufügte. Diese Schlußformel war die sponsio; sie war so einfach und im Grunde so nichtssagend, daß man die Erinnerung daran in der Tradition lange beibehielt, während man die XII. tab. und die legis actiones schon lange vergessen hatte. Aber am Buchstaben und Wortsinn hielt man desto länger fest; der Vertrag blieb, wahrscheinlich Jahrhunderte hindurch, ein Wortvertrag, und das ist der Sinn der contractus stricti juris. Die absolute Unmöglichkeit jedoch, bei dem unermeßlichen Aufschwung des Verkehrslebens mit dem Wortvertrage auszukommen, zwang denn doch unwiderstehlich auch dem Sinne des Vertrages eine Rechtswirkung neben seiner Geschäftsbedeutung beizulegen, etwa wie jetzt der §. 278 des Handelsgesetzbuchs gegenüber dem allgemeinen bürgerlichen Gesetz. Das geschah in ächt römischer Weise nun nicht etwa durch ein einfaches Gesetz, sondern auf dem Umwege der exceptio doli gegen den Wortlaut, wo der Sinn des Geschäfts mit demselben in schreiendem Widerspruch trat. Wann? Es ist schwer zu sagen; gewiß scheint die Sache erst zur Zeit Cicero's geworden zu sein. Diese exceptio doli ist aber ihrem Wesen nach doch nur negativ; sie hindert die Exekution, gibt aber kein Klagrecht. Der Verkehr aber bedarf des letzteren doch unbedingt; so gewinnt denn allmählig der wirthschaftliche Sinn des Verkehrsaktes eine klagrechtliche Gültigkeit neben dem Wortlaut, und dieser wirthschaftliche Sinn desselben wird zum Rechtsbegriff der bona fides im Vertrage. Aber wieder stemmt sich der römische Grundmagnat gegen die entstehende Macht des gewerblichen Verkehrs; die bona fides wird nicht etwa im Princip zugelassen, sondern erst nur bei einzelnen Fällen und zwar auch nur zuerst bei dem Klagfundament vor dem Prätor. Damit entsteht der Unterschied zwischen den stricti juris und den bonae fidei actiones; als nun diese Sache sich als höchst praktisch erweist, geht die Jurisprudenz vom Verkehr bezwungen einen Schritt weiter; sie legt die bona fides als rechtbildendes Element aus der Klage über den Vertrag in den Vertrag selber und scheidet die stricti juris und bonae fidei obligationes. Eine bonae fidei obligatio ist eine solche, in welcher nach der wirthschaftlichen Natur des Verkehrsaktes die gegenseitige obligatio bemessen wurde und nicht nach dem Wortlaut — der einzige handelsrechtliche Begriff im ganzen römischen Privatrecht. Das einmal angenommen, gestaltet sich nun allmählig auch das gerichtliche Verfahren anders. Die Rechtsanwälte jener Zeit hielten im eigenen Interesse doch noch fest an der Form der Eingabe und bezeichneten, um die Sache klar zu machen, die Klage mit dem formalen Vertragsnamen; darauf beruhte denn das Recht, sie als Contraktsklagen einzubringen; und das waren die actiones praescriptis verbis, wobei bei den bonae fidei actiones das petitum, worauf sich der Rechtsbegriff der bona fides im Gegensatz zum titulus der Klage bezog, nicht mehr dem Buchstaben des contractus stricti juris entsprach. Denn da die bona fides sich nie auf die rechtsgültige Form, sondern auf den geschäftlichen Inhalt des Vertrages bezieht, so wird sie stets erst im petitum und nicht in der Form zur Erscheinung gekommen sein. Nun aber entstanden dessenungeachtet neue Verhältnisse, die unter die vier alten contractus selbst bei Annahme einer bonae fidei obligatio aus denselben sich nicht einreihen lassen wollten. Da griff man denn eine Zeit lang zu dem man kann fast sagen verzweifelten Mittel, eine ganz neue Kategorie von contractus aufzustellen, die contractus innominati, die keiner praescriptio verborum bedurften. Aber doch hielt man den formalen Standpunkt noch immer fest, noch sind es contractus. Es ist nun im höchsten Grade merkwürdig, wie diese Elemente im römischen Recht sich bekämpfen und wie schwer der einfache Rechtsbegriff des Vertrages jenem starren Geschlechtervolke zur Gültigkeit kommt. Es wehrt sich noch immer mit ächtem Bauernstolz gegen jede Vermischung mit dem „Fremden,“ selbst auf dem Gebiete des Vertrages. Ein Vertrag mit einem Nichtbürger ist nun einmal kein echter Vertrag und wird keiner, denn der Fremde hat nun einmal das Recht nicht, sein spondeo auszusprechen; ein solcher Vertrag bleibt daher ein bloßes „Uebereinkommen,“ ein pactum. Der rechtliche Unterschied zwischen contractus und pactum ist daher neben ihrer wirthschaftlichen Identität klar genug, es ist der Unterschied zwischen einem ganz römischen und nicht ganz römischen Vertrage, und natürlich konnte vor keinem römischen Gerichte das pactum geklagt werden — pactum parit exceptionem, sed non actionem. Es war schon eine große Concession an den Verkehr, dem pactum wenigstens dieses Recht der exceptio zuzugestehen; gewiß hat es dasselbe erst in der Kaiserzeit gewonnen, wo es nicht mehr zu vermeiden war. Aber endlich war auch das nicht zu vermeiden, wenigstens einigen pactis jenes Klagerecht einzuräumen, das dem contractus zukam; so entstehen die pacta legitima und praetoria; aber g a n z hat man den Unterschied nie beseitigt, denn g a n z ging der civis romanus nie in dem Fremden auf; und wenn Justinian zugestehen mußte, daß „jetzt alle contractus bonae fidei seien,“ so hat er die pacta doch in den Pandekten erhalten. Mit diesem Resultat schließt die Geschichte des römischen Vertragsrechts. Die germanische Geschichte aber, wenn gleich mit den formulis beginnend, hat jenen Unterschied der contractus stricti juris und bonae fidei so wie den der contractus und pacta überhaupt nie anerkannt. Für sie ist von Anfang an der Wille der entscheidende; trotz aller Geschlechterordnung hat sie den staatsbürgerlichen Begriff des Vertrages immer festgehalten; es ist ihr nicht einmal eingefallen, das Vertragsrecht auch nur aufzunehmen in ihre Geschlechterrechtsbücher, und das Wort Vertrag kommt weder in den Etablissements, den Assises, Bracton, dem jütschen Lov noch im Sachsenspiegel vor, so daß die staatsbürgerlichen Codificationen des Privatrechts ganz einfach das Wesen des Vertrages zu ihrem Recht machen konnten. Daß das deutsche Privatrecht dieß nicht bemerkt hat, ändert freilich nichts an der Sache. So entsteht das Vertragsrecht unserer Zeit; dasselbe ist daher einfach das Recht der einzelnen Momente, welche in ihrem gegenseitigen Bedingtsein den Vertrag bilden und deren Verhalten zu einander zum System des Vertragsrechts wird.

Und nun frage ich Sie, beiläufig bemerkt, wie es denn doch möglich ist, diese Geschichte des römischen Vertrages und seines Rechts in unsern Pandekten als „gemeines deutsches Recht" oder alle jene historischen, zum Theil Jahrhunderte auseinander liegenden Rechtsbegriffe, die sich gegenseitig aufheben, auch nur für das römische Recht als eine Einheit hinzustellen? Welch ein Mangel an jedem historischen Verständniß gehört dazu, jenen allerdings höchst interessanten geschichtlichen Proceß als geltendes Recht der Verträge mit einer Breite lehren zu wollen, die jedes Eingehen auf wirklich wichtige Dinge geradezu unmöglich macht! Und doch lag es so unendlich nahe, gerade durch das deutsche Vertragsrecht das römische als reine Geschichte zu begreifen! Das deutsche Privatrecht aber hat wieder den specifisch deutschen Begriff des Vertrages gar nicht behandelt, und es diesem römischen Recht überlassen — war man doch einig, daß Europa und speziell das deutsche Reich die contractus atristi juris und bonae fidei, die Verbal- und Literalcontracte, den Unterschied von contractus und pactum „recipirt" habe — mitten in der vollsten Unmöglichkeit sie anzuwenden und selbst der Unfähigkeit sie auch nur zu verstehen! Welch ein wunderbares Gemenge von Arbeit und Mißverstand! Und noch jetzt sind wir nicht davon frei; hat doch erst eben J. Bekker geglaubt, über die Aktionen des römischen Rechts ohne die obligationes, über beide ohne die Geschichte der Entwicklung des römischen Eigenthums und Vertrages schreiben zu können, noch immer nicht erkennend daß man eine tausend Jahr stark arbeitende Rechtsbildung denn doch wahrhaftig nicht als ein System begreifen oder lehren kann!

Doch dem sei wie ihm wolle, dieß ist der Vertrag der staatsbürgerlichen Gesellschaft. Ich kann nun das System desselben nur mit wenig Worten bezeichnen, will ich nicht ins Maßlose fallen. Aber in seinen Grundverhältnissen ist es wohl einfach genug.

Auch hier wieder begegnen wir zunächst sofort derselben Erscheinung wie im Eigenthumsrecht und seiner Geschichte. Die Römer haben auch hier das formale Princip des Geschlechtervertrages nicht angegriffen; sie sind auch hier die Engländer der alten Rechtsgeschichte gegenüber den französischen Athenern. Aber sie haben wieder ihren Begriff des Vertrages in seine einzelnen Momente aufgelöst und jedes dieser Momente zu einem selbständigen Rechtsbegriffe gemacht, dessen rechtlicher Inhalt durch das Maß bedingt und gegeben ist, in welchem jenes Moment als Bedingung des Vertrages selbst erscheint. Hierfür sind sie unerschöpflich, und hier vor allem verdient das Corpus juris den Namen der ratio scripta, denn das römische Vertragsrecht ist die Natur der wirthschaftlichen Kräfte die den Vertrag bilden, als Recht formulirt. Wie sehr wünschte ich daß es mir gegeben wäre, dieß im Einzelnen zu verfolgen! Aber wenigstens den Satz kann ich darlegen, daß gerade wie das Eigenthum auch der staatsbürgerliche Vertrag ein wirthschaftlicher organischer Proceß ist, dessen Momente Rechtsbegriffe, und dessen einheitliches Recht seine Gültigkeit ist. Und indem ich dieß aus jener „Natur der Sache" zeige, bitte ich Sie nur, bei jedem Momente sich die römischen Worte und Rechtsbegriffe hinzudenken zu wollen.

Jeder Vertrag ist nämlich zuerst ein Akt des Verkehrs; dann enthält er einen bestimmten wirthschaftlichen Inhalt. Aus dem ersteren, das allen Verträgen gemein ist, geht der allgemeine Theil des Vertragsrechts, aus dem zweiten gehen die Arten des Vertrages hervor. Beides zusammen bildet das System des Vertragsrechts.

Der erste, allgemeine Theil entsteht nun, wenn ich den Akt — die wirthschaftliche That — des Vertrages in seine Momente auflöse. Jeder dieser Momente ist ein selbständiges Lebensverhältniß; jedes derselben aber wird zu einem Rechtsbegriff, insofern er mit seinem Inhalt für den Vertrag selbst als bedingend erscheint. Darnach theilt sich das System dieses allgemeinen Theiles wieder in drei Theile.

Der erste Theil ist die Eingehung des Vertrages — der Willensakt als solcher. Dieser hat wieder das Wollen an sich zur Voraussetzung, wodurch die freie Willensfähigkeit zum Rechtsbegriffe wird, und dann die Voraussetzung der Identität dieses Wollens mit dem Wollen des andern und mit dem Gegenstand des Wollens. Dadurch werden dann in leicht verständlicher Weise vis und metus einerseits, und Irrthum und Bedingung andererseits aus psychologischen Zuständen zu Rechtsbegriffen. Daran schließen sich die formalen Erscheinungen der Punktationen und des Angeldes, die wesentlich processuale Rechtsbegriffe sind, den Beweis der Uebereinstimmung, aber nicht den des Vertragsinhalts enthaltend. Dasselbe gilt von dem Begriffe der Urkunde. — Der zweite Theil enthält den Zustand der durch den Abschluß des Vertrages bis zur Erfüllung desselben entsteht. Das Wesen dieses Zustandes besteht darin, daß die Güter, Leistungen und Werthe beiderseitig sich thatsächlich noch in der wirthschaftlichen Einheit des einen Contrahenten befinden, während er dieselben durch seinen Willen bereits zum Inhalt des wirthschaftlichen Lebens des anderen gemacht hat. Es ist kein Zweifel, daß das ein Widerspruch ist; denn die wirthschaftlichen Elemente müssen ihrem Wesen nach dem Willen der Persönlichkeit folgen, während das in der Wirklichkeit noch nicht geschehen ist. Dieser Widerspruch muß sich lösen; aber da er selbst ein ganz bestimmtes wirthschaftliches Verhältniß zwischen zwei Persönlichkeiten enthält, so wird auch er für sich zum selbständigen Rechtsbegriff, und heißt als solcher für jeden einzelnen von beiden eine Forderung, deren Inhalt das nach der Eingehung des Vertrages im Besitze des anderen noch Befindliche ist; als ein gegenseitig durch den Willen beider bedingter Zustand ist er die Vertragsverbindlichkeit oder Schuld (die obligatio). Forderung und Schuld sind daher noch die beiden Momente des abgeschlossenen Vertrages in ihrer Selbständigkeit je für sich gedacht. Aber sie bedingen sich rechtlich, wie sie sich wirthschaftlich erzeugen, und dieses Bedingtwerden heißt die „causa," die bei der bestimmten Einzelschuld und Forderung zum titulus wird. Aus ihm geht, da der Widerspruch zwischen Willen und Zustand wirthschaftlich nicht dauern kann, der dritte Theil hervor, der wirkliche Uebergang des Versprochenen in das Eigenthum des andern, die Erfüllung des Vertrages. Auch dieser wirthschaftliche Proceß der Erfüllung ist keineswegs einfach. Denn jede Erfüllung des einen ist zuerst durch die des anderen bedingt, und zwar einerseits durch das Vorhandensein des vertragsmäßigen Werthes, andererseits durch die Gegenseitigkeit der Leistung der Sache, und endlich durch den gegenseitigen Eigenthumserwerb überhaupt. Aus der ersten Forderung der Erfüllung, in welcher ich nebst der Sache auch ihren vertragsmäßigen Gebrauchswerth leisten muß, entsteht dann der Rechtsbegriff der Eviction, die sich wieder in die Wertheviction, die Condiction und die Eigenthumseviction scheidet, welche die Römer untereinander zwar der Sache, aber nicht der Form nach geschieden haben. Die Erfüllung durch Gegenseitigkeit der Leistung der Sache aber hat verschiedene Formen durch die Natur der Güter, deren Uebergang aus der einen Wirthschaftssphäre in die andere eben die wirkliche Erfüllung ist. Jede dieser an sich durchaus wirthschaftlichen Formen wird dadurch zu einem neuen Rechtsbegriffe. Die Erfüllung geschieht durch Uebergabe des Besitzes (als traditio), durch Zahlung des Betrages (solutio), durch Leistung der Arbeit (praestatio), durch Eingehen eines Erfüllungsvertrages (novatio), und durch Rechnung (die compensatio). Das beneficium competentiae, die laesio ultra dimidium und der Wucher sind sociale Rechtsbegriffe. Dagegen erscheinen in dem thatsächlichen Proceß der Bewegung der Güter die Verhältnisse der Zeit, des Ortes, der Gefahr als ein ganzes System von Rechtsbegriffen in tempus, mora, locus, periculum; auch hier entsteht das Recht als die durch das wirthschaftliche Wesen des bestimmten Geschäftes geforderte Gränze für das Güterleben beider Persönlichkeiten. Das Princip ist einfach; aber jeder dieser Rechtsbegriffe hat seine Literatur; an Verständniß des Einzelnen mangelt es uns wahrlich nicht.

Das nun ist das System des allgemeinen Theiles des Vertragsrechts. Auf den besondern Theil, die Arten der Verträge, gehe ich nicht ein; es würde zu weit führen. Ich beschränke mich auf die Andeutung, daß alle Verträge entweder Güter, Werth, Arbeit oder Haftung zum Inhalt haben; jedes dieser Momente erzeugt seine Verhältnisse und damit sein Recht, und so wird wieder jede einzelne Vertragsart ein selbständiger Rechtsbegriff, dessen Inhalt hier wie immer der wirthschaftliche Inhalt des Verkehrsaktes ist, dessen Definition den letzteren juristisch bestimmt, und dessen Recht wir daher nie durch das Recht selbst, sondern nur durch die Nationalökonomie bestimmen können. Erlassen Sie mir die nähere Entwicklung für einen andern Ort; es bleibt uns noch ein ganzes weites Gebiet außerhalb derselben übrig.

### 4) Familienrecht und Erbrecht.

Das ist das Familienrecht. Die staatsbürgerliche Gesellschaft ist hier klar und consequent. Sie überläßt zunächst in der Ehe das sittliche Element dem inneren Leben; für sie ist die Ehe ein Vertrag und diesen Begriff macht sie in der Civilehe zum Rechtsbegriff. In der Familie hält sie neben der Einheit die Selbständigkeit jedes Mitgliedes als wirthschaftlicher Persönlichkeit aufrecht; der Begriff des peculium und quasi peculium ist aus der Ausnahme des Geschlechterrechts zum allgemeinen Princip des staatsbürgerlichen Rechts geworden; der Mann wird zum curator, der Vater zum tutor seiner Kinder. Das Vormundschaftsrecht entwickelt sich damit zum öffentlich rechtlichen Pflegschaftswesen. Die römische Rechtswissenschaft kennt die römische tutela und curatela — von dem griechischen ἐπικυριος, der Quelle beider, weiß sie beiläufig gesagt, nichts — das deutsche Privatrecht freut sich der Lehre vom mundium nach altem deutschen Recht — wo wird das Vormundschafts- und Pflegschaftswesen unserer Zeit vorgetragen?

Das Erbrecht der staatsbürgerlichen Gesellschaft endlich, in dessen weites Gebiet wir nicht eingehen dürfen, ist nun selbst wieder die einfache Anwendung des Princips der letzteren auf das Recht des ersteren.

Es nimmt die Verwandtschaft der Frau in die Erbschaft auf; die affinitas und consanguinitas werden Rechtsbegriffe neben den Agnaten. Damit ergibt sich, was nur durch die leidige Scheidung des römischen und germanischen Rechts selbst für Meyer und seine Nachfolger in der Parentel-Lehre nicht eingesehen wurde und doch so einfach ist, wenn man die Gesellschaftsordnungen dem Erbrecht zum Grunde legt, daß aus der Parentel, die keineswegs bloß ein germanischer sondern ein Geschlechterbegriff, und die daher nicht etwa das Erbrecht als solches, sondern nur das Erbrecht des Geschlechtereigenthums, nämlich des Geschlechtergrundbesitzes ist, die neue römische Erbfolgeordnung als staatsbürgerliches Erbrecht sich entwickelt, das seinem Wesen nach alle Güter der Erbschaft als gleichberechtigte Güter umfaßt, während das Geschlechtererbrecht seinen letzten Rest noch in Fideicommissen und Majoraten durch die neue Zeit hindurch führt. Für die staatsbürgerliche Erbordnung dagegen ist die Erbberechtigung der gleichen Verwandten gleich. Die neue Zeit fügt den Satz hinzu, der den letzten Rest der Geschlechterordnung und des Klassenrechts derselben aufhebt, die Theilbarkeit der Hufe. Wie wunderlich nimmt sich daneben das römische Erbrecht unserer Pandekten aus mit seinem so höchst verschiedenen historischen Recht als Einheit, und mit seiner Unverständlichkeit, die wieder einmal eine Rechtsgeschichte mit ihrem Wandel der Rechtsbegriffe durch tausend Jahre hindurch vom herus der Quiriten bis zum Intestaterbrecht Justinians als Eine Rechtsordnung hinstellt! Doch darf auch das uns nicht mehr aufhalten.

Und jetzt blicken Sie zurück. Das was wir im weiten Gebiet des bürgerlichen Rechts das Privatrecht genannt haben, liegt jetzt als Ein System des durch das Recht in allen seinen einzelnen Momenten und Stadien formulirten Processes des individuellen Eigenthums und Erwerbes vor Ihnen. Jeder Gedanke und jeder Rechtsbegriff in demselben ist der Ausdruck dieser, durch die Gesetze der Wirthschaft beherrschten oder durch eigne Thätigkeit zur Selbständigkeit sich emporarbeitenden, und daher mit jeder anderen gleichen Persönlichkeit. Alle Einflüsse des Klassenrechts auf das Privatrecht sind verschwunden; die „Natur der Sache" ist die Quelle des Rechts, Eigenthum und Verkehr sind Inhalt der Rechtsbegriffe, und das Recht hat seine Funktion erfüllt, welche die Rechtsphilosophie ihm angewiesen, die neue Gesellschaftsordnung zu einem rechtlichen Organismus zu machen. Was bleibt übrig?

Es bleibt das übrig, was dieses römische Recht das uns bisher auf jedem Schritte begleitet hat, überhaupt nicht zu leisten vermag. Das ist das auf dem Werthe beruhende, aus ihm und seiner freien

Entwicklung sich gestaltende wirthschaftliche Leben. Wir verkennen keinen Augenblick den unmeßbaren Werth des Privatrechts. Es ist nicht bloß die Grundlage der wirthschaftlichen Rechtsbildung, sondern in jenem Privatrecht hat sich die staatsbürgerliche Gesellschaft über die ständische auch in ihrem Recht erhoben, und durch dasselbe ist das entscheidende Princip der Rechtsgleichheit ins Leben getreten; allein es ist dennoch wie Sie sehen, auf allen seinen Punkten wesentlich negativ. Es will eigentlich nirgends etwas anderes, als für die wirthschaftliche Verletzung des einen durch den andern eine rechtliche Gränze setzen. Die positive Erfüllung des wirthschaftlichen Lebens mit Gütern und Kapitalien fordert daher einen andern, höhern Proceß in der Nationalökonomie, und dafür eine zweite Rechtsbildung; und zu dieser darf ich jetzt übergehen.

Nur eine Bemerkung schließe ich an diesen Abschnitt. Sie werden bemerkt haben, wie das römische Recht mit seinen Worten und Begriffen das ganze System des Privatrechts auf allen Punkten durchzieht. Nimmt man nun die verkehrte Stellung, welche es durch eine eben so verkehrte Behandlung empfangen hat hinweg, so bleibt die große Thatsache, daß es doch einer der mächtigsten Faktoren der gesammten Bildung dieses Rechtsgebiets geworden ist. Es ist wichtig sich darüber Rechenschaft zu geben. Die Sache selbst ist an und für sich nicht zweifelhaft. Das römische Recht hat es zwar nicht zum systematischen Erkennen des Privatrechts gebracht, aber es hat alle einzelnen Momente und damit alle einzelnen Rechtsbegriffe des Privatrechts mit einer Schärfe und Logik ausgebildet, wie keine andere Rechtslehre der Welt. Einmal mit diesem Recht beschäftigt, muß man zuletzt das Recht denken lernen. So ist es, so viel auch unbrauchbares in ihm sein mag, der Vater des arbeitenden Rechtsgedankens in Europa geworden, und die Völker Europa's haben mit ihm daher auch noch mehr das Denken des Rechts als die einzelnen Rechtssätze Roms recipirt. Durch das römische Recht ist vielmehr der Rechtsbegriff als der Rechtssatz zu einem rechtsbildenden Faktor unseres Rechtslebens geworden. Das ist das erste große Resultat dieser großen historischen Erscheinung. Das zweite ist eben die in ihm vollzogene Losreißung des neuen Privatrechts vom alten, und das Verständniß des dadurch so nahe liegenden Hasses, den ihm das ganze ständische Europa entgegenbrachte. Nicht seinen Inhalt verfolgte jene Zeit, sondern sein Princip, das große Princip der Rechtsgleichheit aller Person, der Anerkennung des allgemeinen Satzes, daß omnes homines natura sua aequales sunt, der principiell rechtlichen Gleichheit alles Eigenthums ohne Rücksicht auf ständischen oder nicht ständischen Besitz, und der gleichen Gültigkeit eines geschlossenen Vertrages ohne alles Ansehen bevorrechteter Person. Durch die innige, und wie wir früher angedeutet unbewußte Verschmelzung der deutschen Rechtsphilosophie mit der deutschen Gelehrsamkeit zum „Pandektenrecht" sind jene großen Grundsätze in das Gebiet des praktischen wirthschaftlichen Lebens, seine Besitzverhältnisse, seinen Verkehr und seine freie Familie hinübergetreten. Es ist nicht mehr möglich, diese Reception ohne ihre hohe sociale Bedeutung zu verstehen; die europäische Rechtsgeschichte aber wird dieselbe zu würdigen und zu verfolgen wissen!

Aber damit ist auch die Funktion des römischen Rechts zu Ende. Es hat und weiß nichts, als eben dieß Privatrecht. So wie die größeren Faktoren erscheinen, tritt es zurück, und sollte jetzt auch in der theoretischen Rechtsbildung auf diesen seinen rationellen Werth zurückgeführt werden. Diese größeren Faktoren aber sind für das Verständniß seines Inhalts die organische Wissenschaft des wirthschaftlichen Lebens, für die wirkliche Welt der Werth und seine Ordnung der freien Kapitalbildung, die im Handelsrecht jetzt ihre Rechtsgestaltung finden.

## 3. Das Handelsrecht.

### a) Der Verkehrswerth als rechterzeugende Kraft.

Wenn ich jetzt zum Handelsrecht übergehe so werden Sie wohl schwerlich erwarten, im Folgenden eine eigentliche Lehre desselben zu finden. Um so mehr aber muß ich mir verstatten, den Standpunkt klar zu machen, welchen ich zum Ausdruck und vielleicht auch zur Geltung bringen möchte.

Es liegt wie Sie sogleich sehen werden tief im Wesen des Handelsrechts, daß dasselbe weder in der Geschlechterordnung noch in der ständischen Welt zur Entwicklung gedeihen konnte. Auch das griechische und römische Recht haben es nicht selbständig zu erzeugen vermocht, weil ihnen das Verständniß seiner Basis, des Verkehrswerthes, fehlte. Es ist ferner in der Entwicklungsgeschichte unserer Rechtsphilosophie begründet, daß auch sie vom Handelsrecht nichts weiß; ihr fehlt dazu überhaupt das Verständniß des Wesens der Güter und der Wirthschaft. Das Handelsrecht hat sich daher erst in unserem Jahrhundert mit der völligen Herrschaft der staatsbürgerlichen Gesellschaft ausbilden können. Aber sein historischer Gang ist auch hier ein eigenthümlicher. In England, dem Vaterlande des Großhandels, bedurfte es keiner eignen Gesetzgebung und Theorie gegenüber den Gerichten, welche es ohnehin verstanden. Frankreich hatte es mit richtigem Takte als ein eignes Rechtsgebiet erkannt, keine Zeit erst eine theoretische Grundlage zu erzeugen, und mußte sofort als ein fertiges Gesetzesganze auftreten. Als in Deutschland das freie Staatsbürgerthum siegt, blieb vor der Hand nichts übrig, als wieder einmal zu recipiren. Deutschland nahm mit wenigen Aenderungen das französische Handels- und Wechselrecht auf. Die deutsche Wissenschaft war daher von Anfang an an diese Codification gebunden, und ihre Aufgabe mußte naturgemäß zuerst dahin gehen, sich in exegetischer Methode zum Herrn des neuen Stoffes zu machen. Von einer tieferen Begründung konnte dabei kaum eine Rede sein. Da aber das römisch-deutsche Recht eben so wenig als die Rechtsphilosophie begriff, daß dieß Handelsrecht ein organischer Theil des bürgerlichen Rechts sei, weil sich beide weigerten überhaupt volkswirthschaftliche Begriffe zum Grunde zu legen ohne welche gerade das Handelsrecht absolut nicht zu verstehen ist, so war und ist leider noch jetzt seine Stellung eine durchaus unklare und unfertige. Es gilt als eine Art Nebenfach; die Zeit welche für dasselbe bestimmt ist, ist kurz; der Werth den jene traditionellen Disciplinen darauf legen, ist ein geringer, und steht mit dem der Staatswissenschaften ungefähr auf gleicher Stufe — beide zählen gerade auf den ersten deutschen Universitäten etwa so viel Vorträge, als die indischen Gedichte und die altdeutsche Grammatik; ein neuer Beweis wie weit unsere Universitäten vom wirklichen Leben entfernt sind. Die Folge davon aber ist, daß dieß Handelsrecht keine Zeit und Kraft gefunden hat sich über sein eignes Gebiet zu erheben, und den großen, freien wissenschaftlichen Blick zu gewinnen, den unser Jahrhundert fordert. Es hat sich von seinem, im Grunde doch nur recipirten Handelsgesetzbuch nicht losmachen können; es getraut sich noch nicht recht zu erklären, daß dieses Gesetzbuch sich zum Handelsrecht etwa verhält, wie das Breviarium zu den Pandekten; es versteht noch nicht, sich die Frage nach dem Verhältniß des Handelsrechts z. B. zur Gewerbeordnung, zum Seerecht, zum Versicherungswesen, zum Börsenrecht, zum Privatrecht und zum Verwaltungsrecht auch nur vorzulegen, geschweige denn zu beantworten; es hat die höhere Weihe der Rechtsphilosophie noch gar nicht entbehrt; kurz es ist eine bereits großartig ausgebildete Rechtslehre, aber es ist noch keine Rechtswissenschaft geworden.

Wir denken nicht daran, demselben daraus einen Vorwurf zu machen. Was bliebe dann von jener römisch-rechtlichen Disciplin zu sagen übrig? Aber wenn der Grundgedanke richtig ist, daß die Rechtswissenschaft überhaupt da anfängt wo ich das Recht als die Consequenz der in ihm lebendigen wirthschaftlichen Kraft begreife, so wird die Wissenschaft des Handelsrechts wohl auch da anfangen, wo ich seine nationalökonomische Basis verstehe, und diese mir das Verständniß seines Zusammenhanges mit dem Rechtssystem überhaupt und dem bürgerlichen Recht insbesondere, so wie seines eignen, organischen Systemes gibt. Auf diesem Punkte nun beginnt unsere Aufgabe.

Sie ist im Grunde nicht so schwer zu lösen. Denn wir haben hier nicht mit den wunderlichsten traditionellen Mißverständnissen zu kämpfen. Aber eben deßwegen bin ich gezwungen, die nothwendigen volkswirthschaftlichen Kategorien festzustellen, ohne welche es weder einen Handel noch ein Handelsrecht gibt. Und schon hier muß ich gestehen, daß ich gerade bei der Lehre vom letzteren geradezu nicht begreife wie es nur möglich war, das Handels**recht** aus dem Handelsgesetzbuch erklären zu wollen. Denn bei aller Achtung vor der Gewissenhaftigkeit desselben im Einzelnen muß man denn doch gestehen, daß es im höchsten Grade unfertig ist. Nun soll freilich ein Gesetzbuch keine Definitionen geben; aber die Theorie soll es. Wenn nun im Gesetzbuch die Elemente derselben fehlen, wie **kann** man sich dann auf dasselbe hier beschränken wollen? Wenn etwas, so ist das Handelsrecht dazu bestimmt zu zeigen, daß in Wahrheit nicht das Recht die großen volkswirthschaftlichen Kräfte, sondern daß diese jenes beherrschen. Und das wenigstens kann ich hier andeuten.

Sie werden nun wohl nicht erwarten, daß ich das große wirthschaftliche Gebiet des Handels hier genauer erörtere. Nur so viel muß ich hier voraussenden, als die Wissenschaft des Handelsrechts fordert. Ich darf mich dabei nicht auf die Kritik des Handelsgesetzbuches einlassen, welches den Handel durch das Handelsgeschäft und doch wieder durch die unerklärte Gewerbmäßigkeit erklärt. Ist es ja doch im Grunde ganz gleichgültig, welche Definition das Gesetzbuch hat; das worauf es ankommt ist zuletzt doch die „Natur der Sache," das ist die Kraft, welche im Handel lebendig ist.

Die Staatswissenschaft zeigt nun, daß die Grundlage der Freiheit das freie Kapital ist. Die Geschlechterordnung ruht auf dem beschränkten, und durch ihre Interessen rechtlich unerwerbbar gewordenen Grundbesitz; die ständische Ordnung umgibt die Arbeit mit Privilegien, welche den Erwerb durch die Persönlichkeit beschränken. Beide genügen nicht, denn in beiden gilt das Gesetz, daß durch die Natur ihres Objekts stets der eine um das ärmer wird, was der andere von ihm erwirbt. Das Privatrecht, dessen Objekt das Einzelgut als Sache ist, ist gegen den Gedanken einer wirthschaftlichen Entwicklung vollkommen gleichgültig. Soll daher ein Fortschritt des Lebens durch den des Besitzes gewonnen werden, so muß ein ganz neuer Faktor auftreten, der sich selbst wieder sein neues Recht erzeugt.

Dieser Faktor ist der **Werth**. Der Werth ist zunächst ein inwohnendes Element jeder Sache, und so weit gehört er dem Sachenrecht. Allein er ist die Seele der Sache; er hat daher keine äußere Gränze; er kann sich von der Sache scheiden: er kann wachsen und abnehmen ohne alle Rücksicht auf die einzelne Sache; dasselbe Gut kann sehr viel und sehr wenig werth sein. Er ist daher der Träger der unendlichen Entwicklungsfähigkeit des Güterlebens; ohne ihn herrscht die rohe Quantität; zu ihm flüchtet sich die Arbeit welche wirthschaftliche Freiheit auch da noch erwerben will, wo alle Sachen bereits Eigenthum sind; er ist es, welcher gegen jene Quantität gleichgültig, neue Kapitalien schafft ohne die alten zu vermindern; er kann alle reich machen, ohne den Reichthum der einen Hälfte durch die Armuth der anderen zu erzeugen. Ohne ihn ist daher die staatsbürgerliche Gesellschaft ein Princip für das Individuum, aber eine wirthschaftliche Neugestaltung und damit eine allgemeine Verwirklichung erreicht sie nicht; er allein ist im Leben der Menschheit unendlich wie das Wissen. Wo er nicht zur Geltung und selbst zur Herrschaft gelangt, muß zuletzt das Gesammtleben an der zur rechtlichen Unfreiheit gewordenen Beschränktheit der individuellen Wirthschaft in Stillstand gerathen und absterben. Es ist der tiefste Unterschied zwischen der alten und der neuen Welt, daß jene den Werth nicht kennt, welcher in dieser alle Ordnungen des Lebens beherrscht; aber eben deßhalb muß der wissenschaftliche Gedanke auch auf unserem Gebiete bei ihm beginnen.

Damit aber der Werth diese seine große Funktion, die Schöpfung des durch keine Substanz begränzten Güterlebens und die Herstellung der Möglichkeit des Reichthums und der wirthschaftlichen Freiheit für alle vollziehen könne, muß er sich von der begränzten einzelnen Sache ablösen, und ihr gegenüber selbständig werden. So wie er das wird, wird er zugleich Gegenstand der auf ihn, in dieser seiner Selbständigkeit gerichteten erwerbenden Arbeit. Damit wird dann natürlich nicht mehr die Sache, sondern ihr Werth das herrschende Element des Güterlebens; die Sache mit all ihren Momenten verschwindet zwar keineswegs, aber da wo die Arbeit nach dem Werthe derselben zu streben beginnt, unterordnet sie sich den Bedingungen, unter denen jener Werth aus ihr erzeugt wird, und wird aus der Hauptsache zur Nebensache. Jetzt entsteht mit ihm ein neues Güterleben, dessen Grundlage das Princip wird, daß der *bestimmte Werth die eigentliche Sache*, und die Sache nur durch ihren Werth Gegenstand der Arbeit ist. Der Werth erzeugt damit seinen eignen Besitz, seinen eignen Gebrauch, sein eignes Pfand, sein eignes Eigenthumsrecht; der Vertrag dessen Objekt die Erzeugung nicht mehr des Gutes sondern seines Werthes ist, wird ein anderer; die Forderung die auf Werthe lautet, löst sich sogar von dem Verpflichteten ab, und selbst diese bloße Forderung wird zur Sache, während die Erfüllung nicht mehr eine Erfüllung durch das bloß materielle Gut, sondern durch seinen Werth wird, und die Störung der Werthverhältnisse ist es jetzt, welche zwar nicht den physischen, wohl aber den wirthschaftlichen Tod herbeiführen. So ist dieses neue Güterleben da, als ein eigner Organismus von Kräften und Erscheinungen wirkend; es ist eine zweite, über den Sachen stehende Ordnung der Werthe; es ist in allen seinen Theilen der Ausdruck der großen wirthschaftlichen Kraft und der welthistorischen Aufgabe des Werthes, und darum erzeugt dieser Werth auch sein Recht. Und während wir nun sagen, daß das Privatrecht das Rechtssystem des freien Einzeleigenthums der Sachen und ihrer Momente ist, nennen wir das Rechtsleben, welches durch den zur selbständigen wirthschaftlichen Erscheinung gewordenen Werth erzeugt wird, das Handelsrecht.

Das ist die Formulirung des Handelsrechts im Geiste der Kraft, welche es erzeugt; und erst mit diesem Standpunkt ist eine Wissenschaft desselben möglich. Es ist schon hier klar, daß es als zweiter Theil des bürgerlichen Rechts neben das Privatrecht tritt. In jenem Objekt liegt die höhere Erfüllung der Idee der staatsbürgerlichen Gesellschaft die ohne die Werthentwicklung unfähig ist zur vollen Wirklichkeit zu gelangen; aber es hebt das Privatrecht nicht auf, sondern es stellt sich ihm einfach als ein zweites Gebiet zur Seite. Und die principielle Gränze zwischen beiden ist, scheint mir, jetzt klar. So weit es sich zwischen den einzelnen Persönlichkeiten um eine einzelne Sache, das ist ein bestimmtes Gut mit oder ohne seinen Sachenwerth, handelt, so weit reicht das Privatrecht; sobald dagegen der allgemeine — sagen wir gleich der Verkehrswerth der Sache oder Leistung zum Gegenstand des Verkehrs wird, beginnt das Handelsrecht. Ob das aber der Fall ist, wird in den meisten Fällen allerdings von der Natur des Verkehrs von der wir gleich sprechen, — der sogenannten Gewerbsmäßigkeit des Handelsgesetzbuches — in andern dagegen bloß von der Absicht der Verkehrenden bestimmt (wie wenn ich ein Kleid von meinem Waarenlager verschenke 2c.). Die taxative Aufzählung des Handelsgesetzbuches hat nur historische Bedeutung; in England ist kein Mensch über die Natur eines „Geschäftes" in Zweifel. Der wahre und große Mangel unserer Rechtswissenschaft besteht aber für diese Frage darin, daß das Privatrecht diesen tiefen Unterschied vom Handelsrecht eben so wenig zum Bewußtsein bringt, als die innige Verwandtschaft mit demselben. Und doch unterläßt kein Pandektenlehrbuch in seiner schätzbaren Einleitung von den „Rechten im Allgemeinen, ihrem Erwerb und Verlust" zu reden, ohne des Handels- und Gesellschaftsrechts auch nur zu erwähnen, geschweige denn die Verschwisterten zu verstehen. Wir sind eben noch weit zurück.

Freilich kann nun jene Bezeichnung des „Handelsrechts" — der Name ist recipirt, und daher wie Sie gleich sehen werden zwar unrichtig, aber wir müssen ihn schon behalten — nicht genügen, um zum Inhalt desselben zu gelangen. Ist es richtig, daß jedes Recht das Produkt der Kraft ist welche ihr wirthschaftliches Leben erzeugt, so kann ich es nicht vermeiden, jetzt den großen Proceß darzulegen, aus welchem der Werth in seiner Macht und Selbständigkeit hervorgeht.

Die Grundlage desselben ist nun wie gesagt der selbständig gewordene Werth als Gegenstand zuerst der erwerbenden Arbeit, das ist der kapitalbildenden Persönlichkeit, und dann des Verkehrs. Diese Selbständigkeit des Werthes ist aber nur möglich, wenn derselbe in Dasein und Maß sowohl von einem subjektiven Willen, als von der Sache unabhängig wird. Da nun der Werth an sich als das Verhältniß des Gutes zum Bedürfniß auf ein bestimmtes Maß beider zurückgeführt ist, so wird jene Unabhängigkeit da entstehen, wo dieser Werth ein Verhältniß zum absoluten, das ist zum Gesammtbedürfniß der Menschen wird. Der Proceß nun, der die Güter diesem Gesammtbedürfniß gegenüber stellt, und daher den Werth des Gutes als einen selbständigen, vom Einzelnen unabhängigen, durch die ganze menschliche Gemeinschaft gegebenen setzt; nennen wir den Verkehr (Handel); derjenige einzelne Verkehrsakt, der dem Gute im weitesten Sinne durch seine Beziehung zum Gesammtbedürfniß diesen Verkehrswerth gibt, ist das Geschäft; und der auf diese Weise für das Gut hergestellte selbständige Werth desselben für das Gesammtbedürfniß ist der Verkehrswerth (Handelswerth).

Es ist nun denke ich klar, daß dieser Begriff nicht etwa bloß ein volkswirthschaftlich richtiger ist, sondern daß in ihm allein die Lösung der großen Frage liegt, wie es möglich sei, dem Güterleben jene Unendlichkeit zu geben deren die Freiheit der persönlichen Entwicklung bedarf. Er erscheint daher nicht bloß als ein formaler Begriff, sondern zugleich als eine Kraft. Diese Kraft erzeugt nun zuerst wie jede Kraft ihre specifischen Erscheinungen im wirthschaftlichen und gesellschaftlichen Leben, und daraus wieder ihr Recht. Will man mithin dieß Recht wissenschaftlich behandeln, so muß man auch hier jenem durch diese Kraft sich bildenden Leben zuschauen.

Und hier nun kommen wir zu dem Punkte auf welchem unsere Auffassung wesentlich von der gewöhnlichen des sogenannten Handelsrechts abweichen muß.

So wie nämlich jener Verkehrswerth eine selbständige Kraft für die Güter wird, empfängt er auch eine selbständige Erscheinung, und steht für sich neben den Gütern da als das Kapital im engern Sinne oder das Geldkapital. Dieß Geldkapital — der Verkehrswerth als Grundlage der Einzelwirthschaft das Vermögen genannt, im Unterschiede von den Gütern an welchen die Einzelwirthschaft ihren „Besitz" hat — wird nun als Zweck des Güterlebens zugleich das bedingende Element für die gesammte Bewegung des letzteren; oder wie wir sagen, sobald das Geldkapital einmal selbständig auftritt, hat es die Herrschaft über das gesammte Güterleben in Produktion, Consumtion und Reproduktion. Betrachten wir nun den Inhalt dieser sogenannten „Herrschaft" genauer, so bedeutet sie, daß der Werth jedes Gutes vermöge derselben nicht mehr in dem Gute an und für sich, dem Besitze, sondern in seiner Fähigkeit liegt diesen Verkehrswerth zu erzeugen; oder wie man sagt, das Geld scheidet sich vom Gut (Geld und Gut), und die Arbeit muß sich jetzt nicht mehr nach ihrem Verhältniß zum individuellen Werth, sondern nach ihrer Fähigkeit, Geld — d. i. das Geldkapital zu erzeugen, richten; die Kapitalbildung ist keine Güter- sondern eine Geldkapitals-Bildung geworden. Damit vollzieht sich der Proceß, den wir die Scheidung des Kapitals von der Arbeit nennen; die Arbeit muß dem erwerbenden und werdenden Kapitale dienen; der Besitz und der Erwerb des (Geld-) Kapitals wird zur Herrschaft über die Arbeit; im Gelde ist das herrschende Element als ein wirthschaftliches der Arbeit als dem persönlichen gegenüber getreten. So wie das geschieht, trennt sich die ursprünglich einheitliche Kraft der Kapitalbildung durch den Verkehrswerth in ihre zwei Theile, und jeder dieser Theile, das Kapital einerseits und die Arbeit andererseits, wird wiederum zu einer selbständigen Kraft, die zwar beide den gleichen Zweck — Kapitalbildung — haben, aber von denen jede die andere zu ihrem Mittel zu machen strebt — streben muß, weil das Wesen wie die Scheidung beider organische Verhältnisse sind. Indem nun das Kapital — der letzte Zweck beider — für beide das herrschende Princip ist, wird die Ordnung und Vertheilung des Kapitals zur Ordnung und Vertheilung der wirthschaftlichen Herrschaft; die aber erzeugt stets die gesellschaftliche; und so entsteht eben an dem Verkehrswerth und jenem Geldkapital aus dem großen Princip der staatsbürgerlichen Gesellschaft, der Gleichheit aller, die wirkliche Ungleichheit; die Unterschiede von Kapital und Arbeit werden aus Begriffen zu wirthschaftlichen, und aus wirthschaftlichen zu den großen gesellschaftlichen Klassen, die wir als die des Kapitals und der Arbeit bezeichnen, und der Gegensatz derselben bringt dann den gesellschaftlichen Kampf innerhalb des wirthschaftlichen Lebens mit all seinen ernsten Folgen.

Es ist daher kein Zweifel, daß jener Gegensatz von Kapital und Arbeit, den der Begriff des Gutes gar nicht kennt, in jeder Zeit und in jedem Volke mit dem Entstehen des Verkehrs, des Geldes und des Geldkapitals entsteht; wo immer er erscheint, gehört er schon der staatsbürgerlichen Gesellschaft an; er ist die zweite Stufe jenes wirthschaftlichen Lebens, das wir — nach einer seiner Erscheinungen — den Handel nennen, und es ist organisch unmöglich, ihn zu übersehen. Das nun gehört der Gesellschaftslehre. Allein wenn dem so ist, so ist es klar daß, wie die noch einheitliche Kraft des Verkehrs sich ihr Recht erzeugt, jener Gegensatz zwischen Kapital und Arbeit gleichfalls rechtsbildend wirken muß und wirken wird, oder daß der zweite organische Theil des sogenannten Handelsrechts das selbständige Arbeitsrecht wird, das Recht der Arbeit nicht bloß für das Kapital, sondern gegenüber dem Kapital und seiner Kraft. Es ist ferner klar, daß dieß Arbeitsrecht von dem Kapitalsbildungsrecht wesentlich verschieden, und daß es ganz unmöglich sein wird, auch wissenschaftlich dasselbe mit jenem einfach zu verschmelzen. Es ist endlich klar, daß der Zustand einer Rechtswissenschaft, welche nichts kennt als das Recht des Verkehrswerthes, und das sich um sein zweites Corollar, das Recht der kapitalbildenden Arbeit nicht kümmert, ein unfertiger ist, und zur reinen Exegese eines beliebigen Gesetzbuches herabsinkt. Und wir müssen es gestehen, auf diesem Standpunkt steht unser Handelsrecht. Nicht nur daß es sein organisches Verhältniß zum Privatrecht nicht zum Bewußtsein gebracht hat — von jenem großen zweiten Theile, dem staatsbürgerlichen Rechte der Arbeit weiß es gar nichts; gekettet an sein höchst unvollkommenes Gesetzbuch, hat es sich nach seinem Vorbilde, der Pandektenlehre, von demselben nirgends frei zu machen vermocht; es ist kurz gesagt, noch keine Wissenschaft.

Nun wird es darauf ankommen, jenes Element auch diesem Gebiete unserer Rechtswissenschaft zu gewinnen. Und hier dürfen wir sagen, daß unsere deutsche Wissenschaft dieß — vielleicht allein — vermag. Denn wir haben nicht bloß wie die Franzosen und Engländer bereits eine selbständige Lehre vom Recht der staatsbürgerlichen Arbeit, sondern wir besitzen in unserer Philosophie auch die Kraft, ihr ihre Heimath in unserer Staats- und Rechtswissenschaft anzuweisen; auch hier fehlt uns nichts als das Verständniß der großen organischen Einheit aller jener Begriffe und Rechtssätze, nur daß wir endlich beginnen, dieselben statt in den positiven Gesetzbüchern in den lebendigen Kräften zu erkennen, welche das Leben beherrschen und deren Wissenschaft jene Staatswissenschaft ist, welcher die Zukunft gehört.

Freilich werden wir damit gezwungen, den recipirten Namen des

„Handelsrechts“ als einen nicht glücklichen zu bezeichnen; freilich werden wir gezwungen, für dieß ganze Rechtsgebilde einen ganz neuen Standpunkt zu finden, und freilich werden wir auch hier mit der unklaren Methode der bisherigen Disciplin kaum recht im Frieden bleiben können. Aber wollen wir eben Universitäten und nicht bloß Rechtsschulen und Wissenschaft und nicht bloß Interpretation haben, so müssen wir es wagen, hier die Grundzüge dieser Auffassung zu entwickeln, berufenen Händen die Vollendung überlassend.

Wir scheiden daher das Gebiet des Verkehrswerthes und seines Rechts in die zwei großen Theile des **Handelsrechts**, in welchem das Kapital, und des **Arbeitsrechts**, in welchem die Arbeit als kapitalbildende Kraft zugleich das Recht der Kapitalbildung durch den Verkehrswerth erzeugt.

### b) Das eigentliche Handelsrecht.

(Rechtssystem des Verkehrswerthes.)

Wenn ich es jetzt versuche, das System des Rechts, wie es sich aus dem Wesen des Verkehrswerthes ergibt, in aller Kürze dem bisherigen System des sogenannten Handelsrechts gegenüber zu stellen, so darf ich mich wohl weder vor unausbleiblichen Unfertigkeiten im Einzelnen noch auch vor Zweifeln im Ganzen fürchten.

Das was wir das Handelsrecht nennen, beruht wie gesagt darauf, daß der Proceß der freien Kapitalbildung in die Erzeugung des durch das Gesammtbedürfniß gesetzten Verkehrswerthes durch ein Kapital verlegt wird.

Es ist ferner gezeigt, daß eben diese Werthkapitalbildung die absolute Voraussetzung der wirthschaftlichen Freiheit ist.

Es folgt demnach, daß dasjenige was wir als absolute Bedingung dieser Kapitalbildung im Güterleben anerkennen müssen, für diese Kapitalbildung, so weit sie eben eintritt, zum Rechte derselben werden muß, oder mit andern Worten: das Handelsrecht ist das Recht derjenigen Modificationen des Privatrechts, welche als im Wesen der Werthkapitalbildung liegend, für die letztere ihre **absolute Voraussetzung** bilden.

Damit ist die Verkehrswerthbildung neben der freien Selbständigkeit des Individiums die zweite große rechtbildende Kraft geworden. Indem sie selbst nun im Wesen der staatsbürgerlichen Persönlichkeit liegt, so ist auch das aus ihr hervorgehende Recht (das Handelsrecht) ein allgemeines Recht; es gilt nicht wie in der ständischen Ordnung für einen Stand (Kaufleute und ihre Innungen u. s. w.), sondern für jeden, sobald er selbst seine Kapitalbildung durch Streben nach dem Verkehrswerthe zu verfolgen beabsichtigt. Der Ausdruck dieser Absicht aber liegt theils in der „Natur" seines wirthschaftlichen Lebens überhaupt, theils in der Natur des einzelnen auf diesen Verkehrswerth gerichteten Aktes, des Geschäfts. Das Handelsrecht tritt daher an die Stelle des Privatrechts, sobald diese Richtung auf den Verkehrswerth durch die Natur der Sache unzweifelhaft wird, sei es „gewerbsmäßig," sei es im einzelnen Falle wie beim Wechsel. Das wird wohl die einzige Bestimmung über die Gränze zwischen Privatrecht und Handelsrecht im bürgerlichen Recht sein können. Bei der Feststellung dieser Gränze beginnt alsdann die Entwicklung des Inhalts dieses Handelsrechts.

Dieser Inhalt ist dann wieder nichts anderes als der wirthschaftliche Proceß, durch welchen dieser Verkehrswerth in dem (privatrechtlichen) Gute erzeugt und zur Kapitalbildung gebracht wird. In diesem Processe wird der Verkehrswerth auch des Einzelgutes rechtlich zur Sache. Indem er Sache wird, nimmt er alle Momente derselben in sich auf, und so entsteht das, was wir das System des Handelsrechts nennen. Das wirthschaftliche Verständniß jenes Processes wird daher zur eigentlich rechtbildenden Quelle des Handelsrechts; die Volkswirthschaftslehre beginnt aufs neue ihre Funktion, durch ihren Inhalt das bürgerliche Recht zu erzeugen.

Nun kann ich diesen Theil der Nationalökonomie, bisher den bei weitem unfertigsten, hier nur mit wenig Worten charakterisiren. Möge man verstatten, die genauere Entwicklung andern Arbeiten zuzuweisen.

Jede Wirthschaft, welche durch den Verkehrswerth ihre Kapitalbildung anstrebt, heißt eine Unternehmung. Das Corollar des Stoffes und Besitzes heißt dann das Kapital. Die Arbeit für den Verkehrswerth — d. i. für das Gesammtbedürfniß — ist eine Gemeinschaft von Einzelarbeiten, das Produkt heißt Waare (oder Leistung), die Consumtion wird zum Verkauf oder Absatz, die Reproduktion wird zur Amortisation und zur Erweiterung des Unternehmens; das Vermögen beruht nicht mehr in den Werthen, die ich besitze, sondern in denen, über die ich verfügen kann, und wird zum Kredit mit seinen Bedingungen und Formen, und das daraus hervorgehende Güterleben heißt, insofern es für den Verkehrswerth Produkte erzeugt, Gewerbe und Industrie, insofern es aus den Produkten ihren Verkehrswerth in ihrem Preise verwirklicht, der Handel.

Das sind die organischen Grundbegriffe. Die wirkliche Erzeugung des Kapitals durch den lebendigen Proceß dieser Elemente unterliegt nun ganz bestimmten Gesetzen, welche wiederum nichts anderes sind als die Anwendung des allgemeinen Werthgesetzes und der elementaren Begriffe von Produktion und Produktivität auf diesen Verkehrswerth. Die einfachste Formel aller dieser Gesetze pflegt man als das Verhältniß zwischen Angebot und Nachfrage zu bezeichnen; uns mag das hier genügen. Wir sagen nur, daß die Differenz zwischen den Kosten der Gestehung und dem Marktpreise den Gewinn oder Verlust bildet. Jedermann versteht das. Allein jetzt tritt das entscheidende Moment hinzu.

Da nämlich Angebot und Nachfrage niemals aus der Einzelerzeugung oder dem Einzelbedürfniß, sondern aus der organischen Güterproduktion der Unternehmung für das Gesammtbedürfniß hervorgehen, so berechnet der Producent auch nie das Einzelbedürfniß des Käufers und weiß, daß sein Consument niemals dieser Käufer selbst, sondern die Gesammtheit aller übrigen ist, welche vom Käufer kaufen. Es folgt daraus naturgewäß, daß die Zahlung für die verkaufte Waare in der Wirklichkeit erst durch den Verkauf an den Dritten — den wirklichen Consumenten — möglich ist. Der Käufer der Waare ist daher in Wahrheit nur eine Mittelsperson zwischen Producenten und Consumenten. Daraus ergibt sich, daß die Sicherheit der Zahlung stets und unbedingt darauf beruht, daß diese Mittelsperson — der Kaufmann — auch wirklich die für den Consumtionsverkauf von ihm gelösten Beträge dem Producenten gebe, und zweitens daß wenn irgend möglich, dieser Producent, der dem Kaufmann schon geliefert hat, über den Werth seiner Waare zur weiteren Production auch verfügen könne, bevor noch der letzte wirkliche Consument bezahlt hat. Ohne diese beiden großen Voraussetzungen ist die Entwicklung jener beiden Processe, die wir als Industrie und Handel bezeichnet haben, nicht möglich. Ist dem aber so, so empfängt damit das was wir im Privatrecht die Forderung genannt haben, einen ganz andern Charakter. Sie ist, aus dem Wesen des Gesammtverkehrs hervorgehend, nicht mehr ein wirthschaftliches Verhältniß zwischen zwei Einzelnen, sondern sie wird zu einer selbständigen Sache und tritt als Sache in den Verkehr. Und da sie aus Leistungen und Gütern hervorgeht, so wird sie zur Hauptsache und mithin ein selbständiger Gegenstand des Rechts des Verkehrs; auf ihr beruht schließlich so gut die Produktion als die Consumtion, und da sie selbst wieder nur Werth hat, insoweit ihre Zahlung gewiß ist, so wird die Sicherung der Zahlung der Verkehrsforderung — des Kredits — das höchste wirthschaftliche Princip des ganzen Verkehrslebens, dem sich alle andern unbedingt unterordnen müssen. Und ist das der Fall, so ist damit auch das leitende Rechtsprincip für das gesammte Verkehrsrecht gesetzt. Das gesammte Recht von Handel und Industrie ist somit die Gesammtheit derjenigen Modificationen des Privatrechts, welche durch die absolute Nothwendigkeit der rechtlichen Sicherung jeder Verkehrsforderung und der damit gegebenen Möglichkeit, sie selbst als Sache im Verkehr zu behandeln, erzeugt werden.

Die Wissenschaft des Handelsrechts entsteht daher da, wo ich die Bestimmungen desselben als die klaren Consequenzen jenes obersten Princips des Verkehrs untersuche und erkenne. Und in der That ist das nicht schwer.

Denn zuerst folgt daraus, daß auch das Handelsrecht seinen allmeinen und seinen besondern Theil hat, und daß wir merkwürdiger Weise weder das Verständniß dieses Unterschiedes noch auch den besondern Theil des Handelsrechts überhaupt besitzen, indem unser gegenwärtiges Handelsrecht nichts ist als eben der allgemeine Theil seines eigenen Gebiets.

Dieser allgemeine Theil enthält nämlich die Gesammtheit der Rechtssätze, welche im Sinne des obigen Princips für das Unternehmen und die Forderung an sich gelten. Der besondere Theil dagegen entsteht, wenn diese allgemeinen Grundsätze sich wieder vermöge der Natur der Arten der, auf den Verkehrsweg gerichteten Unternehmungen für jede dieser Arten modificiren und mithin besondere Rechtsbildungen erzeugen.

Wäre es mir nun verstattet hier tiefer einzugehen, so würde sich uns ein eben so gewaltiges als interessantes Gebiet der Rechtswissenschaft eröffnen. Ich kann es nicht. Aber im Wesentlichen lassen Sie mich doch den obigen Grundgedanken entwickeln.

Ohne allen Zweifel hat demgemäß das Handelsrecht sein Personenrecht, sein Sachen- und Eigenthumsrecht, sein Vertragsrecht und sein Erbrecht. Alle handelsrechtlichen Gestaltungen dieser Begriffe sind aber nichts anderes, als die zu Rechtsbegriffen gewordenen Consequenzen jenes obersten wirthschaftlichen Princips der Kapitalbildung durch den Verkehrswerth.

Was zuerst das Personenrecht betrifft, so erscheint jede Unternehmung als eine Einheit von Personen, für welche die Theilung der Arbeit gilt. Diese Einheit heißt die Firma. Das kaufmännische Personenrecht enthält daher nicht das Verhältniß der einzelnen Person zur anderen, sondern das Verhältniß in welchem die der Firma in ihrer Arbeit angehörenden Personen zur Firma stehen, d. h. das Maß in welchem sie Dritten gegenüber für diese Firma einen rechtlich gültigen Willen haben. Der Personenorganismus der Firma wird dadurch zu einem Rechtsorganismus, und die wirthschaftlichen Kategorien der in der Firma Beschäftigten werden zu Rechtsbegriffen. So entstehen der Chef, der Procurist, der Handelsgehülfe, der Diener, der

Buchhalter, als Rechtsbegriffe; keiner von ihnen ist Kaufmann, sondern die Firma ist der Kaufmann; ihr Privatrecht ist ihr Recht gegen die Firma, ihr Handelsrecht ihr Recht auf Theilnahme an dem Geschäft der Firma, und das Maß dieses Rechts wird abgewogen im Sinne der Frage, wie dieß Geschäft und die aus ihm entspringende Forderung die Sicherheit für den Gesammtverkehr bieten könne.

Das Sachenrecht des Handelsrechts ist nicht minder einfach im Princip, wenn auch weit schwieriger in der Ausführung. Es beruht darauf, daß nicht die Sache den Werth, sondern daß der Werth die Sache enthält. Darnach modificiren sich nun das Recht der Elemente des Sachenbegriffes und das Recht des Eigenthums.

Der Besitz ist zunächst als handelsrechtlicher Besitz kein Sachen- sondern ein Werthbesitz. Das Besitzesrecht des Handelsrechts beruht auf zwei Momenten. Zuerst wird durch den Werth der Besitz übertragen mit all seinen Folgerungen; die Uebertragungsformen sind nach der Natur des Werthes schriftlich (Connossamente, Policen, Zuschreibungen, Abschreibungen). Dann erscheint der Werth selbst als Sache, theils in den Effecten, theils in den Werthdocumenten, und hier wird der Besitz unmittelbar zum Eigenthum, wodurch sich das Wesen der Inhaberpapiere zum Verkehrsrecht derselben gestaltet hat. Der Gebrauch hat als Gebrauch des Werthes stets selbst einen Werth, und dieser Werth des Gebrauches des Werthes heißt der Zins. Der Zins ist hier daher nicht mehr ein Gegenstand eines Vertrages, sondern die selbstverständliche Consequenz des Verkehrswerthes (Zinszahlen) wie er bei den Leistungen für den Verkehrswerth ebenfalls selbstverständlich als „Spesen" erscheint. Ein mutuum und commodatum gibt es im Handelsrecht nicht. Das Pfandrecht entsteht von selbst so wie es für den Verkehrswerth bestimmt ist; daraus hat sich das bekannte Pfandrecht des Handelsrechts gebildet, das die Römer in ihrem pignus generale ahnten, aber nicht verstanden. Dagegen erzeugt das Handelsrecht ein zweites Pfandrecht, indem der Werth als Pfandbrief selbständiger Verkehrsgegenstand wird, ein Gebiet, welches das Handelsrecht nicht kennt. Die Bodmerei ist das zum Pfandrecht umgestaltete Princip der in rem versio. Für uns müssen leider diese Andeutungen genügen; denn weit schwieriger ist der Begriff des handelsrechtlichen Eigenthums. Dieß Eigenthum ist seinerseits das Eigenthum nicht an der Sache, sondern am Werthe der Güter, und als Basis der Sicherheit der Verkehrsforderungen, verliert es zum Theil seine individuelle Selbständigkeit. Die Güter welche den Inhalt des Eigenthums des Kaufmannes bilden, sind nicht bloß Eigenthum des Kaufmanns wie im Privatrecht, sondern zugleich für alle andern da; die Form in welcher dieser Satz sich vollzieht, ist das Inventar der Gesammtheit seiner für den Verkehr bestimmten Sachen (des Lagers) und die Bilanz, die Bestimmung desjenigen, was noch als Werth-Eigenthum Kapital der Firma ist. So gestaltet sich hier ein neues Eigenthumsrecht aus dem privatrechtlichen Gütereigenthum; Inventar und Bilanz sind schließlich die beiden Formen, in denen das Eigenthum im Handelsrecht zum Vermögen wird. — Ebenso werden Erwerb und Verlust des Eigenthums anders. Kein Mitglied der Firma, sondern nur die Firma erwirbt und verliert Kapital; in der Firma geht vielmehr das individuelle Güter-Eigenthum unter; sie hat kein Recht über dasjenige, was nicht vermöge der Bilanz der Werthe ihr Eigenthum ist; der Chef kann Betrug gegen seine eigne Firma ausüben, wenn er Werthe verschenkt, welche zwar im Besitze, aber nicht im Eigenthum der Firma sind. So wird aus der Person die Unternehmung zur Eigenthümerin. Und denselben Charakter hat das Vertragsrecht.

Der Vertrag des Handelsrechts heißt das Geschäft; das Geschäft hat alle Momente des Vertrages; aber sie haben alle eine andere, durch das Wesen des Verkehrs bedingte Gestalt. Die Eingehung des Vertrages ist kein einfacher Akt, wie das Unternehmen keine einfache Persönlichkeit ist; sie hat neben Irrthum und Bedingung des Privatrechts noch ganz andere Verkehrselemente, die ihrerseits wieder Rechtsbegriffe werden. Dahin gehören namentlich die drei Kategorien der Agentur, der Commission, und der Probe (Muster und Preislisten). Es ist nur aus dem Mangel an systematischem Verständniß erklärlich, die Commission als ein eigenes „Geschäft“ zu betrachten; sie gehört unbedingt ihrem rechtlichen Wesen nach dem Abschlusse des Vertrages. Der literis contractus, diese erste Spur des Handelsrechts, heißt jetzt der „Brief,“ und der bonae fidei contractus ist nichts anderes als die erste Gestalt des §. 278 des Handelsgesetzbuches; der „Sinn“ des Geschäfts ist die Gesammtheit der Bedingungen, unter denen im Verkehr der Verkehrswerth zur Geltung gedeihen kann. Hier wäre wohl manches noch zu sagen. Die Bestellung („Ordre“) ist die sponsio; an sie schließt sich die Forderung — die obligatio — und die Erfüllung mit ihren großen Rechtskategorien.

Das Wesen des Verkehrs bedingt wie erwähnt, daß die Forderung nicht bloß ein Rechtsverhältniß zwischen Einzelnen, sondern eine objektive für den Verkehr Aller feststehende Thatsache, und daß sie zweitens als Sache selbständiger Gegenstand des Verkehrs werde. Aus dem ersten Satz entsteht das Handelsbuch und das Recht der Handelsbücher mit ihrer halben Beweiskraft; aus dem zweiten das Recht aller Anweisungen. Die Anweisung mit unbedingtem Erfüllungsrecht ist der Wechsel; Acceptations- und Giro-Recht sind einfache Consequenzen des Wesens des Verkehrswerthes; es ist zweckmäßig wenn auch gar nicht nothwendig, ein eignes Wechselrecht zu haben — England hat keines, oder nahezu keines — aber wissenschaftlich ist das Wechselrecht nichts als das Forderungs- und Erfüllungsrecht von Werthforderungen. Es muß wissenschaftlich verwirren, wenn man von Handels- und Wechselrecht spricht; daß es in Deutschland und Oesterreich — sonst nicht — geschieht, ist nur historisch zu erklären.

Eben so ist endlich die Erfüllung eine specifische im Handelsrecht. Ihr gehört nicht bloß das, nur durch den Verkehrswerth zu erklärende handelsrechtliche Retentions- und Executionsrecht, sondern auch das specifische Recht der handelsrechtlichen Quittung, der Lieferung mit Zeit und Ort, so wie das große und wichtige Rechtssystem des Gutschreibens und zur Lastschreibens mit seiner handelsrechtlichen Compensation, Cession und Novation, welche letztere stets durch Reducirung auf den Verkehrswerth der Objekte geschieht. Das Erfüllungsrecht beim Wechsel ist ein selbständiges Gebiet. Auch hier müssen wir es bei Andeutungen bewenden lassen.

Endlich tritt der handelsrechtliche Tod und sein Erbrecht neben den wirthschaftlichen und persönlichen Tod und seine Folge. Die Firma stirbt nicht; sie löst sich entweder auf oder sie macht Concurs. Das handelsrechtliche Erbrecht ist das Recht der Liquidation, des Ausgleiches und des Bankerotts. Man muß entweder sehr vieles oder gar nichts dem hinzufügen.

Das nun ist, glaube ich, was wir den allgemeinen Theil des Handelsrechts zu nennen haben, und den man bisher als das Handelsrecht überhaupt betrachtet hat. Der besondere Theil entsteht nun, indem jede Art der Unternehmung wieder ihr eigenes Recht erzeugt.

Die Hauptsache dabei ist, daß für alle diese Arten wie für die ihnen entsprechenden Rechtsgebiete ein gemeinsames Princip für die Bildung ihres besonderen Handelsrechts festgestellt werde. Dieses Princip kann nur das Wesen des Verkehrs geben. Durch das letztere ist es einfach genug.

Der Verkehr ist die Bewegung des wirthschaftlichen Gesammtlebens der Welt. Jede Art der Unternehmung ist ein Theil dieses Gesammtlebens, und ihre wahre Bedeutung besteht in der specifischen Function, welche sie für dieß Gesammtleben übernimmt. Das Wesen dieser Funktion ist die Rechtsquelle für das Recht jeder Art der Unternehmung. Wir würden kein Ende finden, wollten wir uns hier weiter einlassen. Aber im Allgemeinen ist denn doch die Sache einfach, wenn wir sagen, daß auf diese Weise der besondere Theil des

Handelsrechts in dem Börsenrecht, dem Bankrecht, dem Agentur- und Maklerrecht, dem Speditionsrecht, dem Verfrachtungsrecht, dem Versicherungsrecht und dem Seerecht besteht. Denn jedes dieser Worte bezeichnet eine bestimmte Function im Gesammtverkehre der Welt, die ihrerseits von allen andern bedingt wird und sie bedingt, so daß keine für sich bestehen, oder alle zusammen nicht ohne jede einzelne sich entwickeln können. Das Recht jeder dieser Funktionen ist dann gegeben durch ihren Inhalt, das ist ihr Verhalten zu dem allgemeinen Proceß der Kapitalbildung im Verkehr, der in ihnen seine einzelnen Bedingungen und Faktoren findet. In ihnen hat eben deßhalb das Handelsrecht seinen besondern Inhalt. Wir bewundern nur, daß alle diese Gebiete nicht schon lange als Domaine des Handelsrechts anerkannt sind. Brauchen wir zu wiederholen, daß die erste, ja einzige Voraussetzung dafür die ist, daß nun auch hier das Handelsrecht niemals durch sein Recht, sondern nur durch das — staatswirthschaftliche — Verständniß der organisch wirkenden Kräfte begriffen werden kann, welche es erzeugen?

Und doch ist auch das alles nur ein Theil des großen Rechtslebens, welches der Verkehrswerth sich bildet. Der zweite ist da; er ist allen bekannt; er harrt nur seiner organischen Verbindung.

### c) Das Recht der gewerblichen Arbeit.

Auch hier wird man mir wohl verzeihen, wenn ich die großen Fragen, welche sich jetzt darbieten, nur im Princip betrachte und beantworte.

Jede Arbeit als Leistung einer bestimmten Persönlichkeit für die andere hat ihr Recht, und dieß Recht ist zunächst ein einfaches Privatrecht, dessen Inhalt der Vertrag formulirt. Redet man daher von einem besondern Recht der Arbeit, so muß dasselbe dadurch entstehen, daß in diese — privatrechtliche — Arbeit ein neues Moment hineintritt, welches durch seine Natur dieß neue Recht erzeugt. Und das ist in der That der Fall.

Die Arbeit ist ihrem Begriffe nach die freie Bethätigung der Persönlichkeit, und sie setzt sich daher selber die Bedingungen unter denen diese dieselbe anderen leistet. Allein in der Unternehmung wird sie aus einem selbständigen zu einem Theile eines anderen, der gewerblichen Production, und die Bedingungen unter denen sie auftritt, sind daher nicht mehr rein in der individuellen Willkür des Arbeitenden gesetzt, ja nicht einmal genau objectiv definirbar, sondern sie werden durch die Natur der auf die Wertherzeugung gerichteten gewerblichen Production gegeben. Die Arbeit muß sich daher hier den Forderungen des werbenden Kapitals unterwerfen; sie wird von der Production beherrscht, in der sie thätig ist; ihr wirthschaftlicher Werth ist eben nur ihr Werth für diese Production, und ihre kapitalbildende Kraft liegt nicht mehr in ihr, sondern in der Unternehmung der sie sich hingibt. Das rechtbildende Element für diese Arbeit ändert sich damit; es ist nicht mehr der Wille des Arbeiters, sondern die Anforderung der gewerblichen Production, welche Art, Maß und Werth dieser Arbeit setzt. Der privatrechtliche Begriff, das Privatrecht der Arbeit reichen daher nicht mehr aus; aus den operae ist die gewerbliche Arbeit geworden, und mit ihr entsteht die zweite große Form des Arbeitsrechts, das gewerbliche Arbeitsrecht.

Das Princip dieses gewerblichen Arbeitsrechts ist nun wohl ein einfaches. Indem die Arbeit in die Unternehmung hineintritt, unterwirft sich der Arbeiter den wirthschaftlichen Bedingungen, unter denen die Arbeit selber erst productiv werden kann. Auf den niederen Stufen der Unternehmung liegen diese Bedingungen noch in der Willkür des Chefs, heiße er nun Meister oder Fabriksherr oder Kaufmann. So wie aber die Unternehmung sich organisch, d. i. als Einheit ihrer verschiedenen Theile entwickelt, werden dieselben durch die Natur der Production einerseits, und durch die Anforderungen der Absatzfähigkeit anderseits gegeben; sie werden zur selbständigen Regelung der arbeitenden Thätigkeit jedes Einzelnen, ja seines individuellen Verhaltens zur Unternehmung und zu den andern Arbeitern, und es entsteht die Arbeitsordnung, die wieder Hausordnung oder Fabriksordnung oder Arbeiterordnung heißt. Das Privatrecht sagt, daß die Unterwerfung des Arbeiters unter diese Ordnungen selbstverständlich sei; das höhere „Handelsrecht" sagt, daß diese Selbstverständlichkeit eine nothwendige Consequenz aus dem Wesen der gewerblichen Arbeit ist. Immer aber ist sie bis hierher noch ein bürgerliches Rechtsverhältniß, und indem man sagt daß der Arbeiter zu derjenigen Arbeit verpflichtet ist, welche durch die spezielle Natur der Production im Ganzen, und durch den individuellen Willen der Unternehmer im Einzelnen bestimmt wird, ist das Wesen der Wertherzeugung als Rechtsquelle für das Recht der bestimmten gewerblichen Arbeit auch in den einzelnen Fragen anerkannt. Die Consequenzen — namentlich für die Arbeit in den Gewerben — sind ernsthaft genug; doch dürfen wir sie nicht verfolgen.

Denn sofort tritt neben das Wesen der Production auch das des Gesammtbedürfnisses mit seiner nicht minder eigenthümlichen rechtsbildenden Kraft. Das Gesammtbedürfniß, das der Arbeit ihren Werth geben soll, besteht nicht bloß aus vielen Momenten, sondern es wechselt beständig. Es weiß zweitens, daß es das Product in seinem inneren Werthe nicht wie im Einzelverkehr controliren, sondern sich auf die

Tüchtigkeit und Gewissenhaftigkeit des Arbeiters statt auf sein eignes Urtheil verlassen muß. Daraus entstehen zwei Verhältnisse, welche ihrerseits wieder rechtbildend für die gewerbliche Arbeit gewirkt haben und beständig wirken werden.

Das erste fordert, daß die Arbeit eben für das Gesammtbedürfniß gebildet werde. Diese Bildung nennen wir die Lehre der Arbeit, die Zeit und Kraft, welche darauf verwendet werden, umfassen wir als die Lehrjahre; der Werth — die kapitalbildende Kraft — der ersteren wird stets von der letzteren abhängig sein. Nun liegt es in der Natur der Sache, daß die Production selbst die beste Lehrmeisterin für den in ihr arbeitenden ist, und daß daher die Arbeit in ihr ihre stufenmäßige Ausbildung findet. Damit erzeugt die Unternehmung nicht bloß die äußere Ordnung, sondern auch jene Lehrklassen ihrer Arbeit, die bei dem Gewerbe als Lehrling, Gesellen und Meister, bei der Industrie als Arbeiter und Vorarbeiter, beim Handel als Commis, Correspondenten u. s. w. erscheinen. Das Rechtsprincip für dieses Klassensystem ist, daß die Erziehung zur höheren Klasse die Bedingung für den Eintritt in die höhere Arbeit werde; indem ich diese Bedingung anerkenne, gebe ich dem gewerblichen Lernen, der industriellen und commerziellen Vorbildung zugleich ihren wirthschaftlichen Werth, und die damit erzielte Tüchtigkeit der Production wird im Verkehre zugleich ein wichtiger Faktor des Erwerbes. Diesem Rechte steht dann das Corollar zur Seite, daß das Unternehmen auch den Anfänger wirklich bilde für seine Production; er hat unzweifelhaft ein gewerbliches Recht darauf, lernen zu können; er hat ein Recht zu den Arbeiten für die Production verwendet zu werden. Die gewerbliche Arbeitsbildung bildet damit den einen, noch sehr unentwickelten Theil des gewerblichen Arbeiterrechts, und nur theilweise ist dieß Gebiet in den Gewerbeordnungen zum positiven Recht geworden. Das „Handelsrecht" weiß davon nichts.

An diesen Theil schließt sich dann der andere, das Prüfungswesen, das das Vorhandensein der erworbenen Arbeitsfähigkeit für den ausgebildeten Arbeiter constatiren soll. Seine ständische Form und Ordnung in Lehrlings-, Gesellen- und Meisterprüfungen ist bekannt; aber nicht die Sache, sondern die Verkehrung ihrer Natur durch das Sonderinteresse der zünftigen Meister war das Unrichtige. Und zum Beweise dessen haben wir dasselbe Princip, aber in der staatsbürgerlichen Gestalt der Gewerbe- und Handelsschulen und ihrer Prüfungen und Zeugnisse festgehalten. Sie sind nach wie vor von hoher Bedeutung; zweifelhaft ist an ihnen wenig anderes als ihre Stellung im Rechtssystem. Es ist wahr, daß die innere Verwaltung es feststellt; aber das Wesen der gewerblichen Arbeit erzeugt es. Kann es zweifelhaft sein, daß sich hier ein neues Rechtsgebiet für das sogenannte Handelsrecht eröffnet?

Das dritte, bei weitem ernsthafteste Gebiet des gewerblichen Arbeitsrechts aber erscheint erst da, wo diese Arbeit zum Bewußtsein ihrer gesellschaftlichen Aufgabe, der Kapitalbildung, gelangt. Man kann wohl kaum zu tief greifen, wenn man beginnt dieß Gebiet zu betrachten, das wie so manches andere mit all seiner Wichtigkeit doch heimathslos in der Wissenschaft dasteht.

Das höchste Princip der staatsbürgerlichen Gesellschaft, die freie Selbständigkeit, hat immer die kapitalbildende Kraft der Arbeit zur Grundlage. Nun ist die gewerbliche Arbeit allerdings an sich kapitalbildend, aber in der Unternehmung ist diese Kapitalbildung von der wertherzeugenden Arbeit getrennt, und gehört der Unternehmung allein. Was die Arbeit für ihre Leistung empfängt, wird dadurch gleichgültig gegen den Werth, den diese Leistung durch das Gesammtbedürfniß erhält; die Arbeit nimmt die Natur ihres eignen Erzeugnisses an, und wird wie dieses zur Waare, deren Verkehrswerth sich durch Angebot und Nachfrage bestimmt. Damit entsteht dann der volkswirthschaftliche Begriff, der die Grundlage neuer Rechtsverhältnisse wird, der Lohn. Der Lohn ist der Preis für die zur Waare gewordene, von der kapitalbildenden Kraft des Arbeitserzeugnisses geschiedene Arbeit, und schließlich kehrt die ganze sociale Frage des Gegensatzes zwischen Kapital und Arbeit zu dem Satze zurück, daß eben diese in der Natur der gewerblichen Arbeit liegende Trennung des Arbeitslohnes von der kapitalbildenden Kraft der Arbeit an sich im Gegensatze zu dem Princip derselben — der staatsbürgerlichen — Gesellschaftsordnung steht, welche eben die freie kapitalbildende Arbeit, aber zugleich die ihre Kapitalbildung für sich absorbirende Unternehmung erzeugt hat.

Es ist nun klar, daß wir hier auf dem Punkte stehen, auf welchem in der staatsbürgerlichen Gesellschaft derselbe Proceß, wenn auch mit seinem specifischen Inhalt, sich zu vollziehen beginnt, den wir in den andern Gesellschaftsordnungen beobachtet haben, der Proceß der Klassenbildung durch die wirthschaftliche Kraft des Unterschiedes von Kapital und Arbeit, mit dem Gegensatze beider Klassen, dessen Inhalt auch hier zunächst ein rein wirthschaftlicher ist, das Interesse der Kapitalbildung an der die Arbeit ihren Theil fordert, während das Kapital der Unternehmung ihr denselben verweigert. Es ist klar, daß diese Weigerung nicht als eine Beschränkung des Rechts der Arbeit, sondern als eine naturgemäße Consequenz des Wesens der Kapitalbildung durch den Verkehrswerth auftritt, und daß das Privatrecht ihm ganz unzweifelhaft das Recht gibt, vermöge des Lohnes jene Scheidung aufrecht zu halten, während dasselbe Privatrecht jeden rechtlichen Anspruch auf mehr als den bedungenen Lohn ausschließt. Für das Privatrecht gibt es daher kein besonderes Arbeitsrecht, und nicht einmal eine Arbeiterfrage. Hat doch auch das „heutige" römische Recht weder ein Wort für den „Werth" noch für die „Arbeit!" Und da wir nun auf unsern Rechtsfacultäten fast nichts als Privatrecht lehren und begreifen, so ist es leider ganz natürlich, daß jene Frage welche die Welt bewegt, die Lohnfrage und ihr Recht, zwar allenthalben, in jeder Werkstatt, in jeder Fabrik, in jedem Verein, in jeder Volksvertretung, in jeder Literatur — nur nicht an den Hochschulen unseres Rechtslebens eine Heimath haben! Wird man glauben, daß das genügt, und daß ich noch mit jenem Corpus juris das Recht unserer Zeit lehre und verstehe? — Aber allerdings liegt die Frage nahe, wie denn hier noch von einem andern als dem einfachen Privatrechte überhaupt die Rede sein könne? Und doch liegt die Antwort in der Sache. Dieselbe Kraft, welche das Princip des staatsbürgerlichen, gleichen Privatrechts erzeugt hat, erzeugt auch das Princip der Kapitalbildung, jenes als das negative, dieses als das positive Element, jenes als den Grundgedanken der Befreiung des Eigenthums von der Klassenherrschaft, dieses als den Grundgedanken der wirthschaftlichen, und mit ihr der gesellschaftlichen Erhebung jeder einzelnen Persönlichkeit. Hat jener Grundgedanke das Privatrecht, das gleiche Recht aller Güter, erzeugt, welches Recht wird dann aus diesem als das Recht der staatsbürgerlichen Arbeit hervorgehen? Kann das zweite Element, die Arbeit mit ihren Forderungen, das erste, das Eigenthum mit seiner Heiligkeit aufheben? Unmöglich — sind doch beide gleichmäßig strenge, unabweisbare Consequenzen desselben gesellschaftlichen Grundgedankens. Hier liegt der Punkt auf welchem die sociale Frage ihren juristischen Inhalt empfängt, und wenn wir in den schönen Arbeiten eines Brentano, Schönberg und andern etwas vermissen, so ist es eben die Beleuchtung der Lohnfrage nicht vom socialen, sondern vom privatrechtlichen Standpunkt und seinem Verhältniß zum „Handelsrecht", den man mit der geschickten Operation eines Marx wohl bei Seite schieben, aber nicht beseitigen kann. Selbst Proudhon hat zwar das Eigenthums- aber nicht das Arbeitsrecht in Frage gestellt. Es ist aber in Frage, und die Antwort muß in der That in dem Zweifel selbst liegen. Denn steht es fest, daß das Kapital nicht ein Geschlechter- und ständischer, sondern daß es ein staatsbürgerlicher Eigenthumsbegriff ist, weil es selber wie der Lohn durch Arbeit producirt, erhalten und entwickelt wird, und daß es, selbst Product der Arbeit, mithin dasselbe Recht hat wie der Lohn, aus dem es entsteht, so folgt, daß die gesammte Rechtsbildung der gewerblichen Arbeit unbedingt erst da rechtlich möglich ist, wo das Recht des Eigenthums ihm seine feste Gränze zieht. Demgemäß steht es im Rechtsbewußtsein der gewerblichen Arbeit fest, daß das Gebiet dieses Arbeitsrechts nur das Verhältniß zum Gewinne, nicht zum gewonnenen Kapitale sein könne. Nun aber schützt das Recht das letztere; über den Gewinn dagegen, der ein künftiger und von den großen Faktoren des wirthschaftlichen Gesammtlebens abhängiger ist, herrscht das Interesse. Der Kampf zwischen dem Lohne der Arbeit und dem Gewinne des Kapitals ist daher ein Kampf der Interessen und nicht der Rechtsbegriffe, und das rechtliche Verhältniß welches aus diesem Kampfe hervorgeht, kann eben deßhalb kein allgemein gültiges sein. Es bestimmt sich formell von Fall zu Fall, und jeder dieser Fälle ist ein Kampf zwischen dem einfachen Privatrecht das als letzte rechtliche Basis übrig bleibt, und dem Arbeiterinteresse das ein neues Recht bilden will. Wir stehen wie Sie alle wissen, im Anfange dieser Bewegung; auch von ihr gilt wie von jeder andern, daß sie erst dann zur festen Gestalt gelangen wird, wenn sich das Verhältniß nicht mehr je nach dem Klassen- und Interessenstandpunkt hin und her bewegt, sondern sich juristisch formuliren läßt. Das ist nur noch auf ganz einzelnen Punkten geschehen. Es würde mich natürlich viel zu weit führen, wollte ich hier auf dieß ernste Gebiet weiter eingehen; es muß genügen zu sagen, daß die Jurisprudenz unserer Zeit kein Recht hat, dieß Recht nicht zu bearbeiten, und daß der zweite Theil des sogenannten Handelsrechts der natürliche Platz ist, auf dem es aufzutreten hat. Aber es ist trotzdem von Werth zu zeigen, wie sich die juristischen Kategorien, um die es sich in der Zukunft handeln wird, bereits am Horizonte in ihren Umrissen abzeichnen. Das sind die zuerst rein gewerblichen, aber jetzt schon zu Rechtsbegriffen gewordenen Kategorien der Arbeitsbücher und Zeugnisse einerseits, der Ausstände (Strikes) und des Contractbruches andererseits; dazu gehört das eigenthümliche, juristisch noch gar nicht beachtete Haftungsrecht der Arbeiter für Fehler in ihrer Production und die eigentlichen Arbeitsstrafen einerseits, mit dem analogen Haftungsrecht der Unternehmer für Unfälle durch die Arbeit andererseits. Es ist richtig, daß hier in Ermangelung einer bürgerlichen Rechtsbildung zunächst das Verwaltungsrecht eingegriffen, und hier an der Seite dessen was ihm gehört — der Aufstellung rechtlicher Gränzen für die gegenseitige Ausbeutung von Kapital und Arbeit in ihren Bestimmungen über Frauen- und Kinderarbeit, Arbeitszeit, Arbeitsräume, Arbeiterschulen, Arbeiterversorgung — auch das Recht für jene Punkte als öffentliches Recht gebildet hat. Allein an sich sind jene Rechtsbegriffe und Ordnungen Klassenrechte, durch den Gegensatz der beiden Klassen auf Grundlage des Wesens der gewerblichen Arbeit erzeugt, und bilden die Erfüllung des zweiten großen Theiles des bürgerlichen Rechts, von dem unsere bisherige Disciplin nur den ersten allgemeinen Abschnitt in ihrem Handelsrecht besetzt, während sie, von den Fesseln des positiven Gesetzbuches gehalten, das was gar kein Handelsrecht mehr ist und von ganz andern Principien und Kräften beherrscht wird, das Gesellschaftsrecht, als Theil des Handelsrechts behandelt.

So ist auch hier nicht bloß vieles, sondern viel zu thun, so wie man das wahre Wesen des Rechts zu seinem Rechte kommen läßt. Und doch ist noch ein ganzes großes Gebiet übrig, das wir als letzten Theil der Aufgabe des bürgerlichen Rechts und seiner Wissenschaft wenigstens in seinen Grundzügen dem früheren jetzt hinzufügen müssen. Ich darf nicht weiter gehen, ohne Sie bei diesem Theile wenigstens für einige Augenblicke festzuhalten; denn auch für ihn ist unsere bisherige Disciplin in keiner Weise, was sie sein sollte.

## 4. Das bürgerliche Gesellschaftsrecht.

Das letzte Gebiet unserer bürgerlichen Rechtswissenschaft — das letzte auch in der Berücksichtigung die es von unserer Rechtsdisciplin und auf unsern Universitäten empfängt — ist nun das des bürgerlichen Gesellschaftsrechts.

Es ist wohl gänzlich überflüssig, Sie erst darauf hinzuweisen, welche ungeheure, mit jedem Tage wachsende Bedeutung dieß Gebiet in jedem Theile unseres öffentlichen und privaten Lebens entwickelt. Es ist nichts mehr da was desselben ganz entbehrte, nichts das nicht durch dasselbe gefördert werden könnte, nichts zu dessen Lösung man seine Kraft nicht herbeizöge; und während das meiste was wir sonst besitzen wenigstens in seinen Elementen ziemlich abgeschlossen dasteht, ist es gerade dieses, dessen Zukunft uns als eine noch unbestimmbare erscheint. Und wer wird zweifeln, daß es vermöge dieser in ihm lebenden Kraft nicht auch sein ihm eigenthümliches Recht zu bilden bereit und berufen sei? Und wer würde ferner zweifeln, daß nachdem das gewiß ist, und nachdem uns jenes Element bereits auf allen Punkten umgibt und in gewaltigster Weise in alle Verhältnisse hineingreift, auch unsere Universitäten in ihrer rechts- oder staatswissenschaftlichen Disciplin dieß große Gebiet in sich aufnehmen, und dem Studirenden wenigstens das Bewußtsein erwecken und mitgeben sollten, daß es auch hier eine Wissenschaft gibt, und daß sie die Wahrheit suchend schließlich dasjenige ist, zu dem Streben und Suchen, Rechtsbildung und Urtheil zurückkehren? Ist das wirkliche Leben voll von den Bewegungen und Kräften der Gesellschaften, wie soll dann die Wissenschaft sie nicht in sich aufnehmen und das aufgenommene begreifen, oder doch allerwenigstens es als Stoff für weitere Arbeit mit dem Ganzen unserer Lehre in irgend eine Verbindung bringen?

Ich kann nicht umhin — es ist eine sehr ernste Sache für unsere Universitäten, daß sie von diesem Gebiete gar nichts wissen. Erlassen Sie mir jede Kritik — aber erlauben Sie mir nochmals die Bemerkung, daß jene fast unglaubliche Entfremdung unserer Rechtsdisciplin und die eben so unglaubliche Vernachlässigung der Staatswissenschaften sich ganz unabänderlich als Entfremdung und Vernachlässigung wenn auch nicht unserer Universitäten, so doch unserer Hörsäle manifestiren muß. Es ist hohe Zeit daß wir dessen eingedenk werden!

Allein der allgemeinen Kritik möge es hier genug sein; die besondere Kritik ist Sache der eigenen Beobachtung. Wir werden nur da auf sie zurückkommen, wo es im Einzelnen ganz unvermeidlich ist. Das Maßgebende ist und bleibt der feste Blick auf die ewig wirkenden Kräfte, deren Verständniß die Wissenschaft auch hier zu ihren Begriffen formulirt. Und wenn ich die Forderung hier zurückweise, im Einzelnen etwas zu leisten, so muß ich doch das Bild des Ganzen mit voller Klarheit als die letzte Erfüllung des bürgerlichen Rechts unserer Gesellschaftsordnung entwickeln.

Unzweifelhaft ist das Gesellschaftsrecht ein neuer und selbständiger Theil des Rechts. Ist es das, so muß es aus einer neuen selbständigen Kraft hervorgehen, und das Verständniß dieser Kraft und ihrer organischen Entfaltung wird zur Wissenschaft auch dieses Rechtsgebietes werden. Welches ist diese Kraft?

Sie ist kaum zweifelhaft. Die individuelle Kraft reicht für die Verwirklichung der Idee der Persönlichkeit nirgends aus. Sie bedarf der Einheit. Die Einheit ist die zum Bewußtsein erhobene Gemeinschaft der Menschen. Wird diese Einheit durch die selbstwirkenden Kräfte des menschlichen Lebens zu einer waltenden und thätigen Persönlichkeit, so entsteht der Staat. Wird sie dagegen durch den freien Act der individuellen Selbstbestimmung für selbstgesetzte Zwecke von der Gemeinschaft Einzelner erzeugt, so entsteht der Verein. Der Verein ist daher ein auf dem absoluten Wesen der Persönlichkeit beruhender Begriff; er ist organisch, und deßhalb zu allen Zeiten und bei allen Völkern wenn auch nur im Keime dagewesen. In der staatsbürgerlichen Gesellschaft ist er der Ausdruck des Gedankens, daß zwar die persönliche Einheit an sich nothwendig sei, daß sie aber dennoch zugleich durch die freie Selbstbestimmung gesetzt werden müsse. In ihr entwickeln sich daher die beiden großen Elemente des Vereins zu ihrer vollen Gültigkeit, das Element der persönlichen Einheit, der gegenüber der Einzelne nur noch ein untergeordnetes Moment ist, und das der individuellen Selbständigkeit, welche die Selbstbestimmung und Selbstthätigkeit des Einzelnen auch in dieser Einheit enthält. Aus dem ersten dieser Elemente entsteht das was wir den inneren Organismus des Vereins nennen, aus dem zweiten geht der specifische Begriff der Mitgliedschaft hervor. „Mitglieder" hat nur der Verein, nicht der Staat, nicht das Volk, nicht die Menschheit. Auf diese Weise erfaßt nun dieser Verein vermöge seiner Natur jeden Zweck des Lebens, um für ihn thätig zu sein; nichts ist von ihm ausgeschlossen; es gibt unendlich verschiedene Vereine. Jeder Verein aber tritt als selbständige Persönlichkeit in die staatliche Gemeinschaft und den Gesammtverkehr hinein, und in jedem Vereine bleibt das Mitglied wieder selbständig, indem es als selbständige Persönlichkeit sein Recht gegenüber seiner eignen selbstgesetzten Einheit hat; und so entsteht aus diesen Momenten das Vereinsrecht. Dieses Vereinsrecht ist nun der juristisch formulirte Ausdruck der Verhältnisse welche durch die Natur der Vereinigung entstehen — oder die juristische Formulirung der Kraft, welche jene freie Einheit erzeugt; und die Gesammtheit dessen was auf diese Weise neben der individuellen Bewegung der Einzelnen und der absoluten Einheit der Persönlichkeit des Staats sich bildet durch die freie Selbstbestimmung für den Verein, nennen wir mit einem Worte das Vereinswesen.

Haben wir in unserer Wissenschaft eine Lehre vom Vereinswesen? — Mit einer Ausnahme — nein. Haben wir auf unseren Universitäten eine Disciplin für dasselbe? — Mit gar keiner Ausnahme — nein. Und wäre es der Mühe werth, oder nicht lieber unabweisbar, beides zu haben? — Betrachten Sie unsere Gegenwart, und beantworten Sie die Frage selber! —

Das Vereinswesen umfaßt nun alle Gebiete des Lebens. Wollen wir bei unserem Gegenstande bleiben, so müssen wir vor allem das, was wir die (wirthschaftliche) Gesellschaft nennen, von dem Verein zu unterscheiden wissen. Hier beginnt die Wissenschaft des Vereinswesens.

Umfaßt das Vereinswesen das ganze Leben, so steht es damit im Dienste seiner Entwicklung, wollend und wissend oder nicht. Diese Entwicklung nun hat einerseits ihre Bedingungen, welche der Einzelne, weil sie für seine Kraft unerreichbar sind, vom Verein erwartet, und sie hat ihre materielle Erfüllung in dem Besitze der Güter, welche sie verwirklichen. Es ist klar, daß der Verein für beide gleich nothwendig ist. Und nun sagen wir, daß die Vereinigungen, welche für die Bedingungen der allgemeinen Entwicklung bestimmt und thätig sind, die eigentlichen Vereine bilden; diejenigen dagegen, welche durch die Vereinigung dem Einzelnen seine Entwicklung durch wirthschaftliche Güter geben wollen, sind eben die (wirthschaftlichen) Gesellschaften. Und demgemäß sagen wir weiter, daß das Recht der ersteren das eigentliche Vereinsrecht, das Recht der zweiten aber das wirthschaftliche Gesellschaftsrecht sei. Da wir nun aber zugleich sagen, daß die Herstellung der Bedingungen jeder individuellen Entwicklung am letztern Orte die große Aufgabe des Staats in seiner Verwaltung, die Herstellung der wirthschaftlichen Selbständigkeit des Einzelnen der Proceß der Kapitalbildung sei, so folgt daß das Recht der eigentlichen Vereine in seinem ganzen Umfange ein Theil des Verwaltungsrechts ist, während das Gesellschaftsrecht grundsätzlich nur so weit der Verwaltung angehört, als die Aufgaben und Thätigkeiten der Gesellschaften über die Gränze der individuell wirthschaftlichen Bewegung hinausgehen. Das ist richtig. Nun aber bedarf einerseits sowohl die Gesellschaft als der Verein einer Organisation ihrer Einheit, um als Gesammtpersönlichkeit wirken und wollen zu können, und andererseits bedarf der Verein so gut als die Gesellschaft der wirthschaftlichen Mittel, um seine Zwecke zu erreichen. Verein und Gesellschaft haben daher gemeinsame Grundverhältnisse, durch das allgemeine Wesen der freien Einheit erzeugt, und wir sagen daher endlich mit Recht, daß der allgemeine Theil des wirthschaftlichen Gesellschaftsrechts mit dem allgemeinen Theil des Vereinsrechts gemeinsam sei, während die Gestalt dieser freien Einheiten im Einzelnen, wieder durch die Zwecke oder durch den freien Willen der Mitglieder bestimmt, die Arten der Vereine und der Gesellschaften und mithin das erzeugt, was wir auch hier den besondern Theil des Vereins- und Gesellschaftsrechts nennen. Faßt man nun alle diese Besonderheiten wieder als ein, schließlich durch die gleichartige Kraft der freien Einigung erzeugtes Ganze zusammen, so entsteht der — wie ich glaube klare — Begriff des Rechtssystems des Vereinswesens im Allgemeinen und des wirthschaftlichen Gesellschaftswesens im Besonderen.

Da unsere bisherige Disciplin den Begriff des Vereins bei ihrer Versenkung in Tribonians Machwerk überhaupt nicht besitzt, so werden Sie nicht erwarten, daß sie auch in ihrem Handelsrecht, dieser mühseligen Interpretation eines französischen, recipirten Codex, jenen Unterschied des allgemeinen und des besondern Theiles besitze. Das macht es mir unerläßlich, ihn hier durchzuführen.

Dabei wird nun wie gesagt im allgemeinen Theil das Gesellschaftsrecht zugleich Vereinsrecht sein. Um so nothwendiger ist es aber, schon hier den Punkt zu bezeichnen, auf welchem das Princip des bürgerlichen Rechts als Grundlage des Gesellschaftsrechts eintritt.

Das Wesen des Vereins ist es, das was er will und thut nur für die Entwicklung der Gesammtheit zu wollen und zu thun. Das Wesen der Gesellschaft dagegen besteht darin, ihren Zweck zuletzt stets in ihre eignen Mitglieder zu legen, und mit allem was sie will und thut, stets zu diesen zurückzukehren. Das ganze Recht der Mitglieder des Vereins gipfelt daher in dem Recht auf Theilnahme an der Thätigkeit der Einheit, das Recht der Mitglieder der Gesellschaft dagegen in dem Recht auf Erwerb durch die Leistungen derselben. Und nun ergibt sich damit der Grundgedanke, der diese beiden Rechtsbildungen so wesentlich gleichartig und doch so tief verschieden macht.

Setzen wir nämlich als unzweifelhaft, daß die höchste und entwickeltste Gestalt aller persönlichen Einheit der Staat ist, so folgt, daß der Organismus des Vereins wie der der Gesellschaft stets und unbedingt die — allerdings mehr oder weniger entwickelten — Grundkategorien der staatlichen Persönlichkeit in Oberhaupt, Verfassung und Verwaltung hat und haben muß, und daß wir daher das System des Organismus beider eigentlich erst verstehen, indem wir es mit der klaren und unzweifelhaften Ordnung des Staates zusammenhalten. Allein da der Zweck der Mitgliedschaft das einemal ein staatlicher — ein Verwaltungszweck — das andermal ein bürgerlicher — ein Erwerb — ist, so ergibt sich, daß während das Recht der Mitglieder gegenüber der Einheit im Verein den Charakter des öffentlichen Rechtes hat, das Recht der Mitgliedschaft in der Gesellschaft zu einem Theile des bürgerlichen Rechts wird, und daß mithin während die Rechtsquelle für das eigentliche Vereinsrecht die Idee der Verwaltung ist, die Rechtsquelle für das Gesellschaftsrecht die Kapitalbildung durch die Gesellschaft sein wird. Die große Kraft welche die Einheit des Vereins bildet, spaltet sich daher gleich in ihrem Beginne, und es ist keineswegs leicht die Gemeinschaft festzuhalten, die doch für beide und ihren allgemeinen Theil gilt. Gewiß ist aber darnach, daß das Gesellschaftsrecht damit einen — den letzten — Theil des bürgerlichen Rechts neben Privat- und Handelsrecht bildet. Und so ist es denn gekommen, daß die Hälfte des positiven Rechts der Gesellschaften auch factisch nach französischem Muster in das Handelsrecht hineingerathen ist, wohin es gar nicht gehört, während die andere Hälfte in heimathlosen Rechtssätzen in unserer Praxis umherirrt — denn Sie wissen so gut als ich, daß das Handelsgesetzbuch keine Vorstellung z. B. von Gegenseitigkeitsvereinen u. a. m. hat, und nur kennt was Frankreich gekannt hat. Die Folge davon ist für mich die Schwierigkeit, in der Kürze klar zu bleiben, was man eigentlich nur kann wenn eingehende Arbeiten voraufgegangen sind. Dennoch muß ich versuchen.

Demgemäß enthält der allgemeine Theil des Vereins- und Gesellschaftsrechts die Grundsätze für die für jeden Verein gültigen organischen und wirthschaftlichen Elemente der freien persönlichen Einheit, und diese werden zum Rechte des allgemeinen Theiles, insofern diese Einheit dem persönlichen und wirthschaftlich selbständigen einzelnen Mitglied selbständig als Persönlichkeit gegenübertritt; nur daß schon hier der tiefe Unterschied zwischen Verein und Gesellschaft sofort hervortritt, so wie das Element des Erwerbes zur Geltung gelangt.

Dieser allgemeine Theil kann nun keine anderen festen Kategorien haben, als die des persönlichen Lebens überhaupt, die Person, die Güter, den Verkehrsact, und den Tod. Auch für den Verein werden diese Elemente zu Rechtskategorien, und wir sagen daher, daß der allgemeine Theil des Vereinsrechtes das Personen- Eigenthums- Vertrags- und Erbrecht des Vereins enthalte, jedoch wie gesagt so, daß jede Art der Vereine oder Gesellschaften wieder ihr besonderes Recht in jeder dieser Kategorien erzeugen wird.

Halten Sie das fest, so ist möglich so kurz zu sein, als der Raum dieser Arbeit es fordert.

Zuerst ist das allgemeine Personenrecht des Vereinswesens ein ganzes System. Ich brauche hier bekannte Begriffe. Jeder Verein ist seinem Wesen nach Persönlichkeit; um es auch für Dritte zu sein bedarf dieselbe der Anerkennung durch den Staat. Damit entsteht der Rechtsbegriff der sogenannten juristischen Persönlichkeit, deren juristischer Grundgedanke es ist, daß gegenüber Dritten jedes Mitglied, in so weit es mit Willen und Gut dem Vereine angehört, durch die öffentlich anerkannten Organe des letzteren Rechte gewinnt oder verliert. Daß diese juristische Persönlichkeit selbst wieder keine gleichartige ist, sondern als wirthschaftliche, verwaltungsrechtliche und staatliche juristische Persönlichkeit erscheint, darf ich nach dem was ich an anderen Orten entwickelt habe als bekannt voraussetzen. Das ist das öffentliche Personenrecht des Vereins. Das innere Personenrecht enthält das Recht der persönlichen Organisation, durch den Willen der Mitglieder gesetzt (Statuten) und die zur juristischen Formulirung gediehene Bestimmung des Wesens, der Verpflichtung und der Rechte der Mitgliedschaft. Dieß Recht beruht auf den zwei Principien, daß das Mitglied durch seinen Beitritt irgend einen Theil seiner Thätigkeit oder seiner Güter als Inhalt des Vereins erklärt und damit ein privates Forderungsrecht der Persönlichkeit des Vereins sich gegenüber anerkennt, und daß es seine Selbständigkeit im Rechte des Austrittes erhält. Ohne das erste Princip ist der Verein oder die Gesellschaft keine staatsbürgerliche Persönlichkeit, die ohne irgend ein Kapital nicht gedacht werden kann, ohne das zweite keine freie Einheit, die den freien Austritt unbedingt fordert. Die Organisation des Vereins kann in hundert Formen denkbar sein, aber alle diese Formen sind und bleiben doch nur Gestaltungen der drei Kategorien der Persönlichkeit, des Ich im Vorstand — des Wollens in der Gesammtheit der freien Mitglieder (Generalversammlung) — des Thuns in dem zur Vollziehung Bestellten. Bald besitzt Einer alle Rechte der Vollziehung, bald mehrere, bald ein selbständiges Organ; bald sind Vertretungen zulässig, bald ist an die Theilnahme zur Generalversammlung diese, bald jene Bedingung geknüpft; bald ist das Haupt eine Person, bald mehrere; aber immer müssen Verein und Gesellschaft diese Elemente besitzen, und immer ist das leitende Princip für alle Thätigkeit jedes Vereins die Anwendung der großen Begriffe von Gesetz, Verordnung, Verantwortlichkeit und Haftung auf das Verhältniß zwischen Mitglied und Vorstand im weitesten Sinne. Eben so einfach ist das Princip für das Recht des Vereins-Eigenthums.

Das Eigenthum des Vereins ist ein persönliches Eigenthum — der Verein hat alle Momente des Privat- und handelsrechtlichen Eigenthums als für sich geltend anzuerkennen. Es ist ein von dem Eigenthum der Mitglieder gänzlich geschiedenes wirthschaftliches Ganze, natürlich ganz gleichgültig, ob es in Beiträgen, Gütern oder Kapitalien besteht. Ueber dieses Eigenthum verfügt er wie die einzelne Persönlichkeit; seine Forderungen sind die des Privat- oder des Handelsrechts, auch die gegen die eigenen Mitglieder. Allein hier nun tritt die Selbständigkeit der Mitgliedschaft auch für das wirthschaftliche Verhältniß rechtbildend ein. Kein Mitglied hat dem Verein seinen Beitrag als einer dritten Person gegeben; die Idee der Mitgliedschaft erhält sich in demselben zwar nicht gegenüber Dritten, wohl aber gegenüber der Persönlichkeit des Vereins und ihres Eigenthumsrechts; das Mitglied hat das Recht zu fordern, daß der Verein seinen Beitrag für den Zweck verwende, für welchen er gegeben wird; der Verein seinerseits besteht rechtlich in den Organen seiner Persönlichkeit; und so wird aus jener principiellen Forderung des Mitgliedes an den Verein ein wirthschaftliches Forderungsrecht desselben an den Vorstand auf Haftung für die richtige Verwendung der Vereinsmittel, und mithin auch auf deren absoluten Bedingung der Buchführung und des Rechenschaftsberichtes. Dazu bedarf es keinesweges erst der Gesellschaft; das liegt im Wesen jedes Vereins, und Rechenschaftsbericht, Bilanz, Revision und Haftung des Vorstandes sind die Rechtsbegriffe des gesammten Vereinswesens, mit denen das Privat- und Handelsrecht in die Verwaltung jedes Vereins hineingreifen. Daran knüpfen sich die drei Grundformen des wirthschaftlichen Verhältnisses der Mitglieder zum

Verein, die wir auch als drei Arten der Vereine bezeichnen: die Beitragsvereine, die Gegenseitigkeitsvereine und die Kapitalsvereine; bei jeder derselben ist Maß und Form des Antheils an der Wirthschaft des Vereins verschieden, aber das Recht des Mitgliedes wie die Pflicht des Vorstandes sind gleich. Die absolute Beschränkung des recipirten Handelsgesetzbuches auf die verschiedenen Formen der Kapitalsvereine hat jede Jurisprudenz über das wirthschaftliche Mitgliedschaftsrecht der ersten zwei Arten unmöglich gemacht — und doch umfassen die wechselseitigen Vereine die höchsten Interessen und tausende von Millionen! Wann werden endlich unsere Universitäten begreifen, wie weit sie auch hier hinter dem wirklichen Rechtsleben zurück sind! Und leider müssen wir dasselbe von dem letzten Theile sagen, dem Analogon des Erbrechts im allgemeinen Theil des Vereinsrechts. Denn dieses Erbrecht ist in der That ein doppeltes, und jedes Gebiet desselben ist der Mühe einer Untersuchung wohl werth. Es kann nämlich nicht bloß der Verein als Ganzes sich auflösen, sondern es kann auch die einzelne Mitgliedschaft untergehen. Was ist rechtens für die Hinterlassenschaft im ersten, was für die des zweiten Falles? Nur für die Auflösung der Erwerbsgesellschaften besteht eine Rechtswissenschaft, weil das französische Gesetzbuch zufällig daran gedacht hat; wo ist sie für Beitragsvereine, für wechselseitige Gesellschaften wie für Sparkassen, Versicherungen u. a. m.? Und ist es denn begründet, daß für das Wegfallen der Mitgliedschaft, wie bei Unterlassen gewisser Zahlungen, der Verein selbst sich statutenmäßig als Successor des austretenden Mitgliedes und seines Antheils deklarirt? — Doch gehen wir nicht ein auf Einzelheiten. Im Großen und Ganzen glaube ich, daß die Umrisse des Bildes des allgemeinen Theils des Vereins- und Gesellschaftsrechts hier gegeben sind. Es wäre jetzt meine Aufgabe, zu dem besondern Theile überzugehen. Und hier könnte ich mich mit einer einfachen Aufzählung begnügen, wenn nicht die Sache an sich zu bedeutend wäre. Verstatten Sie mir daher eine kurze Darlegung der Auffassung die für diesen Theil zu gelten hat.

Die Grundlage jeder Behandlung dieses besonderen Theiles nämlich ist allerdings der Unterschied zwischen Verein und Gesellschaft. Allein es ist falsch zu meinen, daß jene einzelnen Arten beider Formen nichts sind, als durch Zufall oder Willkür entstandene Modalitäten der freien Vereinigung. Das System der Vereinsarten hat ein ganz anderes, höheres Interesse. Schon um seinetwillen sollte das Vereins- und Gesellschaftswesen Gegenstand eigener Vorlesungen sein, und nichts ist verkehrter als wie es jetzt geschieht, einen Theil desselben dem Handelsrecht zu überweisen, das gar nichts mehr und nichts weniger damit zu thun hat, als mit jedem privatrechtlichen Begriffe.

Jenes System der wirklichen Vereine ist nämlich nichts anderes als die Erscheinung der die Vereinigungen erzeugenden Kraft des wirthschaftlichen, gesellschaftlichen, geistigen und staatlichen Lebens in ihrer Anwendung auf bestimmte Aufgaben des geistigen oder wirthschaftlichen Lebens, und die großen Kategorien der Vereinsarten sind daher in der That die Kategorien des Gesammtlebens selber. Nur nehmen sie nach ihrem Zwecke wieder ihre eignen Namen an. Es ist nothwendig sie zu bezeichnen, weil erst dadurch die rechte Bedeutung der Gesellschaften und ihres bürgerlichen Rechtsprincips hervortritt.

Alle diejenigen Vereine nämlich, welche die im Wesen der Verwaltung liegenden Aufgaben durch ihre Kräfte zu erfüllen streben, sind wie schon gesagt, die eigentlichen oder Verwaltungsvereine. Alle Verwaltungsvereine sind Beitragsvereine; sie haben keine Kapitalbildung ihrer Mitglieder zum Zweck, sondern nur die Herstellung der Bedingungen für den Fortschritt der Gesammtheit.

Diejenigen, welche wir die eigentlichen Gesellschaftsvereine nennen, beruhen auf dem Unterschiede der Klassen in der Gesellschaft, und haben zur Aufgabe, ein Sonderinteresse durch ihre Anstrengungen zur Geltung zu bringen. Sie theilen sich wieder in zwei große Abtheilungen, von denen jede eine unbestimmte Zahl von Einzelarten erzeugt.

Die erste dieser Abtheilungen bilden die Klassenvereine, welche, durch den Gegensatz der Klassen hervorgerufen, das Sonderinteresse der einen Klasse gegen das der andern vertheidigen. Sie sind in unserem Jahrhundert die Form des gesellschaftlichen Krieges, und mit Recht haben sie — wenn auch nicht auf den Universitäten — die höchste Beachtung gefunden. Sie scheiden sich wie die staatsbürgerliche Gesellschaft selbst in die Klassenvereine des Kapitals, und die der Arbeit, die ecclesia militans des Vereinswesens. Wir nennen die letzteren die Arbeitervereine aller Art, Gesellenvereine, Brüderschaften, Gewerksvereine, compagnonages (wohlbemerkt, mit der Gewerbefreiheit fast verschwunden), vor allem aber die Trades unions Englands. Wirthschaftlich und damit bürgerlich rechtlich sind sie theils Beitragsvereine, wie namentlich die Arbeiterbildungsvereine, theils wechselseitige Vereine, wie die Gewerksvereine. Wir besitzen über dieselben schon treffliche Werke — wir erinnern nur an Brentano, Bamberger, Schönberg, Gierke, — wir werden dereinst über sie auch eine Jurisprudenz besitzen.

Die zweite Abtheilung nennen wir die Hülfsvereine. Ihr Wesen besteht darin, die aufsteigende Klassenbewegung durch die Kräfte der Vereine zu fördern. Sie scheiden sich wieder in zwei große Gruppen.

Die erste Gruppe bilden die Hülfsvereine aller Art der besitzenden Klasse für die Hebung der nichtbesitzenden (Unterstützungs=, Armen=, Nothvereine 2c.). Sie sind stets Beitragsvereine. Die zweite Art der Hülfsvereine sind dagegen die Vereine der Selbsthülfe innerhalb der eignen Klasse; wir können drei Hauptarten unterscheiden: die Alters= und Krankenvereine, die Productivvereine, und die Consumvereine. Dieß sind stets gegenseitige Vereine. Niemand hat hier bisher reicheren Stoff mit größerem Fleiß gesammelt als Gierke in seiner hochschätzbaren Arbeit, aber bei niemandem tritt auch der Mangel systematischer Auffassung, den unsere Wissenschaft und nicht der tüchtige Verfasser verschuldet, so deutlich hervor. Wo werden Sie ihn „citiren"?

Diejenigen Vereine nun, welche durch die Kraft der Vereinigung die Kapitalbildung ihrer Mitglieder fördern wollen, nennen wir wie gesagt, die wirthschaftlichen Gesellschaften. Die wahre Quelle ihres Rechts ist, wie schon oben bemerkt, der Gedanke daß die Gesellschaft eine kapitalbildende Kraft sein soll; das Rechtssystem für dieselben ist daher im Grunde nichts anderes, als die Formulirung der Bedingungen, unter denen eine Gesellschaft für ihre Mitglieder einen Erwerb macht, zu Rechtsbegriffen. Daraus geht nun der leitende Rechtssatz für das ganze Eigenthums=, Verkehrs= und Auflösungsrecht gerade dieser Art von Vereinen hervor, welcher die Principien ihrer Organisation allerdings nicht von denen aller anderen Vereine wesentlich unterscheidet, aber doch auf jedem Punkte beherrscht. Das wirthschaftliche Leben einer jeden Gesellschaft ist ein Proceß, in welchem das Eigenthum derselben durch die Beiträge der Mitglieder entsteht, aber principiell stets mit der Aufgabe verbunden, dieses Eigenthum den Mitgliedern in ihr Privateigenthum zurückzugeben, und so die volle wirthschaftliche Individualität des Einzelnen, die er für seinen Antheil verloren, beständig in der Form der Zinsen und Dividenden wiederherzustellen. Alle für die Verwaltung aller dieser Gesellschaften geltenden Rechtssätze, mit oder ohne Handelsgesetzbuch, sind schließlich nichts als die strengen juristischen Consequenzen dieses wirthschaftlichen und rechtlichen Lebensprincips derselben, und erst durch das Verständniß dieses ihres Lebensprincips werden sie zur Wissenschaft, sei es nun daß man dabei an das Kapital und seine Sicherheit, oder an die Zinsen und ihre Couponzahlung denkt. Und nachdem das Handelsgesetzbuch den Gesellschaften einen so großen Theil seines Inhalts widmet, sollte man doch glauben, daß wenigstens hierfür die Elemente vorhanden wären.

Es ist nicht der Fall. Denn das Kapital jener Gesellschaften besteht entweder in wirklich eingezahlten Kapitalien, oder es besteht aus Kapitalsforderungen welche das Mitglied durch seine Zahlung an die Gesellschaft erwirbt, und deren Deckung die Aufgabe der Verwaltung der letzteren bildet. Die erste Art nennen wir die eigentlichen Kapitals- oder Erwerbsgesellschaften, die zweite Art die gegenseitigen Gesellschaften. Sie sind im Principe gleich, in der inneren Ordnung ihres Geschäftes aber und mithin in ihrem bürgerlichen Rechte wesentlich verschieden. Sie werden daher zwei Gesetze und zwei juristische Behandlungen fordern. Das Handelsgesetzbuch kennt nur die erste Art; der Gedanke der Gegenseitigkeit ist ihm gänzlich fremd. Demgemäß weiß die „Wissenschaft" des Handelsrechts auch nichts von dieser Gesellschaftsart, und nur das Seeversicherungswesen hat ihre tüchtigen Vertreter gefunden. Dürfen wir noch bei dem recipirten Codex der Fremden stehen bleiben?

Ich muß es mir versagen, genauer auf das bürgerlich-wirthschaftliche Recht der wechselseitigen Gesellschaften einzugehen, und das Recht der Prämien und Policen zu untersuchen; ich muß sogar die Verbindungen beider Arten, welche schon jetzt hochbedeutend sind und es noch mehr sein werden, wie z. B. die Vorschußvereine, die Versicherungsgesellschaften auf Actien, die Escomptegesellschaften für wechselseitigen Kredit, deren Stammvater die große Escomptegesellschaft in Wien ist, die im Grunde der Wechselseitigkeit gleichfalls angehörigen Productiv- und Consumvereine mit oder ohne Grundkapital, hier bei Seite lassen; es ist genug daß Sie sehen was alles wir besitzen ohne es zu wissen, gegenüber der todten Masse des Rechts die wir wissen ohne sie zu besitzen. Nur Eine Schlußbemerkung verstatten Sie mir.

Nachdem das Handelsgesetzbuch sich also auf einen Theil eines Theiles des Vereinswesens beschränkt, und damit unsere Disciplin an diese Beschränkung gebunden hat, ohne zu wissen daß alles das gar kein „Handelsrecht" ist, so sollte man doch wenigstens meinen, daß es dieses Theiles Herr, und wenigstens sich über die Arten dieses Theiles klar wäre.

Freilich hätte diese Lehre dazu der Erkenntniß bedurft, daß diese Arten nicht eigentlich Arten, sondern daß sie zu selbständigen Erscheinungen und damit Rechtsbegriffen gewordene Stadien der werdenden wirthschaftlichen Persönlichkeit sind, und daß daher die Verschiedenheit des Rechtes dieser Arten die strenge Consequenz des Maßes ist, in welchem der Organismus der Persönlichkeit in der betreffenden Art zur Entwicklung gelangt ist, während das gemeinsame Rechtsprincip für alle der Gedanke ist, durch die Gesellschaft das in ihr Eigenthum übergebene Kapital wiederzubekommen. Ich unterlasse die Untersuchung der Frage, ob die Wissenschaft auf diesem Standpunkt steht; aber das Handelsgesetzbuch selbst werden Sie wohl der Kritik unbedenklich Preis geben.

Betrachten Sie nun den Inhalt jenes Gesetzbuches, das sich schon überlebt hat, von dieser Frage aus, so ergibt sich das folgende Bild der Kapitals-Gesellschaftsarten und ihres Rechtes.

Die erste Gestalt ist die des Consortiums. Die Sache ist im Handelsgesetzbuch B. III. T. 2; der Name fehlt. Einheit nur für Ein Geschäft; die Mitglieder geben nur für dieß Geschäft an das Consortium her; so wie dasselbe abgeschlossen ist, löst sich mit dem Consortium auch das Eigenthum desselben auf; die Auszahlung tritt ein. Personenrecht und Leistungen vertragsmäßig; die selbständige Einheit gelangt nur noch zur Geltung in der principiellen Gleichheit der Verpflichtung der Mitglieder und ihrer Solidarität gegenüber Dritten.

Die wichtigste Form des Consortiums ist unzweifelhaft die Gründergesellschaft. Die Theorie des Handelsrechts hat sie lange besprochen; es ist hier nicht der Ort Kritik zu üben; wie es aber selbst in neueren Gesetzen über Aktienwesen möglich war, für diese Art der Gesellschaft nicht ein selbständiges, zugleich öffentliches Recht mit Haftung, Controle und öffentlicher Rechnungsablage zu schaffen, und dasselbe vom Aktienrecht zu trennen — der einzige Weg sich über eine ganze Reihe von sehr ernsten Fragen klar zu werden, die das Aktienwesen betreffen — das kann uns zuletzt doch wohl nur die Abhängigkeit Deutschlands vom Code de commerce erklären.

Die zweite Gestalt ist die offene Gesellschaft. In ihr ist die wirthschaftliche Persönlichkeit zwar nicht mehr auf Ein Handelsgeschäft begränzt, aber ihre Existenz ist doch vom Einzelwillen abhängig; jeder kann sie durch Rücktritt lösen; sie ist eine nur durch Vertrag ihrer Mitglieder existirende Persönlichkeit. Dafür aber gehört ihr das ganze Vermögen der ersteren durch den Grundsatz der solidarischen Haftung; in der That ist sie noch unfähig ein Privateigenthum neben dem Gesellschaftseigenthum zu bilden; das erstere entsteht erst durch Austritt aus dem letzteren. Das Personenrecht ist noch höchst unentwickelt; jedes Mitglied ist für Dritte die ganze Gesellschaft; nur kann durch Vertrag die gesellschaftliche Persönlichkeit durch ein Mitglied vertreten sein. Hier ist noch alles höchst unfertig; daher ist auch diese Gesellschaftsart in ihrer ganzen Geschäftsfähigkeit höchst beschränkt; ist aber eine leitende Persönlichkeit vertragsmäßig bestimmt, so ist sie in der That dem Personen-, und nur nicht dem Eigenthumsrecht nach bereits zur stillen Gesellschaft geworden.

Denn diese, die dritte Gestalt, löst schon die einheitliche Persönlichkeit der Gesellschaft in ihrer Weise von den Mitgliedern derselben los, und ist im Verkehre in dem Haupte des Geschäfts ausschließlich vorhanden; in ihm und seinem Willen ist die Gesellschaft allein die wirthschaftliche Persönlichkeit. Anders dagegen im gesellschaftlichen Eigenthum. Hier tritt uns wieder ein noch unfertiger Organismus entgegen. Die Einlage des stillen Gesellschafters verschmilzt mit dem ganzen Vermögen des Inhabers zum Eigenthum der Gesellschaft, so daß jetzt eigentlich nur der stille Gesellschafter neben der Gesellschaft noch ein Privateigenthum hat, der Inhaber nicht. Der Gewinn des ersteren kehrt daher zum Privateigenthum desselben zurück selbst wenn es formell im Geschäfte bleibt, das des Inhabers nicht. Das ist nun zwar der Grund, weßhalb der Inhaber auch allein den wirthschaftlichen Willen hat; allein der stille Gesellschafter ist dadurch in der That eigentlich kein Mitglied, und diese stille Gesellschaft selbst eigentlich auch keine Gesellschaft; denn der Wille des stillen Gesellschafters ist von seiner Einlage getrennt, und für die Gesellschaft gar nicht vorhanden. Nur auf einem Punkte unterscheidet sich diese noch sehr niedere Form der Gesellschaft von dem gewöhnlichen Darlehn; das ist das Recht auf Einsicht in die Bücher und auf Bilanzvorlage; der Einfluß auf den Willen des Inhabers ist und bleibt nur in seinem Recht undefinirbar. Hier wie bei der offenen Gesellschaft müssen deßhalb die Mitglieder den Mangel ihres formalen Rechtes noch durch das Moment des persönlichen Vertrauens ersetzen, und thun es; aber das Vertrauen ist ein moralischer und geschäftlicher, jedoch niemals ein Rechtsbegriff; und so müssen wir sagen, daß diese ganze Gestalt auch der stillen Gesellschaft rechtlich eine ewig unfertige bleiben muß.

Und wieder muß ich dieses Handelsgesetzbuch und seine Unklarheit über seine eignen Grundvorstellungen bekämpfen, indem ich zur vierten Gestalt, der Commanditgesellschaft, übergehe. Nach dem eignen Geständniß des Handelsgesetzbuches Art. 153 gibt es an und für sich überhaupt keinen selbständigen Begriff der Commanditgesellschaft, denn die fast gänzlich nichtigen Unterschiede zwischen Art. 158—172 und Art. 250—266 sind denn doch wahrlich nicht geeignet, eigne Arten von Gesellschaften zu motiviren. Dennoch ahnt das Gesetz daß in der Commandite der Keim einer selbständigen Gesellschaftsbildung liege; nur läßt er sich nicht anders als durch die Natur der Sache bezeichnen, und statt des Gesetzbuches muß uns das Wesen der sich entwickelnden Organisation von Vorstand und Mitgliedschaft das Recht bilden, auf das es ankommt. Während nämlich wie gesagt in der stillen Gesellschaft der Gesellschafter geschäftlich ganz willenlos ist, während er in der offenen stets als die ganze Gesellschaft gilt, sollte das Gesetz sagen, daß aus jener die Commandite dann entsteht, wenn der Gesellschaftsvertrag dem Gesellschafter (dem Mitglied) einen bestimmten Antheil an der Bildung des geschäftlichen Willens der Gesellschaft als Persönlichkeit gibt, und daß eine Gesellschaft eben nur dann Commandite ist, wenn dem Mitglied durch den Vertrag dieß Recht gegeben wird.

Hier wäre der Punkt gewesen, wo das Handelsgesetzbuch — respektive die Theorie des Handelsrechts — den Unterschied zwischen Mitglied und Theilnehmer hätte juristisch bestimmen und vor allem die rechtliche Gränze zwischen einem Darlehen an ein Geschäft und der Mitgliedschaft scharf begränzen sollen. Denn dieser Unterschied kann nur in dem Recht auf Büchereinsicht und Bilanz liegen. In der That ist die Commandite nichts als die Verbindung der offenen mit der stillen Gesellschaft, und hätte das Gesetz nicht unglücklicher Weise die stille Gesellschaft erst hinter die Aktiengesellschaft gestellt, wo sie gar nicht hingehört, so würde man das schon lange erkannt haben.

Viel unfertiger aber ist neben der Commandite die Commandite auf Aktien des Handelsgesetzbuches. Sie ist nicht etwa, wie die Commandite selbst, ein bloß unklar gedachter, sondern gar kein gesellschaftlicher Begriff. Der ganze Abschnitt II. des zweiten Buches ist nicht bloß gänzlich überflüssig, sondern auch nicht einmal zu Ende gedacht. Die Commandite auf Aktien erscheint in der That als eine Verbindung der unbegränzten mit der begränzten Haftbarkeit, und die juristische Unmöglichkeit der Bestimmungen des Handelsgesetzbuches beruht darauf, daß nach ihm die erstere — die sogenannte persönliche Haftung — doch an den Besitz von Aktien gebunden erscheint, während sie dem Wesen der Sache nach an die Gründung gebunden sein muß, wie in England. Da aber die Gründergesellschaft im Handelsgesetzbuch nicht erscheint, so blieb die Commandite auf Aktien eine reine Aktiengesellschaft mit theoretisch geahnter, aber juristisch nicht vorhandener unbeschränkter Haftbarkeit ihrer Gründer. Stünde in Art. 179 statt der Berufung auf Art. 152 und 153 auch die auf Art. 150, so hätten wir wenigstens die Grundlage einer illimited liability und eines Gründerrechts. So aber fehlt beides. Doch wie gesagt, wir haben hier keine Kritik zu üben. Gehen wir einfach über diesen sogenannten Rechtsbegriff des Handelsgesetzbuches hinweg zur Aktiengesellschaft.

In der Aktiengesellschaft nämlich ist die endgültige Form für die wirthschaftliche Persönlichkeit der Gesellschaft gefunden; sie ist jetzt die eigentliche wirthschaftliche Persönlichkeit neben der handelsrechtlichen und privatrechtlichen, und wir nennen sie deßhalb die gesellschaftliche Persönlichkeit. Da, wo dieselbe zugleich vermöge der Vollziehung einer öffentlichen Funktion, die an sich der inneren Verwaltung gehört (Eisenbahnen, Notenbank u. s. w.), einen Erwerb für ihre Mitglieder sucht, tritt sie mit dieser ihrer wirthschaftlichen Thätigkeit als ein Organ der Verwaltung auf, und wir reden in diesem Falle von einer Verwaltungsgesellschaft, die als selbständiges Organ der Verwaltung aus einer bloß gesellschaftlichen zu einer verwaltungsrechtlichen Persönlichkeit wird. Der rechtliche Unterschied beider besteht darin, daß bei der ersteren nur die Verwaltung des Gesellschaftsvermögens als eines Theiles des Verkehrswerthes, bei der letzteren dagegen nicht bloß diese, sondern auch die wirklich geschäftlichen Leistungen Gegenstand der Oberaufsicht, und oft genug auch der staatlichen Unterstützung werden. Auf das innere Rechtssystem hat das nur in ganz einzelnen Fällen Einfluß. Dieß Rechtssystem aber ist nun dadurch ein so hochwichtiges, daß in ihm das ganze Gesellschaftsrecht, in seinen bisherigen Formen noch höchst unentwickelt, zu einem selbständigen Rechtssystem wird. Dieß geschieht dadurch, daß jedes einzelne Moment der Gesellschaft als selbständiger Rechtsbegriff erscheint, während alle diese Momente doch zugleich wieder durch das höhere Wesen der Gesellschaft, ihre Einheit in der gesellschaftlichen, beziehungsweise verwaltungsrechtlichen Persönlichkeit, zusammengefaßt werden.

Ich kann daher nicht umhin, dieß Recht als Schlußstein des bürgerlichen Rechtssystems der staatsbürgerlichen Gesellschaft hier hinzustellen.

Zuerst verschwindet für die Aktiengesellschaft der Begriff und mithin auch das Recht des Vertrages zwischen Gesellschaft und Mitglied; sie steht nicht ihren Mitgliedern gegenüber, sondern sie ist mit ihnen Eins, und das Rechtsverhältniß ist nicht das aus dem Willen der einzelnen Mitglieder, sondern das aus der Einheit derselben hervorgehende Recht des Organismus der Gesellschaft. Daraus folgt zuerst ihr eigenthümliches Personen- und dann ihr Eigenthumsrecht.

Ihr Personenrecht hat zwei Theile. Zuerst liegt demselben die Mitgliedschaft und ihr Rechtsbegriff zum Grunde, dann der Organismus, der aus der Mitgliedschaft die persönliche Einheit der gesellschaftlichen Persönlichkeit in Wollen und Thun erzeugt — der Vorstand.

Die Mitgliedschaft hat zwei Elemente: das persönliche und das wirthschaftliche — da bei jeder Aktie Princip ist, daß das letztere das erstere erzeugt; denn die Aktie ist ein im Werthe (Geld) gemessener Antheil an dem Kapital — dem Eigenthum der Unternehmung. Daher wird das Mitglied nicht durch Zustimmung der andern aufgenommen; das persönliche Recht der Mitgliedschaft besteht in dem Eigenthum an der Aktie. Aber dieser Antheil an der Unternehmung der Gesellschaft enthält auch nur den Werth der Aktie; das übrige Vermögen des Mitgliedes ist Privateigenthum; mit der Aktie besitzt daher der Einzelne zwei Grundformen des Eigenthums, die mit einander nichts zu thun haben, jede für sich bestehend, jede ihr Recht habend, jede mit ihrer wirthschaftlichen Thätigkeit und ihrem Ertrag. Nur daß aus dem Erwerb auch die Aktie sofort ein Privateigenthum wird. Diese wirthschaftliche Kraft der Aktie aus der Aktie als Gesellschaftsvermögen ein Privateigenthum zu erzeugen, erscheint wieder in dem Unterschiede der Aktie vom Coupon, des selbständigen Verkehrs in beiden, und in der Frage ob eine Aktie ohne Coupon die Mitgliedschaft gibt, was offenbar verneint werden muß. Fehlt im Handelsgesetzbuch. Quelle des Rechts: Wesen der Mitgliedschaft.

Während nun zwar auf diese Weise die Persönlichkeit der Gesellschaft nicht vom Einzelwillen abhängt, werden doch Wille und That derselben durch die Gesammtheit der gleichberechtigten Einzelwillen gebildet.

In diesem leitenden Grundsatz für das innere Recht aller Aktiengesellschaft tritt bei ihr nun zu Tage, was wir oben über das organische Wesen des Vereins überhaupt gesagt haben. Die Grundorgane alles persönlichen Lebens werden zu Rechtsbegriffen, und die Analogie zwischen dem verfassungsmäßigen Staatsorganismus und Gesellschaftsorganismus wird zur Quelle für das Recht der inneren Organe aller Aktiengesellschaft. Das Handelsgesetzbuch dürfen Sie dabei nicht viel ansehen; es hat nur in ganz einzelnen Punkten eine klare Vorstellung. Aber vielleicht darf ich hier mit wenig Worten den obigen Gesichtspunkt erläutern.

Darnach ist das persönliche Haupt der ganzen Gesellschaft — ihr Ich — der Präsident. Die gesetzgebende Gewalt ist die Gesammtheit der Mitglieder, die Generalversammlung. Die vollziehende Gewalt besteht wieder aus denselben zwei Organismen, wie im Staate, der Regierung und der Selbstverwaltung. Die erstere ist das, was wir die Direktion nennen; die zweite ist wenn auch in eigenthümlicher Form der Verwaltungsrath. Und es folgt daher, daß alle Analoga des Staatsrechts sich hier wiederholen, vor allem aber auch die großen Zweifel und Fragen des verfassungsmäßigen Regierungsrechtes für das Rechtsverhältniß jener Organe zu einander. Und hier ließe ich mich gerne näher ein; aber es muß genügen, die leitenden Gedanken zum Ausdruck zu bringen.

Der Präsident als das individuelle Haupt der Gesellschaft hat das Recht, daß alle Willensäußerungen der Gesellschaft gegen Dritte nur vermöge seiner Zustimmung als solche gelten, und mithin das Veto gegenüber der Direktion wie dem Verwaltungsrathe. Deßhalb soll er nicht mitstimmen. Dafür hat er die persönliche Verantwortung für seine Weigerung; namentlich hat er die Vertretung der Statuten — der Organismus der gesellschaftlichen Persönlichkeit — auch gegenüber der gesetzgebenden Gewalt, der Generalversammlung; er kann, aber nur im Namen der Statuten, nicht in dem der gesellschaftlichen Interessen — die Beschlüsse derselben gleichfalls suspendiren, muß aber dann, wenn die Gesetzgebung beharrt, seine Stelle niederlegen; darum sollte er auch niemals durch den Verwaltungsrath — das Patriziertthum innerhalb der Gesellschaft — sondern durch die Generalversammlung gewählt werden.

Die Direktion ist das Analogon der Regierung. Der Direktor oder die Direktoren haben aber zwei Aufgaben, und deßhalb zwei Arten der Verantwortlichkeit und zugleich der Haftung. Zuerst haben sie die Beschlüsse auszuführen; dann haben sie das Geschäft im Interesse der Unternehmung zu leiten. Sie haben daher die Verordnungsgewalt, und alle Arten und Rechte derselben. Ihre Vollzugsverordnungen sind die Ausführung der Beschlüsse; ihre Verwaltungsverordnungen dagegen sind die von ihnen gegebenen technischen Vorschriften und eignen Beschlüsse; ihre Nothverordnungen werden auch hier durch die Umstände gefordert. Ihre Untergebenen bilden das Analogon der Behörden, die wieder ihr Verfügungs- und unter Umständen Zwangsrecht haben (z. B. Eisenbahnpolizei). Das Ganze ist das Amtswesen des Gesellschaftsrechts. Ihre Verantwortlichkeit besteht in dem Verständniß der Interessen des Geschäfts, aber ihre gesellschaftliche Haftung beginnt bei dem Grundsatz, daß sie durch Uebernahme der Stellung sich selber für technisch fähig erklären, das Technische der Unternehmung zu leiten. Ein Verschulden auf dem ersten Gebiet unterwirft sie dem Disciplinarrecht der Gesellschaft bis zur Entlassung, auf dem zweiten dagegen den Grundsätzen des Schadensersatzes bis zur persönlichen Exekution. Eben deßhalb werden sie alle angestellt; das staatliche Dienstverhältniß ist die Quelle für ihre Rechtsverhältnisse.

Das dritte Organ ist nun der Verwaltungsrath. Sein eigentliches Wesen ist einfach: aber das geltende Recht hat es nicht verstanden, und daher die großen Zweifel gerade auf diesem Punkt. Er ist durchaus nichts anderes als das Organ der Selbstverwaltung der Gesellschaft, das ist, er ist der Organismus durch welchen die Gesammtheit, welche die Gesetze gibt, auch an der Vollziehung derselben durch die Direktion Theil nimmt. Es ist daher voraussetzlich falsch, ihn als die vollziehende Gewalt hinzustellen, und ihm die Aufgaben und Rechte derselben übertragen zu wollen, so daß die Direktion unter ihm stehe, und nur die Ausführung seiner Beschlüsse habe, das ist, nur das Behördenthum der Vollzugsgewalt bilde. Das ist an sich unorganisch, und faktisch absolut unausführbar, schon wegen der technischen Forderung der gesellschaftlichen Verwaltung. Wohl aber unterscheidet sich der Verwaltungsrath von der staatlichen Selbstverwaltung wesentlich dadurch, daß ihm nicht wie bei dieser einzelne Theile der Vollziehung unterstehen, sondern daß durch ihn die Gesammtheit an der ganzen Vollziehung Antheil hat. Durch ihn soll die ganze Vollziehung — das ganze Geschäft — soweit Selbstverwaltung sein, als die technischen Verhältnisse desselben es überhaupt möglich machen. Das Verhältniß zwischen ihm und der Direktion ist daher der Kern des Organismus der Verwaltung. Das Princip muß auch hier, will man anders überhaupt zu einer Formulirung kommen, wieder das der Verfassung sein, daß zwar die Direktion stets die Initiative für alle Akte der Geschäftsführung haben und sie auch zu Ende führen, daß aber der Verwaltungsrath alle auch technischen Verordnungen der Direktion von seiner Zustimmung abhängig machen muß, in so weit sie auf Geldverfügungen beruhen. Für diese hat der Verwaltungsrath auch so weit die Verantwortlichkeit, als sie für reintechnische Dinge gemacht werden; für alle andern Geldverfügungen hat er die Haftung, weil er hier nicht Zustimmungen zu ertheilen, sondern Beschlüsse zu fassen hat. Das ist das an sich einfache Verhältniß beider Organe. Der „Aufsichtsrath" ist nichts als eine Unklarheit; er ist daher praktisch null, und kann durch keine Polizeiberechtigung lebendig gemacht werden. Das Nähere muß ich eingehender Erörterung überlassen.

Das ist nun der Organismus der Persönlichkeit der Aktiengesellschaft. Er ist denke ich leicht verständlich. An denselben verstatte ich mir nun noch einige Bemerkungen zu knüpfen über die Gestalt, welche das Eigenthumsrecht in der Aktiengesellschaft empfängt, und die als Schlußpunkt der Lehre vom staatsbürgerlichen Eigenthum gelten mögen.

Die Grundbegriffe dieses Eigenthumsrechts sind die des Privat- und Handelsrechts, nur modificirt durch den Begriff und das Wesen der Einheit der Gesellschaft.

Im Sachenrecht wie im Besitz- und Gebrauchsrecht ist die Gesellschaft gegenüber Dritten eine privatrechtliche, beziehungsweise handelsrechtliche Persönlichkeit. Ein Sachenrecht eines Mitgliedes gegenüber der Gesellschaft aber gibt es nicht, daher auch keine actio communi dividundo, kein Einzelbesitz; ihm gegenüber ist der ganze Besitz der Gesellschaft untheilbar, weil ihn der einheitliche Zweck untheilbar macht. Wohl aber bildet sich bei der Gesellschaft das ihr ganz eigenthümliche Pfandrecht der Prioritäten mit ihrem so wesentlichen Unterschiede von Prioritätsobligationen und -Aktien aus, und mit der Frage nach dem Pfandrecht des Coupons beider gegenüber dem Coupon der Stammaktie — des Besitzes des Wertheigenthums der Gesellschaft. Fehlt gänzlich im Handelsgesetzbuch, das nur das handelsrechtliche Pfand kennt. Eben so specifisch hat sich ein Eigenthumserwerbs- und Verlustrecht in dem Verhältniß zwischen Gesellschaft und Aktionär ausgebildet. Erster Grundsatz ist, daß die Gesellschaft ihre eigenen Aktien nicht kaufen und eben so wenig in Pfand nehmen soll (Belehnung), weil der Werthinhalt der Aktie ja das untrennbare Vermögen der Gesellschaft ist. Der zweite bezieht sich auf dieses Eigenthumsrecht im Verkehre der einzelnen Aktien. Dahin gehört der Erwerb des Werthes bei Verfallsfristen der Einzahlungen und der verlornen Aktie für die Gesellschaft, aber Pflicht der neuen Ausstellung nach der Amortisation, wesentlich aber die Verzinsung des Coupons. Fehlt im Handelsgesetzbuch.

Auf diese Weise ist nun die Gesellschaft ein zugleich wirthschaftlicher Rechtskörper. Und jetzt beginnt seine wirthschaftliche Thätigkeit mit ihrem nicht weniger specifischen gesellschaftlichen Verkehrsrecht.

Sofort scheiden sich hier wieder die beiden großen Verhältnisse aller Gesellschaften. Gegenüber Dritten ist jede Gesellschaft ein Kaufmann, und jede ihrer Verkehrsakte ein Geschäft nach Handelsrecht. Das innere gesellschaftliche Verkehrsrecht ist dagegen das Recht des Mitgliedes gegenüber der gesellschaftlichen Persönlichkeit, der er mit seiner Aktie angehört.

Dieß nun ist das Recht desjenigen Processes, durch welchen sich, wie wir früher bemerkt, das Einzeleigenthum wieder aus dem Gesellschaftseigenthum bildet. Das Mittel wodurch dieses geschieht, ist der Coupon. Eine Aktie ohne Coupon ist deßhalb nicht denkbar, aber dieser Coupon als Träger des werdenden Einzeleigenthums hat sein eignes, von der Aktie selbst wesentlich verschiedenes Recht — ein Recht, welches das Handelsgesetzbuch nicht kennt, und das wir das Couponrecht nennen.

Dieses Couponrecht, das Wesen des Privateigenthums gegenüber dem Gesellschaftseigenthum, das ist also die Kraft der Einzelkapitalbildung gegenüber der Gesellschaftskapitalbildung vertretend, enthält drei Grundsätze, auf welche alle einzelnen Rechtsfragen desselben zurückgeführt werden müssen. Der erste Satz ist der, daß kein Coupon gezahlt werden kann wenn kein Gewinn da ist; der zweite ist, daß keine Rückforderung der bezahlten Dividende rechtlich denkbar ist; der dritte daß der Aktionär auf Zahlung des Coupons klagen kann. Ich muß es Ihnen überlassen, die übrigens naheliegende wissenschaftliche Begründung dieser Sätze, die so viel Zeit gebraucht haben um zu entstehen, und so wenig um für nothwendig erkannt zu werden nachdem sie einmal aufgestellt sind, zu entwickeln. Ebenso darf ich mich nicht ferner aufhalten bei den Fragen nach dem Analogon des Erbrechts im Aktienrecht, den Fragen der Liquidation, des Concurses, der Fusion und der Zurückzahlung der Aktien. Nur die zwei Gebiete will ich bezeichnen, die das Handelsgesetzbuch vergessen hat, die Liberirung der Aktien und das Heimfallsrecht der Gesellschaft. Ist die erstere ein Aufgeben eines Eigenthumsrechts an der nicht eingezahlten Summe? Was ist rechtens bei Nichteinzahlung? Und hat eine Gesellschaft mit Heimfallsrecht überhaupt Eigenthum, oder nur Nießbrauch, und da sie schließlich beides hat, wie weit geht ihr Verfügungsrecht? Gewiß, hier liegt noch eine ganze Jurisprudenz unentwickelt vor uns. Wohl aber sind uns die zwei Schlüsse klar: daß alle diese Eigenthümlichkeiten des Aktienverkehrs das Recht der Rechenschaftsberichte mit ihrer Verantwortlichkeit und Haftung für die Aussteller, sowie die Funktion der — im Handelsgesetzbuch nicht erwähnten — Revisoren fordern, und daß die Bestimmungen des bekannten Art. 240 in der That nicht mehr eigentliches Gesellschaftsrecht, sondern ein Theil des Verwaltungsrechts des Kreditwesens sind. Zu diesem Verwaltungsrechte führt uns nun überhaupt das, mit ihm wie schon gesagt innig verbundene Gesellschaftsrecht als das letzte Gebiet des bürgerlichen Rechts hinüber.

---

Das nun ist im Großen und Ganzen das Bild des bürgerlichen Rechts, wie dasselbe aus dem Lebensprincipe der staatsbürgerlichen Gesellschaft, der freien kapitalbildenden Persönlichkeit hervorgeht. Man kann und wird über vieles, vielleicht über alles Einzelne, was hier gesagt wurde, verschiedener Ansicht sein; aber das eine scheint mir doch als Gesammtresultat festzustehen: dieß Rechtsbild mit seinem Privat-, Handels- und Gesellschaftsrecht ist das Bild der freien kapitalbildenden Nationalökonomie, so weit dieselbe das Recht in sich aufnimmt; **jeder** Rechtsbegriff ist ein wirthschaftlicher Begriff, jedes Rechtsgesetz ein Gesetz durch und für wirthschaftliche Lebensverhältnisse; die Nationalökonomie ist wirklich zum ausschließlich rechtbildenden Faktor geworden, und das Studium dieses Theiles der Staatswissenschaft ist die lebendige Quelle und der wahre Inhalt des Studiums des bürgerlichen Rechts. Was bei den andern Gesellschaftsordnungen noch unklar erscheinen mag, hier ist es vollkommen klar, und klar ist daher auch die Zukunft zunächst dieses Theiles unserer Rechts- und Staatswissenschaft.

Nun bleibt das zweite große Gebiet übrig, die Gesellschaft die mit ihrer rechterzeugenden Kraft das öffentliche Recht auch hier bilden muß. So schwierig es gegenüber der gewöhnlichen Behandlung auch sein wird, ich muß doch versuchen, dieß Gebiet als dem Geiste der Rechtsbildung angehörend wenigstens zu bezeichnen, der auch hier die Zukunft gehören wird.

### 5. Das öffentliche Recht der staatsbürgerlichen Gesellschaft.

Wenn ich nun zum Schlusse dieses langen Abschnittes für das öffentliche Recht der staatsbürgerlichen Gesellschaft sehr viel kürzer bin als für das Privatrecht, so liegt das noch mehr in der Natur der Sache als in meinem Bedenken, diese Untersuchungen zu weit auszudehnen. Denn das Verständniß des öffentlichen Rechts sträubt sich weit weniger gegen den Gedanken, daß sein Inhalt aus den großen Kräften des Gesammtlebens hervorgehe, und jeder einzelne Satz desselben trägt gewissermaßen schon bei seinem Entstehen den Stempel seiner Quelle an seiner Stirn. Auch ist das meiste schon im Früheren enthalten. Es wird nur darauf ankommen, es in ein kurzes Bild zusammenzufassen. Auf das Einzelne einzugehen muß hier der einzelnen Arbeit überlassen werden.

Das höchste leitende Princip des öffentlichen Rechts, die erste Basis der freien Entwicklung welche der Geschlechter- und ständischen Ordnung fehlte, war die Stellung des Staats außerhalb der Gesellschaft. Die Forderung der staatsbürgerlichen Ordnung, daß das was die Einheit aller Interessen sein soll, nicht selbst der Herrschaft eines Interesses unterworfen sein darf, beginnt daher ihre lange und schwere Arbeit eigentlich schon mit dem Beginne der germanischen Geschichte. Sie kennen sie; ihr Mittel- und Anfangspunkt ist das Königthum, und sein oberstes Princip die Legitimität. Streiten wir hier nicht über Entstehung und formalen Inhalt derselben. Gewiß ist es daß dasselbe ein Rechtsbegriff war und ist. Ein Rechtsbegriff aber ist eine organische Consequenz. Die Kraft nun welche diesen Rechtsbegriff erzeugt, ist ihrerseits nicht wie im bürgerlichen Rechte eine wirthschaftliche oder gesellschaftliche. Sie liegt tiefer wie beide, und eben dieses tiefere Wesen der die Legitimität erzeugenden Kraft ist es, welche es dem Königthum durch ein ganzes Jahrtausend möglich gemacht, allen Wandel des übrigen Rechtes zu überdauern. Nur daß wir das Wesen auch dieser Kraft begreifen müssen. Es ist übrigens einfach, wenn man das Frühere sich gegenwärtig hält.

Denn in der That steht die Herrschaft der Gesellschaftsklassen und die Unfreiheit der Volkswirthschaft ja nicht mit dem Wesen von Gesellschaft und Volkswirthschaft, sondern mit dem höchsten Princip das wir überhaupt für das äußere Leben und seine Entwicklung anerkennen, im Widerspruch, mit dem der freien Persönlichkeit. Ist es nun gewiß daß, so lange diese sich selbst entwickelnde Persönlichkeit nichts hat als Gesellschaft und Volkswirthschaft, aus dieser die Herrschaft des großen Besitzes und aus dieser wieder die Herrschaft der besitzenden Klasse mit der absoluten Nothwendigkeit eines Naturgesetzes hervorgehen, und beweist die Geschichte was die Logik fordert, so muß das höchste Wesen der Persönlichkeit einen Organismus erzeugen, dessen „Natur" es ist, keine Sonderinteressen mehr zu haben, sondern die große Idee der Gleichberechtigung aller Interessen in der Gemeinschaft zu seiner Aufgabe zu machen. Das ist die Idee des Staats. Darum ist sie ewig und heilig; darum ist sie die Majestät der Persönlichkeit; darum beugt sich ihr jedes Interesse und jede Gewalt; darum heiligt sich jedes Sonderinteresse indem es sich mit ihr identificirt, und darum ist die erste und absolute Bedingung aller staatsbürgerlichen Gesellschaft eben dieser Staat außerhalb und über Wirthschaft und Gesellschaft. Daher denn auch der Kampf um den Thron, der keinesweges immer sich von der Macht der herrschenden Klasse frei hält; daher der Untergang der Dynastien in den gesellschaftlichen Kriegen, weil sie das nicht vermochten; daher aber auch jenes wunderbare Festhalten an dem Königthum selbst da wo man die Könige vernichtet, und daher die unwiderstehliche Gewalt, mit welcher die Geschichte und die Völker zum Königthum zurückkehren. Denn irgendwo muß ich die höchste Bedingung der Freiheit verkörpert finden, wenn ich sie außer mir suche; ist jene mir heilig und göttlich, so muß ihre letzte Grundlage es auch sein; und indem ich das formulire, entsteht mir jener Rechtsbegriff der Legitimität, gegenüber welcher die Wahl eine beständige Gefahr der Unterwerfung einer Klasse unter die andere, die Volkssouveränetät die Legitimirung des gesellschaftlichen Kampfes, und die Dictatur nur das Ende des Bürgerkrieges ist, der unvermeidlich aus dem gesellschaftlichen Gegensatze entspringt. Ich darf dafür auf andere Arbeiten hinweisen; der Gegenwart gegenüber muß ich mich bescheiden zu sagen, daß die Geschichte das, was sie durch alle Jahrhunderte bestätigt hat, auch wohl künftig bestätigen wird. Uns muß hier der Satz genügen, daß wenigstens für die staatsbürgerliche Gesellschaft das Königthum der Anfang und der feste Mittelpunkt des öffentlichen Rechts ist, das nicht mehr von der Gesellschaft abhängig sein will. Und jetzt eröffnet sich ein fast unabsehbares Gebiet.

Sie wissen, daß der Staat nicht bloß eine Persönlichkeit, sondern ein Organismus ist. Er ist, wie schon oft gesagt, ein Ich im Staatsoberhaupt, ein Wille in der Verfassung, eine Arbeit in der Verwaltung. Jedes dieser Momente des Staats hat nun seine Geschichte und sein Recht, und wollte ich beide verfolgen, welche Zeit und Anstrengung würde dazu ausreichen? — Wohl aber dürfen Sie erkennen, daß endlich nicht bloß die Staatsidee im Allgemeinen, sondern auch ihre Organismen doch schließlich ihr Recht nicht etwa durch ihren einseitigen

Willen empfangen, sondern naturgemäß durch dieselbe Kraft, welche diese drei Organismen des Staatslebens eben erzeugt haben. Das Recht dieser drei großen Momente des Staatsorganismus ist daher nichts anderes, als die zum öffentlichen Recht formulirte Funktion dieser Kraft für das höchste Princip der staatsbürgerlichen Gesellschaft, die freie Entwicklung der Persönlichkeit in Wirthschaft und Gesellschaft. Der Gedanke nun, der die im wirklichen Leben unendlich vielfache Funktion dieser Organe doch wieder als Einheit erscheinen läßt, nennen wir nun das Princip derselben; die Aufgabe der Wissenschaft des öffentlichen Rechts der staatsbürgerlichen Gesellschaft, nachdem einmal der Staat selbständig geworden, ist es demnach, vor allem dieses Princip für Königthum, Verfassung und Verwaltung zum Rechtsprincip zu formuliren und darin die Wissenschaft desselben neben der Lehre von seiner positiven Gestalt zu erkennen. Das ist nicht mehr schwer; schwer ist nur die Entwicklung und Verfolgung desselben im Einzelnen; wir aber glaube ich dürfen hier über das Princip nicht hinausgehen, wollen wir nicht entweder wiederholen, oder uns in ungemessene Erörterungen einlassen.

Das große Lebens- und damit Rechtsprincip des Königthums der staatsbürgerlichen Gesellschaft ist es demnach, die zur Persönlichkeit erhobene thätige Einheit aller Kräfte und Interessen des Staatslebens zu sein, und damit keinem Theile die Herrschaft über das Ganze zu gestatten. Die Wissenschaft des öffentlichen Rechts der Krone beginnt nun da, wo die absoluten Bedingungen dieser höchsten Aufgabe selbst wieder als Rechtssätze, als das Recht der Krone, erkannt werden. Die erste dieser Bedingungen ist die absolute Heiligkeit und Unverletzlichkeit derselben, nicht etwa bloß gegenüber den Einzelnen, sondern der Gesammtheit aller Gewalten im Staate; soll sie über allen stehen, darf sie von keinem Elemente des Lebens abhängig sein. Die zweite ist das Recht, daß der Wille der Gemeinschaft erst durch den persönlichen Willen der Krone zum Staatswillen wird, das ist, daß es ohne die Sanction der Krone kein Gesetz gibt. Die dritte ist, daß jede That der Gemeinschaft von der Krone aus, das ist in ihrem Namen geschehe, um als That des Staats zu gelten. Ohne diese Bedingungen und mithin Rechte kann das Staatsoberhaupt seine höchste Funktion nicht vollziehen; wer sie angreift, greift das Wesen des persönlichen Staats an. Aus ihnen entwickeln sich dann die einzelnen Forderungen, Ordnungen und Rechte welche die Krone hat; sie sind ihrem Wesen nach Consequenzen, ihrer Geltung nach das System des öffentlichen Rechts des Staatsoberhauptes.

Anders ist das Recht der Verfassung. Wohl ist der Staat die Einheit, aber er ist auch die freie Selbständigkeit des Einzelnen. Ihre

Erscheinung ist die Selbstbestimmung des individuellen Willens; in ihr müssen alle gleich sein. Während daher das Staatsoberhaupt die organische Einheit aller Staatsbürger zum thätigen und damit rechtlichen Ausdruck bringt, ist es die große Function der Verfassung, innerhalb dieser Einheit die Gleichheit aller Staatsbürger zum Principe des öffentlichen Rechtes zu erheben. Diese Gleichheit erscheint zuerst gegenüber den Unterschieden welche theils die Reste der früheren gesellschaftlichen Ordnungen in wirthschaftlicher und gesellschaftlicher Beziehung noch hinterlassen, theils gegenüber denen, welche sich durch die lebendigen Kräfte stets neu erzeugen, als eine negative; wir nennen sie als solche das Princip der Rechtsgleichheit, die nicht bloß bestehende Vorrechte vernichtet, sondern die das Vorrecht an sich zum staatsbürgerlichen Unrecht macht. Die Gesammtheit des geltenden öffentlichen Rechts, welches diese Negation jedes rechtlichen Unterschiedes zum positiven für die einzelnen Lebensverhältnisse durchgeführten Rechtsgrundsatze der Rechtsgleichheit erhoben, nennen wir die staatsbürgerlichen Gesetze, auch wohl die Grundgesetze eines Staates. Wesentlich anders ist das positive Recht der Gleichheit, das sich in der eigentlichen Verfassung formulirt. Das ist seinem Wesen nach die gleiche Berechtigung aller Einzelnen an dem Willen des Staats, der Gesetzgebung, Theil zu nehmen. Die Bedingung dieser Theilnahme ist die Vertretung, welche auf der Wahl beruht; den Ausdruck derselben bildet die Majorität. Aus diesen Faktoren bilden sich die verfassungsmäßigen Organe; ihr Wille ist der Inhalt des Willens des Staats, und daher ist das verfassungsmäßige Princip aller staatsbürgerlichen Gesetzgebung, daß der Inhalt eines jeden Gesetzes nur durch die Vertretung des Volkes gegeben werden kann, den dann das Staatsoberhaupt zum persönlichen Willen des Staats macht. Aber eben weil diese Majorität nicht eine bloß ziffermäßige, sondern die der Ungleichen ist, muß die Krone zuerst das Recht haben, dem Willen der Majorität die ja eine Majorität eines herrschenden Sonderinteresses sein kann, ihre Sanction zu verweigern; sie muß das Recht haben, die Vertretung einzuberufen; und es ist naturgemäß, daß sie im Namen der Gesammtinteressen auftretend, die Initiative besitze. Aus demselben Grunde aber fordert die Neugestaltung der Interessen die periodische Neuwahl, der Gegensatz derselben die Unverletzlichkeit der Vertreter, und anderseits der Gegensatz alles Sonderinteresses an sich zum selbständigen, in der Regierung thätigen Gesammtinteresses ein selbständiges Recht des Staatsdienstes. Dieses Recht entwickelt sich nun zum Rechtssystem der vollziehenden Gewalt, welche die Aufgabe hat, den an sich einfachen und gleichartigen Willen des Gesetzes in der Wirklichkeit des ewig wechselnden

Lebens durchzuführen. Soll sie das, so **muß** sie das Gesetz in seiner Verwirklichung den gegebenen Zuständen anpassen; sie muß daher einen zweiten Willen des Staats neben den des Gesetzes stellen, der das Gesetz enthält, aber ihm seine praktische Gestalt gibt. Diesen Willen der vollziehenden Gewalt nennen wir die **Verordnung**. So treten jetzt Gesetz und Verordnung, beide als Staatswille Geltung fordernd, neben einander, und damit eröffnet sich ein neues Rechtsgebiet, das Verhältniß beider zu einander rechtlich formulirend. Das Princip, welches dieß Rechtsgebiet beherrscht, liegt tief im Wesen von Gesetz und Verordnung selber; es ist das Verhältniß zwischen Wille und That, als Recht formulirt. Die Bedingung aller Entwicklung, also auch die des Staats in Gesetz und Verordnung ist aber die, daß beide zuletzt eine Einheit bilden. Diese Bedingung wird im Staate zum geltenden Recht, und heißt hier als die große Grundlage der Harmonie zwischen Gesetzgebung und Regierung die **Verantwortlichkeit** und die **Haftung**. Mit ihnen kehrt gleichsam die wirkliche That des Staats in ihrem Geiste einerseits und in ihren materiellen Erscheinungen andererseits zu dem Willen zurück, der sie erzeugt hat, und die Harmonie beider Faktoren ist als öffentliches Recht in jenen Rechtsbegriffen und ihre Verwirklichung durch das **Klage-** und **Beschwerderecht** objektiv festgestellt. Das sind die elementaren Lebens- und Rechtsbegriffe der Verfassung und ihres Rechts.

Nicht minder einfach ist das Wesen und das Recht der eigentlichen Verwaltung, während ihr Umfang ein fast unermeßlicher ist. Denn mit jenem bedeutet sie das Lebensprincip des Staats in seiner inneren Abgeschlossenheit, mit diesem das ganze Leben der Völker in ihrem ewigen Werden und Wechsel. Das Moment in den letzteren aber, dem in der Verwaltung der Staat gegenübertritt, liegt selbst im Wesen der Persönlichkeit. Es ist die **Verschiedenheit** derselben in ihrer Wirklichkeit, gegenüber ihrer Gleichheit im Princip. Der Staat aber, die persönliche Einheit aller, ist beides zugleich, und damit ihre Einheit. Er muß daher das Moment der Verschiedenheit seiner Angehörigen in sich aufnehmen, aber nicht einfach als eine unnahbare Thatsache, sondern als seine große Aufgabe, jenem Werden der Gleichheit neben dem lebendigen Proceß, der die nicht minder organische Ungleichheit immer wieder erzeugt, zugleich seine Kraft zu leihen; denn er besteht aus beiden **zugleich**, da er die Einheit aller ist. Der Organismus nun, durch welchen er die Ungleichheit in der Gleichheit durch die Kraft der ungleichen Individuen, und die Gleichheit in der Ungleichheit durch die Gemeinschaft aller Bedingungen der Entwicklung dieser individuellen Kraft fordert, nennen wir die **Verwaltung**, und die durch das Gesetz und die Verordnung gegebene Ordnung dieser verwaltenden Thätigkeit das Verwaltungsrecht. Beiden zum Grunde aber liegen neben den vom Staate gegebenen positiven Gesetzen die objektiven Lebensgesetze der menschlichen und natürlichen Verhältnisse, für welche die Verwaltung thätig ist, und die den Erfolg ihrer Thätigkeit bedingen. Es kann daher dieser Verwaltung die einfache Kenntniß des Inhalts jenes Verwaltungsrechts nicht genügen; will sie sein was sie sein soll, so muß sie das Verständniß aller derjenigen Kräfte und Gesetze in sich aufnehmen, welche das wirkliche Leben beherrschen; sie muß das Verwaltungsrecht aus dem Wesen des zu Verwaltenden bilden; sie muß die Wissenschaft des Staatslebens in all seinen tausend Faktoren, Formen und Elementen sein, um zur Wissenschaft des Verwaltungsrechts aus der bloßen Verwaltungsgesetzkunde zu werden. Diese Wissenschaft nennen wir die Verwaltungslehre. Ist es möglich, von einer Staatswissenschaft zu reden, die nachdem sie das ganze Gebiet der abstracten Kräfte formulirt hat welche den Staat erfüllen, nicht in Verwaltungslehre und Wissenschaft des Verwaltungsrechts zuletzt ihren Höhepunkt anerkennte? Ist es möglich, von einer „rechtswissenschaftlichen Facultät" zu reden, die nicht einmal den Namen, geschweige denn den Inhalt des Verwaltungsrechts kennt? Ist es möglich zu glauben, daß eine solche Facultät dem Leben, für das sie arbeiten soll, nahetritt, wenn sie, wie leider auf ich glaube allen deutschen Facultäten mit einer oder einiger Ausnahme, denjenigen Theil des Rechts überhaupt nicht vorträgt, in welchem schließlich die Hälfte unseres ganzen Rechtslebens culminirt? Was soll man von der „Höhe" der Rechtswissenschaft unserer Universitäten sagen, die vom Heerwesen und von der Verwaltung des Innern absolut gar nichts lehren, die auswärtige Verwaltung mit dem kärglichen Völkerrecht — keineswegs immer und keineswegs alle! — abthun, die Verwaltung der Staatswirthschaft als Finanzwissenschaft ausnahmsweise lesen, und von der Verwaltung des Rechts in Civil- und Strafproceß meinen, sie gehöre dem Privatrecht? — Fordern Sie nicht, daß ich weiter darauf eingehe. Es ist nicht möglich, daß dieß so bleiben könne! —

Wie gesagt, das Gebiet das ich hier berührt habe, ist so unendlich, daß ich mich mit dem Angeführten bescheiden muß. Aber ich muß zum Schlusse doch meinen Blick zurückwenden. Ist es mir gelungen, Ihnen nahe zu legen, daß auch das gesammte Rechtssystem der staatsbürgerlichen Gesellschaft Ein Ganzes ist, durch die beiden einfachen und doch so großen Principien der individuellen Selbstthätigkeit und der Erhebung der Gemeinschaft zur selbständigen Persönlichkeit erzeugt und durch die Kraft derselben alle seine einzelnen Organe und

Momente aus Lebensbegriffen zu Rechtsbegriffen gestaltend? Ward es mir gegeben klar zu machen, daß man die Wissenschaft des Rechts auch hier auf das Verständniß dieser Kräfte zurückführen muß, soll sie anders lebendig werden? — Habe ich vermocht Ihnen zu zeigen, daß wer nicht den Mittelpunkt des Ganzen kennt, die Theile nicht beherrschen wird? — Habe ich den festen Glauben bei Ihnen erwecken können, daß die deutschen Universitäten als berufene Heimath dieser Herrschaft die Zukunft der Wissenschaft sind, und daß das was wir die Staatswissenschaft im höheren Sinne des Wortes nennen, die Mutter der Rechtswissenschaft ist und als solche gelten und verstanden werden muß?

Ich weiß es nicht. Aber das weiß ich, daß ich Ihnen zumuthen muß noch einen Schritt zu thun, um das Bild vollständig zu machen, den Schritt von der reinen Wissenschaft zur Wirklichkeit, vom abstracten Princip zum Träger seines concreten Lebens, zu Europa und den Elementen seiner Rechtsgeschichte.

IV.

# Das Rechtsleben Europa's und die Wissenschaft.

Bis hieher sind Sie mir gefolgt auf dem Gebiete derjenigen Arbeit, die ihren Inhalt aus ihrem Princip entfaltet, und ihre Wahrheit in der Harmonie der Folgerungen mit ihren Grundgedanken sucht. Sehe ich ab von der Frage, ob es das Richtige war und von der zweiten ob ich das Richtige zum richtigen Ausdruck gebracht, so weiß ich doch, daß jede logische Deduction für verschieden Geartete stets einen verschiedenen Werth hat. Jetzt aber verlassen wir diesen Boden. Eine andere Arbeit beginnt. Das Rechtsleben in dessen abstracten Kern wir einzudringen versuchten, ist zugleich ein concret lebendiger Baum. Er wächst und blüht. Die Wirklichkeit des positiven Rechts umgibt uns. An die Wahrheit dessen was an sich richtig sein mag, legt das Leben der wirklichen Welt seinen Maßstab. Unser eigenes Land, unser eigenes Volk ist da; es ist nicht allein, es ist in der Mitte eines Welttheiles; das Leben dieses Welttheiles ist nicht bloß von heute und morgen, sondern es ist da seit Jahrtausenden; diese Jahrtausende sind nicht bloß ewig sich wiederholende Ringe einer Kette, sondern sie zeigen uns die gewaltige, nie ruhende Thatsache des ewigen Wechsels und in ihm des ewigen Werdens, und der Augenblick in dem wir selber leben ist wie er die Folge der Vergangenheit ist, zugleich der Uebergang zu neuer Gestaltung. Und diese Dinge die da entstanden sind und entstehen, das Werden dieser Welt auch in ihrem Rechte, wartet nicht auf unsere Wissenschaft von ihm. Es vollzieht sich durch sich selbst, ob wir es verstehen oder nicht; es empfängt nicht seine Gesetze von uns, sondern es verstattet uns nur, sie zu begreifen, und alle wahre Wissenschaft beginnt bei der bescheidenen Erkenntniß, daß nur wir und nie die Wirklichkeit Unrecht haben können.

Ist dem so, so ist mit dem Bisherigen nur die Hälfte gethan. Wir müssen den Maßstab des Wirklichen an das legen, was wir als das an sich Wahre betrachten.

An diese Forderung aber, welche die Wahrheit an uns stellt, schließt sich die welche wir an die Lehre des jetzt wirklich Wahren, und für uns speciell an die Lehre des wirklichen Rechts und ihre Heimath die Universität stellen, und die wir stellen nicht weil sie gar nicht, sondern weil sie nicht ganz erfüllt wird.

Dabei dürfen wir von einem einfachen Satze ausgehen. Aus der Rechts- und Staatswissenschaft an sich wird die positive Rechts- und Staatswissenschaft, wenn wir anstatt der Begriffe und Gesetze die große Thatsache des europäischen Lebens zum Grunde legen.

Sie werden nun nicht erwarten, daß ich hier ein Bild von Europa gebe. Es liegt vor Ihren Augen mit seinen Ländern und Meeren, mit seinen Flüssen und Gebirgen, mit seinen Seen und Buchten, mit seinen Städten und seinen Fluren. Es ist etwas Wunderbares in diesem Erdtheil. Bei weitem der kleinste von allen, und selbst nur wieder in einem Theile sein volles, ächt europäisches Wesen entfaltend, beherrscht er die Welt. Er ist das Leben derselben. Seine Arbeit, seine Güter, seine Staatenbildung, seine Waffen, sein Geist sind der Inhalt alles dessen, was in der ganzen Welt geschieht, vernichtet wird, neu entsteht. Europa ist der kleinste, aber der herrschende Theil der Erde. Ich frage hier zunächst nicht nach Gründen. Das Allgewaltige hat wenigstens für das menschliche Auge immer seinen Grund in sich selbst. Die Thatsache aber, daß dem so ist, werden Sie nicht läugnen. Sie genüge uns hier. Nur Einen Gedanken lassen Sie mich daran fügen. Er ist auch für unser Gebiet entscheidend.

Eine solche Herrschaft ist undenkbar ohne Eine große Voraussetzung. Sie ist unmöglich, wenn das Herrschende dem Beherrschten fremdartig ist. Ihre Bedingung ist, daß sie das Beherrschte in sich enthalte und aufnehme; um das Größere zu sein, muß sie nicht etwas absolut anderes sein als das Kleinere. Die wirthschaftliche, geistige und staatliche Herrschaft Europa's beruht deßhalb darauf, daß es von jeher vermocht hat, alles was alle anderen Welttheile haben und vermögen, mit sich und seinem Wesen zu verschmelzen. Es ist was es ist, weil es die Einheit des Lebens der ganzen Welt und all ihrer Mannigfaltigkeit in allen Dingen ist. Daß dem thatsächlich so ist, ist kein Zweifel — von dem Faden Baumwolle den ich in der Hand halte und dem Kaffee und Thee die ich genieße bis zur Colonisation Nordamerika's, der Herrschaft über Indien und den russischen Feldzügen am Amur. Wir leben als Welttheil, ja wir leben als Einzelne in uns und um uns das Leben der ganzen Welt in unserem Leben.

Wo immer aber das Verschiedene zur Einheit wird, da geschieht es durch den Proceß, den wir die Arbeit nennen. Europa ist was es ist und vermag was es vermag durch seine Arbeit. Es ist die Heimath jener Unendlichkeit in uns, die sich in der Arbeit verwirklicht. Das was Europa in der Welt ist und vermag, hat es erarbeitet.

Ist aber die Arbeit das Leben, so hat jedes Stück dieses Lebens wieder seine Arbeit. Und finden wir nun in diesem Leben die großen Gebiete der Wirthschaft, der Gesellschaft und des Staats, so wird das Leben Europa's eine Verarbeitung der großen Gestaltungen dieser Dinge der übrigen Welt sein. Es wird aus dem was jene liefern und haben, seine Wirthschaft, seine Gesellschaft, seine Staaten bilden. Und weil es das thut, wird es in seiner wirthschaftlichen, gesellschaftlichen und staatlichen Ordnung die der andern Welttheile wiederfinden. Aber da es die Einheit derselben ist, wird es sie zugleich bewältigen. Es wird sein Wesen dem der andern entgegensetzen, und wird durch sich aus diesem ein neues machen. Das wird *sein* Leben sein, und darin wird es das besitzen, was wir den Inhalt seiner Arbeit nennen. Eben darum wird diese Arbeit nicht ruhen. Sie wird wechseln und fortschreiten, und an ihrem Objekt ihre Gestalt gewinnen. Und diese Gestalt der Arbeit, das Werden der Menschheit durch diese Arbeit, nennen wir die europäische Geschichte. Die Geschichte Europa's ist daher die Geschichte der Welt. Erst was mit Europa in Verbindung kommt, hat eine Geschichte. Was das nicht vermag, ist todt und begraben unter dem Sande der Wüste des Ostens, den Prairien Amerika's, den Pyramiden Egyptens, den Chroniken der Chinesen, oder lebt seit Jahrtausenden sein ungeschichtliches Naturdasein wie die Völker Afrika's und Australiens. Die Berührung mit Europa ist der lebengebende Act für die Entwicklung der ganzen Welt.

Aber wenn es diese ganze Welt in sein Arbeit aufnimmt, *was* verarbeitet es dann für alle? Was ist das, was aus ihm selber hinzukommt, der Inhalt des Charakters, den es der Geschichte aufprägt?

Wir nennen das, was ich mit einer Arbeit will, den Zweck derselben; wenn aber dieser Zweck aus meinem Wesen hervorgeht, so nenne ich ihn als Grundlage meiner Arbeit, ein Princip, das Princip meines arbeitenden Lebens. Welches nun ist das Lebensprincip des arbeitenden Europa's?

Ich kann und muß es hier mit einem Satze bezeichnen. Untersuchen wir seinen philosophischen Inhalt nicht; nehmen wir es als eine — die größte — Thatsache des Weltlebens. Es ist das Princip, welches aus der ewig durch die Gesetze des menschlichen Lebens sich erzeugenden *Ungleichheit* der Persönlichkeit die *Gleichheit* derselben wieder erarbeitet. Die Geschichte Europa's ist die Geschichte dieses arbeitenden Princips; ihre Epochen sind die großen Stadien dieser Entwicklung; ihr

Inhalt aber ist das Leben der Völker in Wirthschaft, Gesellschaft und Staat, und ihre feste gültige Gestalt ist das Recht für jede Epoche, für jeden Theil. In ihm ist daher Europa Eins. In ihm ist das ewig Gleiche in dem ewig Wechselnden, dasselbe in dem Verschiedenen, das Fertige und zugleich das ewig Unfertige und nie ganz Ausgelebte in allem was wir waren und werden.

Wenn wir nun die Wissenschaft überhaupt das organische Bewußtsein der Welt nennen, so wird es auch keine einzelne Wissenschaft geben, die sich für vollendet erklärt, wenn sie nicht in diesem ihrem Bewußtsein das ganze Europa und in ihm das ganze Leben der Welt zu umfassen und zu verstehen vermag. Und dem entsprechend haben alle andern Wissenschaften in ihren Elementen die ganze Welt, das Leben der ganzen Erde nicht bloß umfaßt, sondern fordern von sich selbst, daß sie — im Namen des europäischen Geistes, in dessen Dienst sie arbeiten — auf jedem Punkte des Lebens der gesammten Welt sich bewußt, zur Weltanschauung werden. Und das liegt so tief in unsrer Natur, daß schon die ersten großen Arbeiten unsrer Wissenschaft den Stempel dieses unwiderstehlichen Dranges an ihrer Stirn tragen, und daß wir heute wie damals als Herodot seine erste Glorification der Athenienser schrieb, und Plato und Aristoteles die Philosophie zur Weltweisheit erhoben, in Statistik, Geographie, Nationalökonomie, Linguistik, Geschichte, Erdkunde, ja in Medicin und Theologie bei keinem Volke, bei keiner Zeit ruhen, bis sich die ganze Welt unserem bewundernden Blicke öffnet. Nur Eine Wissenschaft hat sich bis jetzt außerhalb dieses Lebens gestellt, einheitslos, beschränkt, im Einzelnen die Vollendung suchend, den Geist unsrer Völker zum Einzelnen erziehend. Das ist die Rechtswissenschaft.

Nun ist es, wenn jenes Drängen nach einer großen Auffassung des Weltlebens in allen übrigen Wissenschaften etwas fast wunderbares ist, vielleicht ein größeres Wunder, daß gerade die Rechtswissenschaft ihre Beschränktheit festhält. Es ist wahr, daß wir in höchster, fast principieller Begränzung unsrer Auffassung rechtlicher Dinge erzogen und gebildet werden — wir haben genug darüber gesagt — aber wie doch geschieht es, daß wenn wir Juristen nicht das ideale Moment begreifen durch dessen Mangel wir hinter den übrigen Wissenschaften zurückstehen, wir nicht einmal die praktische Nothwendigkeit sehen, unsere Rechtsbildung und Rechtswissenschaft auch nur über Europa auszudehnen in einer Zeit, wo das Leben und der Verkehr ganz Europa mit jedem Tage inniger verschmilzt? — Doch es sei; ich will es nicht weiter fragen. Ich will lieber antworten, wie ich weiß daß mir geantwortet werden wird. Für das Recht hat nur das einen Werth was gilt, oder was das Geltende erklärt. Was das nicht thut mag etwas anderes und sehr schätzbares sein, aber Rechtswissenschaft ist es nicht. Das geltende Recht des anderen Staates gilt bei mir nicht, und darf das bei mir geltende nicht erklären. Ich bedarf Ihres Europa's nicht, um mein bürgerliches Gesetzbuch, mein Landrecht, meinen Code civil zu lehren, und soll ich über Rechtsfragen anderer Länder entscheiden, so werde ich wieder mich an das Recht dieser Länder wenden, und darf das meinige nicht gebrauchen. Wir sind beschränkt, ja; aber es ist eben das Recht, welches uns auf dieß Recht beschränkt; unser Beruf hat keine Weltanschauung, weil er nicht mit der Welt, sondern mit dem gegebenen Rechte und seiner Anwendung im bestimmten, einzelnen Falle zu thun hat. —

Ja, wenn nur das letztere eben richtig wäre. Allein wozu fordern Sie denn Rechtsgeschichte und Rechtsphilosophie, Thatsachen und Begriffe die entweder nicht mehr, oder noch nicht das Recht enthalten? — Thun Sie es aber, so ist es allerdings nothwendig, daß Sie auch das Gesammtleben Europa's, aus welchem schließlich auch der einzelnste Rechtssatz hervorgeht, verstehen. Und wenn die Staatswissenschaft die Lehre von den Kräften ist, welche in Europa das Recht erzeugen, so ist in der That die europäische Rechtsgeschichte selbst das Bild des, von diesen Kräften in Europa wirklich erzeugten Rechtes, das ist diejenige Gestaltung und Ordnung des positiven Rechts, welche durch die ganz specifische Natur unseres Welttheiles und seiner Völker aus dem Zusammenwirken der wirthschaftlichen, gesellschaftlichen und staatlichen Kräfte hervorgegangen ist. Und in diesem großen Bilde hat ein jedes Volk und jeder Staat wieder seine Stelle. Wir aber werden wieder sagen müssen, daß diese Stelle die es einnimmt, durch jenes etwas gegeben wurde, welches wir den Charakter von Volk und Staat nennen. Dieser Charakter aber ist die individuelle Gestalt der Kraft die allen gleichartig und gemeinsam ist, die Individualität der eignen Rechtsbildung, gegeben durch die Individualität des gesammten wirthschaftlichen, gesellschaftlichen und staatlichen Lebens.

Die Individualität? — Was ist das? Was bedeutet sie denn für das Recht, das zwar Individuen, aber keine Individualität anerkennt? Ist sie eine Kraft? Ist sie eine Thatsache? Was will sie neben Gesetz und Recht in unserem Leben?

Es ist wahr, für sie reicht das Bisherige nicht aus. Die Frage ist, ob das Bisherige ohne sie ausreicht. Und diese Frage ist von entscheidender Bedeutung. Sehen wir ihr ins Auge.

Wenn ich in irgend einem Wissen die Harmonie zwischen dem Grundgedanken und allen seinen Entwicklungen erkannt und durchgeführt, und in ihr die Wahrheit gefunden habe, so ist diese Arbeit fertig. Die Wahrheit begeistert nicht so lange ich sie suche, sie befriedigt mich wenn gewonnen, sie ist das Sein der Erscheinung, aber sie kann eben durch ihr erzeugtes Wesen nicht weiter fortschreiten. Jede Wahrheit ist eine endliche. Die Gottheit aber ist unendlich. Darum ist sie nicht bloß die Wahrheit; sie ist mehr. Was kann mehr sein als Wahrheit?

Verzeihen Sie, daß ich mit so ernsten Fragen auf unserm Gebiete auftrete. Und doch werden Sie zugeben, daß wenn die früher dargelegten Gesetze der Rechts- und Staatsentwicklung wahr sind — und irgend welche absolut wahre Gesetze wird es doch hier geben — eigentlich nichts mehr neues zu erforschen ist. Denn, vorausgesetzt daß diese oder andere Gesetze die absolut wahren wären, so würde jeder einzelne Zustand sich fast von selbst in dieselben hineinfügen wie ein Blatt an einem Baum, wie jede Pflanze in die Kategorien der Flora, jedes Thier in die der Fauna; das System wäre die, nur noch in der Erklärung und Registrirung des Einzelnen offenbarte Wahrheit, jedes Einzelne selbst aber die „schlechte Wirklichkeit" an welchem der wissende Geist vorüberginge, mit kalter Vernachlässigung es zur Gleichgiltigkeit verurtheilend, in ihm nichts als eine verschwindende Erscheinung des in ewiger Ruhe nur sich selbst Vollziehenden sehend, und das tiefinnigste, lebendigste Gefühl unserer Brust nur als eine Unklarheit unseres Bewußtseins und halb mit leidiger Verachtung zur Seite schiebend. Kann denn das wahr sein? Es gibt etwas in uns, das mir sagt: hier liegt ein Punkt, auf welchem die gewaltigste aller systematischen Thaten der Geschichte des Gedankens, die Hegel'sche Philosophie, mit der Gränze ihres Inhalts die Gränze ihrer Macht über die Geister gefunden hat. Denn das Höchste in uns ist das, daß uns wie der Gottheit auch die Wahrheit des Wissens nicht genügt, und zum Zeichen dessen steht über dem Eingang zur Geschichte das unwiderlegbare Gesetz, daß alle Gewalt über die Menschheit um so mächtiger ist, je weniger wir sie theoretisch erklären können.

Und was ist der Kern dieses für das Wissen geradezu unverständlichen Processes, der neben und über der wissenschaftlichen Erkenntniß einhergeht? Und wenn ein solcher da ist, hat er auch seine Berechtigung in unserm Gebiete?

Sie werden nicht erwarten, daß ich hier auf die erste dieser Fragen eingehe. Aber ohne die Beantwortung der zweiten bleiben Staatswissenschaft und Rechtswissenschaft zwar große, aber endliche, der unendlichen Arbeit in uns nicht genügende Kategorien eines Lebens das durch sie nie ganz erfüllt wird.

Ich muß daher, wenn auch widerstrebend, den Punkt bezeichnen, auf dem die Welt des Unendlichen in die fast starre, immer unendliche Ordnung hineingreift, welche das Leben durchdringt. Das ist die Individualität.

Die Individualität ist ein logisch absoluter Widerspruch und doch eine alltägliche Thatsache. Sie ist die Kraft, durch welche das absolut Gleiche als absolute Verschiedenheit erscheint und wirkt. Sie ist da in jedem Baum, in jedem Thier, in jedem Menschen; sie ist in jedem alles was alle anderen sind, und doch nur das was nur er ist; sie ist diejenige Gestalt des Daseins, die ich nie durch meine Logik, sondern nur durch sie selber verstehe. Ich kann die Persönlichkeit begreifen und wissen, die Individualität nicht. Aber eben deßhalb beginnen in ihrer Hand alle Kräfte und Dinge ein neues Leben; in dem was meinem Wissen ewig fremd, und meinem Gefühle doch ewig gegenwärtig ist, hat der strenge Organismus der Kräfte ein neues Dasein gefunden, dessen Wesen es ist, daß es nur der Grund seiner selbst ist.

Ich gehe hier nicht weiter. Aber ist die Individualität eine so große Thatsache, so wird auch das Leben des Staats und seines Rechts dieselbe nicht nur zur Erscheinung bringen, sondern etwas was wir die concrete Gestaltung und Bewegung desselben nennen, nicht ohne sie verstanden werden können.

Soll ich aber das zum Schlusse hier durchführen, so muß ich die frühere Methode verlassen. Ich muß statt der Arbeit des Gedankens die Schöpfung eines Bildes versuchen, und Sie Ihrerseits müssen mit der Anschauung statt mit der Logik folgen, und im Gefühl statt im Beweise die Berechtigung für das Gesagte zu finden wissen.

Denn das, was wir im tiefen Unterschiede von der strengen Wissenschaft des Rechts die europäische Rechtsgeschichte nennen, ist nichts anderes als das Auftreten jener Individualität in der Sphäre der Kräfte und Erscheinungen von denen wir bisher geredet, einer Individualität, die bei derjenigen ganzer Welttheile beginnt, in der der Völker-, Staaten- und Geschichtsepochen sich entwickelt, und in dem Einzelnen sich vollendet, diesem Thautropfen, in dem sich in wunderbarem Glanze die ewige Ordnung und das unendliche Werden zugleich wiederspiegeln.

Diese Arbeit der Anschauung muß daher zuerst Asien von Europa, dann die alte Welt von der neuen, und dann in der neuen Welt die einzelnen Völker und Staatengebilde trennen, und den Versuch machen, nicht mehr die Gesetze die alle gleichmäßig beherrschen wie die astronomischen die Erde für die sie gelten, sondern die individuelle Gestalt zu charakterisiren, die sie in ihnen durch jene Kraft empfangen. Und dann erst werden wir fühlen, was eigentlich wir selber sind.

Da, wo der Bosporus die Gestade Europa's von Asien trennt,

scheiden sich zwei Welttheile, zwei Grundformen des Lebens, zwei Welten. Ich will den Unterschied beider da suchen, wo jeder ihn am leichtesten in sich selber findet.

Europa ist ein tausendfach gestaltetes, nie ruhendes, seit Jahrtausenden wechselndes Leben; aber es ist für unser Gefühl, für unsere wirthschaftliche und geistige Arbeit, für unsere Bildung und unser Bewußtsein Ein Ganzes. Aber so weit die Geschichte in Vergangenheit und Gegenwart reicht, das was Asien war und ist ist niemals und nirgends in ihm heimisch geworden.

Während die Römer die griechische Welt, die Germanen die römische und griechische in sich aufnehmen und den höchsten Stolz darin finden, daß das was sie sind und haben nicht bloß ihnen sondern jenen Ahnen ihres Lebens gehört, während sie die höchste Erfüllung ihrer selbst darein setzen, jene Welt in sich wieder zu erzeugen die doch nicht mehr sie selber ist, ist diese tiefe Tradition des inneren und äußeren Zusammengehörens gleichsam abgeschnitten an den Ufern welche die westlichen Gestade des Mittelmeeres bilden. Es ist möglich daß unsere Aeltesten von noch weiterer Ferne gekommen sind; es ist kein Zweifel, daß auch jene Gebiete der Geschichte der Welt gehören; es ist gewiß, daß die Vollendung des Wissens ohne sie nicht möglich ist; aber das Gefühl des Gemeinsamen fehlt uns. Jene Völker, jene Herrscher, jene Leiden und Thaten an den Ufern des Ganges und des Nils sind nicht wir; dieß Leben haben wir nicht gelebt, können wir nicht leben; es steht für sich mit allem was es hat und ist; da gibt es kein gemeinsames Lieben und Hassen, keinen gemeinsamen Stolz auf das Errungene, keine innere Verschmelzung der Arbeit; es liegt eine gewaltige, unübersteigliche Kluft zwischen dem Occident und dem Orient.

Warum?

Weil dieser Orient nicht die Berechtigung der wirthschaftlich und geistig arbeitenden Persönlichkeit kennt und anerkennt, weil sein Staat nicht das Bewußtsein hat, daß die Quelle seiner eignen Kraft die des Einzelnen ist; weil sein Glaube das Denken zur Sünde macht; weil daher seine gesellschaftliche Ordnung als die absolute, für die Einzelkraft ewig unantastbare Offenbarung des Willens der Gottheit, sein gesellschaftliches Recht ein in seinen Kasten erstarrtes Gottesbewußtsein, und der Einzelne daher nur dem Einzelnen, nicht der höheren Gewalt gegenüber selbständig ist. Ihm fehlt der Grundstein alles Werdens, das starke Bewußtsein der Individualität, und mit ihm die Urkraft der auf sich selber stehenden Arbeit der einzelnen Persönlichkeit. Wo das Ganze zu Ende ist, hört auch der Einzelne auf; da quillt kein neues, unendliches Werden aus dem tiefsten Born des Lebens, der unbezwingbaren Macht des Selbstbewußtseins; das Werden schließt ab, und der Tod liegt auf den Völkern. Und darum hat diese Welt auch zwar ein Recht, aber keine Rechtswissenschaft und keine Rechtsgeschichte; denn wo die rechterzeugende Kraft erstarrt ist, muß auch das Recht zur starren, in seinem Wortlaut gültigen Form des Lebens werden. Der Charakter der Rechtsbildung des Orients ist daher die Casuistik, und ihr gegenüber der Mangel nicht bloß jedes Systems, sondern auch jedes selbständigen Rechtsbegriffes. Das großartigste Bild dieses specifisch orientalischen Rechtslebens, die Erscheinung mit welcher seit Jahrtausenden der Orient in den Occident hineingreift ohne daß sich beide jemals berührt und befruchtet hätten, ist der Talmud. Nach dem Wenigen, was ich von dem Talmud sagen kann, gibt es wohl kaum etwas auf der Erde, das ihm an scharfer Dialektik und feinster Casuistik an die Seite zu stellen wäre; es ist in Entstehung und Inhalt eines der größten Denkmäler menschlichen Scharfsinnes in der Erklärung einzelner Worte und Aussprüche; an ihm haben sich Jahrtausende hindurch die ausgezeichnetsten jüdischen Denker geübt, und selbst die Autoren des Corpus juris stehen nicht über ihm in Entwicklung des Einzelnen. Aber zu Rechtsbegriffen und zu einem Rechtssystem kommt diese jüdische Welt nicht; ihr Maimonides ist selbst wieder nur eine Aufzeichnung der Tradition, der Reflex der römischen Rechtswissenschaft auf die Doctrinen der jüdischen Rechtslehre, und da wo mit Fränkel und Auerbach eine Ordnung in diesen Stoff hineintritt, ist es der germanische Geist, der ihn zu durchdringen beginnt. Daher hat der Talmud, der Corpus juris des Orients, nicht bloß bei den Assyrern sondern auch bei den Türken einen höchst machtvollen Einfluß gehabt, und die Geschichtsforschung wird uns, wenn sie einmal dieses Weges zu wandeln beginnt, wohl noch viel davon zu erzählen wissen, wie nicht bloß die Euphratstaaten, sondern auch die beiden großen Schulen des Koran, die türkische und die spanische der Mauren an der Methode des Talmud groß geworden sind. Aber auf Europa hat dieser Talmud nie einen Einfluß gehabt; er ist das Rechtsprincip und das Recht einer uns unverständlichen Welt; er steht seit mehr als einem Jahrtausend geschichtlos da in der Mitte eines Lebens, das sich selber auf keinem Punkte genügt, abgeschlossen, hart, unzugänglich für die Arbeit des Gedankens, den Orient im Occident vertretend mit dem entscheidenden Grundsatz daß seine Rechtsbegriffe Glaubenssätze sind, und seine Wahrheiten nicht mehr begründet, sondern nur noch interpretirt werden dürfen. Den Talmud kann man deßhalb nie durch ihn allein, sondern nur durch seinen tiefen Unterschied von der germanischen Welt in seiner Individualität verstehen, und die germanische Wissenschaft, wenn sie sich seiner bemächtigt, wird von ihm reden wie von Jerusalem, Ninive und Babylon, gewaltigen, aber einer bewältigten Schöpfungsepoche angehörigen Gestaltungen.

Wie ganz anders ist das Leben, das uns diesseits des Bosporus entgegentritt!

Die erste große Thatsache, welche dieses Leben in zwei mächtige, innerlich und äußerlich selbständige Gebiete theilt, ist die Scheidung der alten und der neuen Welt. Es ist eben so leicht, ihre Gemeinsamkeit als ihren Unterschied zu charakterisiren, und den charakterisirten in jedem Punkte, namentlich aber in der Rechtsbildung wiederzufinden.

Als der Strom der großen sogenannten indogermanischen Völkerschaften über den Norden des schwarzen Meeres daherzieht — woher? wer mag es sagen? — theilt er sich in drei große Arme. Jeder dieser Zweige hat seinen Weg, seine Geschichte, seine große Funktion im Leben der Welt, und diese Funktion krystallisirt sich wieder in ihrem Recht, das alle Lebensbeziehungen ordnend zusammenfaßt. Während wir in der Dichtkunst sehen was sie gefühlt, in der Wissenschaft was sie gedacht, in ihren Kriegen was sie gewollt und gethan, sehen wir in ihrem Rechte, wie sie gearbeitet und gelebt haben. Der Reichthum der Erscheinungen ist auch hier ein unendlicher, wenn wir bei dem einzelnen stehen bleiben. So wie wir aber auf die große gemeinsame Quelle alles Rechtslebens zurückgehen, tritt uns eine fast wunderbare Einfachheit und damit eine Größe dieses Theiles der Weltgeschichte entgegen, der kaum eine andere Anschauung zur Seite gesetzt werden kann. Ihr Schlußpunkt aber ist das, womit wir immer alle Wahrheit messen sollten, die Möglichkeit uns und unsere Eigenart selber zu verstehen.

Die Linien dieses großen Bildes sind die allgemeinsten Umrisse der europäischen Rechtsgeschichte. Die Erfüllung desselben mit ihrem positiven Inhalte ist die Aufgabe derselben. Und hier ist der Punkt, auf welchem die abstracten Ergebnisse unserer bisherigen Darstellungen gleichsam in der Hand der Geschichte zum lebendigen, wirklichen Leben werden.

Der gemeinsame Charakter der ganzen indogermanischen Welt — wir fragen nicht ob es vorher Kelten oder Pfahlbauer oder andere Völker gegeben haben mag, denn eine Geschichte haben sie nicht gehabt — ist die ursprünglich für alle Theile gleichmäßige Gültigkeit der strengsten Geschlechterordnung. Freilich finden wir ihre deutlichsten Spuren nur noch in der Cäsarischen Tradition über die alten Germanen, da wo die Geschlechter noch den Einzelbesitz der Hufe und des Hofes nicht erzeugt haben; wo uns dagegen die ältesten Griechen und Römer historisch entgegentreten, stehen sie bereits auf dem Standpunkt des festen Geschlechterbesitzes mit Hufen, Hof, und Almend, und was wir wissen, ist mehr tiefsinnige Combination aus den späteren Quellen die ihren Stoff selbst nicht mehr verstanden, als documentirte Thatsache. Gemeinsam ferner, wenn auch oft unklar in der Entwicklung und unfertig in Wort und Rechtsbildung ist allen drei Stammesbildungen, daß sie in sich die Elemente sowohl der ständischen Gesellschaftsordnung in der Anerkennung des Berufes, als der staatsbürgerlichen in dem Princip der individuellen Freiheit tragen, und endlich ist ihnen gemeinsam nicht etwa bloß der Unterschied der Klassen, sondern vor allem die auf der Kraft der einzelnen Persönlichkeit ruhende Klassenbewegung, der Kampf der Unfreiheit der unterworfenen Klasse mit der Herrschaft der oberen, und damit die Rechtsbildungen die sich daran schließen. Obwohl die historischen Documente nicht so weit reichen, so kann doch kaum ein begründeter Zweifel daran sein daß Griechen, Römer und Germanen gleichmäßig in ihrem Priesterthum bereits die erste Gestalt der ständischen, und in dem landwirthschaftlichen Gewerbe, namentlich dem Schmid, den Keim der gewerblichen Ordnung besitzen. Die ursprüngliche Gestalt des ganzen Rechtslebens, oder positiver gesprochen die ersten Rechtsbegriffe von Person, Eigenthum, Verkehr und Vertrag, Ehe, Familie und Erbrecht sind daher auch allen drei Völkerschaften gleich, und bei den meisten läßt sich das sogar ganz bestimmt nachweisen. Nur darf man nicht an den Einzelheiten des geltenden Rechts kleben, oder gar über der Verschiedenheit der Namen die Gleichartigkeit der Sache verkennen wollen. Gemeinsam ist ihnen allen daher auch der Proceß, durch welchen aus dem reinen Geschlechterrecht sich das ständische Recht und das staatsbürgerliche Recht entwickelt; gemeinsam ist ihnen das Gefühl, daß erst das staatsbürgerliche Privatrecht das Privatrecht der individuellen Freiheit ist, und gemeinsam ist ihnen allen das Streben, dieß Recht an die Stelle des Geschlechter- und ständischen Privatrechts zu setzen, und in ihm die große gemeinsame Idee der Gleichheit aller Persönlichkeit auch im bürgerlichen Recht zum Ausdruck und zur positiven Geltung zu bringen. In diesem Ringen der staatsbürgerlichen Gesellschaftsordnung mit der Geschlechter- und der ständischen Ordnung sind sie alle ihrem Wesen nach gleich; der Kampf der staatsbürgerlichen Principien und damit des *staatsbürgerlichen Rechtssystems um seine ausschließliche Geltung ist daher der große gemeinsame Charakter der europäischen Rechtsgeschichte*, zunächst im öffentlichen, dann im bürgerlichen Recht. Aber die Elemente welche diesen Kampf erzeugen und bedingen, der Umfang und die specifische Lebenskraft derselben, und damit die Form und Gestaltung des Rechts die aus demselben hervorgehen, sind tief verschieden.

Das, was wir hier nur als die große entscheidende historische Thatsache constatiren können, ist der Unterschied jenes unmeßbaren specifischen Geistes der einzelnen Stammesgemeinschaft, der Unterschied der äußeren Geschichte und der der gegebenen Natur des Landes, die Individualität dieser Völker und Staatenbildungen. Sie ist so groß und gewaltig, daß sich niemand ihr schon in der allgemeinsten Betrachtung verschließt; niemand wird zweifeln, daß Griechen, Römer und Germanen tief verschieden in ihrer Gleichheit sind; aber erst da, wo diese Unterschiede in den Kräften erscheinen welche das Recht bilden, werden sie faßbar, und hier ist es, wo die europäische Rechtsgeschichte sich zum Lebensbilde der individuellen Entwicklung dieser Völker erhebt.

Die große Grundlage dieses Bildes wird nun ewig der Unterschied bleiben, den wir als den der alten und der neuen Welt bezeichnen. Wir überlassen es anderen Wissenschaften, ihn auf ihrem Gebiete weiter zu verfolgen; für uns gestaltet er seinen Inhalt an den Faktoren welche das Recht erzeugen, und formulirt sich in den Rechtsbegriffen, die dort gegolten; nicht in den Unterschieden von Wirthschaft, Gesellschaft und Staat an sich, sondern in dem Verhältniß dieser Elemente zu einander tritt der Unterschied der Individualität beider Theile der europäischen Geschichte uns schlagend entgegen.

Denn diese alte Welt, Griechenland wie Rom, hat es nie vermocht, die Staatsidee selbständig zu denken und sie ihrer gesellschaftlichen Ordnung gegenüber selbständig hinzustellen. Der gemeinsame Charakter beider ist daher der der rein gesellschaftlichen Rechtsbildung. Das gemeinsame in der gesellschaftlichen Ordnung beider aber ist wieder der durchgreifende Mangel in der Entwicklung des Berufswesens und seines Rechts; beide haben zwar nirgends die großen Fehler, aber auch nirgends die großen Wirkungen der ständischen Gesellschaft und ihres Rechts in sich aufgenommen. Ihr ganzes gesellschaftliches Leben ist auf allen Punkten die Beschränkung auf den Kampf und den Gegensatz der beiden anderen socialen Ordnungen, der Geschlechter und des Staatsbürgerthums. Aber das Staatsbürgerthum derselben kommt nie zur allgemeinen Geltung, weil es noch nicht vermag den Staat selbständig zu bilden und hinzustellen. In beiden haben die herrschenden Geschlechter im Anfange der Geschichte die Könige umgebracht, aber mit denselben auch das Königthum, und das Staatsbürgerthum wo es zur Geltung gelangt vermag daher auch seinerseits nicht mehr den Staat zu schaffen und selbständig über die Gesellschaft hinzustellen. Die ganze Geschichte der alten Welt ist daher die staatslose Geschichte der gesellschaftlichen Kräfte und ihrer Kämpfe. Und hier nun entfaltet sich das Element der gesellschaftlichen und damit der

Rechtsgeschichte Europa's, um dessentwillen wir eben jene alte Welt als eine selbständige, individuelle Gestaltung des Lebens der Menschheit von dem übrigen, dem jüngeren germanischen Europa stets geschieden haben und stets scheiden werden, am meisten gerade im Rechtsleben unseres Welttheiles.

Denn Griechenland wie Rom beginnen, wie schon gesagt, mit der strengen und zugleich starken Geschlechterordnung; aber in beiden ist neben derselben das große Princip der staatsbürgerlichen Ordnung, der Gedanke der persönlichen Freiheit und Gleichheit als ihre historische Mitgift lebendig und kräftig. Beide bilden daher auch beides neben und in einander zugleich aus, und für beide kommt daher unabweisbar der Zeitpunkt, in welchem der Kampf beider großen Gesellschaftsordnungen unvermeidlich wird. Da aber beide des Berufes und seiner rechtlichen Organisation und Funktion entbehren, so wird dieser Kampf durch keine höhere Idee und durch kein drittes Organ vermittelt, und keine Staatsgewalt stellt sich den kämpfenden Mächten als höhere Gewalt entgegen. Der Kampf ist daher ein vernichtender, und die Rettung dieser Civilisationen ist geradezu unmöglich. Nur nimmt derselbe in Griechenland wie in Rom wesentlich durch den Faktor der Gestalt des Landes eine andere Gestalt an; und schon hier treten die Epochen der historischen Entwicklung uns als individuelle Gestaltungen entgegen. In Griechenland ist Athen die erste Heimath der freien, die Grundherrschaft der Geschlechter bewältigenden staatsbürgerlichen Gesellschaft, während im schärfsten Gegensatze dazu Sparta uns die Geschlechterordnung mit ihrer ganzen Stärke und Härte zeigt. In Athen scheiden sich daher alsbald die Klassen der staatsbürgerlichen Ordnung, und aus der durch die persische Gefahr noch einträchtigen Republik wird durch das allgemeine Stimmrecht die Herrschaft der Nichtbesitzenden über die Besitzenden, die durch keine Staatsidee gemildert wird. Sparta ist dagegen der große Versuch, den Gegensatz der Klassen der Geschlechterordnung durch die Aufhebung alles eignen Besitzes zu hindern;. er mißlingt, und die Geschlechteraristokratie wird zur unfreien, alles erstarrenden Herrschaft.

Neben Athen treten die Seestädte auf, lauter Gemeinden mit freiem Stadtbürgerthum; neben Sparta vor allen Böotien mit seinen alten Grundherren und Penesten; zwischen beiden schwankend die Bauernländer, Argos, Epirus, Achaja. Diese alle kommen erst zum Bewußtsein ihrer selbst durch den Gegensatz zwischen Athen und Sparta; in ihm stehen sich Geschlechter und Staatsbürgerthum gegenüber, feindlich, unversöhnlich, ihre ungelösten Fragen auf das gesammte Griechenland übertragend, von Anfang an sich des unvermeidlichen Kampfes auf Leben und Tod bewußt und ihn vorbereitend. Er bricht aus. Der peloponnesische Krieg, dieser erste welthistorische Akt in dem Drama der gesellschaftlichen Geschichte Europa's vernichtet jede dieser Ordnungen durch die andere, und Griechenland geht an dem ungelösten Widerspruche seiner Gesellschaft zu Grunde. Es wird keine einheitliche Gesellschaft und darum kein einheitlicher Staat, und darum ist es unfähig geblieben, ein griechisches Recht über oder neben dem athenienfischen, spartanischen, thebanischen zu erzeugen.

Ganz anders ist es in Rom. Hier sind die Elemente der Klassen sowohl der Geschlechter- als der staatsbürgerlichen Gesellschaft auf einem Punkt, in der heiligen Stadt zusammengedrängt, und durch die ewige Gefahr der italischen Kriege mitten in ihrem grimmigen, fast tödtlichen Gegensatz und Hasse gezwungen, sich zu verständigen. Was hier die geistige Arbeit des Berufes nicht vermag, das thut der Krieg; da er keine Gesellschaftsordnung schaffen kann, so erzwingt er aus den Gegensätzen derselben das römische Heerwesen, und die militärische Ordnung muß die Verfassung, der militärische Gehorsam den Staat ersetzen. Aber auch er vermag es nicht ganz, so geschickt und so rücksichtslos auch die herrschende Geschlechterklasse den Krieg benützt, um die gesellschaftliche Herrschaft unter militärischem Befehl zu verhüllen. Aus dem Unterschiede des Besitzes, jenen possessiones der ältesten Zeit gehen zuerst die wirthschaftlichen, dann die großen Rechtsklassen der Patricii und Plebeji hervor, und mit fast cynischer Rohheit beugt das strictum jus Quiritium dem Interesse der Herrschenden dienend, das Wesen des Rechts unter die formalen Rechtssätze. In der höchsten Bedrängniß der Elemente des Fortschrittes zur freieren Gestaltung bricht dann der gesellschaftliche Kampf los; zuerst, bis Geld und Werth durch die punischen Kriege kommen, noch innerhalb der Gränzen einer fast militärischen Disciplin in den secessiones, dann offen als Kampf der Nichtbesitzer gegen die Besitzer, und die Zeiten Sulla's und Marius' werden zur zweiten Gestalt des socialen Kampfes in Europa nach dem peloponnesischen Kriege. Nur daß Rom nicht untergeht, weil die Macht des Heerwesens noch immer den Staat ersetzt; aus dem Feldherrn wird der Dictator, und die Verfassung wird zur gleichen Rechtlosigkeit aller gegenüber dem imperium. Aber eben dadurch werden die gesellschaftbildenden Faktoren sich selbst überlassen, und jetzt beginnt der Theil der römischen Geschichte, der in das germanische Europa hinüberragt. Ich kann sie kurz bezeichnen; wollte ich sie entwickeln, brauchte ich eine unübersehbare Arbeit. Die überlasse ich der Zukunft der Wissenschaft. Das Princip jener Zeit aber ist einfach. Ein öffentliches Recht gibt es nicht, denn auch die römische Gesellschaft hat sich unfähig gezeigt, die Idee des Staats zu erzeugen, und die militärische Ordnung ist statt jener die Herrin. Für das bürgerliche Leben aber steht die Thatsache der Ungleichheit in persönlichem Recht und Besitzunterschied neben dem Princip der Gleichheit in allem bürgerlichen Recht, und dieses bürgerliche Recht ist es, was wir recipirt haben. Das ist das Wesen der römischen Rechtsbildung.

Und warum gelangen nun weder Rom noch Griechenland weiter, obwohl sie das staatsbürgerliche Princip vor allem für ihr Privatrecht anerkennen?

Die Antwort ist einfach. Dieß staatsbürgerliche Princip des Rechts ist in beiden nur ein negatives. Sie verstehen beide nicht das eigentlich positive, die neue Welt schaffende Element, das Princip der werdenden Gleichheit aller thatsächlich ungleichen Persönlichkeit durch die kapitalbildende Arbeit als die Erzeugerin der gesellschaftlichen aus der wirthschaftlichen Freiheit. Alle Lebensformen, die dieser angehören, sind der alten Welt fremd; sie erzeugt sie nicht in ihrer Wirthschaft, und versteht sie daher auch nicht in ihrem Recht. Sie besitzt allerdings — und es bleibt der Rechtsgeschichte der Zukunft überlassen, dieß aus den Quellen nachzuweisen — in den Resten ihres Geschlechterrechts das Analogon des deutschen Privatrechts, und in ihrer Rechtswissenschaft das Analogon unseres gemeinen Privatrechts, aber über diesen einfachen Gegensatz kommen beide nicht hinaus. Weil ihnen Begriff und Verständniß der staatsbürgerlichen Arbeit fehlt, fehlt ihnen in ihrem Rechte das ganze Gebiet des Handels- und Gesellschaftsrechts. Mit der rechtsbildenden Kraft dieser Lebensordnungen fehlt ihnen das, was jene Rechtsbegriffe allein zu erzeugen vermag; hier beginnt die Aufgabe der neuen, eigentlich germanischen Welt.

Und hier eröffnet sich damit ein Bild, dessen Größe und ich muß es sagen dessen künstlerischer Reichthum und Schönheit kaum mit einem anderen in der Dichtung die wir die Weltgeschichte nennen, zu vergleichen ist. Ich vermag es nicht zu zeichnen; kaum daß ich die Punkte angeben kann, von denen aus eine mächtigere Hand dereinst die Linien ziehen wird, deren Kraft und Fülle uns mit tiefer Bewunderung erfüllen.

Europa ist der einzige Welttheil der Länder hat. Die natürlichen Gränzen pressen das Leben seiner Völker ringsum in feste Gestalten. Innerhalb derselben beginnt jene wunderbare Kraft zu arbeiten welche die Individualität erzeugt. Und dennoch ist es geographisch, historisch, ja im Wesentlichen auch in nationaler Beziehung Eines. Sein Leben ist der Kampf seiner Unterschiede mit seiner eignen inneren Gleichartigkeit. Aber das ist und bleibt ich möchte sagen wunderbar in unserem Erdtheil, daß die Völker und Staaten, je gleichartiger sie in allen Hauptsachen werden und je mehr sie gegenseitig von einander aufnehmen, um so schärfer und tiefer sich scheiden, um so tödtlicher sich bekämpfen. Dieß Zusammengehören und dabei dieser Gegensatz in der Gemeinschaft aller Elemente des Lebens ist der wahre Charakter der neuen Entwicklung unseres Welttheils. Sie kennen die Geschichte des Europa's der neueren Zeit. Ich brauche nichts hinzuzufügen. Aber jene ist nicht bloß die Geschichte der Staaten; Sie wissen, daß sie zugleich die Rechtsgeschichte ist. Auch die ganze Jurisprudenz ist durchdrungen von dem Gefühle, daß mit der Verschiedenheit der Rechtsbildungen zugleich die Gemeinsamkeit lebendig ist, und daß wir doch mit dieser Gemeinsamkeit allein das europäische Rechtsleben nicht verstehen. Wir wissen, daß wir die europäischen Rechte alle kennen, aber wir wissen auch, daß wir damit das zweite große Element ihres Lebens, ihre tiefere Verschiedenheit, nicht begreifen. Wir reden wohl von einer europäischen Rechtsgeschichte, und daneben von einer vergleichenden Rechtswissenschaft, von denen die erste das Gleichartige in Europa, die zweite die Unterschiede in demselben zur Geltung bringt; aber die Frage wo denn das liegt, was das erste zum zweiten und umgekehrt macht, die Frage nach dem eigentlichen Lebensproceß dieser merkwürdigen Entwicklung stellen wir nicht. Warum nicht?

Darum nicht, weil wir gerade hier aus der Anschauung nicht mehr erwehren können, daß wir wieder mit der einfachen Thatsache der Gleichartigkeit noch mit der der Verschiedenheit eigentlich der Sache näher kommen, die uns geistig erfüllen muß um unsere Arbeit lebendig zu machen. Und wenn ich jetzt auf das Frühere zurückblicke, so kann ich diese „Sache" nunmehr wohl auch wissenschaftlich bezeichnen. Sind die europäischen Völker gleichartig und sind sie demnach auch in ihrem Rechtsleben verschieden, so muß es außer allen den Kräften die wir bisher verfolgt und die uns zum System der Rechtswissenschaft gebracht, noch eine andere Kraft geben, die sich zu ihrer eigentlichen und rechten Heimath eben dieß Europa gewählt hat. Und diese Kraft ist keine andere, als die allgewaltige Individualität der Völker und Staaten dieses Erdtheiles. Ihr Wirken ist das Leben Europa's, ihr Bewußtsein ist sein gegenwärtiger Zustand und stärker wie die höchsten Interessen, die größten Güter und die tiefste philosophische Ueberzeugung fällt das in die Wagschale der Geschichte was ich selbst doch nicht mehr messen und wägen kann, das Bewußtsein daß die individuelle Gestalt des Lebens jeder Völker das Gut seiner Güter ist, weil es die Berechtigung seiner eigenen Existenz wird.

Wohl — und wenn dem so ist, wo erkenne und finde ich dann diesen Faktor, der dieses Leben Europa's im Ganzen, und mithin auch in seiner Rechtsgeschichte erfüllt?

Ich kann Ihnen, wie gesagt, das Wesen desselben nicht entwickeln. Ich kann Ihnen nur die Thatsachen zeigen, in denen er erscheint. Hier rede ich nur von den Wahrheiten die empfunden werden müssen, und die überzeugen ohne bewiesen zu sein. Der einzige Maßstab den wir haben ist, die Harmonie des ganzen Bildes mit dem Gefühle von unserer eigenen Aufgabe und Stellung in demselben. Kann es genügen, hier bloß die äußersten Umrisse desselben hinzuzeichnen? Und doch muß ich es versuchen, damit der Schluß dieser Arbeit sich in ihrem ersten Anfange wiederfinde.

Wenn Sie das Europa, wie es aus den Händen der Völkerwanderung hervorgeht, mit der alten Welt vergleichen, so tritt uns die erste große Thatsache entgegen die jeder europäischen Rechtsgeschichte zum Grunde liegen muß. Die Grundlagen des gesammten Rechtslebens dieses Europa's sind gleich. Ganz Europa beruht auf der in ihm noch unbedingt herrschenden Geschlechterordnung, und zwar noch der ersten Gestalt derselben. Wohin Sie sehen, ob nach Spanien, nach Rußland, nach Skandinavien, England, Deutschland, Frankreich, allenthalben treten Ihnen die Hufen und das Dorf, der Geschlechterkönig, das Geschlechterrecht entgegen. Aber dieß Europa nimmt sofort, und wieder fast gleichzeitig in allen seinen Theilen die ersten Elemente der beiden andern Gesellschaftsordnungen in sich auf. Allenthalben bricht sich mit dem Christenthume die Geistlichkeit, mit der Geistlichkeit die Ideen des Berufes, mit dem Berufe seine Macht Bahn, und allenthalben stellt sich das letztere sofort als gleich — dann als höher berechtigt neben die Geschlechterordnung. So entsteht in ganz Europa die erste Gestalt der ständischen Ordnung. Und endlich drittens erhält und erzeugt dieß Europa in allen seinen Theilen das große Element der staatsbürgerlichen Gesellschaft, die kapitalbildende freie Arbeit die ihre Heimath in den Städten hat. Ob Sie nach Kiew und Nowgorod gehen oder nach Sevilla und Madrid, oder nach Paris, London, Hamburg, Wien, immer ist es dieselbe Erscheinung der Sie begegnen — das ursprüngliche Staatsbürgerthum, noch verhüllt vom Stadtbürgerthum. So hat Europa alle drei Kräfte der Rechtsbildung zugleich in sein Leben aufgenommen; aber mitten unter ihnen steht die vierte, der Urkeim des individuellen Staats in seinem schon von Anfang an der Idee der selbständigen Staatsidee nahestehenden Königthum, um das sich die Staatengebilde krystallisiren. So ist dieß Europa in seinen Elementen Eins; und so ist es auch in seiner Geschichte. Denn diese ist auch hier nichts anderes als der Kampf jener vier Elemente mit einander, die um die rechtsbildende Gewalt ringen. In ganz Europa scheiden sich allmählig in jeder Gesellschaftsordnung ihre Klassen; in ganz Europa bildet sich die Grundherrlichkeit mit ihrem Adel zur herrschenden Klasse gegenüber dem Mittelfreien und Unfreien als der beherrschten in der Geschlechterordnung, und beinahe gleichzeitig formulirt sich dieser Proceß zum Geschlechterrecht mit seinen Rechtsbüchern und Geschlechtergerichten aller Art, während gleichfalls in der ständischen Ordnung sich die geistliche Klasse zum Stande mit eigenem Rechte erhebt und den Gedanken eines Vorrechts zum giltigen Rechtsbegriffe macht, auf sein eigenes großes Rechtsbuch gestützt, und anderseits die Arbeit in Meister- und Gesellenthum mit Innungs- und Zunftstatuten sich ordnet, ob Sie England, Frankreich oder Deutschland sehen. Mit diesen Elementen kämpft das Königthum gleichmäßig in ganz Europa, und neben ihm steht in ganz Europa die Wissenschaft, jenes der werdende Organismus, diese das werdende Bewußtsein der Staatsidee. Sie wissen, daß die letztere mit dem sechzehnten Jahrhundert die Oberhand gewinnt; Sie sehen, wie sich das bürgerliche vom öffentlichen Recht in ganz Europa ablöst, und wie die Gesetzgebung beide für sich zu formuliren trachtet; Sie haben erfahren wie und warum in diesem Kampfe das römische Recht in ganz Europa recipirt wird und wie es wirkt; Sie sehen den Sieg des Königthums fast gleichmäßig in ganz Europa mit dem siebzehnten Jahrhundert, seine Herrschaft im achtzehnten, und daneben die merkwürdige Thatsache, daß die Staatsgewalt den Ideen der staatsbürgerlichen Gesellschaft dient, während das geltende Recht noch in den Händen der Geschlechter- und Ständeordnung ist. Und nun werfen Sie den letzten Blick auf das neunzehnte Jahrhundert mit seinem gesellschaftlichen, endgültigen Siege der staatsbürgerlichen Ordnung und zugleich mit der nicht weniger merkwürdigen europäischen Thatsache, daß diese staatsbürgerliche Gesellschaft nirgends, auch nicht an den äußersten Enden Europa's, die gesellschaftlichen Unterschiede der Geschlechter und Stände absolut vernichtet, sondern ihnen nichts nimmt als ihre rechtsbildende Gewalt; Adel, Geistlichkeit, Bürger gibt es noch allenthalben, aber kein Vorrecht mehr; die arbeitenden Kräfte sind frei geworden; das ist der Charakter des neunzehnten Jahrhunderts in ganz Europa. Und darf ich noch darauf hinweisen, daß die größte Erscheinung der Gegenwart, das was wir die sociale Frage nennen, nicht einem Lande und Volke, daß sie ganz Europa gleichmäßig angehört, und ganz Europa an ihr arbeitet? Und darf ich endlich hinzufügen, daß sich mit jedem Jahre mehr das europäische, das ist das internationale Verwaltungsrecht aus dem Zusammenwirken der Nationen als das öffentliche, gemeinsame Recht Europa's entwickelt, mit seinen Congressen, seinen Schiedsgerichten und seiner internationalen Literatur? Kann es im Zweifel sein, daß dieß Europa in den Elementen seiner rechtsbildenden Kräfte, in den Epochen seiner Geschichte, in seinem gegenwärtigen Bewußtsein Eines ist? Und gibt es noch etwas neben dieser einheitlichen europäischen Rechtsgeschichte, das von ihr wesentlich verschieden wäre?

Und doch gibt es etwas — oder vielmehr alles dieß absolut Gleiche ist absolut verschieden, je nach dem Lande und Volke in dem es besteht, für welches es gilt. — Wie ist das möglich?

Ich habe gesagt, Europa sei die Heimath der Arbeit. Es verarbeitet alles, auch die tiefsten Elemente seines eigensten Wesens; nicht bloß seine Güter und gesellschaftliche Welt, auch seine Rechtswelt ist Inhalt und Ziel seiner Arbeit. Eine Arbeit aber ist die Erscheinung einer bestimmten Kraft für einen bestimmten Zweck. Ist nun das Ziel ein gemeinsames und das Substrat ein gleiches, so kann die Besonderheit nur die der arbeitenden Kraft für dieß gemeinsame Ziel sein. Und das was wir den individuellen Charakter der einzelnen Völker nennen, erscheint daher auch für ihr Rechtsleben eben als diese Besonderheit der arbeitenden Kraft, mit der sie nach der höchsten Entwicklung des Rechts gestrebt haben und noch streben. Diese aber beherrscht ihrerseits wieder das ganze Rechtsleben in all seinen einzelnen Erscheinungen; die Besonderheit in Gesetzgebung, Rechtspflege und Rechtslehre ist damit nicht bloß eine thatsächliche Verschiedenheit derselben unter einander, sondern sie ist, wie das Recht selbst das sie enthalten und formuliren, die erkennbare Consequenz der specifischen arbeitenden Kraft, des Lebensprincips jeder Nation, zu dessen Verkörperung sie in dem geltenden Rechte derselben wird. Und diese specifische Kraft der einzelnen Nationen, die können wir bezeichnen. So weit kann die inductive Wissenschaft reichen, und aus ihr sich ein organisches Bild des individuellen Volks- und Staatslebens im bürgerlichen und öffentlichen Recht schaffen; wir können die Eigenthümlichkeiten im Einzelnen dieser Arbeiten auf die letzte Eigenthümlichkeit jedes Volkes consequent zurückführen, und den gebrochenen weißen Lichtstrahl in seinem reichen Farbenspiel messen; die Kraft welche ihn bricht, sehen wir nur in ihren Erscheinungen, und freuen uns ihres unendlichen Reichthums in der ewigen Gleichheit des ewig Verschiedenen.

Wollen Sie mir von diesem Standpunkt nun noch zum Schlusse erlauben, die Grundzüge dieser Völkercharaktere der Rechtsbildung Europa's als der Grundlage der höheren europäischen Rechtsgeschichte hier anzufügen? Und darf ich die Hoffnung aussprechen, daß eine Zeit kommen wird, wo der lebendige Inhalt eben dieser Charaktere die einzelnen Rechtsgeschichten, und vor allem auch unser deutsches Bewußtsein von unserem eignen sehr specifischen rechtsbildenden Charakter durchdringen und erwärmen wird? Und darf ich hinzufügen, daß zuletzt in der Hand der höchsten Idee der Geschichte eben jener individuelle Charakter wohl nichts anderes ist, als die wahre Mission eines Volkes in der Gesammtgeschichte der Menschheit, seine specielle Function in der Arbeit des Göttlichen, seine Unsterblichkeit in dem nie Endenden? Und daß wir darum so fest an uns selber zu halten gewöhnt werden von Kindheit auf durch eine höhere Hand, so daß uns nur das wahre Befriedigung gibt was mit uns selber in Harmonie steht, obgleich wir wissen, daß es nur ein Moment im Ganzen ist, weil jene Harmonie eben das Gefühl jener heiligen Mission enthält? Und daß es eben darum ferner ewig unwahr ist etwas anderes sein zu wollen als man ist, und thöricht, das andere neben sich gering zu schätzen, als sei das Leben der Menschheit eben so arm und einseitig als unsere individuelle Auffassung desselben? Und wird es möglich sein, alle diese Anschauungen in der Definition der rechtsbildenden Kraft der einzelnen Völker Europa's so weit zu krystallisiren, daß es Ihnen mehr als einen augenblicklichen Eindruck hinterläßt?

Und doch darf ich es versuchen.

Der Kern der russisch-slavischen Welt ist die Allgewalt des persönlichen Staats. Sie läßt alles zu, nur nicht das, was diesen Mittelpunkt ihres Lebens in Frage stellt. Sie bricht daher durch ihren Staat ihre Volkswirthschaft, ihre Gesellschaft; sie bricht auch die freie individuelle Persönlichkeit, wo diese jenem Princip ihre Unterwerfung weigert. Sie thut das weil sie nach Land und Volk nicht anders kann. Das Rußland welches wir kennen, ist ohne dieß Princip noch unmöglich. Die Quelle des Rechts und der Rechtsbildung ist daher dieser höchste persönliche Wille des Staats; die Wissenschaft hat nur Berechtigung so weit ihr Inhalt diesem Willen nicht entgegentritt. Ihre theoretische Funktion ist daher die der Interpretation und der Ordnung des Stoffes, aber ihre historische Mission ist die, dem höchsten Willen die wahre Rechtsbildung zum Inhalt zu geben. Sie muß deßhalb der Form nach sich aus sich selber bilden; dem Wesen nach ist sie Europa gegenüber empfangend; darum ist Rußland uns weit fremder als wir ihm; die Zeit wird kommen, wo dieß eine neue verjüngte Gestalt annehmen wird.

Spanien und Italien sind die beiden Länder, in denen sich Europa die Frage gestellt hat, ob die Freiheit und ihr Rechtssystem unter dem ewig blauen Himmel und blühenden Orangen ohne schwere Arbeit sich entwickeln kann. Beide haben alle Elemente des europäischen Rechtslebens, und beide haben daher auch unbedenklich den Codex desselben, die französische Codification, angenommen. Aber wie sie nicht die Mühe gehabt sie zu erzeugen, so haben sie auch nicht die über sie hinauszugehen. Die Zeit ihrer wirthschaftlichen und gesellschaftlichen Arbeit ist vor der

Hand vorüber; sie haben kaum die Kraft etwas für sich selber zu verarbeiten, geschweige denn für Europa. Sie sind ohne allen Einfluß auf die europäische Rechtsarbeit. Wird die Zeit wiederkommen, in der sie in die Wagschale der Weltgeschichte fallen?

Skandinavien ist eine örtliche Welt, voll von selbständiger Kraft der Einzelnen, ohne Gewalt des Einflusses auf das Ganze. Die Länder und Völker desselben halten darum um so fester an dem was sie haben und sind; ihre Selbständigkeit auch im Rechtsleben ist nicht die Eigenthümlichkeit, sondern die Abgeschlossenheit desselben. In ihnen kann die europäische Rechtsgeschichte lernen, wie großen und welchen Einfluß sie auf das übt, was auf sie keinen hat; denn die bewegenden Kämpfe und Kräfte für bürgerliches und öffentliches Recht Skandinaviens liegen nicht in ihm sondern im übrigen Europa; sie wirken aber hinüber wenn auch oft langsam, weil sie dort die gleichen Elemente, Zweifel und Aufgaben vorfinden. Die Rechtsgeschichte Skandinaviens wird die Rechtsgeschichte Europa's erst vollständig machen, aber nicht umgestalten.

Die drei großen, eigentlich in der Rechtsbildung arbeitenden, in allem vollkommen gleichen und doch unmeßbar verschiedenen Culturvölker Europa's und damit der Welt sind England, Frankreich und Deutschland.

Die arbeitende Kraft in England ist das freie Individuum. In den Einzelnen ist das Leben des Volkes gelegt; er fühlt und weiß das; oft zu viel. Der Staat überläßt ihn sich selber; er soll der Quell seines eigenen Lebens durch seine eigene Kraft sein. Das soll er sein in andern Dingen; das soll er auch sein in dem Kampfe der Wirthschaft und der Gesellschaft, und damit auch in der Rechtsbildung. Der Staat gibt dort keine Gesetze, er macht keine Codification; die Wissenschaft hat keine Facultäten und lehrt nicht nach Hand- und Lehrbüchern aller Art; das Rechtsbewußtsein des Einzelnen ist die Quelle alles öffentlichen und bürgerlichen Rechts, die Theilnahme des Einzelnen am Gericht die rechtsbildende Thätigkeit in England. Es war und ist die große Aufgabe dieser angelsächsischen Race, der Geschichte zu zeigen was im Rechtsleben eines Volkes das individuelle Rechtsbewußtsein und die individuelle Rechtspflege ohne Wissenschaft, Begriff, Doctrin und Gesetzbuch vermag; und England hat das gezeigt. Das Verständniß Englands ist das Verständniß der Kraft des Rechts im Individuum; aus diesem Lebensprincip fließt alles, was wir als die specifisch englische Rechtsbildung anerkennen, bewundern, und — recipiren.

Die arbeitende Kraft in Frankreich dagegen ist der einheitliche Staat. Nicht der persönliche wie in Rußland, sondern die zum einheitlichen Bewußtsein und Wollen sich frei gestaltende Gemeinschaft der edelsten Kräfte des Volkes. Darin liegt die Macht Frankreichs, daß das Maß des Werthes für jedes Individuum in das gesetzt wird, was es selbstthätig für die Einheit thut und was es dadurch für diese gilt. Frankreichs geistiges Leben ist daher ein beständiges Opfer der starken Individualität, seines germanischen Erbtheiles, an diese glänzende Idee der Einheit, das Zeichen seiner romanischen Herkunft; dadurch hat es die Fähigkeit in allem was es will einen Punkt zu bestimmen den es mit seiner ganzen Kraft erfaßt und formulirt; aber ist er erreicht, so verliert es die zweite Fähigkeit in dem Guten nach dem Bessern zu suchen. Ihm genügt es, das erste Volk zu sein, nicht aber daß es berechtigt sei es zu bleiben. In diesem Geiste hat es seine Wirthschaft seit zweihundert Jahren gestaltet; es ist die Heimath der Verwechslung der Staatswirthschaft mit der Volkswirthschaft, des Namens und der Sache der „politischen Oekonomie"; es hat seine gesellschaftliche Bewegung durch die glänzende Negation des Eigenthums begonnen und durch die blutige Gewalt der Revolution vollendet, und wie das geschehen, hat es sich selbst in der neuen Ordnung ein neues Recht gemacht, die erste Codification des bürgerlichen Rechts der staatsbürgerlichen Gesellschaft, eine der gewaltigsten, rechtshistorischen Thaten aller Zeiten. Aber über seine Codification ist es nicht hinausgelangt; es war stark genug, die Gesellschaft zu zerbrechen, aber nicht so stark um sie zu verstehen. Daher ist ihm der Gesammtwille nicht bloß das Recht, sondern auch das Verständniß des Rechts; die juristische Arbeit sinkt ihm auf die Interpretation seiner Rechtsgesetze zurück, und der specifische Mangel der Rechtsbildung in Frankreich ist die gerade durch die Codification begründete Entfremdung des Verständnisses der rechtsbildenden Kräfte von dem Verständniß des Rechts. Wenn England uns zeigen soll, was eine Rechtsbildung ohne Wissenschaft überhaupt vermag, so soll Frankreich zeigen, ob eine Rechtswissenschaft ohne Staatswissenschaft fortschreiten kann. Und Frankreich ist seit fünfzig Jahren nicht fortgeschritten.

Und was ist in Deutschland die arbeitende Kraft in Leben, Recht und Gesetzgebung? Sie ist nicht wie in England der Staatsbürger, und nicht wie in Frankreich der Staat, sondern sie ist die Wissenschaft. Das aber ist das Große in Deutschland, daß seine Wissenschaft kein Wissen der Einzelnen, sondern eine nie abgeschlossene Arbeit aller ist. In ihr ist Deutschland, in ihr die Mission dieses Volkes, welches den Muth hatte, an jedem Ergebniß, aber niemals an der höchsten Aufgabe seiner Wissenschaft zu zweifeln. Um das zu können bedurfte es Eines; das war seine Philosophie. Denn es hat hundert Philosophien gehabt, und doch in allen nur denselben Gedanken zum Ausdruck gebracht — daß die Wahrheit keines einzelnen Dinges in ihm selber, sondern nur in seinem innersten Verhältniß zum Gesammtleben aller andern gefunden werden könne. Das hat es auch in seiner Rechtswissenschaft gesucht, und darum sich aus der Gegenwart in die Vergangenheit, aus dem Rechte in den Abstractionen des Dinges an sich und des göttlichen Willens verloren. Aber dabei hat es nie an seiner Mission gezweifelt, Europa zu zeigen ob und wie weit die Wissenschaft ein rechtsbildender Faktor, und den wirthschaftlichen, gesellschaftlichen und staatlichen Faktoren der Rechtsbildung ebenbürtig sei. Das war seine welthistorische Aufgabe im Rechtsleben Europa's, und so ist die Arbeit seiner Rechtswissenschaft der Gang und Inhalt seiner Rechtsgeschichte geworden.

Haben wir nun diese Wissenschaft, die weil sie alles enthält, auch alles beherrscht?

Welche Antwort soll gerade diese unsere Arbeit Ihnen darauf geben für die Gegenwart, und welche für die Zukunft?

V.

# Praktische Anschauungen.

Wenn Sie nun der bisherigen Darstellung bis zuletzt zu folgen die Güte gehabt, und jetzt vor dem Schlußpunkte stehen, so wird Ihnen, mögen Sie sonst über das Gesagte denken wie Sie wollen, Eine große Frage kommen.

Es ist gewiß, die ganze bisherige Arbeit gehört der Wissenschaft. Was bedeutet sie für die Praxis, für das wirkliche Leben und seine Forderungen?

Es gab eine Zeit, und sehr viele von denen welche dieses Buch aus der Hand legen, kennen sie noch aus eigner Erfahrung, wo das ganze deutsche Volk in den Augen Europa's als ein wesentlich unpraktisches galt. Ich glaube diese Zeit ist vorbei. Ist sie es, so frägt es sich wirklich, was geschehen muß damit das was wir theoretisch behandelt nun auch zur Geltung in der thätig werdenden Wissenschaft, der Lehre, gelange. Und ich würde glauben, die Aufgabe nur halb erfüllt zu haben, wenn ich nicht versuchte, hier auch die Linien zu ziehen, die von dem reinen Denken und Anschauen nunmehr in dieß Gebiet der thätigen Wissenschaft hinüber führen.

Auch hier weiß ich, daß ich von keinem mit einem Schlage Erreichbaren rede. Was für alle gelten soll, muß eben unter Mitarbeit aller geleistet werden. Wohl aber ist es auch hier an der Zeit, sich umzusehen. Denn wieder einmal ist das wirkliche Leben unserer Theorie vorausgeeilt, und scheinbar Neues wollend und fordernd, fordern wir eigentlich nur das Verständniß einerseits und die organische Einheit und Verwaltung andererseits für das, was bereits lange da ist und schließlich doch seinen Weg geht, ohne auf den Einzelnen zu warten.

Das aber darf ich wenigstens Ihnen gegenüber hoffen und voraussetzen, daß Vorurtheil und Tradition an dieser Stelle eben so wenig Raum finden, als Hochmuth und Interesse. Und so füge ich den letzten vielleicht den wichtigsten Theil dem früheren hinzu; nur daß Sie mir erlauben, zunächst die Voraussetzungen festzustellen, mit denen wir zu arbeiten haben.

Ich darf aber gerade hier besonders aus einem durchaus praktischen Grunde darauf aufmerksam machen.

So wie wir nämlich den Boden der bisherigen theoretischen Untersuchungen verlassen, so ergibt sich, mag nun das was wir gesagt richtig oder verfehlt sein, daß jedenfalls die angeregten Fragen weit über das Gebiet hinausgreifen das sie behandeln, und daß alsbald aus der freien Untersuchung derselben nicht etwa bloß ein neues praktisches Verhältniß zwischen dem bisherigen Gebiete der Rechts- und der Staatswissenschaften, sondern in der That eine grundverschiedene Auffassung und Ordnung für die künftige Gestalt unserer Wissenschaft folgt. Der Standpunkt den wir für die letztere angedeutet, begnügt sich nicht mit dieser oder jener Aenderung in der Behandlung der einzelnen Disciplin, sondern ich wage es geradezu zu sagen, daß er entweder an und für sich keinen größeren Werth besitzt als den eines „interessanten" Excurses, oder daß er mit gehörigem Verständniß und gehöriger Zeit die ganze Gestalt unserer Facultät von Grund aus umformen muß. Und das zu begründen und im Einzelnen zu entwickeln ist die schwierige Aufgabe des Folgenden.

Zu dem Ende wird man mir gewiß zuerst Eines zugeben.

Ohne allen Zweifel wird die Ordnung des Bildungswesens, wenn sie eine richtige und ihrem Zwecke entsprechende sein soll, sich der Natur ihres Objektes anschließen müssen. Denn das Bildungswesen ist die thätige Wissenschaft. Die thätige Wissenschaft aber muß in ihren Arbeiten und Leistungen doch das zum Ausdruck bringen, was die Wissenschaft an sich enthält. Das Maß in welchem sie das vermag, ist das Maß ihres Werthes und ihrer Wirkung.

Nun war es die eigentliche Aufgabe der bisherigen Arbeit, den Gedanken auszuführen daß jedes Recht seinen Inhalt aus den Kräften des Lebens empfängt, und daß, mit einem Worte zusammengefaßt, die Rechtsphilosophie die Wissenschaft des Rechtslebens an sich, die Staatswissenschaft die Wissenschaft der rechtbildenden Kräfte, die Rechtswissenschaft die Wissenschaft des von ihnen gebildeten positiven Rechts sei.

Darnach nun konnte es scheinen, als ob den Ideen die wir angeregt, eine einfache Coordinirung der Rechts- und Staatswissenschaft, etwa wie sie in Oesterreich gilt, aber auf den deutschen Universitäten bisher weder verstanden noch erreicht worden ist, in allem Wesentlichen genügte, das innige und so tief greifende Verhältniß beider zu einander aber in das Gebiet der individuellen theoretischen Arbeit, in die Vorlesungen, zu verlegen wäre.

Wäre dem so, so würden auch wir wie der größte Theil unserer wissenschaftlichen Arbeiter nicht für die Universitäten sondern nur für den Geist und Inhalt der Vorlesungen gesprochen haben. Allein die Sache, die uns erfaßt, geht weit über diese Gränzen hinaus. Der Anknüpfungspunkt dafür aber liegt nahe genug.

Wir haben jene „Staatswissenschaft" eigentlich doch nur in ihrem Verhältniß zur Rechtsbildung betrachtet. Wir haben gesehen, wie die großen Kräfte welche sie uns verstehen lehrt, das Recht in allen seinen Formen und Wandelungen erzeugen und beherrschen. Aber Sie werden erinnern, wie wir aus ihnen zum Rechte kamen. Das Recht war keinesweges identisch mit den Kräften, welche ihm seinen Inhalt geben, sondern umfaßte nur einen ganz bestimmten Theil des Lebens derselben. Wir sahen, daß in Persönlichkeit, Wirthschaft, Gesellschaft und Staat das Recht absolut nur da erscheinen kann, wo der thätige Wille des Einen der Lebenssphäre des Andern selbständig entgegentritt. In dem, wo die Menschen für sich sind, gibt es kein Recht, sondern erst da, wo der Eine zum Gegenstande des thätigen Willens des Andern wird. Klar war es damit, daß die Sphäre des Rechts nicht bloß eine viel engere ist als die der Kräfte welche es erzeugen, sondern vielmehr daß das Recht selbst überhaupt nur Ein Moment in dem gewaltigen Leben derselben, nur ein Glied desjenigen Ganzen ist, dessen große Gestalt den Inhalt der Staatswissenschaft bildet, während diese Staatswissenschaft ihrerseits wieder ein Glied des Gesammtlebens ist, dessen Wissen als große Einheit in dem Gesammtorganismus der Universität seine Heimath findet. Nun nennen wir wie Sie wissen, jedes selbständige Gebiet des Lebens, das in der Universität sich zum selbständigen wissenschaftlichen Körper organisirt, eine Facultät. Wir sprechen in diesem Sinne von einer theologischen Facultät, dem zur Wissenschaft erhobenen Gottesbewußtsein, von einer naturwissenschaftlichen Facultät, dem Wissen von dem Leben der Natur, der medizinischen, dem Wissen von dem Leben des menschlichen Körpers, der philosophischen, dem Wissen vom Geistesleben. Das letzte Gebiet, das Leben der Gemeinschaft der Menschen, dieser gewaltigsten aller lebendigen Thatsachen, bleibt übrig. Bisher war die Rechtswissenschaft die alleinige Form, in der diese zum Gegenstand des Bewußtseins und der wissenschaftlichen Forschung und Lehre geworden ist. Neben ihr standen in völlig unklarer und deßhalb vielverschiedener Stellung die bisher sogenannten „Staatswissenschaften". Jetzt ist nachgewiesen, daß dieß nebeneinander Stehen dem Wesen beider nicht entspricht. Es ist aber zugleich gewiß, daß diese Staatswissenschaften die Rechtswissenschaften selbst wieder nur als einen Theil enthalten. Die Frage liegt daher nahe genug und die

Antwort ist fast schon mit derselben gegeben, ob wenn es dem Wesen des Verhältnisses von Staats- und Rechtswissenschaft nicht entspricht, nur eine juristische Facultät als alleiniges Organ der Wissenschaft der Gemeinschaft zu haben, die einfache Aufstellung einer staatswissenschaftlichen Facultät neben der juristischen jenes Wesen beider zum richtigen formalen Ausdrucke bringen würde? Und hier tritt der Punkt ein, auf welchem wir dem ernstesten Bedenken begegnen werden, und zugleich der Punkt, für den alles was wir gesagt doch nur eine, wenn auch die entscheidende Verarbeitung sein sollte. Denn ganz offenbar kann jene Nebeneinanderstellung nicht genügen. Ist es nicht mehr zweifelhaft, daß das Recht nur ein bestimmtes Gebiet des Gesammtlebens ist, und ist es unzweifelhaft, daß die Kräfte die im letzteren lebendig sind nicht bloß das Recht, sondern außer ihm auch anderes erzeugen, was überhaupt an sich gar kein Recht ist, sondern dasselbe höchstens in bestimmten Fällen in sich aufnimmt, wie anderseits das Recht auch nur von einem ganz bestimmten Theile des Gesammtlebens handeln kann, so folgt, daß es vom höheren Standpunkte des Lebens wie des Wissens überhaupt zwar wohl eine Rechtswissenschaft, aber keine juristische Facultät geben soll, sondern daß gegenüber den anderen Facultäten überhaupt nur eine staatswissenschaftliche Facultät richtig und denkbar ist, innerhalb deren die Rechtswissenschaft als ein organischer, selbständiger Theil erscheint, welcher Verständniß, Ordnung und historische Entwicklung eben nicht im Wesen des Rechts, sondern im Wesen der Kräfte findet, die in der Staatswissenschaft das gesammte Gebiet des Lebens der Gemeinschaft beherrschen. Das glauben wir, läßt sich kaum logisch bezweifeln. Dann aber bleibt es übrig, nachzuweisen, welches denn die von dieser Rechtswissenschaft eben nicht erschöpften und doch selbständigen Lebensgebiete sind, die neben derselben und erst mit ihr zusammen den Inhalt der Staatswissenschaft und damit der staatswissenschaftlichen Facultät erfüllen. Und das Bild welches sich hier ergibt, wird dasjenige sein, welches die Grundzüge dieses großen und so entscheidend wichtigen Gebietes unseres höchsten Berufsbildungswesens der Zukunft enthält.

Um das nun ganz klar zu machen, muß ich zwei Dinge voraufsenden.

Wenn wir Gedanken und Anforderungen begegnen, die so tief in das Bestehende hineingreifen wie die obigen, so muß man schon von den formalen Bestimmungen auf das Wesen der Dinge eingehen, das doch durch seine innere Kraft zuletzt über die Formen den Sieg davon trägt. Nun ist es sehr leicht, die formale Natur einer Facultät zu bestimmen. Das innere Wesen einer Facultät aber ist etwas höheres, und schließlich beruht auf diesem Wesen derselben nicht bloß die Ehre und die geistige Macht, welche ihr jeder zollt, sondern auch die lebendige Kraft aller einzelnen Disciplinen, in denen sie wirkt. Dieses höhere Wesen einer Facultät besteht darin, daß sie als solche die Einheit aller der einzelnen Fachbildungen zum Bewußtsein bringt, welche sie umfaßt, und diese Einheit selbst wieder als einen großen selbstthätigen Theil des lebendigen Wissens erkennt und lehrt. Das was die Facultät daher in den einzelnen Fächern erzeugt und erwirkt, ist die gemeinsame Richtung aller letzteren auf den für alle gültigen Mittelpunkt, aus dem sie entspringen; ihre wahre Kraft liegt eben in dem starken Bewußtsein dieses gemeinsamen Schwerpunktes, und eine Gestaltung der Wissenschaft ist sie eben dadurch, daß sie jeden ihrer Theile — ihre Fächer — als Ausfluß dieses Gedankens zu verstehen und zu lehren weiß. Das ist dasjenige Moment derselben, das wir als ihr höheres Leben, als das von ihrer zufälligen historischen Gestalt unabhängige, aber gerade deßhalb in den verschiedenen Formen derselben sich verwirklichende erkennen. Sie muß daher, soll anders ihre Form ihrer Idee entsprechen, gerade dieses ihr Lebensmoment selbständig zum Ausdruck bringen, sowohl in ihrem Namen als in ihrer inneren Einrichtung. Dabei darf man nun stets nur mit größter Vorsicht zu Werke gehen, und nicht leichtsinnig an der Tradition rütteln. Denn am Ende hat diese selbst ja doch auch jene innere Lebenskraft derselben zur Geltung gebracht, und alles Historische ist ja eben dadurch so lehrreich, daß wir in ihm nicht den einzelnen wechselnden Zustand, sondern die Natur der dauernden Kraft zur Erkenntniß bringen, die in jenem sich manifestirt. Allein es kommt dann der Zeitpunkt, wo diese Kraft selbst ihre Neugestaltung fordert, und alle Wissenschaft menschlicher Dinge wird eben auf dem Punkte praktisch, wo sie diese Lebensphase einer solchen Kraft zu verstehen sucht. Nun glauben wir, daß ein solcher Zeitpunkt für die bisherige juristische Facultät gekommen ist, und ich werde mir später gestatten, dieß auch historisch zu begründen. Ist dem aber so, so entsteht die Frage, wo und wie dann das Wesen dieser neuen oder eigentlichen Gestalt dieser Facultät zur Erscheinung zu gelangen hat. Und jetzt kann ich diese Frage leicht beantworten. Gerade in der juristischen Facultät lassen sich die wirkenden Kräfte des Lebens von den Erscheinungen derselben in der wirklichen Welt klar genug scheiden; und ist dem so, so wird die Facultät als ihre eigentliche und allgemeine Grundlage die selbständige Lehre eben von diesen Kräften als solchen selbst wieder als ein Fach hinstellen, um welches sich die großen Gebiete ihrer Erscheinungen in dem wirklichen Leben wieder als gleichfalls selbständige Fächer gruppiren; und zwar so, daß die allgemeinen Fächer den Mittelpunkt bilden, der für das höhere Verständniß der einzelnen Fächer die Grundlage und Voraussetzung gibt. Diese letzteren aber werden dann als das erscheinen, was wir die „Anwendungen" der allgemeinen wissenschaftlichen Principien und Gesetze, die „praktischen" Fächer, nennen. Und indem wir dieß Verhältniß auf die höhere Idee alles Lebens beziehen, empfangen die beiden großen Seiten desselben eigenen Namen und eigenen Sinn. Es wäre unendlich viel gewonnen, könnte man sich darüber einigen.

Denn das ist allerdings gewiß, daß für das sogenannte praktische Leben der Inhalt derjenigen Fächer und Disciplinen, welche wir somit die angewendete oder praktische Staatswissenschaft nennen, genügen könne. Zwar werden sie nie in das tiefere Leben der Dinge eindringen, und nur zu oft das mißachten, was sie nicht verstehen und ohne welches sie doch nicht sein können; aber sie werden trotzdem den Gedanken festhalten, daß erst durch jene ihre Lebensaufgabe auf einem geistigen Grunde beruht und zuletzt nur durch geistige Arbeit zur Geltung gelangt. Wir werden daher, mögen sie auch sonst so praktisch sein wie sie wollen, doch immer in ihnen nicht bloß eine wirthschaftliche Erwerbsform und ein thätiges geistiges Kapital anerkennen, sondern sie enthalten über demselben in Wahrheit doch immer das höhere ethische Moment des Berufes; sie sind ein System von *Lebensberufen*, gehalten und getragen von dem wissenschaftlichen Inhalt der Fächer, die ihnen angehören. Allein daß sie einen solchen geistigen Beruf enthalten, das wird ihnen doch erst dann zum rechten Bewußtsein gelangen, wenn sie den großen organischen Kräften ins Antlitz schauen, aus denen sie hervorgehen und die so weit über sie hinausreichen, daß sie selbst sich erst durch das mächtige Bild welches jene vor ihnen entrollen, als Theile der großen Arbeit des wirkenden Weltgeistes begreifen. Zu dieser Quelle müssen sie zurückkehren, und in ihr zuletzt die Weihe des höchsten geistigen Berufes empfangen, indem sie lernen, über sich selbst hinauszublicken, und in die Werkstatt des lebendigen Werdens zu schauen. *Das aber wird nun nie klar, so lange bloß das Fach der Träger des Berufes* ist, und das Ganze jener großen organischen Welt nur in den Theilen erscheint, in denen es seine concrete Arbeit vollzieht. Ist dem also so, gibt es wirklich ein großes selbständiges System von Kräften, welche das Leben der menschlichen Gemeinschaft beherrschen und doch sich in keinem einzelnen Gebiete derselben erschöpfend, in allen gleichmäßig wirken und walten, so muß gerade dieß in der Facultät zum Ausdruck kommen; sie muß dann durch die Lehre von diesen Kräften erst eine wahre Facultät sein, und es muß das Wesen der Sache, die objektive Lehrordnung und das

Recht erzeugt werden, daß erstlich die Lehre von diesen Kräften aus der Summe aller einzelnen Fächer, die sich mit den Erscheinungen derselben beschäftigen, eine Facultät macht, und daß zweitens nur die Verbindung des Studiums der den einzelnen Lebensberufen angehörigen Fächer mit dem der Facultätsfächer die Angehörigkeit an die Facultät und damit an die Universität begründen solle. So soll — und so wird mit der Zeit — das Wesen der wissenschaftlichen Arbeit und der Kräfte die in ihr lebendig sind, auch hier die Rechtsordnung für diesen großen Theil des Berufsbildungswesens erzeugen, und dann erst wird man von der staatswissenschaftlichen Facultät neben den übrigen Facultäten im höheren Sinne des Wortes reden.

Die äußere Ordnung und Gestalt derselben ergibt sich dann aus der Natur ihres Inhalts fast von selber. Wir bezeichnen sie in ihren großen Grundzügen schon hier; haben Sie die Freundlichkeit gehabt mir bis hierher zu folgen, so werde ich Sie auch noch für diesen Theil unserer Arbeit festhalten dürfen.

Das was wir die staatswissenschaftliche Facultät der Zukunft nennen, wird aus vier selbständigen Theilen bestehen.

Das Verhältniß derselben, durch ihre eigene Natur gegeben, wird im Großen und Ganzen das sein, daß der erste Theil die Wissenschaft und Lehre der allgemeinen Kräfte in ihren Fächern enthalten und darstellen wird, welche das Leben der Gemeinschaft ordnen und beherrschen, die drei anderen Theile aber die drei großen, durch das Wesen ihres Objekts selbständigen Gebiete des wirklichen Lebens jener Kräfte zu Gebieten der Forschung und Lehre, und damit zu Theilen der Facultät erheben. Oder im gewöhnlichen Sinne, der erste Theil wird die abstracten und allgemeinen Fächer der Staatswissenschaft, die drei anderen die praktische oder besondere Staatswissenschaft enthalten.

Fassen wir nun diese vier Theile als Organismen auf, die zusammen die Körper der staatswissenschaftlichen Facultät bilden, so werden wir, damit der historische Name nicht fehle, jeden derselben im „Collegium" nennen, die in ihrer Gemeinschaft den Körper der staatswissenschaftlichen Facultät bilden.

Fassen wir jedes Collegium wieder nach dem Inhalt seiner Forschung und Lehre, und daher nach den positiven Disciplinen und Vorträgen auf, so wird die Grundlage der Ordnung oder die Basis des „Lehrplanes" sich naturgemäß aus dem Wesen jedes einzelnen Gebietes ergeben.

Die allgemeinen Staatswissenschaften als der Theil, dessen Aufgabe die allgemeinen Kräfte der menschlichen Gemeinschaft sind, wird die Lehre von dem Wesen der Persönlichkeit und ihres Lebens in der

Rechtsphilosophie, die Lehre von den Zuständen des Lebens in der Statistik, die Lehre von den wirthschaftlichen Kräften in der Nationalökonomie, die Lehre von der Ordnung des Menschen in der Gesellschaftslehre, und die Lehre von ihrer selbständigen Einheit in der Staatslehre enthalten. Erst die innere und äußere Verbindung der folgenden Gebiete mit diesen allgemeinsten und darum höchsten Fächern macht aus denselben Theile und Glieder der Facultät, und damit der Universität.

Das erste praktische Gebiet nun, das ist dasjenige, in welchem sich diese Kräfte mit dem ersten an sich selbständigen Elemente des wirklichen Lebens begegnen, entsteht bei dem Begriffe der einzelnen Persönlichkeit und dem Principe der Selbständigkeit derselben gegenüber der anderen in Nationalökonomie, Gesellschaft und Staat. Durch diese einzelnen Persönlichkeiten wird das Recht erzeugt, das also, da es Nationalökonomie und Gesellschaft zum Inhalte, dieselben auch zur Voraussetzung und zur Grundlage seiner Geschichte hat, und durch den Staat zum geltenden Rechte wird. So entsteht die Rechtswissenschaft mit ihren drei Fächern des bürgerlichen Rechts, mit dem Strafrecht, dem öffentlichen Recht (Staatsrecht) und endlich den beiden Fächern, welche die Rechtswissenschaft wieder als ein großes Ganze zusammenfassen und als Einheit zum Bewußtsein bringen, der wissenschaftlichen Rechtsgeschichte und der wissenschaftlichen Rechtsencyclopädie, Begriff und historische Gestalt des Rechts zugleich erscheinen.

Das zweite große prakische Gebiet ist dagegen das, in welchem die Arbeit des Staats, die lebendig gewordene Aufgabe welche die Staatslehre im Wesen des Staatsbegriffes gefunden, und die wir als die Verwaltung bezeichnen, zur selbständigen Gestalt gelangt. Es ist das Wesen der Verwaltung, daß in ihr die Kraft des Staats das gesammte Leben in Wirthschaft und Gesellschaft umfaßt, weil sie in allen Theilen desselben die große Aufgabe hat, die Bedingungen herzustellen, welche die Entwicklung des Einzelnen in der Kraft und dem Leben der Gemeinschaft suchen muß, weil das Einzelne sie sich selber nicht durch sich allein geben kann. Wo diese Bedingungen als große gleichartige Verhältnisse erscheinen, entsteht das, was wir die Gebiete der Verwaltung des Staats nennen; sie werden stets da am klarsten, wo die verfassungsmäßige Ordnung des Staats ihnen in der persönlichen Form der Ministerien ihnen Ausdruck gibt. Jedes dieser Gebiete der Verwaltung wird dadurch wieder zu einem Ganzen; denn in jedem derselben ist ein ganz bestimmter Faktor thätig, mit dem der Staat zu thun hat, in dem Verschiedenen das Gleiche erstrebend. So ist hier die Verwaltung der für die Entwicklung seiner Angehörigen arbeitende Staat, dem stets der Inhalt seiner Arbeit zugleich durch die Natur seines Objekts und durch das Princip seines eignen Lebens zusammenwirkend gegeben wird; und die Gesammtheit dieser Aufgaben, wissenschaftlich auf ihre gemeinsame Grundlage zurückgeführt und durch ihr specielles Objekt bestimmt, bildet die Verwaltungslehre. Die großen Hauptfächer dieser Verwaltungslehre entstehen nun an den Aufgaben des Staatslebens; die Ordnung des internationalen Verkehrs im Völkerrecht, die Ordnung der physischen Kraft des Staats im Heerwesen, die Ordnung seines individuellen Güterlebens in der Staatswirthschaft, die Ordnung seiner Rechtspflege im bürgerlichen und im Strafproceß, und endlich die Ordnung seiner, die allgemeine Entwicklung umfassenden Thätigkeit in dem weiten und ernsten Gebiete der inneren Verwaltung. Jeder dieser Theile ist wieder ein großes Fach für sich; jedes dieser Fächer nimmt allerdings das Recht in sich auf, insofern auch hier die Individuen, einzelne und öffentliche, einander gegenüberstehen, und insofern die rechtliche Gränze für das Eingreifen des persönlichen Staats in seinem Wollen und Thun in die Sphäre des Einzellebens zum Gegenstand des Gesetzes wird, ein objektiv geltendes Rechtssystem für jeden dieser Theile bildend, das eigentliche Völkerrecht, das Heeresrecht, das Finanzrecht, das Proceßrecht und das innere Verwaltungsrecht, früher Polizeirecht genannt. Aber das Recht ist hier nicht mehr wie bei der eigentlichen Rechtswissenschaft der Inhalt der Wissenschaft, sondern nur ein Moment an derselben; denn ihr Wesen ist vielmehr das Ringen der thätigen Staatsidee mit den Aufgaben und Verhältnissen des wirklichen Lebens, und das Recht, welches sich daraus erzeugt, ist nicht mehr die Consequenz der Heiligkeit und Unverletzlichkeit der Einzelnen, sondern es entquillt dem Principe der Zweckmäßigkeit für das Ganze, und wo immer dieses Princip mit dem Einzelrecht in Gegensatz kommt, da unterwirft es dasselbe rücksichtlos seinen Anforderungen; denn es ist eine zweite höhere Form des Lebens, deren erzeugende Kraft die Idee des Staats ist. Daher fassen wir auch alle diese Gebiete wohl zusammen mit dem Namen der „eigentlichen" Staatswissenschaften, obgleich die historische Entwicklung dieselben in wunderlicher Weise mit denen der Rechtswissenschaft durch einander geworfen und vermengt hat, so daß für das wahre Verhältniß an sich gar kein Verständniß, und für das praktische gar keine Ordnung auf unsern Universitäten besteht. Soll ich hier wieder zur Kritik greifen? Soll ich erst zeigen, daß das Völkerrecht nicht zum bürgerlichen Recht gehört, weil es nicht geltend ist, daß das Heerwesen noch überhaupt keine Wissenschaft bildet, daß es nur historisch erklärt werden kann wenn die Finanzwissenschaft bald zur philosophischen Facultät gehört, bald gar nicht gelehrt wird, während sie doch nur die staatliche Form der Wirthschaft ist, daß der Proceß als ein Corollar des bürgerlichen Rechts betrachtet wird, während er nichts als eine administrative Ordnung für die Verwaltung der Rechtspflege ist, und daß das Verwaltungsrecht heimathlos zwischen dem abgestorbenen Gedanken einer Polizeiwissenschaft und dem unwissenschaftlichen einer Verwaltungsgesetzkunde hin und herschwankt? Gewiß, Sie werden es mir erlassen. Aber daß diese eigentlichen Staatswissenschaften kein Analogon der Rechtswissenschaft sind, und daß eine äußerliche Verbindung beider Gebiete wie in Oesterreich zu einer „rechts- und staatswissenschaftlichen Facultät" obwohl noch immer unendlich viel höher stehend als die gänzlich principlose und deßhalb gänzlich unpraktische Gestaltlosigkeit dieser Dinge auf deutschen Universitäten, doch nur äußerlich bleibt bis wir uns zum Gedanken der wahren Staatswissenschaft erheben, das werden Sie mir jetzt wohl zugestehen.

Und jetzt bleibt das dritte Gebiet, in welchem ich am meisten Mißverständniß und Widerspruch befürchte. Das ist das Gebiet der Hochschulen.

Das Gebiet auf dem die Hochschulen entstanden sind und blühen, ist dasjenige, in welchem die großen allgemeinen Kräfte es nicht mehr mit den einzelnen Persönlichkeiten wie im Recht, und nicht mehr mit der thätigen Idee des Staats wie in der Verwaltung, sondern mit der Natur und ihren Kräften und Erscheinungen zu thun haben. In der natürlichen Welt der Dinge nämlich, und das ist der wahre Sinn der so breit getretenen Frage nach Stoff und Kraft, gibt es, so lange wir dieselbe für sich betrachten, überhaupt keinen Unterschied zwischen Kraft und Stoff. Es ist vergeblich ihn in der Natur an sich zu suchen, weil er an sich nicht da ist. Er entsteht erst, wenn die Persönlichkeit mit ihrem Leben in die Natur hineintritt. Erst dann wird der Stoff zur Kraft durch das Verhältniß der ersteren zur Kraft der Persönlichkeit. Es ist nichts als eine wunderliche Begriffsverwirrung, zu meinen daß es in der Natur für sich einen Unterschied, eine Gränze zwischen Kraft und Stoff gebe. Sondern der Stoff ist Kraft dadurch, daß er der persönlichen Kraft gegenüber tritt, und sein Wesen sich erhalten will, während die Persönlichkeit dasselbe nimmt und ihm das ihrige aufprägt, indem es ihn, der für sich da ist, zum Mittel und Inhalt für ihr Leben macht. Sie vermag das; aber die Natur bleibt dennoch natürliches Dasein im Dienste des persönlichen Willens, und die Kraft des Stoffes, oder der Stoff der Kraft, ist absolut nicht anders zu denken als die Summe von Erscheinungen, welche aus der Erhaltung des Natürlichen innerhalb der Sphäre des so tief von ihm Verschiedenen, des persönlichen Lebens hervorgehen. Wie weit muß die Wissenschaft der Güterlehre noch zurück sein, wenn Büchner es unternehmen konnte über Kraft und Stoff zu phantasiren, ohne zu sehen daß schon in den untersten Erzeugnissen des menschlichen Lebens, in dem Pfeil des Wilden, in dem Bindfaden den ich in der Hand halte die Kraft der Persönlichkeit mit der Kraft des Natürlichen, dem Holz, der Baumwolle sich gegenseitig bestimmend, zum Stoffe wird, so daß jetzt überhaupt erst der in der Natur gar nicht existirende Begriff des „Stoffes" erscheint, und daß somit das wirthschaftliche Erzeugniß die zum Stoffe gewordene, in dem von ihr verschiedenen natürlichen Dasein verkörperte persönliche Gestalt der Kraft ist? Und kann man sich ein anderes Verhältniß denken? Doch lassen wir das hier; gewiß ist nur, daß da die natürlichen Stoffe = Kräfte verschieden sind, die persönliche Kraft durch die Besonderheit der ersteren gezwungen wird, gleichfalls besondere Gestalt anzunehmen. Daraus dann entstehen die großen Ordnungen der Arbeit, die ihre Gesetze nicht mehr bloß wie die Rechts- und Staatswissenschaft im Wesen der Persönlichkeit, sondern zugleich in dem ihres natürlichen Objekts zu suchen haben, und in dem Verständniß des Verhältnisses beider zu einander sich zu selbständigen Wissenschaften gestalten. Das erste dieser Gebiete ist das, in welchem der Stoff noch in seiner Unterscheidungslosigkeit, das ist eben nur als Kraft Gegenstand der ihn bezwingenden persönlichen Kraft wird, die Technik, der wieder die Wissenschaft von dem reinen Unterschiede des Maßes, die Mathematik zum Grunde liegt, und die in ihrer Anwendung der gemessenen Unterschiede auf das Sternenleben zur Astronomie wird. Dann kommt die natürliche Kraft = Stoff der Erde als Objekt persönlicher Kraft mit Landwirthschafts- und Urproductionslehre. Aus Technik und Grundproduction entsteht dann die organische Arbeit des Gewerbes und der Industrie, je mit ihren Fächern, ihren Vorbildungs- und Fachbildungsschulen; aus dem Verkehr mit den Erzeugnissen derselben wird der Verkehrswerth, vom Product geschieden zum Objekt des Handels und der Handelslehre, während der freie geistige Werth in der Kunst zum Fache wird und wieder seine Wissenschaft erzeugt. Jedes dieser Gebiete hat seine theoretische und praktische Gestaltung; als thätige Körper der Forschung und Lehre aber werden sie zu dem was wir die Hochschulen nennen, und die Gesammtheit der Hochschulen umfaßt daher die Verwirklichung und Gestalt der großen Lebenskräfte von Nationalökonomie, Gesellschaft und Staat, insofern dieselben nicht mehr durch das selbständige Wesen oder die gemeinschaftliche Idee der persönlichen Entwicklung sondern durch die Natur ihrer objektiven Aufgaben bestimmt werden. Sie bilden daher den dritten großen selbständigen Theil dessen, was wir die praktische oder angewendete Staatswissenschaft genannt haben. Sie sind zugleich beschränkter und höher wie die anderen beiden Gebiete; beschränkter, weil sie je an ihren Stoff gebunden sind; höher, weil sie vermöge der inwohnenden Natur desselben wieder ihre Gestalt des Rechts und der Verwaltung erzeugen, und daher eben sich zu selbständigen Fächern und Bildungsanstalten entwickeln, in denen alle Fächer gelehrt, aber mit Ausnahme der eignen Berufsfächer keines tiefer verstehen wird. Sie sind wie der Stoff den sie behandelt und bearbeitet unendlicher Ausdehnung fähig, und können sich vollenden so weit es sich um die volle und schöne Beherrschung je ihres eignen Objekts handelt; aber zum höheren Berufe werden sie erst mit dem Bewußtsein, daß in ihnen dasselbe lebendig ist, was Recht und Verwaltung erzeugt. Mit der einen Hand allgewaltig in die thatsächliche Gewalt der natürlichen Welt hineingreifend, reichen sie die andere der höheren Wissenschaft; daß die Tradition einer „juristischen Facultät" nicht erkennt, was da vor sich geht, ist beklagenswerth, aber begreiflich; daß eine wahre Facultät der Staatswissenschaft es nicht begreifen, und sie nicht als die praktische Erfüllung ihrer selbst erkennen und mit Stolz begrüßen sollte, ist für die Dauer unmöglich.

— Das nun ist die staatswissenschaftliche Facultät, und das System ihrer großen Disciplinen und ihrer Collegien ist in Wahrheit das System des Berufes, sein Inhalt die wissenschaftliche Bewältigung des Gesammtlebens in Forschung und Lehre. Und jetzt wird es leicht sein, die in diesem Wesen des Berufes gegebene äußere Ordnung in ihren Elementen anzugeben, so wie man die geistige Kraft hat, von dem gegenwärtigen Zustande dieses Gebietes abzusehen.

Die Basis der ganzen hier dargelegten Auffassung ist unzweifelhaft, daß jedes jener vier angegebenen Gebiete eine selbständige Lebensaufgabe enthält, ja das ganze Leben einer Persönlichkeit sogar mit einem Theile eines Theiles sich erfüllen kann. Wir können daher allerdings sagen, daß schon in jedem Theile dieses Ganzen ein Beruf vorhanden ist. Allein im höheren Sinne des Wortes entsteht der Beruf dennoch erst da, wo er von dem lebendigen Bewußtsein der höheren Einheit durchdrungen, im Geiste und im Namen derselben die getheilte Lebensarbeit erfaßt. Drücken wir dieß nun aus im Verhältniß zum Organismus der staatswissenschaftlichen Facultät, so ergeben sich folgende Grundsätze.

Die eigentlichen Staatswissenschaften bilden den allgemeinen Theil, die drei anderen Gebiete die drei besonderen Theile des staatswissenschaftlichen Berufsbildungswesens.

Es ist jedem verstattet, zum Gegenstand seiner individuellen Berufsbildung bloß einen Theil oder das Ganze zu machen. Allein die öffentliche Anerkennung des Angehörens an den Beruf hat naturgemäß zur Bedingung, daß neben einem der drei praktischen Fächer stets das allgemeine Fach studirt werde. Und da ferner die den Inhalt der eigentlich staatswissenschaftlichen Fächer bildenden Kräfte, denen jeder praktische Theil, das ist also jedes praktische Fach angehört, sich erst in dem Rechtsleben ihr Verhältniß zu den anderen objectiv und klar zum Ausdruck bringen, so soll dieser eigentlichen staatswissenschaftlichen Bildung zugleich derjenige Theil der Rechtswissenschaft angehören, der dieses Gesammtleben in der Form der Rechtsbegriffe und ihrer Entwicklung umfaßt. Das ist das Rechtssystem, gleichviel dann ob man es „Rechtsphilosophie" oder „Rechtsencyclopädie" nennt, und die Rechtsgeschichte, die dann freilich nicht mehr beim westphälischen Frieden stehen bleiben, sondern zugleich das geltende Recht bis zur Gegenwart enthalten muß.

Praktisch ausgedrückt, und den heutigen Vorstellungen entsprechend:

a) Jeder jener vier Theile hat sein System der Vorlesungen.

b) Jeder kann jede Vorlesung hören; es ist auch für die einzelne Vorlesung eine Prüfung durch den einzelnen Docenten für den Einzelnen oft werthvoll, stets gestattet; die letztere, das Colloquium, ist facultativ, eben so wie ein Zeugniß darüber.

c) Für jedes der drei praktischen Gebiete findet eine selbständige öffentliche Prüfung statt mit einem öffentlichen Zeugniß; allein die staatswissenschaftliche Berufsbildung ist erst vollendet, wenn je mit einem der drei praktischen Fächer das Studium des allgemeinen Faches verbunden wird.

d) Die Form der öffentlichen Anerkennung des staatswissenschaftlichen Berufes ist das Doktorat. Das Doktorat hat daher stets drei Prüfungen zur Voraussetzung, welche wieder die Berufsbildung bedingen und sich, wie wir gleich sehen werden, je nach der Natur der drei praktischen Fächer der Staatswissenschaft gestalten. Die erste Prüfung ist stets die Fachprüfung. Die zweite Prüfung ist die aus dem juristischen Fach, so weit dasselbe die Voraussetzung der bestimmten Berufserfüllung enthält; die dritte ist dann die aus dem staatswissenschaftlichen theoretischen Fach, die allgemeine oder staatswissenschaftliche Prüfung, mit der die Ertheilung des Doktorats verbunden ist.

e) Die Grundlage der akademischen Studien ist die Lernfreiheit, das ist das Recht, auf jedem Punkte von einem dieser Gebiete zum anderen überzugehen. Die Natur aller Prüfung aber macht die reine Willkür des Studiums unmöglich. Für jede Fachprüfung muß daher, da nun einmal die Prüfung nie genügt, ein Minimum von verwendeter Zeit und Kraft auf die Berufsbildung in der Form eines Minimums gehörter Vorlesungen gefordert werden.

Gehen wir nun von diesen allgemeinen Grundsätzen über zu dem Bildungsrecht der einzelnen Fächer, so ergibt sich Folgendes.

I. Die Rechtswissenschaft fordert, um zum Berufe zu werden, neben ihren Fächern aus dem Verwaltungsrecht unbedingt den Proceß, und es hat daher einen ganz guten praktischen Sinn, wenn man den Proceß sofort als immanenten Theil der Rechtswissenschaft anerkennt; die Auffassung, daß der Proceß theoretisch dem Verwaltungsrecht und nicht der Rechtswissenschaft gehört, muß und wird ihre Geltung wesentlich in der Behandlung des Gegenstandes selber finden. Als zweiter Punkt steht fest, daß eine Rechtswissenschaft ohne Staatswissenschaft ewig nur ein Brodstudium und niemals eine Berufswissenschaft werden kann. Die Rechtswissenschaft soll daher unbedingt ihre Vollendung finden in dem Studium der Staatswissenschaft; es ist der größte Mangel der deutschen Universitäten, daß das bei ihnen nicht der Fall ist, und das eigentlich praktische Ziel unserer ganzen Arbeit ist die Verwirklichung des Gedankens, den wir eben deßhalb so eingehend entwickelt haben, daß das Recht nur durch die Kräfte verstanden werden kann welche es erzeugen und beherrschen. Oesterreich ist mit seiner Bildungsordnung hier weit voraus; es macht einen geradezu ärmlichen Eindruck, wenn man die eben so princip- als systemlose Art und Weise sieht, wie namentlich Statistik und Nationalökonomie, und eben so die sogenannte Rechtsphilosophie als Nebensache in dieser deutschen Jurisprudenz behandelt werden, welche ihrerseits, wie wir gesehen, weder ihrer Grundlage noch ihres Umfanges Herrin ist. Wir möchten es hier nochmals und zum hundertstenmale wiederholen, daß in der grundfalschen Auffassung welche Deutschland von dem Wesen seiner juristischen Facultäten hat, die Ursache liegt, weßhalb es außer den Universitäten in Deutschland keine Juristen überhaupt, und innerhalb der Universitäten keine deutschen Juristen gibt. Denn nach ihrer gegenwärtigen Organisation werden sie allerdings da wo es sich um vergangene Rechtsgestaltungen handelt, ewig den Ruhm der besten Antiquitätensammlung der Welt behalten, nur daß die Geschichte des werdenden Rechts sie nie fragen, und das deutsche Recht seine Gesetze von auswärts importiren wird, des Fremden froh, so lange wir unsere alten und veralteten Grundsätze beibehalten.

Dieß hier nun ist gesagt in innigster Verbindung mit dem Folgenden.

II. Die Verwaltungslehre — die praktische Staatswissenschaft. Das wirklich kläglichste Bild unserer ganzen sogenannten

Rechtswissenschaft bietet nun ohne Zweifel das weite Gebiet des Verwaltungsrechts. Ich habe mich schon an anderen Orten darüber ausgesprochen und möchte nicht gerne wiederholen. Vielleicht daß es mir sogar gelungen ist, den fast unerschöpflichen Reichthum dieser Wissenschaft, der alle Pandektenjurisprudenz weit hinter sich läßt und der die Zukunft aller positiven Staatswissenschaft bildet, darzulegen. Leider ist das alles bis jetzt noch eine fast ganz wissenschaftliche Frage. Aber hier darf ich den Zustand und die Aufgabe denn doch in bestimmter Beziehung auf das früher Gesagte noch einmal charakterisiren.

Zuerst müssen wir einig sein, daß die Aufgabe der Verwaltung von der der Rechtspflege wesentlich verschieden ist. Recht und Rechtspflege vertreten das Recht des Einzelnen gegenüber dem Einzelnen, die Verwaltung die Interessen des Ganzen für den Einzelnen. Das Recht hat zu seinem Inhalt den gegebenen Zustand der Wirthschaft und Gesellschaft, die Verwaltung den Proceß, durch den die neuen Zustände entstehen. Alles Recht will etwas hindern, alle Verwaltung wird zur That. Es ist daher ganz unmöglich, vom Begriffe des Rechts zu dem der Verwaltung, von der Rechtswissenschaft zur Verwaltungslehre zu gelangen, obwohl das Recht auch für die Verwaltung und innerhalb derselben zur juristischen Formulirung ihrer Gränze gegenüber dem Einzelnen und seiner wirthschaftlichen und gesellschaftlichen Persönlichkeit, also zu einem System von Verwaltungsrechtsbegriffen wird; aber das Wesen der Kraft welche diese Rechtsbegriffe erzeugen, ist nicht die der Lebensbegriffe des Einzelnen, sondern die des Staatslebens. Und hier beginnt, wie ich an einem anderen Orte entwickelt, die Wissenschaft der Verwaltung mit ihrem fast unermeßlichen Gebiet, das doch wieder eines ist. Denn während das Recht den Staat und seine Thätigkeit für die Einzelzustände der Wirthschaft und Gesellschaft und ihre Unverletzlichkeit in Anspruch nimmt, enthält die Verwaltungslehre die Gesetze für den in Volkswirthschaft und Gesellschaft arbeitenden Staat. Der, der diese Aufgaben des Staats studirt und mit vollziehen hilft, steht im Dienste der arbeitenden Staatsidee; er gehört dem praktischen Staatsdienste, und es ist daher ganz unmöglich den Beruf der Rechtspflege mit dem des Staatsdienstes einfach zu identificiren. Die erste und unabweisbarste Forderung für unser Fachbildungswesen besteht deßhalb darin, das Gebiet der Verwaltungslehre als dem Bildungskörper der praktischen Staatswissenschaften zu einem selbständigen neben der Rechtslehre zu erheben, und ihm namentlich das Völkerrecht, die Finanzwissenschaft und das fast unerschöpfliche Gebiet der inneren Verwaltung zuzuweisen. Damit aber diese praktischen Staatswissenschaften der Rechtswissenschaft auch in ihrer höheren Stellung vollkommen ebenbürtig seien, fordern sie unbedingt die Anerkennung der Idee des auch ihnen lebendigen Berufes; und wieder wird diese nur erreicht werden, indem man die großen Kräfte der Volkswirthschaft und der Gesellschaft als das erkennt und lehrt, was sie sind, als das die Arbeit des Staats bedingende, den Inhalt derselben, und damit endlich auch ihr Recht erzeugendes Element. Denn wahrlich das ist des Namens der Verwaltungslehre nicht würdig, was das positive „Recht der Staatsverwaltung" einfach lehrt und interpretirt, ohne zu wissen und zu zeigen, wie jede dieser Verwaltungsordnungen sich mit ernster Mühe und wie oft erst nach langem Ringen durch Wirthschaft und Gesellschaft und ihrem Kampfe mit der freien thätigen Staatsidee auch positiv gestaltet haben! Hier liegt ein mächtigstes Gebiet der Forschung und Lehre, und daß ich es hinzufügen darf, auch der Begeisterung für die Wissenschaft! Hier gibt es nichts Kleines mehr; hier wenn irgend ist der wirkliche Staat ein Ganzes, und erst im Sinne dieser Wissenschaft ist es Befriedigung und Stolz, in seinem Dienste zu arbeiten! Und doch wie weit sind wir davon noch in diesen „juristischen Facultäten" entfernt! Das römische Recht ist die absolut überwiegende Hauptsache für den ganzen Beruf des Staatsdienstes geworden; es versteht ihn nicht und kennt ihn nicht; und doch fordert man, daß der Staatsdiener ein Verständniß für seinen Beruf haben solle, von dem er auch nicht das Mindeste an der „Berufsbildungsanstalt", an der Heimath der Wissenschaft lernt! Und dabei zusehen zu müssen, wie diese Jünger des Berufes, da man in unserem Staate nun doch der Berufsbildung nicht entbehren kann, nachträglich doch geprüft werden, zweimal, dreimal, als Advocaten, Assessoren u. s. w. und zwar, wie es denn nicht anders sein kann, ohne Spur einer jeden höheren wissenschaftlichen Auffassung, ausschließlich in der Kunde des für ihren Diensteszweig geltenden positiven Rechts und seiner formalen Manipulation, die sich beide schon unter den Händen des Lernenden umgestalten! Es ist kein Zweifel — dieß kann nicht so bleiben. Wenn es nothwendig ist, daß die Jurisprudenz zur Wissenschaft werde, so ist es doppelt nothwendig, daß die großen Lehren der Verwaltung neben ihr selbständig zum wissenschaftlichen Verständniß gelangen. Allerdings hat das nun zur Voraussetzung, daß diese Verwaltungslehre ihrerseits so wenig bei ihrem speziellen Gebiete stehen bleibe, wie die Kräfte deren Verständniß sie sucht, und daher für die höhere Bildung die Staatswissenschaften unbedingt in sich aufnehme. Ich kann es mir recht wohl denken, daß die niederen Stufen des Staatsdienstes, die aus der Anstellung keinen Beruf machen, sich mit dem auf sie bezüglichen Theile der Verwaltungslehre begnügen so wie ungefähr die alten Regiminalisten, oder die Hörer der Staatsrechnungslehre, oder die specielle Bildung der Post- und Bahnbeamten u. a. m.; aber undenkbar wäre es einen höheren Staatsdienst ohne Staatswissenschaft und ohne Bekanntschaft mit der Rechtswissenschaft in Rechtssystem und Rechtsgeschichte zu setzen. Mit vollem Recht muß man daher fordern, daß die höhere Stellung im Staatsdienst neben der Verwaltungslehre auch die großen Elemente der Rechts- und Staatswissenschaft aufnehme, und daß sich darnach die drei Prüfungen richten: die verwaltungsrechtliche, die juristische, und die staatswissenschaftliche. Es ist hier nicht der Ort, dieß im Einzelnen durchzuführen; auch habe ich es schon an einer anderen Stelle versucht; möge hier vor der Hand genügen, auch auf diesem Punkte zu zeigen, daß die Untersuchungen des Wesens des Rechts und seines lebendigen Inhalts wahrlich nicht bloß bei einer Umgestaltung der Theorie und der Vorlesungen stehen bleiben!

III. Und jetzt berühren wir den letzten Punkt, die Hochschulen.

Alle sogenannte „Praxis" hat eine doppelte Natur und ein doppeltes Bewußtsein, gleichviel ob sie Technik, Landwirthschaft oder Handel sei. Sie fühlt und weiß sich beschränkt, und doch fühlt und weiß sie daß sie die Verkörperung der höchsten, in der Gemeinschaft lebendigen Idee, der Idee der arbeitenden, und in der Arbeit nach Vollendung ringenden Persönlichkeit ist. Sie trägt diesen Widerspruch in sich so lange es eine Praxis gibt; am klarsten aber tritt er hervor, wo sich die praktische Aufgabe zur Lebensaufgabe, und damit zu einem selbständigen Bildungswesen ausbildet. Hier ist das Beschränkte und das Höchste in innigster Verschmelzung, und hier erscheint daher das was unsere Zeit gerade in ihren Hochschulen so specifisch charakterisirt. In dem Bewußtsein ihres innigen Zusammenhanges mit den höchsten Fragen und Bewegungen des Lebens in Gemeinschaft und Staat will jede Hochschule in sich und zugleich für sich das ganze System der Staatswissenschaft ausbilden; alle Fächer der letzteren werden daher zu Fächern dieser Hochschulen, die Volkswirthschaft, die Staatslehre, die Rechtswissenschaft, ja die Verwaltungslehre, und zwar bei den polytechnischen Hochschulen ganz wie auf den Universitäten, bei den anderen in verschiedenartigster, buntester Verwirrung. Und haben sie nicht recht, diese Hochschulen, in dem wissenschaftlichen Unrecht das sie begehen? Sie sind Erscheinungsformen derselben Kräfte, welche das Recht und die Verwaltung erzeugen, denn sie sind nichts anderes als die Lehre von diesen Kräften in ihrer praktischen Arbeit. Mit ihr gehören sie dem Leben derselben in der That auf jedem Punkte an, und fühlen und wissen ihre engste Verwandtschaft mit ihnen, und dennoch hat die juristische Facultät keinen Raum und keine Stellung für sie! Freilich, die juristische Facultät, deren A und O das bürgerliche, und in demselben das Privatrecht, und in demselben die römische und in derselben wieder die germanisirte römische Gestalt des bürgerlichen Rechts ist, die vermochte viel zu begreifen, welche gewaltige Dinge in Technik, Production und Handel lebendig wurden! Aber wenn überhaupt noch ein Beweis nöthig ist dafür, daß die Vorstellung und der Begriff der bisherigen juristischen Facultät für die Zukunft unseres deutschen Lebens geradezu unmöglich sein wird, so liegt er hier. Alle diese Hochschulen gehören der staatswissenschaftlichen Facultät; sie bilden ihr viertes Gebiet, wie weit und in welcher Form sie in die Facultät aufgenommen werden, ob alle Professoren oder nur die Rektoren und Decane derselben ihr angehören, und in wie weit die Facultät als solche oder der Professorenkörper der Hochschule über Lehrordnung und Lehrplan zu entscheiden haben, das muß hier ununtersucht bleiben; aber der Ausdruck ihres Zusammengehörens soll wenigstens darin bestehen, daß ihre Angehörigen die drei Prüfungen zum Zwecke des Doctorats machen können, die erste die Fachprüfung, die zweite die juristische, welche das Verwaltungsrecht je ihres Faches das Rechtssystem und die Rechtsgeschichte umfaßt, und die dritte die staatswissenschaftliche. Und dann erst wird die staatswissenschaftliche Facultät das sein, was sie zu werden bestimmt ist. —

---

Ich könnte nun viel weiter gehen. Ich könnte sehr leicht einen förmlichen Lehrplan, eine Art Studienordnung, eine Prüfungsordnung und anderes ausarbeiten und Ihnen vorlegen, um Ihnen zu zeigen, wie sich diese staatswissenschaftliche Facultät, die größere Erbin der großen juristischen Facultät gestalten könnte. Ich unterlasse das. Möglich daß ich das Richtige träfe; gewiß aber, daß alles was ich hierüber sagen mag, zu früh gesagt wird. Denn in der That war meine Aufgabe eine andere. Sie bestand darin zu zeigen, daß erstlich das Recht einen Inhalt hat, der sein Recht findet im Organismus von rechterzeugenden Kräften; daß zweitens die Wissenschaft dieser Kräfte weiter reicht als die des Rechts, und die Rechtswissenschaft selbst daher nur ein Moment an dem Leben jener Kräfte wird; daß daher drittens, so wie man das erkennt, und zugleich die Idee der Facultät als den zur thätigen Wissenschaft gewordenen Berufsbildungskörper versteht, jene große Scheidung zwischen dem Recht und den Kräften die es erzeugen nicht bei dieser Theorie stehen bleibt, sondern selbst für die öffentliche Ordnung der thätigen Wissenschaft überhaupt, die wir die

Berufsbildung nennen, rechterzeugend werden muß, und daß der Ausdruck dieses rechtbildenden Processes sich concentrirt in dem Uebergang der alten juristischen Facultät zur staatswissenschaftlichen, welche selbst wieder die Hauptgestaltungen jener Kräfte zu den vier großen Bildungszweigen, je mit ihrer Organisation, ihrem Lehrplan und ihrer Prüfung als ein Ganzes zusammenfaßt. Und mit diesem Resultate schließe ich; denn ist die Hauptsache, das Wesen der großen Kräfte der Gemeinschaft, wahr und richtig, so bedarf es wahrlich der Einzelheiten von mir nicht, damit sie auch im öffentlichen Recht zur Geltung gelangen und sich ihre rechtlich geltende Ordnung und Gestaltung, gleichsam eine Facultät von Facultäten erringe. Ist es wahr und unläugbar, daß sie zusammen je in ihrer Form Organismen desselben hohen Berufes sind, und ist nur erst überhaupt das Verständniß dieses Berufes in dem der Kräfte, welche in allen gleichartig lebendig sind gewonnen, — wahrlich, sein Recht wird auch dieser Beruf sich schon selber zu bilden wissen!

Printed in Dunstable, United Kingdom

91219938R00198